180

523 East college

163

913

Painting by Woldemar Friedrich

Über allen Gipfeln ist Ruh'

(See page 119)

First Book in German

By JAMES A. CHILES, PH. D., *Professor of Modern Languages in Wofford College* and JOSEF WIEHR, PH. D., *Professor of the German Language and Literature in Smith College*

GINN AND COMPANY
BOSTON · NEW YORK · CHICAGO · LONDON
ATLANTA · DALLAS · COLUMBUS · SAN FRANCISCO

COPYRIGHT, 1935, BY JAMES A. CHILES AND JOSEF WIEHR
ALL RIGHTS RESERVED

836.1

The Athenæum Press
GINN AND COMPANY · PRO-
PRIETORS · BOSTON · U.S.A.

PREFACE

First Book in German is two books in a single cover: I, a complete presentation of the essentials of German grammar; II, carefully graded reading material, placed immediately after the grammatical treatment in each lesson. Most teachers nowadays use an elementary reader in connection with the grammar from the very start. The authors believe that there is a decided advantage in combining grammar and reader in one volume.

Part I is divided into three sections with the following arrangement of lesson material:

Section A. A model passage in German. Questions in German based on the model passage. Vocabulary.

Section B. Grammatical forms and syntax.

Section C. Direct-method exercises. English sentences for translation into German.

The vocabulary of sections *B* and *C* is based upon that of section *A*. The total vocabulary of these sections, exclusive of proper names, approximates 1100 words, of which fully 90 per cent appear in the latest standard word lists.

Part II, represented by section *D* of each lesson, consists of reading material only. The selections in this section are intended to take the place of an independent reader. They are designated as "optional" because they may be omitted without affecting the completeness of the book as a first-year grammar. The new words of section *D* are put in footnotes or included in the general German-English Vocabulary.

The reading material is diversified in content and treats of topics which the authors have found of interest to their students. A number of poems and songs have been included. Difficult passages have been carefully explained or translated into English. Most of the prose passages of section *D* contain information which will be helpful in more advanced work in German.

A list of grammatical terms in German has been included in the introduction for the use of those teachers who would like material of this kind.

The book should prove suitable for beginners in either high school or college. Treatment and material are not beyond the level of the average high-school pupil, nor of such a puerile character as to give offense to the intelligence of more mature students. In a high-school course it should be possible to cover the ground, including section *D*, in one full year and the fall term of the second year. College students will find no difficulty in accomplishing the same result by the middle of the second semester (before the spring recess) of the first year.

The authors take pleasure in acknowledging their indebtedness to the German Tourist Information Office of New York for its courtesy in furnishing the illustrations that appear on pages 53, 95, 120, 171, 232, 247, 281, 319, 327, 352, 365, and 379 in this volume, and also to the Austrian Tourist Information Office for the illustration shown on page 141.

J. A. C.
J. W.

CONTENTS

INTRODUCTION   PAGE

    The Alphabet 3
    Example of German Script 7
    Pronunciation 7
    The Simple Vowels 8
    The Modified Vowels (Umlaute) 10
    The Diphthongs 11
    The Consonants 11
    Syllabication 14
    Capitals 14
    Punctuation 14
    The Relations between German and English 16
    Grammatical Terms in German 22
    Classroom Expressions 26

LESSON I. Die Schule 29

    Gender · Nominative Singular of Definite Article · Personal Pronouns er, sie, es · Merkreime · Fragen · Sprichwörter

LESSON II. Die Schule (Schluß) 34

    Nominative and Accusative Singular of der, ein, and kein · Present Indicative of sein and haben · Du, ihr, and Sie · Use of Nominative and Accusative Cases · Scherzreime · Sprichwörter · Rätsel

LESSON III. In der Klasse 40

    Declension of der, ein, and kein and of Nouns in the Singular · Use of Genitive and Dative Cases · Diminutives · Present Indicative of sagen · Deutsches Geld · Die Familie · Sprichwörter

LESSON IV. In der Klasse (Schluß) 48

    Plural of der and kein · Strong Declension of Nouns, Class I · Prepositions with the Dative or the Accusative · Satzreihen · Witze

First Book in German

LESSON V. Zu Hause 57
    Kein-words · Prepositions with the Dative · Prepositions with the Accusative · Use of the Definite Article · Names of Persons · Das älteste deutsche lyrische Gedicht · Unser Schulzimmer · Zum Schnellsprechen · Witze

LESSON VI. Nach der Schule 67
    Dieser-words · Strong Declension of Nouns, Class II · Adverbs of Time and of Place · Wiegenlied · Vergißmeinnicht · Der Körper des Menschen · Sprichwörter · Abzählreime

LESSON VII. Nach dem Abendessen 78
    Present Indicative of arbeiten · Normal and Inverted Word Order · Expressions of Measure · Deutschlands Lage · Die Tiere · Rätsel · Sprichwörter

LESSON VIII. Ein Besuch 87
    Strong Declension of Nouns, Class III · Vowel Change in the Present Indicative · Use of the Articles · Der Garten · Sprichwörter · Satzreihen · Witze

LESSON IX. Ein Besuch (Fortsetzung) 98
    Weak Declension of Nouns · Suffix -in · Mixed Declension · Use of the Present Tense for the Future · Position of Predicate Adjectives and Nouns · Einige Berufe und Handwerke · Zum Schnellsprechen · Rätsel · Mailied · Sprichwörter

Review of Lessons I–IX 108

LESSON X. Ein Besuch (Schluß) 113
    Past Indicative · Wanderers Nachtlied II

LESSON XI. Weihnachten (Ein Brief) 122
    Declension of Adjectives · Letters · O Tannenbaum

LESSON XII. Weihnachten (Schluß) 131
    Present Perfect and Past Perfect Indicative · Present Perfect for English Past Tense · Present Participle · Stille Nacht, heilige Nacht · Sprüche · Willst du immer weiter schweifen? · Rätsel

LESSON XIII. Auf der Eisbahn 142
    Personal Pronouns · Compounds with da · Es as an Introductory Word · Use of man · Adverbial Accusative of Time · O du fröhliche

Contents

PAGE

LESSON XIV. Ein Brief 151

Comparison of Adjectives and Adverbs · Expressions of Comparison · The Article with Proper Names · Eine Geographiestunde · Das Deutsche Reich · Witze

LESSON XV. Die Hausfrau 162

Future and Future Perfect Indicative · Position of the Infinitive · Future of Probability · Interrogative Pronouns wer and was · Compounds with wo · Other Interrogative Words · Wandervögel · Heidenröslein

Review of Lessons X–XV 173

LESSON XVI. Im Restaurant 178

Imperative Mood · Possessive Pronouns · Use of gern · Definite Article in Place of Possessive Adjective · Das, dies, and es in Expressions of Identity · Direct and Indirect Object · Du bist wie eine Blume · Sprichwörter

LESSON XVII. Unser Sommerhäuschen 189

Relative Pronouns der and welcher · Compounds with wo · Transposed Word Order · Adverbial Genitive of Time · Der deutsche Bauer · Deutsche Brunnen

LESSON XVIII. Die deutschen Schulen 200

Conjunctions · Als, wenn, and wann · Indirect Questions · Es gibt · Der Kachelofen

LESSON XIX. Der Lehrling 211

Inseparable Compound Verbs · Adjective used Substantively · Some Words to note Carefully · Die höheren Schulen Deutschlands · O du lieber Augustin · Abschied

LESSON XX. Das Jahr 222

Separable Compound Verbs · Variable Prefixes · Barry

LESSON XXI. Ein Brief 231

Impersonal and Reflexive Verbs · Intensive Pronouns · Reciprocal Pronouns · Satzreihe · Doktor Eisenbart

Review of Lessons XVI–XXI 242

First Book in German

LESSON XXII. Auf dem Kreuzberg 250

Strong Verbs, Class I · Wer and was as Compound Relatives · Was as a Simple Relative · Sprichwörter · Die Lorelei · Ich hatte einst ein schönes Vaterland

LESSON XXIII. Auf dem Kreuzberg (Schluß) 259

Strong Verbs, Class II · Der as Demonstrative · Deutscher Sport · Witze

LESSON XXIV. Schulprüfung und Schauturnen 270

Strong Verbs, Class III · Cardinal Numerals · Definite Article in a Distributive Sense · Infinitive as a Noun · Alt Heidelberg

LESSON XXV. Freitag, der Dreizehnte 282

Strong Verbs, Class IV and Class V · Ordinal Numerals · Dative of the Possessor · Pronoun Object precedes Noun Subject · Adjective after etwas, nichts, etc. · Deutsche Komponisten · Du, du liegst mir im Herzen · O Straßburg, o Straßburg

LESSON XXVI. Die Jahreszeiten 295

Fractional Numerals · Prepositions with the Genitive · Adverbial Elements · Nicht · What Has Been and Still Is · Die deutschen Hochschulen

LESSON XXVII. Der Wochenmarkt 309

Strong Verbs, Class VI and Class VII · Irregular Verbs · Some Uses of the Infinitive · Lassen · Die Mensur · Berlin

Review of Lessons XXII–XXVII 323

LESSON XXVIII. Bruder und Schwester 330

Present, Past, and Future Tenses of the Modal Auxiliaries · Sprüche · Sollen und Wollen · Ein Rätsel · Schiller

LESSON XXIX. Bei den Großeltern 343

Perfect Tenses of the Modal Auxiliaries · Einst und Jetzt · Freudvoll und leidvoll · Deutsche Eisenbahnen · Wanderers Nachtlied I

LESSON XXX. „Die Räuber" 354

Passive Voice · Köln · Die deutschen Wälder · Harfenspieler

Contents

	PAGE
LESSON XXXI. Die liebe Jugend	368

The Subjunctive · Conditional Sentences · Ein Volkslied · Maikönig und Maikönigin · Im wunderschönen Monat Mai · Deutsche Wissenschaftler · Die Luftschiffahrt

LESSON XXXII. Einiges über den Konjunktiv 384

Subjunctive of Wish and of Volition · Subjunctive of Ideal Certainty · Mörike · Er lebe hoch! · Hoch soll er leben! · Eine kalte Sonne · Sprichwort · Trost

LESSON XXXIII. Ein Brief an die Mutter 396

Subjunctive of Indirect Discourse · Lessing · Das verlassene Mägdlein · Waldgespräch · Schöne Junitage · Ein kleines Lied

Review of Lessons XXVIII–XXXIII 412

SONGS 420

APPENDIX 431
    Additional Grammatical Material 431
    Word Formation 465
    Fundamentals of Grammar 475

GERMAN-ENGLISH VOCABULARY 489

ENGLISH-GERMAN VOCABULARY 539

INDEX 561

First Book in German

INTRODUCTION
1. The Alphabet

German is commonly printed in German characters, given on pages 4, 5, and 6; but in certain instances, particularly in books on science, Roman letters (as found in English) are used.

The German script, given on pages 4, 5, and 6, is used by most Germans in their correspondence. However, both the German script and the Roman script (as used in English) are taught in the German schools.

The combinations ch, ck, ß, and tz represent single characters, each combination being printed from a single type.

Do not confuse B and V; C and E; K, N, and R; O and Q; c and e; f and s; n and u; r and x.

Capital *I* and capital *J* have the same form in German, namely, J. If a vowel follows the J, the latter is a consonant and is pronounced as j: Jahr. If a consonant follows, J is a vowel and is sounded as i: Insel.

Of the two forms for small s, the short form, s, is used, as a rule, at the end of a word or of a syllable: Eis, ausgehen, Hänschen. Elsewhere the long form, ſ, is used: singen, blasen (bla=sen), ist.

Double ſ appears either as ff or ß, both combinations being sounded alike. The combination ff is used between vowels when the preceding vowel is short: Flüsse, wissen. Elsewhere ß is used: Füße, wußte, Fluß. When German is printed in Roman (English) letters, ff appears as *ss*, and ß as either ß or *sz*.

When spelling words, always use the German names of the letters.

First Book in German

German Type	German Name	Roman Type	German Script
𝔄 a	ah	A a	
𝔅 b	bay	B b	
ℭ c	tsay	C c	
𝔇 d	day	D d	
𝔈 e	ay	E e	
𝔉 f	eff	F f	
𝔊 g	gay	G g	
ℌ h	hah	H h	
ℑ i	ee	I i	
ℑ j	yot	J j	
𝔎 k	kah	K k	
𝔏 l	ell	L l	
𝔐 m	emm	M m	

Introduction

German Type	German Name	Roman Type	German Script
𝔑 n	enn	N n	
𝔒 o	oh	O o	
𝔓 p	pay	P p	
𝔔 q	koo	Q q	
𝔑 r	air	R r	
𝔖 ſ s	ess	S s	
𝔗 t	tay	T t	
𝔘 u	oo	U u	
𝔙 v	fow	V v	
𝔚 w	vay	W w	
𝔛 x	ix	X x	
𝔜 y	ipsilon	Y y	
𝔃 z	tset	Z z	

German Type	German Name	Roman Type	German Script
ch	tsay-hah'	ch	
ck	tsay-kah'	ck	
ß	ess-tset'	ß sz	
tz	tay-tset'	tz	

MODIFIED VOWELS (Umlaute)

Ä ä	a-Umlaut	Ä ä	
Ö ö	o-Umlaut	Ö ö	
Ü ü	u-Umlaut	Ü ü	
Äu äu	au-Umlaut	Äu äu	

Exercise

Buchstabieren Sie (= *Spell*):

Tisch *table*
Bank *bench*
Apfel *apple*
Dorf *village*
Garten *garden*
Jahr *year*

Maus *mouse*
Quelle *spring*
Vater *father*
Wasser *water*
Axt *ax*
Zeit *time*

2. Example of German Script

The following is the first six lines of Die Schule, page 29:

Wir sind in der Schule. Das
Zimmer ist groß und hell. Der
Tisch ist klein aber neu. Der
Stuhl ist alt, er ist nicht sehr
schön. Das Buch ist grün.
Der Bleistift ist gelb, er
ist lang und neu. Die Tinte
ist schwarz, und das Papier
ist weiß. Die Tafel ist lang
und schwarz. Aber das Stück
Kreide ist kurz und weiß.

3. Pronunciation

German is pronounced more vigorously and energetically than English. Both consonants and vowels are uttered more forcibly. In the use of lip and tongue and in the expenditure of breath English is a lazy language in comparison with German.

The only silent letters in German are h after a vowel and e in the combination ie. When so used, h and e indicate a long vowel: wōhnen, Ūhr, dīe, bīeten. In a few words derived from the Latin, however, the e after i is sounded: Fami'lie (ie = i + e), Ita'lien (ie = i + e).

German vowels are pure vowels, retaining the same sound throughout their utterance. They do not glide off into other vowel sounds, as the English vowels often do, particularly the long vowels (*gate* = gā + ēet, *rode* = rō + ōod).

Vowels are pronounced distinctly and, with the exception of unaccented e, are never slurred, as is so common in English.

The difference between long vowels and short vowels is greater than in English, long vowels being pronounced very long, and short vowels very short.

Lip-rounding, as for o and u, and lip-retraction, as for e and i, are much more pronounced and energetic than is the case for similar sounds in English.

Accented initial vowels are preceded by a glottal stop. The breath is stopped for an instant in the throat by the closing of the glottis, which opens suddenly with a slight puff or explosion as the accented initial vowel is spoken. The glottal stop prevents the carrying over of consonants, as is commonly done in English.

Native German words, as a rule, are accented on the root syllable, which is generally the first syllable. Accents are not printed in German, but will be used in this book to indicate the pronunciation whenever the stress is not on the first syllable.

4. The Simple Vowels

Quantity. A vowel is long when doubled or followed by h: Beet, Haar, stehlen, Ohr.

A stressed vowel is usually long when followed by a single consonant: Brot, Hut, beten.

A vowel is always short when followed by a double consonant: Bett, Kissen.

Introduction

A vowel is usually short when followed by two or more consonants (of which the first is not h): Bank, Heft, Kinder. Note, however, that a long vowel remains long even when the addition of inflectional endings causes it to stand before two consonants: leben *live,* er lebt *he lives,* er lebte *he lived.*

Before ch and ß a vowel may be long or short: hoch, doch, groß, naß; e and i, however, are regularly short in this position.

A number of very common prepositions and pronouns have a short vowel, although only one consonant follows the vowel; for example, an, bis, in, mit, um, von, das, es, was, man.

Unaccented vowels are usually short: ha'ben.

The length of vowels is not indicated in German; however, in the vocabularies of this book the long and short signs, ¯ and ˘, will be placed above vowels whose quantity is doubtful or irregular.

In the following paragraphs English equivalents for the German sounds are given whenever possible. It is to be borne in mind, however, that these equivalents are often only approximate. The exact German sounds must be acquired from the instructor.

a long is like English *a* in *father*: kam, Haar, Bahn.
a short is the same sound as the preceding, but pronounced more quickly: Kamm, hast, Bank.
e long is like English *a* in *mate*, but with energetic lip-retraction and without diphthongal glide: Beet, neh=men, heben.
e short is like English *e* in *met*: Bett, nennen, helfen.
e in unaccented syllables is slurred like English *a* in *comma* or *e* in *the boy*: habe, geben, getan'.

i long (often written ie) is like English *i* in *machine*, but with tense lip-retraction and without diphthongal glide: liegen, Biene, ihm.

i short is like English *i* in *hit*: Mitte, nimmer, im.

o long is like English *o* in *go*, but with energetic lip-rounding and without diphthongal glide: Bohne, Hof, Lohn.

o short is a sound not found in English; it must be learned by imitation of the instructor: Bonn, floß, Gott.

u long is like English *oo* in *pool*, but with tense lip-rounding and without diphthongal glide: Kuh, Mut, Bube.

u short is like English *u* in *pull*, but with the lips more rounded: Kunst, Mutter, dumm.

y is pronounced either like German i or like German ü; it occurs chiefly in foreign words: Lyrik, Myrte.

5. The Modified Vowels (Umlaute)

ä long = long German e: Fäden, Käse, Läden. Some Germans give to long ä a more open sound, similar to English *e* in *there*; this is the stage pronunciation.

ä short = short German e: älter, Bänder, hätte.

ö long = long German e pronounced with energetic lip-rounding: hören, Öfen, Töne. Distinguish heben — höben, bete — böte, Sehne — Söhne.

ö short = short German e pronounced with rounded lips: Götter, Röcke, öffnen. Distinguish stecke — Stöcke, kennen — können, kennte — könnte.

ü long = long German i uttered with tense lip-rounding: Hüte, müde, über. Distinguish Biene — Bühne, vier — für, Tier — Tür.

ü short = short German i uttered with rounded lips: dünn, Hütte, Mündung. Distinguish Kissen — Küssen, Listen — Lüften.

Introduction

6. The Diphthongs

Diphthongs are long.

ai and ei = English *i* in *mine*: Mai, Main, mein, nein. Do not confuse ei and ie: Beine — Biene, bleiben — blieben, heißen — hießen.

au = English *ou* in *house*: Haus, Maus, kaufen.

eu and äu = English *oi* in *oil*: Leute, heute, neun, Bäume, Häuser, Räuber.

7. The Consonants

Double consonants are pronounced like single consonants. They indicate that the preceding vowel is short.

Final consonants are cut off sharply after a short vowel. Do not prolong l, m, or n as in English: Ball, Fall, dumm, Kamm, denn, Mann.

A number of the consonants have approximately the same sound as in English. These are not treated in the following paragraphs.

b final and before f, t, and ft = English *p*: Dieb, gab, Erbse, lobt, lebte, liebst. By "final" is meant (1) at the end of a word: Lob; (2) at the end of any component of a compound word: Korbball, abnehmen; (3) before a suffix beginning with a consonant: Knäbchen, Erleb'nis.

c is found only in foreign words except in the combinations ch, ck, and sch. Before e, i, y, and the umlauts it is pronounced like English *ts*: Cent, Cäsar. Elsewhere c is pronounced like English *k*: Cousi'ne (ou = u) (also written Kusine).

ch has two sounds, referred to as the ach sound and the ich sound, neither of which occurs in English. They must be learned from the instructor. The ach sound is heard after a, o, u, and au; the ich sound occurs after the other vowels and diphthongs and after consonants:

Dach, noch, Buch, rauchen; Becher, dich, Dächer, Bücher, reich, euch, mancher. Note that the suffix =chen always has the sound of ch in ich: Brüderchen.

In words from the French ch = English *sh*: Charlot'te, Chef.

In some words from the Greek, initial ch = English *k*: Chor, Christ. It has the ch sound of ich in Chemie' and China.

chs or chf = English *x* except when the s or f is an inflectional ending or a part of it: Fuchs, sechs, wachsen. But Besuchs' (genitive of Besuch), Besuch + s; wachst (second person singular, present indicative, of wachen), wach + st.

ck = double k: Backe, Ecke, Stück.

d final and before s, t, and st = English *t*: Band, Landsmann, Stadt, lädst, Handschuh, Mädchen.

g = English *g* in *go*, except when final or before s, t, and st; in this position it is pronounced either as English *k* or as German ch. The *k* sound is the pronunciation of the stage and the one commonly recommended to American students: Tag, Berg, Sieg, Gebirgs'gegend, sagt, fragte, lagst. For the suffix =ig, however, the ch sound is usually recommended: fertig, König.

h initial, that is, at the beginning of a word, of any component of a compound word, or of a suffix = English *h* in *have*: haben, Hirtenhaus, Freiheit. Elsewhere h is silent: Bahn, Kuh, gehen, Höhe.

j = English *y* in *yes*: ja, jener, Jugend, Juli.

kn = English *kn*, both sounds being uttered closely together: Knabe, Kneipe, Knospe.

l is pronounced farther forward and more distinctly than English *l*. In pronouncing German l press the front of the tongue firmly against the upper teeth and gums: Lied, alles, Ball.

Introduction

ng = English *ng* in *singer*, not *ng* in *finger*: ſingen, Finger, Engel, jung.

pf = English *pf*, both sounds being uttered closely together: Pfarrer, Pferd, Pflaume.

ph = English *f*: telephonie'ren, philoſo'phiſch.

qu = English *kv*, both sounds being uttered closely together: Quelle.

r has two pronunciations, the uvular r and the tongue, or trilled, r.

The uvular r is made by the vibration of the uvula. It is widely used, but is difficult for English-speaking people to acquire.

The tongue r is formed by vibrating the tip of the tongue against the upper gums. It is used on the stage and to some extent off the stage: reden, Roſe, Frau, Herr.

ſ when initial before a vowel and when between two vowels or between l, m, n, or r and a vowel = English *z*: ſagen, Sohn, Aufſatz, langſam, leſen, Roſe, Felſen.

In ſp initial and ſt initial, ſ = English *sh*: ſpringen, verſprechen, Stein, vorſtellen.

Elsewhere ſ = English *s* in *son*: Erbſe, faſt, iſt.

s = English *s* in *son*: anderswo, das, Röslein.

ſſ and **ß** = English *ss* in *less*: laſſen, Kiſſen, Füße, Nuß.

ſch = English *sh*: ſchon, Schule, Tiſch.

th = English *t*: Thea'ter, Thüringer, Bibliothek', Goethe (oe = ö).

ti before a vowel = English *tsi*: Nation', Patient', Portion'.

tz = English *ts*: Fritz, Katze.

v = English *f*: Vater, viel, Vogel. In foreign words v = English *v*, except when final: Advokat', Novem'ber.

w = English *v*: Waſſer, Winter, ſchwimmen.

z = English *ts*: zehn, Zimmer, zwei.

8. Syllabication

The most important rules for the division of words into syllables are:

1. A single consonant goes with the following vowel: re=den.

2. The consonant combinations sch, ß, st, ch, ph, and th go with the following vowel: Bü=cher, Fü=ße, ko=sten, Wi=scher.

3. Of two or more consonants, the last one goes with the following vowel: Mes=ser, Rich=ter, sin=gen, kämp=fen.

4. ck becomes k=k: Dek=ke (Decke).

5. Compounds are divided into their component parts: Haus=tier, dar=aus, hin=ein.

9. Capitals

1. All nouns, and words used as nouns, begin with a capital: der Stuhl *the chair*, der Alte *the old man*, etwas Neues *something new*.

2. The formal pronoun of address Sie *you*, its oblique cases, and its possessive Ihr *your* begin with a capital.

3. The pronoun ich *I* is *not* written with a capital.

4. Adjectives denoting nationality are *not* written with a capital: ein deutsches Wörterbuch *a German dictionary*.

10. Punctuation

1. All subordinate clauses are set off by a comma or commas: Ich weiß nicht, wo er wohnt. *I do not know where he lives.* Der Mann, der gestern hier war, ist ihr Onkel. *The man who was here yesterday is her uncle.*

2. A comma is generally used before infinitive phrases when modified, and always before ohne zu, um zu, zu = um zu: Es wäre kaum möglich, es heute fertigzumachen. *It would hardly be possible to finish it today.* Er ging hinaus, ohne ein Wort zu sagen. *He went out without saying a word.* But Er fing an zu lachen. *He began to laugh.*

Introduction

3. A comma is used before und and oder when they introduce a complete clause, that is, one that has both subject and verb: Mein Bruder war krank, und ich fühlte mich auch nicht ganz wohl. *My brother was sick, and I did not feel quite well, either.* But the comma is sometimes omitted when the clauses are closely connected in structure and thought: Wo ist Tante Klara und was macht sie? *Where is Aunt Clara and what is she doing?* The comma is omitted regularly when the clauses have one subject: Er stand auf und ging ans Fenster. *He got up and went to the window.*

4. No comma is used before und and oder in a series: Hans, Fritz und Wilhelm. *Jack, Fred, and William.*

5. Commas are not used to set off single parenthetical words: Der kleine Junge aber hörte nicht auf zu weinen. *The little boy, however, did not stop crying.*

6. No comma is used between the month and the year in dates: Berlin, den 28. September 1934.

7. Either a comma or a semicolon may be used between independent clauses of a compound sentence when these clauses are not joined by a coördinating conjunction: Ich frage Fritz, der wird es wissen, or Ich frage Fritz; der wird es wissen. *I shall ask Fred; he will know it.*

8. An exclamation point is used after an imperative: Gehen Sie an die Tafel! *Go to the board.*

9. An exclamation point is used after the salutation in letters: Liebe Mutter! However, the use of a comma after the salutation in letters is gaining ground.

10. A hyphen (=) is seldom used in compounds: dieses Schulgebäude *this school building*. It is, however, frequently used to indicate that the last part of a compound has been suppressed and is to be supplied from the last part of the compound following: Gas= und Wassermesser = Gasmesser und Wassermesser *gas meters and water meters*.

11. Quotation marks are used thus: Er sagte: „Ich habe kein Geld." *He said, "I have no money."* Note the use of the colon before the quotation.

12. An apostrophe is not used to indicate the genitive of a proper name except where it takes the place of an inflectional ending in names of persons ending in a sibilant (s, ß, r, z, tz, sch): Leos Hut *Leo's hat*, Fritz' Bücher *Fred's books*.

13. Italics are not used in German. Emphasis is indicated by spaced type or by bold-faced type: Dir sage ich es, aber sonst niemand. *I will tell you, but no one else.*

11. The Relations between German and English

German and English are both Germanic languages and contain a large number of words of common origin, so-called cognates. Some of these are almost identical in both languages in spelling and pronunciation; others differ considerably, owing to certain uniform sound changes that have taken place in High German. The laws governing the development of the vowels in the two languages are too complex to be considered here. The development of the consonants was, however, simpler, and a knowledge of the main changes is a great aid in recognizing cognates at sight. Sometimes cognates have ceased to be synonyms, but usually the relationship is clear despite the differences in meaning. In the examples below, the English synonym follows the cognate if the two are not identical.

COGNATES WHICH SHOW NO CHANGE OF CONSONANTS

der Baum *beam, tree*
das Bein *bone, leg*
die Hand *hand*
das Haus *house*
die Maus *mouse*

der Raum *room, space*
der Stein *stone*
der Stock *stick*
der Stuhl *stool, chair*
treu *true, loyal*

ENGLISH *p* = GERMAN f, ff, MEDIALLY AND FINALLY AFTER
VOWELS AND l AND r

der Affe *ape*	reif *ripe*
auf *up*	das Schaf *sheep*
die Harfe *harp*	scharf *sharp*
der Haufen *heap*	das Schiff *ship*
helfen *help*	schlafen *sleep*
laufen *leap, run*	der Streifen *strip*
offen *open*	tief *deep*

ENGLISH *p* = GERMAN pf INITIALLY AND AFTER CONSONANTS
OTHER THAN l AND r

der Dampf *damp, steam*	der Pfennig *penny*
der Krampf *cramp*	die Pflanze *plant*
das Kupfer *copper*	der Pfosten *post*
der Pfad *path*	der Pfuhl *pool*
die Pfanne *pan*	das Pfund *pound*
der Pfeffer *pepper*	der Rumpf *rump, trunk, body*
die Pfeife *pipe*	der Stumpf *stump*

ENGLISH *t* = GERMAN s, ss, ß, MEDIALLY AND FINALLY AFTER
VOWELS

aus *out*	das Los *lot*
beißen *bite*	die Nessel *nettle*
essen *eat*	die Nuß *nut*
grüßen *greet*	die Straße *street*
der Haß *hate (hatred)*	was *what*
heiß *hot*	das Wasser *water*
lassen *let*	weiß *white*

AFTER SOME SHORT VOWELS ENGLISH *t* = GERMAN tz IN A
NUMBER OF WORDS

die Grütze *grit, meal*	setzen *set*
die Hitze *heat*	sitzen *sit*
die Katze *cat*	wetzen *whet*
das Netz *net*	der Witz *wit, joke*

English *t* = German z initially and after consonants

der Bolzen *bolt*
das Malz *malt*
das Salz *salt*
schmelzen *smelt, melt*
zehn *ten*
die Zeit *tide, time*

das Zinn *tin* (metal)
zu *to* and *too*
die Zunge *tongue*
zwanzig *twenty*
der Zweig *twig*
der Zwilling *twin*

English *k* = German ch medially and finally after vowels and some consonants

brechen *break*
das Buch *book*
kochen *cook*
machen *make*
die Milch *milk*
der Rechen *rake*

die Sache *sake, thing*
stechen *stick*
der Storch *stork*
suchen *seek*
wachen *awake, be awake*
das Zeichen *token*

English *d* = German t

alt *old*
breit *broad*
das Brot *bread*
die Falte *fold*
der Gott *god*
gut *good*

halten *hold*
reiten *ride*
der Spaten *spade*
das Tal *dale, valley*
trinken *drink*
weit *wide*

English *th* = German d

das Bad *bath*
das *that*
der Dieb *thief*
der Dorn *thorn*
drei *three*
dünn *thin*

die Erde *earth*
die Feder *feather*
das Kleid *cloth, dress*
das Leder *leather*
der Schmied *(black)smith*
der Süden *south*

Note, however,

die Mutter *mother*
der Vater *father*

der Wert *worth, value*
das Wetter *weather*

The sound changes illustrated above give a simple picture of the *second sound shift*, not taking into account any details, irregularities, and exceptions. High German was differentiated from the other Germanic languages by this sound shift. Aside from German and English, the other important Germanic languages in use now are Dutch, Flemish, Danish, Swedish, Norwegian, and Icelandic.

Certain other changes, not included in the second sound shift, are fairly uniform and deserve attention:

ENGLISH *v* = GERMAN b

der Abend *eve, evening*	der Rabe *raven*
eben *even, just now*	die Salbe *salve*
geben *give*	schieben *shove*
haben *have*	sterben *starve, die*
leben *live*	die Taube *dove*
lieben *love*	weben *weave*

ENGLISH *f* = GERMAN b

der Dieb *thief*	die Schaube *sheaf, bundle of straw*
halb *half*	selbst *self*
das Kalb *calf*	der Stab *staff*
der Laib *loaf*	taub *deaf*
das Laub *leaf, foliage*	das Weib *wife*

Note that these English words, with the exception of the adjective *deaf*, have *v* in the plural; the plural of *staff* is either *staffs* or *staves*, according to the meaning.

ENGLISH *mb* = GERMAN mm

dumm *dumb, stupid*	die Nummer *number*
der Kamm *comb*	der Schlummer *slumber*
die Kammer *chamber*	tummeln *tumble (about), romp*
das Lamm *lamb*	das Zimmer *timber, room*

ENGLISH $gh(t)$ = GERMAN $ch(t)$

doch *though*
durch *through*
hoch *high*
der Nachbar *neighbor*
acht *eight*
fechten *fight*

leicht *light* (in weight)
das Licht *light*
die Macht *might*
die Nacht *night*
recht *right*
die Tochter *daughter*

ENGLISH ch = GERMAN k IN A NUMBER OF WORDS, MOST OF THEM LOAN WORDS *

die Bank *bench* (also *bank for money*)
die Birke *birch*
der Fink *finch*
der Kalk *chalk, lime*
die Kammer *chamber*
die Kanzel *chancel, pulpit*

die Kapelle *chapel*
das Kapitel *chapter*
der Käse *cheese*
kauen *chew*
das Kinn *chin*
die Kirche *church*
die Kiste *chest*

ENGLISH s = GERMAN sch

schlafen *sleep*
der Schlummer *slumber*
schmal *small, narrow*
schmuggeln *smuggle*
der Schnee *snow*
die Schwalbe *swallow*

der Schwarm *swarm*
schwellen *swell*
das Schwert *sword*
schwimmen *swim*
schwingen *swing*
schwören *swear*

ENGLISH sc = GERMAN sch

schaden *scathe, harm*
der Scharlach *scarlet*
die Schärpe *scarf*
der Schaum *scum, foam*
schelten *scold*
die Scherbe *scrap*

scheuern *scour*
der Schorf *scurf*
der Schotte *Scot*
die Schraube *screw*
der Schreiber *scribe*
schrubben *scrub*

* That is, words borrowed from a foreign language, as Latin, Greek, French, or English.

Introduction

The following is a poem in Low German, by Theodor Storm, together with the High German version:

Gode Nacht

Öber de stillen Straten
Geit klar de Klokkenslag;
God Nacht! Din Hart will slapen,
Und morgen is ok en Dag.

Din Kind liggt in de Weegen,
Un if bin ok bi di;
Din Sorgen und din Leben
Is allens um un bi.

Noch eenmal lat uns spräken:
Goden Abend, gode Nacht!
De Maand schient ob de Däken,
Uns' Herrgott hölt de Wacht.

Gute Nacht

Über die stillen Straßen
Geht klar der Glockenschlag[1];
Gut' Nacht! Dein Herz will schlafen,
Und morgen ist auch ein Tag.

Dein Kind liegt in der Wiege(n),
Und ich bin auch bei dir;
Dein Sorgen und dein Leben
Ist alles um dich hier (herum und bei).

Noch einmal laß uns sprechen:
Guten Abend, gute Nacht!
Der Mond scheint über'n Dächern,
Unser Herrgott[2] hält die Wacht.[3]

1. Stroke of the clock *or* bell.   2. Lord God.   3. watch *or* guard.

12. Grammatical Terms in German*

1. **Das Geschlechtswort** (-s, ⸚er)   oder   der Arti′kel (-s, —)
    bestimmt (*definite*)
    unbestimmt (*indefinite*)

2. **Das Hauptwort**   oder   das Substantiv′ (-s, -e)

    das Geschlecht (-s, -er)   oder   das Genus (—, Genera)
       (*gender*)
       männlich   das Maskuli′num (-s, Maskulina)
       weiblich   das Femini′num (-s, Feminina)
       sächlich   das Neutrum (-s, Neutra)
    biegen (str.) (*inflect, decline*)   oder   deklinie′ren (wk.)
    die Biegung (—, -en) (*inflection, declension*)   oder   die Deklination′ (—, -en)
    die Einzahl   oder   der Singular′ (-s, -e)
    die Mehrzahl   oder   der Plural′ (—, -e)
    der Fall (-es, ⸚e)   oder   der Kasus (—, —)
    der Werfall   oder   der Nominativ′ (-s, -e)
    der Wesfall   oder   der Genitiv′ (-s, -e)
    der Wemfall   oder   der Dativ′ (-s, -e)
    der Wenfall   oder   der Akkusativ′ (-s, -e)
    stark
    schwach
    gemischt (*mixed*)
    unregelmäßig (*irregular*)

* Grammatical terms have not been included in the German-English Vocabulary. If the teacher uses German in presenting grammar and syntax, the students can hardly fail to acquire the meaning, pronunciation, and correct use of the terms involved. In the German schools some of the rigorists have attempted the exclusion of words derived from the Latin, although the German equivalents are often clumsy and obscure in meaning. In the present list both the loan word from the Latin and the German equivalent have been given in most instances. Consistency in the use of these terms is hard to attain, and frequently not at all commendable. Common sense and personal preference will determine the compromise which the individual teacher will make in regard to this matter.

Introduction

3. Das Zeitwort   oder   das Verb (v = w) (–s, –en)

abwandeln (wk.) (*inflect, conjugate*)	oder	konjugie′ren (wk.)
die Abwandlung (—, –en) (*inflection, conjugation*)	oder	die Konjugation′ (—, –en)
die Zeitform (—, –en) (*tense*)	oder	das Tempus (—, Tempora)
die Gegenwart	oder	das Präsens
die Vergangenheit	oder	das Imperfekt′
die Vorgegenwart	oder	das Perfekt′
die Vorvergangenheit	oder	das Plusquamperfekt′
die Zukunft	oder	das Futu′rum
die Vorzukunft	oder	das Futu′rum exak′tum
die Aussageweise (—, –n) (*mood*)	oder	der Modus (—, Modi)
die Wirklichkeitsform	oder	der Indikativ′
die Möglichkeitsform	oder	der Konjunktiv′
die Bedingungsform	oder	der Konditional′ (–s, –e)
die Befehlsform	oder	der Imperativ′
die Nennform	oder	der Infinitiv′
das Mittelwort	oder	das Partizip′ (–s, –ien)
		das Partizip des Präsens
		das Partizip des Perfekts
das Hilfszeitwort	oder	das Hilfsverb (–s, –en)
die Tätigkeitsform	oder	das Aktiv′
die Leideform	oder	das Passiv′
zielend	oder	transitiv′
nichtzielend	oder	intransitiv′
rückzielend	oder	reflexiv′
unpersönlich (*impersonal*)		
zusammengesetzt (*compound*)		
trennbar (*separable*)		
untrennbar (*inseparable*)		

Die Grundformen (*principal parts*) eines Zeitworts sind der Infinitiv, die dritte Person der Einzahl des Präsens und des Imperfekts, und das Partizip des Perfekts.

4. **Das Eigenschaftswort** oder das Adjektiv' (–s, –e)

steigern	oder	komparie'ren
die Steigerung	oder	die Komparation'
die Grundstufe	oder	der Positiv'
die Höherstufe	oder	der Komparativ'
die Höchststufe	oder	der Superlativ'

5. **Das Umstandswort** oder das Adverb' (v = w) (–s, –ien)

des Ortes
der Zeit
der Art und Weise

6. **Das Fürwort** oder das Prono'men (–s, Pronomina)

persönlich	das Personal'pronomen
bezüglich	das Relativ'pronomen
fragend	das Interrogativ'pronomen
besitzanzeigend	das Possessiv'pronomen
hinweisend	das Demonstrativ'pronomen
rückbezüglich	das Reflexiv'pronomen

unbestimmt (*indefinite*)
sich beziehen auf (acc.) (*refer to*)
das Beziehungswort (*antecedent*)

7. **Das Verhältniswort** oder die Präposition' (—, –en)

Die Verhältniswörter regieren den Wesfall, den Wemfall usw.

8. **Das Bindewort** oder die Konjunktion' (—, –en)

beiordnend	oder	koordinie'rend
unterordnend	oder	subordinie'rend

9. **Das Zahlwort** oder das Numera'le (–s, Numeralien)

die Grundzahl (—, –en)	oder	die Kardinal'zahl
die Ordnungszahl (—, –en)	oder	die Ordinal'zahl

10. **Das Ausrufwort** oder die Interjektion' (—, –en)

Introduction

Andere häufig gebrauchte grammatische Bezeichnungen (*designations, terminology*) sind:

der Satz (–es, ⸚e) (*sentence*)	oder	die Perio'de (—, –n)
der Hauptsatz (*principal clause*)		
der Nebensatz (*subordinate clause*)		
der Satzgegenstand (–s, ⸚e)	oder	das Subjekt' (–s, –e)
die Satzaussage (—, –n)	oder	das Prädikat' (–s, –e)
die Ergänzung (—, –en)	oder	das Objekt' (–s, –e)
die Wortfolge (—, –n) (*word order*)		
regelmäßig (*normal*)		
umgekehrt (*inverted*)		die Inversion' (v = w)
nebensätzlich (*transposed*)		
die Silbe (—, –n) (*syllable*)		
die Vorsilbe	oder	das Präfix' (–es, –e)
die Nachsilbe	oder	das Suffix' (–es, –e)
unabhängig (*independent, direct*)	oder	direkt'
abhängig (*dependent, indirect*)	oder	indirekt'
die abhängige Rede (*indirect discourse*)	oder	die indirekte Rede
der Mitlaut (–s, –e)	oder	der Konsonant' (–en, –en)
der Selbstlaut	oder	der Vokal' (v = w) (–s, –e)
der Zwielaut	oder	der Diphthong' (–s, –e)
Zeichen setzen (*punctuate*)	oder	interpunktie'ren (wk.)
die Zeichensetzung (*punctuation*)	oder	die Interpunktion'
die Satzzeichen (*punctuation marks*)	oder	die Interpunktions'zeichen
der Punkt (–es, –e) (*period*)		
der Beistrich (–s, –e)	oder	das Komma (–s, –s)
der Strichpunkt	oder	das Semiko'lon (–s, –s)
der Doppelpunkt	oder	das Kolon (–s, –s)
das Fragezeichen (–s, —) (*question mark*)		
das Ausrufungszeichen (*exclamation point*)		
das Auslassungszeichen	oder	der Apostroph' (–s, –e)
der Bindestrich (*hyphen*)		
die Anführungszeichen (*quotation marks*)		
der Gedankenstrich (*dash*)		

die Klammern (*parentheses* or *brackets*)
das Tonzeichen   oder   der Akzent' (-s, -e)
betonen (*wk.*) (*accent*)
betont (*accented*)
tonlos (*unaccented*)

13. Classroom Expressions

Herr, Fräulein, Frau	*Mr., Miss, Mrs.*
Guten Morgen!	*Good morning.*
Guten Tag! (for an afternoon class)	*Good afternoon* or *How do you do?*
Wer fehlt heute?	*Who is absent today?*
Niemand fehlt.	*No one is absent.*
Machen Sie das Buch auf!	*Open your books.*
Machen Sie das Buch zu!	*Close your books.*
Das Lesebuch, die Grammatik	*The reader, the grammar*
Wo fängt die Aufgabe an?	*Where does the lesson begin?*
Auf Seite 10, mit Zeile 4.	*On page 10, with line 4.*
Fangen Sie zu lesen (zu übersetzen) an!	*Begin to read (to translate).*
Weiter!	*Continue.*
Lesen Sie weiter!	*Continue to read.*
Es genügt.	*That is sufficient.*
Sprechen Sie die Wörter deutlich aus!	*Pronounce the words distinctly.*
Lesen Sie den Satz (die Stelle, das Gedicht) vor!	*Read the sentence (the passage, the poem) aloud.*
Betonen Sie die erste (letzte) Silbe!	*Accent the first (last) syllable.*
Buchstabieren Sie das Wort!	*Spell the word.*
Noch einmal, bitte!	*Once more, please.*
Verstehen Sie es? — Jawohl!	*Do you understand it? — Yes indeed.*
Nein, ich verstehe es nicht.	*No, I do not understand it.*
Was bedeutet das Wort auf englisch?	*What does the word mean in English?*
Wie sagt man ... auf deutsch?	*How do you say ... in German?*

Introduction

Ich weiß es nicht.	I don't know.
Übersetzen Sie ins Deutsche (ins Englische)!	Translate into German (into English).
Wiederholen Sie das Wort (die Antwort, die Frage), bitte!	Repeat the word (the answer, the question), please.
Danke sehr! or Danke schön!	Thank you (very much).
Bitte sehr! or Bitte schön!	You are (quite) welcome.
Das ist falsch (richtig).	That is incorrect (correct).
Sie haben einen Fehler gemacht.	You made a mistake.
Verbessern Sie den Fehler!	Correct the mistake.
Gehen Sie (Kommen Sie) an die Tafel!	Go (Come) to the blackboard.
Nehmen Sie (Bringen Sie) Ihr Buch mit!	Take (Bring) your book with you.
Wischen Sie die Tafel ab!	Wipe off the blackboard.
Schreiben Sie das Wort (den Satz) an die Tafel!	Write the word (the sentence) on the blackboard.
Wischen Sie das Wort (den Satz) aus!	Erase the word (the sentence).
Wie schreibt man das Wort?	How is the word spelled?
Sie haben das Wort falsch geschrieben.	You have misspelled the word.
Gehen Sie an Ihren Platz!	Go to your seat.
Seien Sie aufmerksam! or Geben Sie acht!	Pay attention.
Tragen Sie das Gedicht vor!	Recite the poem.
Wer kann die Frage beantworten?	Who can answer the question?
Antworten Sie auf deutsch, nicht auf englisch!	Answer in German, not in English.
Die Aufgabe für morgen ist von Seite ..., Zeile ..., bis Seite ..., Zeile ... (bis zum Lesestück, bis zum Ende der Lektion).	The assignment for tomorrow is from page ..., line ..., to page ..., line ... (to the reading selection, to the end of the lesson).
Lernen Sie das Gedicht auswendig!	Learn the poem by heart.

Übersetzen Sie die Sätze auf Seite … schriftlich!	*Give a written translation of the sentences on page …*
Bereiten Sie die Sätze auf Seite … zur mündlichen Übersetzung vor!	*Prepare the sentences on page … for oral translation.*
Schreiben Sie Ihre Hausarbeit immer mit Feder und Tinte, nicht mit Bleistift!	*Always write your home work with pen and ink, not with a pencil.*
Reichen Sie Ihre Hefte (Ihre schriftlichen Arbeiten) ein!	*Hand in your notebooks (your written work).*
Sammeln Sie die Hefte ein und bringen Sie mir dieselben ans Pult!	*Collect the notebooks and bring them here to me at the desk.*
Das genügt für heute.	*That is sufficient for today.*
Auf Wiedersehen! Bis morgen!	*Good-by! I'll see you tomorrow.*

LESSON I

Gender · Nominative Singular of Definite Article · Personal Pronouns er, sie, es

A

Die Schule

Wir sind in der Schule. Das Zimmer ist groß und hell. Der Tisch ist klein aber neu. Der Stuhl ist alt, er ist nicht sehr schön. Das Buch ist grün. Der Bleistift ist gelb, er ist lang und neu. Die Tinte ist schwarz, und das Papier ist weiß. Die Tafel ist lang und schwarz. Aber das Stück Kreide ist kurz 5 und weiß.

Ist die Tinte gut? — Nein, sie ist nicht gut, sie ist zu dick. — Wie ist das Papier? — Es ist auch nicht gut. — Ist es dünn? — Ja, es ist sehr dünn.

Fragen

The answers to questions should always be in the form of complete sentences.

1. Wo sind wir?
2. Wie ist das Zimmer?
3. Ist der Tisch alt?
4. Wie ist der Stuhl?
5. Ist das Buch gelb?
6. Ist die Tinte gut?

Vocabulary

aber but
alt old
auch also; auch nicht gut not good either
der Bleistift pencil
das Buch book

der, die, das the
dick thick
dünn thin
er (sie, es) ist he (she, it) is
die Frage (*pl.**) Fragen) question
gelb yellow

* For explanation of abbreviations see page 488.

groß large
grün green
gut good
hell bright, light
ja yes
klein small, little
die Kreide chalk
kurz short
lang long
nein no
neu new
nicht not
das Papier' paper
schön beautiful, pretty, fine
die Schule school; in der Schule *dat. case after* in at school

schwarz black
sehr very
das Stück piece; das Stück Kreide piece of chalk
der Stuhl chair
die Tafel blackboard
die Tinte ink
der Tisch table
und and
weiß white
wie how
wir sind we are
wo where
das Zimmer room
zu too

An accent, as in Papier', or a quantity mark, as in Būch, is sometimes used for the guidance of the student. They should be omitted in writing the exercises.

B

1. Gender

There are three genders in German: *masculine, feminine,* and *neuter*. Names of lifeless objects, as well as of living beings, may be of any gender.

2. Definite Article

The definite article has the following forms in the nominative singular:

> der before a masculine noun: der Tisch *the table*
> die before a feminine noun: die Tinte *the ink*
> das before a neuter noun: das Buch *the book*

The nominative singular of a noun should always be learned with the definite article.

Lesson I

3. Personal Pronouns er, sie, es

Whether denoting a living being or a lifeless object, a masculine noun is referred to by er (literally, *he*) in the nominative singular, a feminine by sie (literally, *she*), a neuter by es (literally, *it*):

> Ist der Tisch klein? Ja, er ist klein. *Is the table small? Yes, it* (literally, *he*) *is small.*
>
> Ist die Tinte schwarz? Ja, sie ist schwarz. *Is the ink black? Yes, it* (literally, *she*) *is black.*
>
> Ist das Buch grün? Ja, es ist grün. *Is the book green? Yes, it is green.*

der er   die sie   das es

C

1. Copy the following sentences, substituting for each blank the definite article:

1. _____ Schule ist groß. 2. _____ Stuhl ist neu, aber _____ Tisch ist alt. 3. _____ Kreide ist weiß, und _____ Papier ist auch weiß. 4. _____ Buch ist zu dick. 5. _____ Bleistift ist nicht gut, _____ Tinte ist auch nicht gut. 6. _____ Zimmer ist klein aber hell und schön. 7. _____ Frage ist zu lang. 8. _____ Stück Kreide ist sehr kurz.

2. Copy the following sentences, substituting for each blank er, sie, or es:

1. Ist das Zimmer groß? — Ja, _____ ist sehr groß. 2. Ist der Stuhl neu? — Nein, _____ ist nicht neu. 3. Ist die Tinte grün? — Nein, _____ ist schwarz. 4. Wie ist der Bleistift? — _____ ist gelb. 5. Wie ist der Tisch? — _____ ist klein aber neu. 6. Wie ist das Papier? — _____ ist dünn. 7. Ist die Tafel lang und schwarz? — Ja, _____ ist lang und schwarz. 8. Ist das Buch dünn? — Nein, _____ ist dick. 9. Ist die Schule klein? — Nein, _____ ist groß. 10. Ist die Frage lang? — Ja, _____ ist sehr lang. 11. Wie ist das Stück Kreide? — _____ ist kurz und weiß.

3. Translate into German:

1. Where are we? — We are at school. 2. Is the room small? — No, it is large and bright. 3. Is the chair new? — Yes, it is new. 4. But the table is old. It is not very pretty. 5. The ink is not good. It is too thin. 6. The paper is not good either. It is too thick. 7. The blackboard is small but new. 8. The book is green. The paper is yellow. The pencil is long. The piece of chalk is short and white.

D [Optional]

Merkreime[1]

Das Buch ist rot, das Heft ist blau.
Das Pult ist braun, die Wand ist grau.

Die Tafel ist schwarz, die Kreide ist weiß.
Der Winter ist kalt, der Sommer ist heiß.

5   Die Feder ist leicht, der Ofen ist schwer.
Die Tasse ist voll, der Teller ist leer.

Der Ochs ist langsam, schnell ist der Wind.
Der Mann ist groß, klein ist das Kind.

Der Stein ist hart, der Schnee ist weich.
10 Der Knabe ist arm, das Mädchen ist reich.

Der Tee ist schlecht, die Milch ist gut.
Das Kleid ist gelb, grün ist der Hut.

1. *Verses to Memorize.*

Fragen

Was ist dunkel, was ist hell?
Was ist langsam, was ist schnell?

Was ist warm, was ist kalt?
Wer ist jung, wer ist alt?

Lesson I

Was ist grob, was ist fein?
Was ist schmutzig, was ist rein?

Was ist gerade, was ist krumm?
Wer ist klug, wer ist dumm?

Sprichwörter[1]

Aller[2] Anfang ist schwer.
Ohne Fleiß kein Preis.
Übung macht[3] den Meister.
Ende gut, alles gut.

1. *Proverbs.*   2. *Every.*   3. *makes.*

LESSON II

Nominative and Accusative Singular of der, ein, and kein · Present Indicative of sein and haben · Du, ihr, and Sie · Use of Nominative and Accusative Cases

A
Die Schule (Schluß)

Ich bin der Lehrer (die Lehrerin). Karl, du bist ein Schüler. Herr Braun, Sie sind auch ein Schüler. Anna, du bist eine Schülerin. Fräulein Müller, Sie sind auch eine Schülerin. Sie sind alle jung, gesund und stark, aber Sie sind nicht alle
5 fleißig. Anna und Karl, seid ihr fleißig? — Ja, wir sind sehr fleißig. — Wo sind Paul und Gertrud? Sind sie hier? — Nein, sie sind nicht hier. Sie sind krank.

Karl, hast du eine Füllfeder und ein Heft? — Nein, Herr Lehrer, ich habe keine Füllfeder und auch kein Heft, aber ich
10 habe einen Bleistift und Papier. — Was haben Sie, Herr Braun? — Ich habe eine Feder und ein Heft.

Was ist das, Anna? — Das ist ein Stück Kreide. — Ist das eine Feder, Fräulein Müller? — Nein, das ist keine Feder, das ist ein Bleistift. — Wie ist der Bleistift? — Er ist lang
15 und neu.

Fragen

1. Was bin ich? Was ist Karl? Was ist Anna?
2. Sind Sie alle fleißig?
3. Wer ist nicht hier?
4. Hat Karl eine Füllfeder und ein Heft?
5. Was hat er?
6. Hat Herr Braun eine Feder oder einen Bleistift?

Lesson II

Vocabulary

alle all
das *dem. pron.* that
ein a, an
die Feder pen
fleißig diligent, industrious
Fräulein Müller Miss Müller
die Füllfeder fountain pen
Gertrud Gertrude
gesund' healthy, well, healthful
haben have
das Heft notebook
Herr Braun Mr. Braun
Herr Lehrer *in direct address* Mr. *plus name of the instructor*

hier here
jung young
Karl Charles
kein no, not a, not an, not any
krank sick
der Lehrer teacher (man)
die Lehrerin teacher (woman)
oder or
der Schluß close, conclusion
der Schüler pupil (boy)
die Schülerin pupil (girl)
sein be
stark strong
was what
wer who

auch kein Heft no notebook either

Proper names that are spelled alike in German and English will not, as a rule, be listed in the vocabularies.

B

1. Nominative and Accusative Singular of der, ein, and kein

Nom.	der	die	das	ein	eine	ein	kein	keine	kein
Acc.	den	die	das	einen	eine	ein	keinen	keine	kein

2. Present Indicative of sein and haben

ich bin *I am*
du bist *you are*
er (sie, es) ist *he (she, it) is*

wir sind *we are*
ihr seid *you are*
sie sind *they are*
Sie sind *you are*

ich habe *I have*
du hast *you have*
er (sie, es) hat *he (she, it) has*

wir haben *we have*
ihr habt *you have*
sie haben *they have*
Sie haben *you have*

3. Du, ihr, and Sie

These words all mean *you*, but they may not be used interchangeably. The form du is used in addressing a near relative, an intimate friend, or a child; ihr is the plural of du; in other cases Sie, always capitalized in this sense, is used when addressing either one person or more than one:

[Speaking to one's brother]
Du bist stark. *You are strong.*

[Speaking to one's brother and sister simultaneously]
Ihr seid jung. *You are young.*

[Speaking to Mr. Braun alone]
Sind Sie krank? *Are you sick?*

[Speaking to Mr. Braun and Mr. Müller simultaneously]
Sie sind sehr fleißig. *You are very industrious.*

4. Use of Nominative and Accusative Cases

The subject is in the nominative:

Der Tisch ist klein aber neu.

A predicate noun is in the nominative:

Ich bin der Lehrer.

The direct object is in the accusative:

Er hat keinen Bleistift.

C

1. Copy the following sentences, substituting for each blank the definite article:

1. Herr Braun ist ____ Lehrer. 2. Er hat ____ Füllfeder.
3. ____ Lehrerin ist krank. 4. Hast du ____ Feder oder ____ Bleistift? 5. Ich habe ____ Heft und ____ Tinte. 6. ____ Schüler ist stark und gesund. 7. ____ Schülerin ist sehr jung.
8. ____ Zimmer ist groß und hell. 9. Wer hat ____ Stuhl?
10. ____ Schluß ist sehr schön.

Lesson II

2. Copy the following sentences, substituting for each blank the indefinite article:

1. Was ist das? — Das ist _____ Heft. 2. Das ist _____ Feder, und das ist _____ Stück Kreide. 3. Das ist _____ Tisch, und das ist _____ Tafel. 4. Habt ihr _____ Füllfeder oder _____ Bleistift? 5. Karl hat _____ Buch. 6. Fräulein Müller, haben Sie _____ Heft und auch _____ Feder? 7. Wer hat _____ Stuhl oder _____ Tisch?

3. Copy the following sentences, substituting for each blank the proper form of kein:

1. Ist das ein Heft? — Nein, das ist _____ Heft. 2. Ist das eine Füllfeder? — Nein, das ist _____ Füllfeder. 3. Ist das ein Stuhl? — Nein, das ist _____ Stuhl. 4. Gertrud, hast du eine Feder? — Nein, Herr Lehrer, ich habe _____ Feder und auch _____ Bleistift. 5. Paul hat _____ Papier, und Anna hat _____ Heft. 6. Der Lehrer hat _____ Tisch. 7. Die Schülerin hat _____ Buch. 8. Wir haben _____ Tinte und auch _____ Kreide.

4. Copy the following sentences, substituting for each blank the verb:

1. Wo _____ du? — Ich _____ in der Schule. 2. _____ ihr fleißig? — Ja, wir _____ alle fleißig. 3. Wer _____ nicht hier? — Gertrud und Karl _____ nicht hier. 4. _____ Sie krank, Herr Braun? — Nein, ich _____ nicht krank. 5. Die Tinte und das Papier _____ nicht gut. 6. Die Schülerin _____ eine Feder, und der Schüler _____ einen Bleistift. 7. Anna und Paul, _____ ihr Papier? — Nein, Herr Lehrer, wir _____ kein Papier. 8. Was _____ du, Karl? — Ich _____ ein Stück Kreide. 9. _____ Sie eine Füllfeder, Fräulein Müller? 10. Gertrud und Anna _____ kein Buch.

5. Copy the following sentences, substituting for each blank a pronoun:

1. Wo ist die Lehrerin? — _____ ist in der Schule. 2. Wo ist der Lehrer? — _____ ist hier. 3. Wie ist die Schülerin? — _____ ist jung und schön. 4. Wie ist das Heft? — _____ ist zu dünn. 5. Wie

ist der Tisch? — _____ ist klein aber neu. 6. Ist die Tafel lang oder kurz? — _____ ist lang. 7. Ist der Bleistift gelb oder grün? — _____ ist gelb. 8. Ist die Tinte dick oder dünn? — _____ ist dick. 9. Sind der Tisch und der Stuhl alt oder neu? — _____ sind neu. 10. _____ ist krank? _____ hast du? Ist _____ eine Füllfeder?

6. Translate into German:

1. The pen, a pen, no pen; the notebook, a notebook, no notebook; the pencil, a pencil, no pencil. 2. Gertrude, have you a notebook and a pencil? — No, I have no notebook and no pencil either. 3. Have you a fountain pen, Miss Miller? Where is it? 4. We have ink and paper, but no pen. 5. Who is not here? — Mr. Brown is not here. He is sick. 6. Are you sick, Charles? — No, I am strong and healthy. 7. Are you industrious, Miss Miller? — Yes, we are all industrious. 8. What is that? — That is a piece of chalk. 9. Who has the pencil and the notebook? 10. Anna and Paul, have you no paper? You are not very industrious.

D [Optional]

Scherzreime[1]

Ich habe keinen Schuh, du hast keinen Strumpf.
Das Messer ist scharf, die Feder ist stumpf.

Der Kaufmann hat Geld, der Bauer hat Land.
Das ist ein Finger, und das eine Hand.

5 Wir haben keinen Wein, und wir haben kein Bier,
Aber Fritz hat ein Bein, und der Herbst ist schon hier.

Das ist ein Hügel, und das ist ein Berg.
Der Riese ist groß, aber klein ist der Zwerg.

    Wir sind in der Klasse.
10   Wer hat eine Tasse?

    Was ist naß?
    Wer ist blaß?

Lesson II

Wo ist der Vetter?
Wie ist das Wetter?

Gertrud hat keinen Hut.
Heinrich hat keinen Mut.

Herr Bäcker hat gar kein Kinn.
Dies alles hat keinen Sinn.

1. *Comic Verses.*

Sprichwörter

Erfahrung macht klug.

Morgenstunde hat Gold im[1] Munde.

Hunger ist der beste[2] Koch.

Lust und Liebe zu einem Ding macht alle Müh'[3] und Arbeit gering.

Keine Antwort ist auch eine Antwort.

1. im = in dem, dat. of der *the*. 2. The endings of attributive adjectives are explained in Lesson XI. 3. Mühe.

Rätsel[1]

Was hat keinen Körper und ist doch sichtbar?

[Der Schatten.]

Welcher Schuh hat keine Sohle?

[Der Handschuh.]

1. *Riddles.*

LESSON III

Declension of **der**, **ein**, and **kein** and of Nouns in the Singular · Use of Genitive and Dative Cases · Diminutives · Present Indicative of **sagen**

A

In der Klasse

Wir sitzen in der Klasse und lernen fleißig. Hans und Leo Treutler lernen Deutsch, Fritz Bolz lernt Französisch. Fritz ist der Sohn des Lehrers. Der Lehrer hat nur den einen Sohn und eine Tochter.

5 Der Lehrer fragt einen Schüler: „Herr Braun, haben Sie einen Bleistift und Papier?" Herr Braun sagt: „Nein, Herr Lehrer, ich habe keinen Bleistift und auch kein Papier, aber ich habe eine Füllfeder und ein Heft." Er zeigt dem Lehrer die Füllfeder und das Heft.

10 Der Lehrer reicht dann einer Schülerin ein Stück Kreide und sagt: „Schreiben Sie, bitte, das Wort **Töchterchen** und auch das Wort **Töchterlein** an die Tafel!"

Fragen

1. Wo sitzen wir?
2. Was lernen Hans und Leo Treutler?
3. Was lernt Fritz Bolz?
4. Wer ist Fritz?
5. Hat der Lehrer nur den einen Sohn?
6. Hat er auch eine Tochter?
7. Wer hat keinen Bleistift und kein Papier?
8. Was hat Herr Braun?

Lesson III

9. Was zeigt Herr Braun dem Lehrer?
10. Was reicht der Lehrer einer Schülerin?
11. Was schreibt die Schülerin an die Tafel?

Vocabulary

bitte (*for* ich bitte I beg) please
dann then
Deutsch German (language)
ein a, an, one
fragen ask
Franzö′sisch French (language)
Fritz Fred
Hans Jack
die Klasse class
lernen learn, study
nur only
reichen reach, hand

sagen say
schreiben write; schreiben Sie (*imperative*) an die Tafel (*acc.*)! write on the blackboard
sitzen sit
der Sohn son
die Tochter daughter
das Töchterchen little daughter
das Töchterlein little daughter
das Wort word
zeigen show

B

1. Declension of der, ein, and kein in the Singular

	Masc.	Fem.	Neut.	Masc.	Fem.	Neut.
Nom.	der	die	das	ein	eine	ein
Gen.	des	der	des	eines	einer	eines
Dat.	dem	der	dem	einem	einer	einem
Acc.	den	die	das	einen	eine	ein

Kein is declined in the singular like ein; ein has no plural.

2. Declension of Nouns in the Singular

a. Feminine nouns do not change:

Nom.	die Klasse	eine Tochter
Gen.	der Klasse	einer Tochter
Dat.	der Klasse	einer Tochter
Acc.	die Klasse	eine Tochter

b. The following rules apply to most masculine and neuter nouns: The ending of the genitive is usually ‑es for monosyllables and ‑s for polysyllables. However, all nouns ending in a sibilant (s, sch, ß, tz, x, z) add ‑es.

In the dative monosyllables generally add ‑e, while polysyllables are regularly without ending.

The accusative is like the nominative.

	Nom. —	Dat. –(e)
	Gen. –(e)s	Acc. —

Nom.	der Lehrer	ein Stuhl	kein Buch
Gen.	des Lehrers	eines Stuhles	keines Buches
Dat.	dem Lehrer	einem Stuhle	keinem Buche
Acc.	den Lehrer	einen Stuhl	kein Buch

3. Use of Genitive and Dative Cases

a. The genitive is used to denote possession:

> des Lehrers Stuhl or der Stuhl des Lehrers *the teacher's chair,* or *the chair of the teacher*

With feminine nouns and those denoting lifeless objects use only the order der Stuhl der Lehrerin, das Papier des Buches.

b. The indirect object is in the dative:

> Ich reiche dem Schüler das Buch. *I hand the pupil the book,* or *I hand the book to the pupil.*
> Er zeigt dem Lehrer die Feder. *He shows the teacher the pen,* or *he shows the pen to the teacher.*

4. Diminutives

The suffixes ‑chen and ‑lein form neuter diminutives from other nouns, the stem vowel usually taking umlaut when possible:

> das Töchterchen or das Töchterlein (from die Tochter) *little daughter*
> das Tischchen or das Tischlein (from der Tisch) *little table*

Lesson III

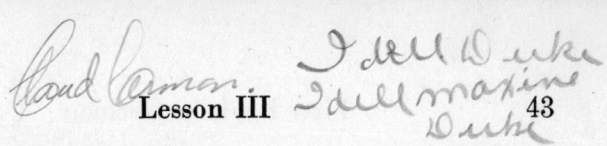

The north-German ᛫chen is commoner in the literary language than the south-German ᛫lein.

Diminutives may express endearment as well as smallness: Töchterchen may also mean *dear daughter*.

5. Present Indicative

We name verbs by their present infinitive form. Most infinitives end in ᛫en, some in ᛫n. By cutting off the ending of the infinitive we have the stem of the verb. The present indicative of most verbs is formed by adding to the stem the endings ᛫e, ᛫st, ᛫t, ᛫en, ᛫t, ᛫en.

Present Indicative of sagen *say*, Stem sag᛫

ich sage *I say*	wir sagen *we say*
du sagst *you say*	ihr sagt *you say*
er (sie, es) sagt *he (she, it) says*	sie sagen *they say*
	Sie sagen *you say*

Verbs whose stems end in a sibilant (s, ss, ß, sch, tz, x, z) drop the s of the inflectional ending ᛫st in the second person singular: Wo sitzt du in der Klasse?

6. *a.* No Progressive Forms

German has nothing corresponding to the English progressive forms composed of *be* plus the present participle:

We are sitting in the class. Wir sitzen in der Klasse.
Fred is studying French. Fritz lernt Französisch.
Are you studying German? Lernen Sie Deutsch?

b. No Auxiliary corresponding to English *do*

Literary German has no auxiliary corresponding to English *do*:

He does not study diligently. Er lernt nicht fleißig.
Where do you sit in the class? Wo sitzt du in der Klasse?
What does he write on the blackboard? Was schreibt er an die Tafel?

c. Note, then, that

ich sage = *I say, I am saying, I do say*
er schreibt = *he writes, he is writing, he does write*
fragst du = *are you asking, do you ask*
zeigen sie = *are they showing, do they show*

7. No Adverbial Suffix

Most adjectives in German may also be used as adverbs. There is no special adverbial suffix corresponding to English *-ly*: fleißig renders both *diligent* and *diligently*. Adverbs will therefore, as a rule, not be listed separately in the vocabularies.

C

1. *a.* Decline:

der Tisch	ein Sohn	kein Stuhl
die Feder	eine Tochter	keine Klasse
das Zimmer	ein Töchterchen	kein Wort

b. Conjugate:

1. Ich zeige dem Lehrer die Kreide.
2. Ich sitze in der Klasse.
3. Ich habe kein Papier.
4. Wo bin ich?
5. Was schreibe ich an die Tafel?

c. Form diminutives from

| der Sohn | das Heft |
| die Feder | das Wort |

2. *a.* Copy the following sentences, substituting for each blank the definite article:

1. _____ Buch _____ Schülers ist neu und gut. 2. _____ Lehrers Tochter ist fleißig. 3. _____ Zimmer _____ Tochter ist groß und schön. 4. _____ Lehrer zeigt _____ Klasse _____ Füllfeder. 5. _____ Lehrerin reicht _____ Schüler _____ Bleistift. 6. Wer hat _____ Stuhl _____ Lehrerin?

Lesson III

b. Copy the following sentences, substituting for each blank the indefinite article:

1. Gertrud ist die Tochter _____ Lehrerin. 2. Fritz ist der Sohn _____ Lehrers. 3. Ich reiche _____ Schüler _____ Stück Kreide. 4. Hans zeigt _____ Schülerin _____ Heft. 5. Leo hat _____ Bleistift und auch _____ Feder.

c. Copy the following sentences, substituting for each blank the proper form of kein:

1. _____ Schüler hat ein Heft. 2. Leo sagt: „Herr Lehrer, ich habe _____ Bleistift, _____ Füllfeder und auch _____ Papier." 3. Fritz zeigt _____ Schüler das Buch. 4. Hast du _____ Stuhl, Anna?

3. Copy the following sentences, substituting for each blank the correct ending:

1. Was lern__ Sie in der Schule? — Wir lern__ Deutsch. 2. Was lern__ du, Hans? — Ich lern__ Französisch. 3. Leo Treutler und Fritz Bolz lern__ nicht fleißig. 4. Was zeig__ Fräulein Müller dem Lehrer? — Sie zeig__ dem Lehrer das Heft. 5. Was sag__ sie dann? — Sie frag__ den Lehrer: „Hab__ Sie eine Füllfeder?" 6. Herr Braun, schreib__ Sie, bitte, das Wort **Töchterlein** an die Tafel! 7. Herr Braun schreib__ sehr schön. 8. Karl und Fritz, wo sitz__ ihr? — Wir sitz__ in der Klasse. 9. Was frag__ du, Paul? — Hab__ Sie nur einen Sohn? 10. Ich hab__ nur einen Sohn und eine Tochter.

4. Copy the following sentences, substituting for each blank the proper pronoun:

1. Die Tinte ist nicht gut, _____ ist zu dick. 2. Das Papier ist auch nicht gut, _____ ist sehr dünn. 3. Ist der Bleistift lang oder kurz? — _____ ist lang und neu. 4. Wie ist der Stuhl? — _____ ist alt und nicht sehr schön. 5. Wie ist die Tafel? — _____ ist lang und schwarz.

5. Translate into German:

1. Fred Bolz is the teacher's son. He does not study very diligently. 2. Anna Treutler is the daughter of the teacher.

German Coins

She is studying French. 3. The teacher has only one son and one daughter. 4. What are you studying, Jack? — I am studying German. 5. The teacher hands a notebook to a pupil and asks: "Have you a pen?" 6. The pupil says: "No, I have no pen, but I have a pencil." 7. He shows the teacher the pencil. 8. Miss Miller, please write the word Töchterchen on the blackboard. 9. She is writing a word on the blackboard. 10. What is that? — That is a fountain pen.

D [Optional]

Deutsches Geld

Eine Mark hat hundert Pfennige,[1] jetzt ungefähr vierzig Cents in amerikanischem Gelde. Die folgenden[2] Münzen[3] sind aus Silber: eine halbe Mark (oder fünfzig Pfennige), eine Mark, zwei Mark,[4] drei Mark und fünf Mark. Kupfermünzen sind: ein Pfennig, zwei Pfennige und vier Pfennige. Fünf=,[5] Zehn= und Zwanzigpfennigstücke[6] sind aus einer Mischung.[7]

Seit dem Kriege gebraucht man[8] sehr viel Papiergeld: Fünfmarkscheine,[9] Zehnmarkscheine, Hundertmarkscheine usw.[10] Man schreibt seit 1924[11] statt Mark und Pfennig Reichsmark und Reichspfennig. (In der Umgangssprache hört man aber fast nur Mark und Pfennig.) Die Abkürzung für Mark ist *M*, für Reichsmark *RM*, für Pfennig Pf. und für Reichspfennig Rpf. Drei Mark und vierzig Pfennige schreibt man: 3,40 *RM*.

1. *pfennigs*.   2. *following*.   3. *coins*.   4. *marks*.   5. See Introduction (page 15).   6. *twenty-pfennig pieces*.   7. *mixture, alloy*. 8. Indef. pron., *one*. Whenever the sentence begins with some element other than the subject, the latter is put after the verb.   9. *five-mark notes*, or *bills*.   10. Abbrev. of und so weiter *and so forth*.   11. neunzehnhundertvierundzwanzig.

Die Familie

Der Vater und die Mutter des Kindes sind die Eltern. Der Bruder und die Schwester des Kindes sind die Geschwister. Der Bruder des Vaters oder der Mutter ist ein Onkel, und die Schwester des Vaters oder der Mutter ist eine Tante. Der Sohn des Onkels und der Tante ist ein Vetter, und die Tochter des Onkels und der Tante ist eine Cousine. Der Sohn des Bruders oder der Schwester ist ein Neffe, die Tochter des Bruders oder der Schwester ist eine Nichte. Der Großvater ist der Vater des Vaters oder der Mutter, und die Großmutter ist die Mutter des Vaters oder der Mutter. Der Großvater und die Großmutter sind die Großeltern des Kindes.

Sprichwörter

Vorsicht ist die Mutter der Weisheit.

Hochmut kommt vor dem Fall.

Not kennt kein Gebot.

Geld regiert die Welt.

LESSON IV

Plural of der and kein · Strong Declension of Nouns, Class I · Prepositions with the Dative or the Accusative

A
In der Klasse (Schluß)

Der Lehrer steht am Tische vor der Klasse. Ein Heft, ein Bleistift und eine Feder liegen auf dem Tische. Der Lehrer legt eine Uhr neben das Heft und ein Messer zwischen den Bleistift und die Feder. Er geht dann an die Tafel und schreibt: „ein
5 Vater, zwei Väter, eine Mutter, zwei Mütter, ein Bruder, zwei Brüder, Fritz sitzt hinter den Brüdern" und so weiter.

Aber die Klasse schaut nicht auf die Tafel. Das Wetter ist sehr schön, es ist warm, und die Fenster des Zimmers sind alle offen. Die Schüler schauen in den Garten. Nur Fräulein
10 Müller schaut auf die Tafel und den Lehrer. Sie ist fleißig und klug und lernt schnell und genau.

Fragen
1. Wo steht der Lehrer?
2. Was liegt auf dem Tische?
3. Was legt der Lehrer auf den Tisch?
4. Wohin geht er dann?
5. Was schreibt er an die Tafel?
6. Wie ist das Wetter?
7. Wie sind die Fenster des Zimmers?
8. Schauen die Schüler auf die Tafel?
9. Schaut Fräulein Müller auch in den Garten?
10. Wie ist Fräulein Müller und wie lernt sie?

Lesson IV

Vocabulary

am *contr. of* an dem
an at, to
auf upon, on
der Bruder brother
das Fenster window
der Garten garden
gehen go
genau' exact, accurate
hinter behind
in in, into
klug intelligent, bright, smart
legen lay
liegen lie
das Messer knife
die Mutter mother
neben beside
offen open

schauen look; auf die Tafel schauen look at the blackboard
schnell quick, fast
so so
stehen stand
die Uhr watch
der Vater father
vor before, in front of
warm warm
weiter farther, further; und so weiter and so forth
das Wetter weather
wohin' whither, where
zwei two
zwischen between

B

1. Plural of der and kein

	M. F. N.		M. F. N.
Nom.	die		keine
Gen.	der		keiner
Dat.	den		keinen
Acc.	die		keine

2. Declension of Nouns

There are three declensions of nouns in German: *strong, weak,* and *mixed.* The strong declension is subdivided into three classes. The distinction between the declensions is based upon the manner of forming the genitive singular and the nominative plural.

Note (1) that the nominative, genitive, and accusative plural of all nouns are alike; (2) that the dative plural is formed by adding ⸗n to the nominative plural unless the latter ends in ⸗n, in which case all the plural forms are identical.

3. Strong Declension, Class I

The nouns of this group have the nominative plural identical with the nominative singular, except some two dozen, which modify the stem vowel in the plural.

Remember that feminine nouns do not change in the singular. All masculine and neuter nouns of Class I add ⸗s in the genitive singular.

SINGULAR

Nom.	der Lehrer	der Garten	die Mutter	das Fenster
Gen.	des Lehrers	des Gartens	der Mutter	des Fensters
Dat.	dem Lehrer	dem Garten	der Mutter	dem Fenster
Acc.	den Lehrer	den Garten	die Mutter	das Fenster

PLURAL

Nom.	die Lehrer	die Gärten	die Mütter	die Fenster
Gen.	der Lehrer	der Gärten	der Mütter	der Fenster
Dat.	den Lehrern	den Gärten	den Müttern	den Fenstern
Acc.	die Lehrer	die Gärten	die Mütter	die Fenster

The following nouns of Class I occur in Lessons I–IV:

SINGULAR	PLURAL
der Bruder	die Brüder
das Fenster	die Fenster
der Garten	die Gärten
der Lehrer	die Lehrer
das Messer	die Messer
die Mutter	die Mütter
der Schüler	die Schüler
die Tochter	die Töchter
das Töchterchen	die Töchterchen
das Töchterlein	die Töchterlein
der Vater	die Väter
das Zimmer	die Zimmer

Lesson IV

4. Membership

To Class I of the strong declension belong

a. Masculine and neuter nouns ending in =el, =en, and =er.
b. Nouns in =chen and =lein.
c. Neuter nouns with the prefix Ge= and the suffix =e.
d. The two feminines die Mutter and die Tochter.

There are no nouns of one syllable in this class.

5. Prepositions with the Dative or the Accusative

The following prepositions govern either the dative or the accusative:

an *at, to* (objects)	neben *beside*
auf *upon, on* (= on top of)	über *over, above*
hinter *behind*	unter *under, beneath, among*
in *in, into*	vor *before, in front of*
	zwischen *between*

These prepositions govern the dative when locality or position is denoted, the accusative when motion toward the object of the preposition is expressed; or, to state it differently, they take the dative in answer to the question wo? *where?* and the accusative in answer to the question wohin? *whither?*

Ich lege das Buch auf den Tisch. *I lay the book on the table.*
Das Buch liegt auf dem Tische. *The book is lying on the table.*
Er geht an das Fenster. *He goes to the window.*
Er steht an dem Fenster. *He is standing at the window.*

While the meanings of the prepositions given in the vocabularies are the usual ones, other renderings are often necessary, depending upon the words with which the prepositions are associated; compare, for example, the following expressions:

in der Schule *at school*
auf die Tafel schauen *look at the blackboard*
an die Tafel schreiben *write on the blackboard*

First Book in German

6. Contractions

Some of the prepositions often contract with certain forms of the definite article. The following contractions are very common:

am for an dem	ans for an das
im for in dem	aufs for auf das
	ins for in das

C

1. Decline in the singular and plural:

der Bruder	kein Zimmer	kein Garten
die Tochter	der Vater	das Töchterchen

2. Conjugate:

1. Ich gehe an den Tisch.
2. Ich stehe am Tische.
3. Ich schaue auf die Tafel.
4. Was lege ich auf den Stuhl?

3. Express the following sentences in the plural:

1. Wohin geht der Schüler? 2. Der Bruder lernt schnell und genau. Er ist sehr klug. 3. Du zeigst dem Schüler das Messer. 4. Der Garten ist sehr schön. 5. Ist das Fenster offen? 6. Ich gehe ins Zimmer.

4. Copy the following sentences, substituting for each blank the definite article, and contracting it with the preposition where possible:

1. Er legt das Buch unter _____ Stuhl. 2. Die Mutter sitzt an _____ Fenster. 3. Ich lege das Papier über _____ Feder. 4. Der Lehrer steht vor _____ Tische. 5. Der Bleistift liegt zwischen _____ Feder und _____ Messer. 6. Ich gehe an _____ Fenster. 7. Sie legt die Füllfeder neben _____ Uhr. 8. Ein Stück Kreide liegt unter _____ Papier. 9. Fritz steht hinter _____ Stuhle. 10. Du sitzt neben _____ Lehrerin. 11. Wir legen zwei Messer auf _____ Tisch. 12. Bitte, schreiben Sie das Wort **Wetter** an _____ Tafel! 13. Die Feder liegt auf _____ Papier. 14. Wir sitzen in _____ Klasse und lernen Deutsch. 15. Der Lehrer geht hinter _____ Tisch. 16. Sie legt das Stück Kreide zwischen _____ Füllfeder und _____ Bleistift.

Berlin. The Cathedral

5. Translate into German:

1. We are at school. It is warm, and the windows are all open. 2. Fred is standing at a window and is looking into the garden. He does not study diligently. 3. Anna and Gertrude are the daughters of the teacher. He has two daughters and one son. 4. They are intelligent and industrious; they learn German quickly and accurately. 5. The teacher goes into the room. He goes to the table. 6. He is standing behind the table. A piece of chalk and a pencil are lying on the table. 7. The teacher lays a fountain pen between the piece of chalk and the pencil. 8. He goes to the blackboard and writes: "one knife, two knives, no knives, two rooms, no gardens, the brothers of the teacher, the fathers of the pupils, the book is lying under the table, I lay the knife beside the pencil," and so forth. 9. But the pupils do not look at the blackboard. They are not very industrious; the weather is too warm.

D [Optional]

Satzreihen[1]

Ich sitze an meinem[2] Platze.

Ich stehe auf.[3]

Ich gehe an die Tafel.

Ich schreibe einen Satz an die Tafel.

Ich mache einen Fehler.

Ich verbessere (korrigiere) den Fehler.

Ich lege die Kreide hin.[4]

Ich nehme den Wischer.

Ich wische den Satz aus.[5]

Ich lege den Wischer hin.

Ich gehe wieder an meinen[2] Platz.

Ich setze mich[6] auf die Bank (den Stuhl).

1. *Sentence Series.* 2. *my.* 3. stehe auf *get up, rise.* 4. lege ... hin *lay ... down.* 5. wische ... aus *erase.* 6. setze mich *sit down.*

Lesson IV

Karl sitzt an seinem[1] Platze.
Er steht auf.
Er geht an die Tür.
Er ergreift den Türknopf.
Er dreht den Türknopf.
Er öffnet[2] die Tür.
Er geht in den Flur hinaus.[3]
Er kommt an die Tür zurück.[4]
Er tritt[5] wieder in das Klassenzimmer.
Er schließt die Tür.
Er geht an seinen[1] Platz.
Er setzt sich[6] auf die Bank (den Stuhl).

1. *his*. 2. *opens*. 3. geht ... hinaus *goes out*. 4. kommt ... zurück *comes back*. 5. *steps*. 6. setzt sich *sits down*.

Marie sitzt an ihrem[1] Platze.
Sie nimmt[2] das Lesebuch.
Sie öffnet es.
Sie wendet[3] die Blätter[4] des Buches.
Sie findet[5] Seite vierzig.
Sie liest[6] die Geschichte auf dieser Seite.
Sie schließt das Buch.
Sie öffnet das Pult.
Sie legt das Lesebuch hinein.[7]
Sie schließt das Pult.
Sie nimmt ein Heft.
Sie schreibt jetzt einen deutschen Aufsatz.
Sie legt den Aufsatz auf das Pult des Lehrers.
Sie geht wieder an ihren[1] Platz.
Sie setzt sich auf die Bank (den Stuhl).

1. *her*. 2. *takes*. 3. *turns*. 4. *leaves*. 5. *finds*. 6. *reads*. 7. legt ... hinein *puts ... in it*.

Witze[1]

„Warum verhauen Sie Ihren[2] Jungen?"

„Morgen bringt er sein Schulzeugnis, und ich muß heute abend[3] verreisen."[4]

1. *Jokes.* 2. *your.* 3. heute abend *this evening.* 4. muß ... verreisen *must leave on a trip.* The infin. usually stands at the end of a simple sentence or a principal clause.

„Fritz, dein[1] Aufsatz über den Hund ist wörtlich derselbe wie der von[2] deinem Bruder. Wie kommt das?"

„Er ist derselbe Hund, Herr Lehrer!"

1. *your.* 2. wie der von *as that of.*

„Ich habe dir[1] nun die Wirkungen[2] von Wärme und Kälte erklärt,[3] Fritzchen. Also in der Wärme dehnen sich die Körper aus,[4] und in der Kälte ziehen sie sich zusammen.[5] Kannst[6] du mir[7] ein Beispiel nennen?"

5 „Die Ferien, Herr Lehrer!"

„Wieso denn[8] die Ferien?"

„Nun,[9] im Sommer sind sie sechs Wochen[10] lang, und im Winter nur zwei!"

1. *to you.* 2. *effects.* 3. habe ... erklärt *have explained.* In the pres. perf. and past perf. tenses the past part. stands at the end of a simple sentence or a principal clause. 4. dehnen sich ... aus *expand.* 5. ziehen ... sich zusammen *contract.* 6. *can.* 7. *me.* 8. *then.* 9. *well.* 10. *weeks.*

LESSON V

Kein-words · Prepositions with the Dative · Prepositions with the Accusative · Use of the Definite Article · Names of Persons

A
Zu Hause

Es ist endlich Mittag, die Schule ist aus, und die Schüler gehen nach Hause. Karl geht mit seinem Freunde Hans Treutler bis an die Gartenstraße. Sein Freund wohnt dort. Karls Vater hat ein Haus in der Parkstraße. Karl geht um das Haus und kommt durch die Küche ins Eßzimmer. Seine Schwester und das Dienstmädchen sind im Eßzimmer und decken den Tisch.

Die Mutter kommt aus dem Wohnzimmer und sagt zu ihrer Tochter: „Ist das Essen noch nicht fertig? Dein Vater ist sehr hungrig." Karl ruft den Vater. Er ist im Wohnzimmer, sitzt am Pulte und schreibt. Die Familie geht nun zu Tisch. Der Vater geht nach dem Mittagessen wieder ins Geschäft, Karl geht zur Schule, und seine Schwester geht ins Kino.

Fragen

1. Wohin gehen die Schüler?
2. Wer geht mit Karl?
3. Wo wohnt Karls Freund?
4. Wo hat Karls Vater ein Haus?
5. Wer ist im Eßzimmer?
6. Wer kommt aus dem Wohnzimmer?
7. Wer ist sehr hungrig?

8. Wo ist der Vater?
9. Wohin geht der Vater nach dem Mittagessen?
10. Wohin gehen Karl und seine Schwester?

Vocabulary

aus *adv.* out; *prep.* out of
bis an as far as
decken cover; den Tisch decken set the table
dein your
das Dienstmädchen servant girl
dort there
durch through
endlich finally, at last
das Essen eating, meal, dinner, supper
das Eßzimmer dining-room
die Fami′lie (ie = i + e) family
fertig finished, done, ready
der Freund friend
die Gartenstraße Garden Street
das Geschäft′ business; ins Geschäft gehen go to one's place of business
das Haus house; zu Hause at home; nach Hause gehen go home
hungrig hungry
ihr her
das Kino movies; ins Kino gehen go to the movies
kommen come
die Küche kitchen
mit with
der Mittag noon
das Mittagessen dinner
nach after
noch still, yet; noch nicht not yet
nun now
die Parkstraße Park Street; in der Parkstraße on Park Street
das Pult desk
rufen call
die Schwester sister
sein his
um around
wieder again
wohnen live, reside
das Wohnzimmer living-room

zur Schule gehen go to school
zu Tisch gehen sit down to dinner, supper, etc.

Of the nouns in this vocabulary, the following belong to Class I of the strong declension:

    das Dienstmädchen   das Eßzimmer
    das Essen   das Mittagessen
         das Wohnzimmer

Lesson V

B

1. Kein-words

Like kein are declined the possessive adjectives mein *my*, dein *your*, sein *his*, ihr *her*, sein *its*, unser *our*, euer *your*, ihr *their*, Ihr *your*:

	SINGULAR			PLURAL
	Masc.	*Fem.*	*Neut.*	*M. F. N.*
NOM.	mein	meine	mein	meine
GEN.	meines	meiner	meines	meiner
DAT.	meinem	meiner	meinem	meinen
ACC.	meinen	meine	mein	meine

Kein, ein, and the possessives are referred to as the kein-words. Note that they are without an inflectional ending in the nominative singular masculine and in the nominative and accusative singular neuter. The kein-words, as treated so far, are adjectives. When used as pronouns, they have a slightly different declension; see Lesson XVI.

The inflected forms of unser and euer are usually shortened by dropping the e of the stem:

unsres instead of unseres	eures instead of eueres
unsrem instead of unserem	eurem instead of euerem
unsre instead of unsere	eure instead of euere
etc.	etc.

The distinction between dein, euer, Ihr *your* is the same as between du, ihr, Sie *you*:

Karl, hast **du dein** Heft? *Charles, have you your notebook?*

Anna und Gertrud, habt **ihr euer** Papier? *Anna and Gertrude, have you your paper?*

Herr Braun, haben **Sie Ihr** Messer? *Mr. Braun, have you your knife?*

Herr Braun und Herr Müller, haben **Sie Ihre** Tinte? *Mr. Braun and Mr. Müller, have you your ink?*

2. Prepositions with the Dative

The following prepositions govern the dative:

aus *out of, from*
außer *out of, besides, except*
bei *by, at, at the house of, with*
mit *with*
nach *after, to* (places), *according to*
seit *since*
von *of, from, by*
zu *to* (persons)

Contractions:

beim for bei dem
vom for von dem
zum for zu dem
zur for zu der

3. Prepositions with the Accusative

The following prepositions govern the accusative:

bis *until, to, up to, as far as;* bis is usually followed by another preposition
durch *through*
für *for*
gegen *against, toward*
ohne *without*
um *around*
wider (used only in certain phrases) *against, contrary to*

Contractions:

fürs for für das
ums for um das

4. Use of the Definite Article

a. The definite article is used with the names of meals and streets:

nach dem Mittagessen *after dinner*
in der Parkstraße *on Park Street*

b. The definite article is often used in place of the possessive adjective in referring to the members of a family or to other relatives:

Die Mutter (that is, seine Mutter or ihre Mutter or meine Mutter or deine Mutter, etc., as the context may show) kommt aus dem Wohnzimmer.

Lesson V

5. Names of Persons

Names of persons, including feminine names, add ‑s in the genitive singular:

> Karls Vater *Charles's father*
> Annas Mutter *Anna's mother*
> Fräulein Müllers Feder *Miss Müller's pen*

If the nominative ends in a sibilant (s, sch, ß, tz, x, z), a genitive in ‑ens is frequently used, as Fritzens Bruder, Hansens Schwester, or the genitive is indicated by means of an apostrophe.

C

1. *a*. Decline in the singular and plural:

> sein Bruder   ihre Tochter   unser Zimmer

b. Complete:

> Ich habe mein Messer, du hast dein Messer, etc.

c. Conjugate:
> 1. Ich rufe den Vater.
> 2. Ich gehe noch nicht nach Hause.
> 3. Ich bin hungrig.

2. Copy the following sentences, substituting for each blank the correct form of dein, of euer, and of Ihr:

1. _____ Schwester ist in der Küche. 2. Wer wohnt in _____ Hause? 3. Sie geht mit _____ Mutter ins Kino. 4. Die Fenster _____ Zimmers sind alle offen. 5. Ich zeige dem Lehrer _____ Tisch.

3. Copy the following sentences, substituting for each blank the correct ending:

1. Fritz ist der Sohn mein___ Lehrers. 2. Sie reicht ihr__ Mutter die Tinte. 3. Das Wohnzimmer unsr__ Hauses ist groß und hell. 4. Der Vater eur__ Lehrerin wohnt in der Gartenstraße. 5. Das Dienstmädchen hat kein__ Schwester und auch kein__ Bruder.

62   First Book in German

6. Sein_ _ Familie ist nicht zu Hause. 7. Ihr_ _ Brüder lernen Deutsch. 8. Der Lehrer geht mit sein_ _ Schülern bis an die Parkstraße. 9. Hast du ein Heft für dein_ _ Freund? 10. Ich zeige dem Lehrer mein_ _ Uhr.

4. Copy the following sentences, substituting for each blank the definite article, and contracting it with the preposition where possible:

1. Sie kommen um _____ Haus in _____ Garten. 2. Der Schüler kommt nach _____ Lehrer in _____ Zimmer. 3. Er geht nicht ohne _____ Bruder. 4. Gertrud kommt durch _____ Küche in _____ Eßzimmer. 5. Was hat sie gegen _____ Lehrer? 6. Er wohnt bei _____ Vater des Lehrers. 7. Das Dienstmädchen kommt aus _____ Eßzimmer und sagt: „Das Mittagessen ist fertig." 8. Herr Braun geht nach _____ Essen wieder in _____ Geschäft. 9. Der Lehrer geht nun von _____ Pulte an _____ Fenster. 10. Wer ist außer _____ Lehrer dort? 11. Er geht endlich wieder zu _____ Schule. 12. Er sagt zu _____ Vater der Schülerin: „Ihre Tochter ist klug und fleißig." 13. Er legt die Uhr auf _____ Pult zwischen _____ Füllfeder und _____ Bleistift. 14. Dein Messer liegt auf _____ Tische neben _____ Feder. 15. Er geht an _____ Fenster; er steht an _____ Fenster. 16. Die Schüler schauen durch _____ Fenster in _____ Garten. 17. Er legt das Papier über _____ Messer. 18. Er geht um _____ Pult und steht vor _____ Klasse. 19. Ich sitze hinter _____ Sohne der Lehrerin. 20. Die Feder liegt unter _____ Papier.

5. Translate into German:

1. His mother, her father, our sister, your brothers, their knives. 2. Paul's book, Gertrude's pencil, Jack's pen, Fred's ink. 3. Through my room, with his knife, the windows of our house. 4. Where is your notebook, Leo? Where is your fountain pen, Miss Miller? 5. It is noon and school[1] is out. Jack and Leo are going home. 6. They go with their friend Charles as far as Park Street. Their friend lives there. 7. Charles's father is not at home. His mother is in the kitchen. The servant girl is setting the table. 8. Dinner is finally ready. Charles is

very hungry. He calls his sister Anna. 9. Anna is in the garden. She comes into the house, and they all[2] sit down to dinner. 10. Jack and Leo live on Garden Street. They go through the garden into the kitchen. 11. Their mother is in the dining-room. She has no servant girl. 12. Jack and Leo go to the movies after dinner.[3]

1. the school.   2. Place after the verb.   3. after dinner to the movies.

D [Optional]

Das älteste[1] deutsche lyrische Gedicht

Du bist mein, ich bin dein,
Des sollst du gewiß sein.[2]
Du bist beschlossen[3]
In meinem Herzen;
Verloren[4] ist das Schlüsselein;   5
Du mußt immer drinnen[5] sein.

(Um das Jahr 1200[6])

1. *oldest.*   2. Des sollst du gewiß sein *Of that thou art to feel sure.*
3. *locked up.*   4. *lost.*   5. *in it, in there.*   6. Read: zwölfhundert.

Unser Schulzimmer

Unser Schulzimmer ist groß und hell. Es hat vier hohe[1] Fenster und eine Tür. Der Fußboden ist aus Holz. An der Decke sind elektrische Lichter,[2] an den Wänden[3] sind Wandtafeln,[4] Landkarten[5] und Bilder.[6] Hinter dem Pulte des Lehrers hängt eine Wanduhr. Es[7] sind fünfzig Pulte[8] im Zimmer, 5 und hinter jedem[9] Pulte steht ein Stuhl. In einer Ecke steht ein kleiner, runder Tisch, darauf[10] ist eine Büste von Goethe, und auch eine von Schiller.

Ich sitze vorn in der Klasse[11] und gebe immer gut acht.[12] Mein Bruder aber sitzt hinten in der Klasse.[13] Er heißt Kurt. 10

School for Girls, Berlin. Typical Classroom. The Desks are Grouped around the Teacher's Desk in Semicircular Formation. Indirect Lighting from the Windows is Obtained by a Method of Diffusion

Er geht nicht gern [14] zur Schule. Wir lernen Englisch, Französisch, Mathematik und Geschichte. Die englische Stunde ist um neun Uhr,[15] die französische um elf. Ich lerne sehr gern [16] fremde Sprachen.[17] Wie [18] Goethe sagt: „Wer [19] fremde Sprachen nicht kennt,[20] weiß [21] nichts von seiner eignen." [22] Hoffentlich kann ich einst Frankreich, England und auch Amerika besuchen. Ich lese sehr viel über [23] diese Länder.[24] Aber Amerika ist sehr weit entfernt von Deutschland, und die Reise dorthin kostet [25] eine Masse Geld.

1. From hoch *high*.   2. *lights*.   3. *walls*.   4. *blackboards*.   5. *maps*. 6. *pictures*.   7. *There*.   8. *desks*.   9. *each*.   10. *thereon, on it*. 11. vorn in der Klasse *in the front part of the class*.   12. gebe ... gut acht *pay close attention*.   13. hinten in der Klasse *in the back part of the class*. 14. geht nicht gern *does not like to go*.   15. um neun Uhr *at nine o'clock*. 16. lerne sehr gern *like very much to study*.   17. *languages*.   18. *As*. 19. *He who, Whoever*.   20. In subordinate clauses the verb stands last. 21. *knows*.   22. *own*.   23. *about*.   24. *countries*.   25. *costs*.

Lesson V

Zum Schnellsprechen[1]

1. Bierbrauer[2] Brauer[3] braut braun Bier.
2. Hans hackt Holz hinterm Hirtenhaus.
3. Esel essen Nesseln[4] nicht,
   Nesseln essen Esel nicht.
4. Schneiderschere[5] schneidet[6] scharf,
   Scharf schneidet Schneiderschere.
5. Fischers[3] Fritz fischt frische Fische,
   Frische Fische fischt Fischers Fritz.

1. *To be Spoken Rapidly.*   2. *(beer-)brewer.*   3. *Family name.*
4. *nettles.*   5. *tailor's shears* or *scissors.*   6. *cuts.*

Witze

„Gefallen Ihnen[1] die Damen,[2] die[3] viel reden, besser als[4] die anderen?"

„Welche anderen?"

1. Gefallen Ihnen *Do you like.*   2. *ladies.*   3. *who.*   4. besser als *better than.*

Lehrer: „Was ist weiter von uns entfernt,[1] der Mond oder Afrika?"

Schüler: „Afrika."

Lehrer: „Wie kommst du darauf?"[2]

Schüler: „Nun,[3] den Mond können wir sehen, Afrika aber nicht."

1. weiter von uns entfernt *farther away from us.*   2. Wie kommst du darauf? *What makes you think that?*   3. *Well.*

„Weißt du,[1] Ortrud, was ich an dir[2] am meisten[3] bewundere?" fragt eine Freundin die andere.

„Nein."

„Deine Augen." [4]

5 „Sehr schmeichelhaft. Und weißt du, was ich an dir am meisten bewundere?"

„Nun?" [5]

„Deinen guten Geschmack."

1. Weißt du *Do you know.*   2. an dir *in you.*   3. am meisten *most.*
4. *eyes.*   5. *Well.*

LESSON VI

Dieser-words · Strong Declension of Nouns, Class II · Adverbs of Time and of Place

A
Nach der Schule

Karl kommt um drei Uhr mit seinen Freunden Hans und Leo Treutler nach Hause. Seine Mutter ist nicht im Hause, sie ist im Garten. Im Garten sind zwei Bäume, und unter jedem Baume steht eine Bank. Karls Mutter sitzt auf einer von den Bänken und schreibt Briefe. Sie grüßt Karls Freunde und fragt nach ihrer Mutter. Hans sagt: „Die Mutter ist heute nicht zu Hause. Sie ist auf dem Lande beim Großvater. Wir gehen morgen auch aufs Land zum Großvater."

Karl und seine Freunde spielen Tennis. Karl sagt: „Diese Bälle sind nicht gut, sie sind zu alt." Sie spielen aber eine Stunde und machen dann einen Spaziergang. Das Wetter ist schön, es ist warm, und die Vögel singen in den Bäumen. Hans und Leo gehen um fünf Uhr nach Hause. Sie wohnen in der Gartenstraße. Karl kommt müde und durstig nach Hause. Er trinkt ein Glas Wasser und geht auf sein Zimmer.

Fragen

1. Wann kommt Karl nach Hause?
2. Wo ist seine Mutter?
3. Was macht sie dort?
4. Wo ist Hans und Leo Treutlers Mutter?
5. Was spielen Karl und seine Freunde?
6. Was machen sie dann?

7. Wie ist das Wetter?
8. Was machen die Vögel?
9. Wann gehen Hans und Leo nach Hause?
10. In welcher Straße wohnen sie?
11. Was trinkt Karl?
12. Wohin geht er dann?

Vocabulary

(The matter in parentheses after some of the nouns is explained in section 4, page 71.)

aber but, however
der Ball (–es, ⸚e) ball
die Bank (—, ⸚e) bench
der Baum (–es, ⸚e) tree
der Brief (–es, –e) letter
dieser this, this one
drei three
durstig thirsty
fünf five
das Glas glass; ein Glas Wasser a glass of water
der Großvater (–s, ⸚) grandfather; beim (zum) Großvater at (to) grandfather's
grüßen greet
heute today
jeder each, every, each one, everyone
das Land land, country; auf dem Lande in the country; aufs Land gehen go to the country

machen make, do
morgen tomorrow
müde tired
singen sing
der Spazier'gang (–s, ⸚e) walk; einen Spaziergang machen take a walk
spielen play
die Straße street; in welcher Straße on what street
die Stunde hour
das Tennis (—) tennis
trinken drink
die Uhr timepiece, watch, clock; o'clock; um drei Uhr at three o'clock
der Vogel (–s, ⸚) bird
wann when
das Wasser (–s, —) water
welcher which, which one, what

fragen nach ask about
nach der Schule after school
auf sein Zimmer gehen go to one's room

Lesson VI

B

1. Diefer-words

	SINGULAR			PLURAL
	Masc.	*Fem.*	*Neut.*	*M. F. N.*
Nom.	diefer	diefe	diefes	diefe
Gen.	diefes	diefer	diefes	diefer
Dat.	diefem	diefer	diefem	diefen
Acc.	diefen	diefe	diefes	diefe

Like diefer *this, this one*, are declined jeder (no plural) *each, each one, every, everyone*; jener *that, that one*; mancher *many a, many a one, some*; folcher *such, such a*; and welcher *which, which one, what* (as adjective). The diefer-words are used either as adjectives or as pronouns:

Diefer Tifch ift zu groß, jener (*that one*) ift zu klein.

Note that the diefer-words have the same endings as the kein-words except in the nominative singular masculine and in the nominative and accusative singular neuter, where the kein-words are without case endings:

	Diefer-words				**Kein-words**			
	SINGULAR			PLURAL	SINGULAR			PLURAL
	Masc.	*Fem.*	*Neut.*	*M.F.N.*	*Masc.*	*Fem.*	*Neut.*	*M.F.N.*
Nom.	=er	=e	=es	=e	—	=e	—	=e
Gen.	=es	=er	=es	=er	=es	=er	=es	=er
Dat.	=em	=er	=em	=en	=em	=er	=em	=en
Acc.	=en	=e	=es	=e	=en	=e	—	=e

Bear in mind that unfer and euer are kein-words, the =er being a part of the stem and not an inflectional ending as in the diefer-words:

NOMINATIVE SINGULAR

Masc.	*Fem.*	*Neut.*
dief|er	dief|e	dief|es
unfer	unfr|e	unfer
euer	eur|e	euer

GENITIVE SINGULAR

dieſ	es	dieſ	er	dieſ	es
unſr	es	unſr	er	unſr	es
eur	es	eur	er	eur	es

2. Strong Declension of Nouns, Class II

The nouns of this group add ⸗e to form the nominative plural. Most masculines and all feminines take umlaut if possible; the neuters do not have umlaut.

SINGULAR

Nom.	der Baum	die Bank	das Pult	das Papier
Gen.	des Baumes	der Bank	des Pultes	des Papiers
Dat.	dem Baume	der Bank	dem Pulte	dem Papier
Acc.	den Baum	die Bank	das Pult	das Papier

PLURAL

Nom.	die Bäume	die Bänke	die Pulte	die Papiere*
Gen.	der Bäume	der Bänke	der Pulte	der Papiere
Dat.	den Bäumen	den Bänken	den Pulten	den Papieren
Acc.	die Bäume	die Bänke	die Pulte	die Papiere

The following nouns of Class II occur in the previous lessons:

SINGULAR	PLURAL
der Bleiſtift	die Bleiſtifte
der Freund	die Freunde
das Geſchäft	die Geſchäfte
das Heft	die Hefte
der Mittag	die Mittage
der Schluß	die Schlüſſe
der Sohn	die Söhne
das Stück	die Stücke
der Stuhl	die Stühle
der Tiſch	die Tiſche

* Plural = *documents*.

Lesson VI

3. Membership

To Class II of the strong declension belong

a. Nearly all of the masculine, about one third of the feminine, and about two thirds of the neuter monosyllables.

b. Polysyllables in =ich, =ig, =kunft, =ling, =nis, and =sal, and a few others.

4. Principal Parts

The nominative and genitive singular and the nominative plural are the principal parts of a noun. From them the remaining cases can be inferred. The principal parts will be indicated in the vocabularies as follows:

    das **Messer** (–s, —) = das Messer, des Messers, die Messer
    die **Tochter** (—, ⸗) = die Tochter, der Tochter, die Töchter
    der **Baum** (–es, ⸗e) = der Baum, des Baumes, die Bäume
    der **Brief** (–es, –e) = der Brief, des Briefes, die Briefe
    die **Bank** (—, ⸗e) = die Bank, der Bank, die Bänke
    das **Tennis** (—) = das Tennis, des Tennis, no plural

5. Compounds

A compound noun has the gender, and follows the declension, of its last component part:

    das Dienstmädchen (composed of der Dienst *service* and das Mädchen *girl*)
    des Dienstmädchens, die Dienstmädchen

6. Adverbs of Time and of Place

Adverbial expressions of time precede adverbial expressions of place:

    Karl kommt um drei Uhr nach Hause. *Charles comes home at three o'clock.*
    Die Mutter ist heute nicht zu Hause. *Mother is not at home today.*
    Wir gehen morgen aufs Land. *We are going to the country tomorrow.*

C

1. *a*. Decline in the singular and plural:

dieſer Brief euer Vogel ihr Bleiſtift
welcher Ball jenes Heft unſer Freund

***b*.** Decline in the singular:

jeder Stuhl   ſolches Waſſer   manche Familie

2. Copy the following sentences, substituting for each blank the correct form of the definite article, of the demonstrative dieſ- -, and of unſer:

1. _____ Zimmer iſt groß und hell. 2. _____ Klaſſe lernt Deutſch. 3. Die Tochter _____ Lehrers iſt klug und fleißig. 4. In _____ Garten ſind drei Bäume. 5. _____ Stühle ſind neu. 6. Der Sohn _____ Lehrerin lernt ſchnell und genau. 7. Sie gehen alle in _____ Garten.

3. Express the following sentences in the plural:

1. Die Bank ſteht unter jenem Baume. 2. Dieſer Tiſch iſt alt, jener aber iſt neu. 3. Das Heft liegt auf dem Pulte. 4. Sein Freund iſt heute nicht hier. 5. Auf welchem Stuhle ſitzt du? 6. Dieſer Vogel ſingt ſehr ſchön.

4. Copy the following sentences, substituting for each blank the correct ending:

1. Was lieg_ _ auf jen_ _ Bank? 2. Mit welch_ _ Feder ſchreib_ _ du? 3. Er ſteh_ _ an dieſ_ _ Fenſter und ſchau_ _ in den Garten. 4. Jed_ _ Schüler hat ein_ _ Uhr. 5. Wir ſpiel_ _ ein_ _ Stunde Tennis und mach_ _ dann ein_ _ Spaziergang. 6. Ich trink_ _ ein Glas Waſſer und geh_ _ auf mein Zimmer. 7. Er leg_ _ auf jed_ _ Pult ein_ _ Bleiſtift. 8. Manch_ _ Schüler lernen nicht fleißig. 9. Solch_ _ Papier iſt zu dünn. 10. In welch_ _ Straße wohn_ _ du? 11. Dieſ_ _ Ball iſt zu alt, wie iſt jen_ _? 12. Wann geh_ _ wir nach Hauſ_ _? 13. Er grüß_ _ Fritz_ _ Freunde und frag_ _ nach ihr_ _ Vater. 14. Der Vater ſitz_ _ am Pulte und ſchreib_ _ Brief_ _.

Lesson VI

5. Copy the following sentences, substituting for each blank the definite article, and contracting it with the preposition where possible:

1. _____ Mutter ist auf _____ Lande bei _____ Großvater. 2. Ich gehe morgen auf _____ Land zu _____ Großvater. 3. Was macht ihr nach _____ Schule? 4. _____ Dienstmädchen deckt _____ Tisch. 5. Der Vater geht nach _____ Mittagessen wieder in _____ Geschäft. 6. Karl geht um _____ Haus und kommt durch _____ Küche in _____ Eßzimmer. 7. _____ Wetter ist schön, und _____ Vögel singen in _____ Bäumen.

6. Complete:

1. Ich gehe auf mein Zimmer, du gehst auf dein Zimmer, etc.
2. Ich grüße meine Freunde, du grüßt deine Freunde, etc.

7. Conjugate:

1. Ich mache einen Spaziergang.
2. Ich komme um fünf Uhr nach Hause.
3. Ich spiele Tennis.
4. Ich bin müde und durstig.
5. Ich sitze auf einer Bank.

8. Translate into German:

1. This chair, our chair, which chair, those chairs; that desk, every desk, our desk, five desks. 2. These balls, those benches, which trees, your letters, three birds, such weather, every glass. 3. With those balls, through this room, out of that garden, for each pupil. 4. I come home at five o'clock. I am tired and thirsty. 5. I drink a glass of water and go to my room. 6. We play tennis in the garden behind our house. We then* take a walk. 7. Anna is going to the country tomorrow. Her grandfather lives in the country. 8. Jack and Paul are going to the movies at three o'clock. On what street do they live? 9. Fred is not at school today. He is sick. 10. What do you do after school, Charles? — I play tennis, I take a walk, I go to the movies, I study German, I write letters, and so forth.

*We take then.

D [Optional]

Wiegenlied

Schlaf,[1] Kindlein, schlaf!
Der Vater hütet[2] die Schaf',[3]
Die Mutter schüttelt's[4] Bäumelein,[5]
Da fällt herab[6] ein Träumelein.[7]
5   Schlaf, Kindlein, schlaf!

1. Imperative, *Sleep*.   2. *is tending*.   3. Schafe.   4. schüttelt das.
5. Bäumlein.   6. fällt herab *falls down*.   7. Träumlein.

Vergißmeinnicht

Es[1] blüht ein kleines Blümchen
Auf einer grünen Au,
Sein Aug'[2] ist wie[3] der Himmel,
So heiter und so blau.

5   Es hat nicht viel zu sagen,
Und alles, was[4] es spricht,[5]
Ist immer nur dasselbe[6] —
Ist nur: Vergißmeinnicht.

1. *There*.   2. Auge.   3. *like*.   4. *that*.   5. *speaks* or *says*.
6. *the same*.

Der Körper des Menschen

Der Körper des Menschen besteht aus[1] dem Kopfe, dem Rumpfe, den Armen und den Beinen. Auf dem Kopfe sind die Haare. An beiden Seiten des Kopfes sind die Ohren. Vorn am Kopfe[2] ist das Gesicht. Im Gesicht sind die Augen, die
5 Nase, der Mund, die Lippen, das Kinn, die Stirn und die Backen oder die Wangen. Im Munde sind die Zähne und die Zunge.

Lesson VI

Gymnastic Festival at Cologne

Zwischen dem Kopfe und dem Rumpfe ist der Hals. Die Schultern, die Brust, die Hüften und der Rücken sind Teile des Rumpfes. In der Brust sind die Lunge und das Herz.

Die Arme und die Beine heißen Glieder. An den Armen sind die Hände, und an den Beinen sind die Füße. Jede Hand hat fünf Finger, und jeder Fuß hat fünf Zehen.

Wir atmen mit der Lunge, wir sehen mit den Augen, wir hören mit den Ohren, und wir sprechen mit dem Munde. Mit der Nase riechen wir, mit den Zähnen beißen wir, und mit der Zunge schmecken wir. Die Füße gebrauchen wir zum Gehen[3] und die Hände zum Greifen.[4]

1. besteht aus *consists of*. 2. Vorn am Kopfe *On the front of the head*.
3. zum Gehen *for walking*. 4. zum Greifen *for seizing* or *grasping*.

Fencing Lesson: On Guard! Fencing is Gaining Favor among the Women in Germany

Sprichwörter

Ein frohes Herz, gesundes Blut, ist besser als viel Geld und Gut.

Arbeit, Mäßigkeit und Ruh' schließt dem Arzt die Türe zu.[1]

Gesundheit ist der größte[2] Reichtum.

5 Was Hänschen nicht lernt, lernt Hans nimmermehr.[3]

Ein guter Name ist besser als Silber und Gold.

Man muß das Eisen schmieden, solange es warm ist.

Wider den Tod ist kein Kraut gewachsen.[4]

Eine Schwalbe macht noch keinen Sommer.

10 Mit den Wölfen muß man heulen.[5]

Jugend hat keine Tugend.[6]

1. schließt...zu *locks.* 2. *greatest.* 3. *Learn when young, else you never will,* or *You can't teach an old dog new tricks.* 4. *There is no cure for death.* 5. *When in Rome, do as the Romans do.* 6. *Boys will be boys.*

Lesson VI

Abzählreime[1]

Ich und du,
Bäckers Kuh,
Müllers Esel,
Der[2] bist du!

Eins, zwei, drei, vier, fünf, 5
Strick' mir[3] ein Paar Strümpf',[4]
Nicht zu groß und nicht zu klein,
Sonst mußt du der Haschmann[5] sein.

---

1. *Counting-out rimes*, to determine who is "it," that is, to determine who shall be the catcher in games like Blindekuh (*blindman's buff*), Versteckenspielen (*hide and seek*), and the like. 2. *It*, literally, *That*. 3. Strick' mir *Knit me*. 4. Strümpfe. 5. *catcher*.

LESSON VII

**Present Indicative of arbeiten · Normal and Inverted
Word Order · Expressions of Measure**

A

Nach dem Abendessen

Um sechs Uhr ißt die Familie zu Abend. Sie haben Käse, Wurst, Brot, Butter und Obst. Der Vater trinkt eine Tasse Kaffee, Karl und seine Schwester Marie trinken Milch, die Mutter nur Wasser. Die Familie geht nach dem Abendessen
5 ins Wohnzimmer. Dort bleiben alle bis neun Uhr. Die Mutter näht, Marie spielt Klavier, und Karl lernt Englisch. Der Vater sitzt am Pulte und rechnet oder zeichnet. Zu Hause hat er kein Arbeitszimmer, denn er arbeitet meistens im Geschäft.

10 Um neun Uhr gehen Karl und Marie zu Bett. Die Mutter geht nach oben und öffnet die Fenster der Schlafzimmer. Karl geht ins Badezimmer. Er badet jeden Abend kalt, Marie aber nicht. Sie badet morgens warm. Nach dem Bade geht Karl gleich zu Bett. Manchmal redet er in der Nacht im Traume.
15 Der Vater sagt, der Tag ist nicht lang genug für Karl.

Fragen

1. Wann ißt Karl zu Abend?
2. Wohin gehen alle nach dem Abendessen?
3. Was machen sie im Wohnzimmer?
4. Hat der Vater zu Hause ein Arbeitszimmer?
5. Wo arbeitet er meistens?
6. Wann gehen Karl und Marie zu Bett?

7. Was macht die Mutter oben?
8. Wann und wie badet Karl?
9. Wann redet er manchmal?

Vocabulary

der Abend (–s, –e) evening; jeden Abend *acc. of time when* every evening
das Abendessen (–s, —) supper
arbeiten work
das Arbeitszimmer (–s, —) workroom
das Bad bath
baden bathe; kalt (warm) baden take a cold (warm) bath
das Badezimmer (–s, —) bathroom
das Bett bed
bleiben remain, stay
das Brot (–es, –e) bread, loaf of bread
die Butter (—) butter
denn *conj.* for
Englisch English (language)
genug' enough
gleich immediately
ißt (*3d sg. pres. indic. of* essen eat) eats; zu Abend essen eat supper
der Kaffee (–s) coffee
kalt cold
der Käse (–s, —) cheese
das Klavier' (v = w) (–s, –e) piano; Klavier spielen play the piano
manchmal sometimes
Marie' (*fem.*) (–s) Mary
meistens mostly, for the most part, generally
die Milch (—) milk
der Morgen (–s, —) morning; morgens in the morning
die Nacht (—, ⸚e) night; in der Nacht at night
nähen sew
neun nine
oben *adv.* above, upstairs; nach oben gehen go upstairs
das Obst (–es) fruit
öffnen open
rechnen calculate, figure
reden talk
das Schlafzimmer (–s, —) bedroom
sechs six
der Tag (–es, –e) day
die Tasse cup; eine Tasse Kaffee a cup of coffee
der Traum (–es, ⸚e) dream
die Wurst (—, ⸚e) sausage
zeichnen draw

im Geschäft at one's place of business
im Traume reden talk in one's sleep

B

1. Present Indicative of arbeiten

arbeiten *work*, stem arbeit–

ich arbeite	wir arbeiten
du arbeitest	ihr arbeitet
er arbeitet	sie arbeiten

Like arbeiten are conjugated those verbs whose stems end (1) in -d or -t, (2) in -m or -n preceded by a consonant other than h, l, m, n, r.

2. Normal and Inverted Word Order

a. Normal word order is that order in which the subject is the first element and the verb (that is, the personal verb, or inflected part) is the second element of the sentence:

Der Lehrer | steht | vor der Klasse.

b. Inverted word order is that order in which the personal verb precedes the subject. This is the regular order of direct questions in both German and English. However, there is a marked difference between the two languages in the case of simple declarative sentences: (1) German is much freer than English in beginning the sentence with some element other than the subject — for example, with an adverb, an object, or a predicate adjective or noun. (2) Whenever the sentence begins with some element other than the subject, the latter is put after the verb:

Um sechs Uhr | ißt | die Familie zu Abend.
Kaffee | trinkt | er nicht.
Müde | bin | ich nicht.

To state the matter differently: The personal verb is always the second element in the simple declarative sentence in German:

Das Wetter | ist | heute nicht sehr schön.
Heute | ist | das Wetter nicht sehr schön.
Sehr schön | ist | das Wetter heute nicht.

Der Lehrer | reicht | dem Schüler einen Bleistift.
Dem Schüler | reicht | der Lehrer einen Bleistift.
Einen Bleistift | reicht | der Lehrer dem Schüler nicht.

Since the verb must be the second element in the sentence, it naturally follows that only one element may precede it. For example, a sentence may not begin with two different adverbial elements, nor with both an adverbial element and a predicate adjective, nor with both a direct and an indirect object. Neither may an adverb stand between the subject and the verb, as in *He then hands the pupil a piece of chalk*. All these constructions violate the rule that the verb must be the second element in the sentence. The sentence just given may be rendered either by Er reicht dann dem Schüler ein Stück Kreide or by Dann reicht er dem Schüler ein Stück Kreide

Note that coördinating conjunctions, such as aber, denn, oder, und, etc., have no effect upon the word order:

Zu Hause hat der Vater kein Arbeitszimmer, denn er arbeitet meistens im Geschäft.

3. Expressions of Measure

The appositional construction is used, instead of the genitive, in expressions of measure:

eine Tasse Kaffee *a cup of coffee*
ein Glas Wasser *a glass of water*
ein Stück Land *a piece of land*

Nouns of measure, except feminines in =e, are uninflected in the plural:

zwei Glas Milch *two glasses of milk*
but zwei Tassen (plural) Kaffee *two cups of coffee*

C

1. Conjugate:

1. Ich babe morgens kalt.
2. Ich öffne die Fenster des Schlafzimmers.
3. Ich lerne Deutsch.
4. Ich rede manchmal im Traume.

2. Decline in the singular and plural:

| der Abend | jener Tag | die Nacht |
| der Traum | unser Schlafzimmer | sein Brief |

3. Copy the following sentences, substituting for each blank the ending of the verb:

1. Du rechn__ und zeichn__ jeden Abend bis neun Uhr. 2. Fritz arbeit__ heute im Garten. 3. Die Mutter sitz__ im Wohnzimmer und näh__. 4. Bleib__ du heute zu Hause? 5. Wann geh__ ihr zu Bett? 6. Er bad__ morgens warm. 7. Hans lern__ Französisch. 8. Wir ess__ um sechs Uhr zu Abend. 9. Öffn__ du die Fenster deines Schlafzimmers? 10. Ihr red__ manchmal im Traume. 11. Ich trink__ Kaffee, Marie trink__ Milch. 12. Spiel__ du Klavier?

4. Restate the following sentences, beginning with the words in heavy type:

1. Ich gehe gleich **nach dem Bade** zu Bett. 2. Er geht **jeden Abend** ins Kino. 3. Der Tag ist nicht lang genug **für Karl**. 4. Morgen gehen **wir** aufs Land. 5. Ich bin **um drei Uhr** immer im Geschäft. 6. Er bleibt bis neun Uhr **dort**. 7. Die Tinte ist nicht **zu dick**. 8. Die Familie ißt **um sechs Uhr** zu Abend. 9. Marie legt **das Brot** auf die Bank, die Wurst auf den Stuhl. 10. Er zeigt **dem Vater** das Messer nicht. 11. Ich habe **zu Hause** kein Arbeitszimmer, denn ich arbeite meistens im Geschäft. 12. Um sechs Uhr kommt **der Vater** nach Hause. 13. Karl lernt Englisch und Französisch **in der Schule**. 14. Wir gehen **nach dem Abendessen** ins Wohnzimmer. 15. Du redest **manchmal** in der Nacht im Traume. 16. Er geht **dann** nach oben auf sein Zimmer. 17. Ich mache **jeden Abend** einen Spaziergang. 18. Karl kommt endlich **müde und durstig** nach Hause. 19. Karl und Marie bleiben **bis neun Uhr** im Wohnzimmer.

Lesson VII

5. Copy the following sentences, substituting for each blank the definite article, and contracting it with the preposition where possible:

1. Auf _____ Tische stehen Butter, Brot und Käse. 2. Sie legt das Messer zwischen _____ Glas und _____ Tasse. 3. Die Lehrerin schreibt das Wort **Obst** an _____ Tafel. 4. Das Fenster _____ Badezimmers ist offen. 5. Der Lehrer reicht _____ Schüler ein Stück Kreide. 6. Wir essen in _____ Küche zu Abend. 7. Er geht um _____ Haus in _____ Garten. 8. Der Lehrer steht an _____ Tische vor _____ Klasse. 9. Sie legt die Feder neben _____ Uhr. 10. Die Mutter kommt aus _____ Eßzimmer und sagt: „Das Essen ist fertig."

6. Give the genitive singular and nominative plural of

das Klavier	ihre Tochter	dieses Pult
diese Wurst	mein Bruder	der Ball
der Garten	Ihr Freund	die Mutter
welcher Baum	der Stuhl	der Vater
jene Bank	euer Zimmer	jener Vogel
unser Lehrer	der Tisch	unser Dienstmädchen
sein Sohn	das Heft	dein Bleistift

7. Translate into German:

1. A piece of cheese, a cup of coffee, a glass of water, two glasses of milk. 2. Mary and Charles come home at three o'clock. 3. They play in the garden behind their house until five o'clock. 4. At six o'clock their father comes home. They eat supper in the kitchen. 5. They have bread and butter with cheese or sausage, and also fruit. 6. After supper their mother plays the piano. Their father sits at the desk and figures. 7. At nine o'clock their mother goes upstairs and opens the windows of the bedrooms. 8. Mary and Charles then go to bed. Charles takes a cold bath every evening.* 9. Charles's father says: "The day is not long enough for Charles, for he talks in his sleep at night."* 10. Mary and Charles are studying English, French, and German at school.

* Follow the German model in section *A*.

The Boundaries of Germany

D
[Optional]
Deutschlands Lage

Deutschland liegt in der Mitte Europas. Es grenzt im Norden an die Nordsee, Dänemark und die Ostsee; im Osten an Polen; im Süden an die Tschechoslowakei, Österreich und die Schweiz; im Westen an Frankreich, Belgien und Holland.
5 Deutschland ist ein kleines Land. Es ist nicht so groß wie der Staat Texas. Es ist nur ein Siebzehntel so groß wie die Vereinigten Staaten ohne Alaska, hat aber fünfundsechzig Millionen Einwohner.

Lesson VII

Die Tiere

Es gibt [1] Haustiere und wilde Tiere. Die Haustiere leben in der Nähe des Hauses. Wir halten sie und füttern sie, weil sie uns [2] nützlich sind. Haustiere sind die Kuh, das Pferd, der Esel, das Schwein, das Schaf, die Ziege, der Hund und die Katze. Auch die Hühner, Enten, Gänse und Tauben nennt man [3] Haustiere.

Unter [4] den wilden Tieren sind der Hase, das Eichhörnchen, der Hirsch, der Fuchs, der Wolf und der Bär. Andere wilde Tiere sind der Affe, der Löwe, der Tiger, der Elefant und das Kamel.

Zu den Tieren gehören auch die Vögel, wie der Adler, der Storch, die Nachtigall, die Lerche, die Schwalbe, das Rotkehlchen, der Sperling und viele andere.

Die Deutschen haben allerlei Tierverschen, besonders für die Kinder, wie zum Beispiel die folgenden [5]:

    Muh,[6] muh, muh!
    So ruft im Stall die Kuh.
    Sie gibt uns [7] Milch und Butter,
    Wir geben ihr [8] das Futter.
    Muh, muh, muh!
    So ruft im Stall die Kuh.

    Alle meine Enten
    Schwimmen auf dem See,
    Köpfchen in dem Wasser,
    Schwänzchen in die Höh'.[9]

    Storch, Storch, Langbein,[10]
    Bring mir [11] ein kleines Brüderlein!
    Storch, Storch, bester,[12]
    Bring mir eine kleine Schwester!

15   Bauer, bind den Pudel an,[13]
    Daß [14] er mich [15] nicht beißen kann!
    Beißt er [16] mich, verklag' ich dich,[17]
    Hundert Taler koſtet's [18] dich.[19]

1. Es gibt *There are.*   2. *to us.*   3. *we* (literally, *one*).   4. *Among.*
5. *following.*   6. *Moo.*   7. gibt uns *gives us.*   8. *her.*   9. in die Höh'
in the air.   10. *long legs.*   11. *me.*   12. *dear stork* (literally, *best
one*).   13. bind ... an *tie up.*   14. *So that.*   15. *me.*   16. Beißt er
If he bites.   17. verklag' ich dich *I will sue you.*   18. koſtet es *it will cost.*
19. In place of the acc. dich, present usage requires here the dat. dir.

Rätſel

Was für [1] Haare hat ein Schimmel?
[Pferdehaare]

Welcher Vogel ſieht dem Storch am ähnlichſten? [2]
[Die Störchin]

Wie weit geht das Reh in den Wald?
[Bis in die Mitte, dann geht es wieder hinaus]

Wann tun dem Haſen die Zähne weh? [3]
[Wenn die Hunde ihn ' beißen]

5 Warum freſſen die weißen Schafe mehr als [5] die ſchwarzen?
[Weil es mehr weiße Schafe gibt als ſchwarze]

Wie nennt man „kleine Maus" mit einem Worte?
[Mäuschen]

1. Was für *What kind of.*   2. ſieht ... am ähnlichſten *resembles most.*
3. tun ... weh *hurt.*   4. *him.*   5. *than.*

Sprichwörter

Ein Sperling in der Hand iſt beſſer als zehn Tauben auf dem Dache.

Wenn die Katze nicht zu Hauſe iſt, tanzen die Mäuſe auf Tiſchen und Bänken.

LESSON VIII

Strong Declension of Nouns, Class III · Vowel Change in the Present Indicative · Use of the Articles

A

Ein Besuch

Am Sonnabend vormittag spielt Karl auf der Wiese hinter den Häusern. Er wird endlich müde und geht nach Hause. Um ein Uhr ißt er zu Mittag. Zum Mittagessen haben sie im Sommer Fleisch, Kartoffeln, Gemüse und den Nachtisch. Im Winter kocht die Mutter immer eine Suppe für die Kinder. Karl ist sehr hungrig und läßt nichts auf seinem Teller. Der Vater ist heute nicht zu Hause. Er ist auf dem Lande bei seinem Bruder.

Am Nachmittag geht Karl zu seinem Freunde Paul. Pauls Vater ist Arzt. Er ist im Garten und gräbt. Karl nimmt den Hut vom Kopfe und sagt: „Guten Tag, Herr Doktor! Ist Paul zu Hause?" Herr Doktor Karsten grüßt freundlich und antwortet: „Paul ist auf seinem Zimmer und liest." „Danke sehr!" sagt Karl und geht nach oben.

Karl öffnet die Tür und tritt ins Zimmer. Er findet den Freund am Tische vor seinen Büchern. Paul lernt aber nicht, denn das Wetter ist zu schön, und so bleibt es nicht mehr lange. Der Winter ist vor der Tür, und dann kommen Eis und Schnee. „Bist du endlich hier?" ruft Paul und wirft seine Bücher aufs Bett.

Fragen

1. Wo spielt Karl am Sonnabend vormittag?
2. Wann ißt Karl zu Mittag?

3. Was haben sie zum Mittagessen?
4. Ist der Vater heute zu Hause?
5. Wohin geht Karl am Nachmittag?
6. Was ist Pauls Vater?
7. Wo ist Paul?
8. Lernt er fleißig?
9. Was ist vor der Tür?
10. Was kommt mit dem Winter?
11. Wohin wirft Paul seine Bücher?

Vocabulary

antworten *dat. of person* answer

der Arzt (–es, ⸺e) physician

der Besuch' (–s, –e) visit

danken *dat. of person* thank; danke sehr (= ich danke Ihnen (*dat.*) sehr) thank you very much

der Doktor doctor; Herr Doktor *in direct address* Doctor; Herr Doktor Karsten *in reference to Dr. Karsten* Dr. Karsten

das Eis (Eises) ice

finden find

das Fleisch (–es) meat

freundlich friendly

das Gemü'se (–s, —) vegetable

graben dig

der Hut (–es, ⸺e) hat; den Hut vom Kopfe nehmen take off one's hat

immer always

die Kartof'fel (*pl.* Kartoffeln) potato

das Kind (–es, –er) child

kochen cook; eine Suppe kochen make soup

der Kopf (–es, ⸺e) head

lange *adv.* long, a long time, for a long time; so bleibt es nicht mehr lange it will not remain so much longer

lassen leave

lesen read

mehr more

der Nachmittag (–s, –e) afternoon; am Nachmittag in the afternoon

der Nachtisch (–es) dessert

nehmen take

nichts nothing

rufen call, cry, exclaim

der Schnee (–s) snow

der Sommer (–s, —) summer; im Sommer in summer

der **Sonnabend** (–s, –e) Saturday; am Sonnabend vormittag (on) Saturday forenoon
die **Suppe** soup
der **Teller** (–s, —) plate
treten step
die **Tür** door; vor der Tür sein be close at hand

der **Vormittag** (–s, –e) forenoon
werden become, get
werfen throw
die **Wiese** meadow; auf der Wiese in the meadow
der **Winter** (–s, —) winter; im Winter in winter

auf seinem Zimmer in his room
guten Tag how do you do
zu Mittag essen eat dinner
zum Mittagessen for *or* at dinner

B

1. Strong Declension of Nouns, Class III

The nouns of this group add ⸗er to form the nominative plural; all take umlaut if possible:

SINGULAR

Nom.	das Buch	das Haus	das Kind
Gen.	des Buches	des Hauses	des Kindes
Dat.	dem Buche	dem Hause	dem Kinde
Acc.	das Buch	das Haus	das Kind

PLURAL

Nom.	die Bücher	die Häuser	die Kinder
Gen.	der Bücher	der Häuser	der Kinder
Dat.	den Büchern	den Häusern	den Kindern
Acc.	die Bücher	die Häuser	die Kinder

The following nouns of Class III occur in the previous lessons:

SINGULAR	PLURAL
das Bad	die Bäder
das Glas	die Gläser
das Land	die Länder
das Wort	die Wörter

2. Membership

To Class III of the strong declension belong

a. About one third of the neuter monosyllables.

b. A few masculine monosyllables.

c. Polysyllables in =tum, and a few others.

There are no feminine nouns in Class III.

3. Vowel Change in the Present Indicative

Most strong* verbs with the stem vowel a or e change the stem vowel in the second and third person singular of the present indicative as follows:

a. a becomes ä.

b. Short e becomes short i.

c. Long e changes in some verbs to long i, written ie; in others, to short i. In some verbs, as gehen and stehen, long e remains unchanged.

The following is a list of the verbs, used so far, that show vowel change in the two forms mentioned:

Infin.	ich	du	er	wir	ihr	sie
essen	esse	ißt	ißt	essen	eßt	essen
graben	grabe	gräbst	gräbt	graben	grabt	graben
lassen	lasse	läßt	läßt	lassen	laßt	lassen
lesen	lese	liest	liest	lesen	lest	lesen
nehmen	nehme	nimmst	nimmt	nehmen	nehmt	nehmen
treten	trete	trittst	tritt	treten	tretet	treten
werden	werde	wirst	wird	werden	werdet	werden
werfen	werfe	wirfst	wirft	werfen	werft	werfen

4. Use of the Articles

a. The indefinite article is omitted before an unmodified predicate noun denoting occupation:

>Er ist Arzt. *He is a physician.*
>Er ist Lehrer. *He is a teacher.*

* The term "strong verb" will be explained in Lesson X.

Lesson VIII

b. The definite article is used with names of seasons, months, and days:

 im Sommer *in summer* im Winter *in winter*
 am Sonnabend vormittag *(on) Saturday forenoon*
 Der Winter ist vor der Tür. *Winter is close at hand.*

The article is omitted, however, when the noun is used, without attributive adjective, as the object of haben; frequently also when such a noun is used, without attributive adjective, in the predicate nominative:

 Endlich haben wir Sommer. *We are having summer at last.*
 Es ist heute Sonnabend. *Today is Saturday.*

c. Differences between German and English in the use of the articles occur in various phrases and expressions which must be learned by observation:

   in der Schule *at school*
   zur Schule gehen *go to school*
   ins Geschäft gehen *go to one's business*
   Klavier spielen *play the piano*
   eine Suppe kochen *make soup*
   im Traume reden *talk in one's sleep*

C

1. Decline in the singular and plural:

 das Wort, jenes Glas, unser Kind, ihr Hut, dieser Teller.

2. Conjugate:

1. Ich grabe im Garten. 2. Ich trete ins Zimmer. 3. Ich nehme nichts. 4. Ich lese den Brief. 5. Ich werde alt. 6. Um ein Uhr esse ich zu Mittag. 7. Ich antworte dem Kinde freundlich.

3. Copy the following sentences, substituting for each blank the definite article, contracting it with the preposition where possible; and use the correct forms of the verbs in parentheses:

1. In _____ Winter (**werden**) es hier sehr kalt. 2. Was (**lesen**) du? 3. Zu _____ Mittagessen (**essen**) er Fleisch, Kartoffeln und Gemüse, aber keinen Nachtisch. 4. In _____ Zimmer (**nehmen**) du _____ Hut von _____ Kopfe. 5. _____ Wetter (**bleiben**) nicht mehr lange so schön. 6. Heute (**machen**) Marie einen Besuch bei ihrem Großvater auf _____ Lande. 7. Du (**lassen**) nichts auf deinem Teller. 8. Er (**sitzen**) an _____ Tische vor einem Buche, aber er (**lesen**) nicht. 9. Du (**sein**) jung und gesund, du (**werden**) nicht müde. 10. Herr Doktor Karsten (**treten**) an _____ Fenster und (**schauen**) in _____ Garten. 11. Karl (**antworten**): „Danke sehr!" und (**gehen**) dann nach oben. 12. Mit _____ Winter (**kommen**) Eis und Schnee. 13. An _____ Nachmittag (**graben**) er immer eine Stunde in _____ Garten. 14. Fritz (**werfen**) seine Bücher hinter _____ Tür, (**gehen**) in _____ Küche und (**trinken**) ein Glas Wasser. 15. Dann (**spielen**) er Tennis auf _____ Wiese hinter _____ Hause. 16. (**Kochen**) du in _____ Winter eine Suppe für _____ Kinder? 17. Wo (**spielen**) ihr an _____ Sonnabend vormittag? 18. „Morgen gehen wir auf _____ Land zu _____ Großvater!" (**rufen**) Hans. „In _____ Sommer ist es auf _____ Lande sehr schön." 19. Karl (**finden**) _____ Vater seines Freundes in _____ Garten. „Guten Tag, Herr Doktor!" (**sagen**) er. „Ist Paul auf seinem Zimmer?" 20. _____ Arzt (**wohnen**) in _____ Parkstraße; er (**kommen**) um fünf Uhr nach Hause. 21. _____ Lehrerin (**öffnen**) _____ Tür, (**treten**) in _____ Zimmer und (**grüßen**) _____ Klasse freundlich. 22. _____ Winter ist vor _____ Tür. In _____ Winter (**haben**) wir Eis und Schnee.

4. *a.* Express the following sentences in the plural:

1. Der Schüler schreibt das Wort ins Heft. 2. Das Glas steht auf dem Tische. 3. Das Buch liegt auf dem Pulte. 4. Das Kind spielt hinter dem Hause. 5. Was machst du mit dem Glase?

***b.* Express the following sentences in the singular:**

1. Sie lassen nichts auf ihren Tellern. 2. Ihr werft eure Bücher unter die Stühle. 3. Ihr werdet groß und stark. 4. Die Lehrer nehmen die Hefte der Schüler. 5. Wann eßt ihr zu Mittag?

5. Restate the following sentences, beginning with the words in heavy type:

1. Karl spielt **nach der Schule** auf der Wiese hinter seinem Hause.
2. Heute ist **Karls Vater** nicht zu Hause. 3. Wir wohnen **im Sommer** auf dem Lande. 4. Er ist nicht **fleißig**. 5. Sie zeigt **der Mutter** den Teller nicht.

6. Translate into German:

1. These books, those houses, our children, the physicians, three plates, two glasses, two glasses of milk. 2. Anna is reading; her mother is sewing; Paul is studying German; Dr. Karsten is digging in the garden. 3. Mr. Bolz is a teacher. Fred's father is a physician. 4. It is becoming cold. Winter is close at hand. 5. Charles eats dinner at one o'clock.[1] He leaves nothing on his plate, for he is very hungry. 6. He goes to his friend Paul in the afternoon. 7. He finds Paul's father in the garden and says: "How do you do, Doctor? Where is Paul?" 8. Dr. Karsten answers: "Paul is in his room. He is studying French." 9. Charles goes upstairs and steps into Paul's room. 10. Paul throws his book on a chair and exclaims, "Are you here at last?"

1. at one o'clock dinner.

D [Optional]

Der Garten

Auf der einen Seite unsres Hauses ist ein schöner Blumengarten. Da wachsen Rosen, Lilien, Tulpen und viele andere hübsche Blumen. Hier blühen auch das Stiefmütterchen, das Veilchen und das kleine Vergißmeinnicht. Die Schmetterlinge flattern von Blume zu Blume, die Bienen sammeln Honig, und 5 die Vögelchen singen fröhlich auf den Zweigen der alten Linde. Unter der Linde ist eine Laube, worin[1] wir alle gern sitzen,[2] wenn das Wetter schön ist.

Auf der anderen Seite des Hauses ist der Gemüsegarten.
10 Hier wachsen allerlei Gemüse, wie Bohnen, Erbsen, Kartoffeln,
Rüben, Kohl und so weiter. Im Gemüsegarten wachsen auch
Erdbeeren und Trauben.

Hinter dem Hause ist der Hof, und hinter dem Hofe ist der
Obstgarten. Im Obstgarten wächst allerlei schönes Obst:
15 Äpfel, Birnen, Kirschen und Pflaumen. Der Obstgarten ist
von [3] einem Zaune und der Hof von einer Mauer umgeben.[4]

1. *in which.*   2. gern sitzen *like to sit.*   3. *by.*   4. *surrounded.*

Sprichwörter

Der Apfel fällt nicht weit vom Stamm.[1]

Von einem Streiche fällt keine Eiche.

Kleider machen Leute.

Glück und Glas, wie leicht bricht das!

1. Like father, like son.

Satzreihen

Ich esse das Frühstück.

Ich nehme meine Schulbücher.

Ich sage den Eltern Lebewohl.

Ich verlasse das Haus.

5   Ich gehe zu Fuß in die Schule.

Ich komme an das Schulgebäude.

Ich gehe hinein.[1]

Ich gehe die Treppe hinauf.[2]

Ich komme an die Tür des Klassenzimmers.

10 Ich trete in das Zimmer.

Ich grüße den Lehrer.

Ich gehe an meinen Platz und setze mich.

1. *in.*   2. *up.*

Berchtesgaden, a Well-Known Summer Resort in the Bavarian Alps. Founded by Augustinian Monks in 1108

Heinrich nimmt einen Bogen Papier und eine Feder.

Er schreibt einen Brief an seine Mutter.

Er schreibt das Datum oben[1] auf die rechte Seite des Bogens.

5 Er beginnt den Brief: „Liebe Mutter!"

Er erzählt seiner Mutter von seiner Arbeit und seinen Kameraden.

Er schließt den Brief mit den Worten: „Dein Dich liebender Sohn[2] Heinrich."

10 Er faltet den Brief und steckt ihn[3] in einen Briefumschlag.

Er klebt[4] den Briefumschlag zu und eine Briefmarke auf.

Er schreibt die Adresse auf den Umschlag und wirft den Brief in den Briefkasten, oder er bringt ihn auf die Post.

1. *at the top.*   2. Dein Dich liebender Sohn *Your loving son.*   3. *it.*
4. klebt goes with both zu and auf, meaning *seals* and *sticks on* respectively.

Witze

Besucher (zur Hausfrau): „Ihren Sohn sieht man immer studieren.[1] Er scheint großen Wissensdurst zu haben."

Hausfrau: „Ja. Den Durst hat er von seinem Vater, das Wissen von mir."   1. *studying.*

„Man sagt, die glücklichen Ehen sind diejenigen,[1] in denen[2] der Mann und die Frau dasselbe[3] lieben."

„So ist es bei uns![4] Ich liebe Richard, und er liebt sich[5] auch."

1. *those.*   2. *which.*   3. *the same thing.*   4. bei uns *with us.*
5. *himself.*

„Ist Ihre Frau sparsam?"

„Manchmal; gestern hatte sie ihren vierzigsten Geburtstag, auf ihrem Kuchen waren aber nur sechsundzwanzig Kerzen."

„Mutter, wenn ich ‚danke schön'[1] sage, das ist doch[2] höflich?"

„Gewiß, Liebling."[3]

„Und wenn ich mit vollem Munde spreche, das ist doch ungezogen?"[4]

„Sogar sehr,[5] Liebling."

„Und wenn ich nun mit vollem Munde ‚danke schön' sage, ist das nun ungezogen oder höflich?"

1. danke schön *thank you very much.* 2. *isn't it.* 3. *my dear.*
4. *ill-mannered.* 5. sogar sehr *very much so.*

LESSON IX

Weak Declension of Nouns · Suffix =in · Mixed Declension · Use of the Present Tense for the Future · Position of Predicate Adjectives and Nouns

A
Ein Besuch (Fortsetzung)

„Wo sind deine Tanten heute?" fragt Karl. Herr Doktor Karsten hat nämlich zwei Schwestern. Sie sind beide Lehrerinnen. Fräulein Klara lehrt Französisch, Fräulein Emma Spanisch. „Tante Emma ist unten," antwortet Paul, „aber
5 Tante Klara ist in der Schule und korrigiert Hefte. Sie kommt erst um halb sechs nach Hause."

Da klopft es, und Tante Emma tritt in das Zimmer und sagt: „Junge, bist du mit deinen Schularbeiten noch nicht fertig? Warum arbeitest du so langsam? Du bist ein Faul=
10 pelz. Wir gehen heute nachmittag zu Onkel Heinrich und Tante Helene, und es wird spät. Natürlich gehst du mit uns, Karl."

„Das ist viel zu weit," antwortet Paul, „es wird schon um sechs Uhr dunkel." Aber Tante Emma lacht und sagt: „Hast
15 du sonst noch etwas auf dem Herzen? Wir haben Mondschein, und der Mond kommt schon um sieben. Du trägst meinen Korb mit den Blumen. Dann wirst du hübsch müde und schläfst gut."

Fragen

1. Was sind Fräulein Klara und Fräulein Emma Karsten?
2. Was lehrt Fräulein Emma?
3. Wo ist Tante Emma?

Lesson IX

4. Wo ist Tante Klara?
5. Was macht sie?
6. Wann kommt sie nach Hause?
7. Wohin geht Tante Emma heute nachmittag mit Paul und Karl?
8. Wann wird es dunkel?
9. Wann kommt der Mond?
10. Wer trägt den Korb?
11. Was ist in dem Korbe?

Vocabulary

beide both
die Blume (—, -n) flower
da *adv.* then, there
dunkel dark
erst first; erst um halb sechs not until half past five
etwas something, anything
der Faulpelz (-es, -e) lazy person, lazybones
die Fortsetzung (—, -en) continuation
gut *adv.* well
halb half; halb sechs half past five
Heinrich (*masc.*) (-s) Henry
Hele'ne (*fem.*) (-s) Helen
das Herz (-ens, -en) heart; etwas auf dem Herzen haben have something on one's mind
hübsch pretty; hübsch müde very tired, "good and tired"
der Junge (-n, -n) boy
Klara (*fem.*) (-s) Clara

klopfen knock; es klopft somebody knocks *or* is knocking
der Korb (-es, ⁻e) basket
korrigie'ren correct
lachen laugh
langsam slow
lehren teach
der Mond (-es, -e) moon
der Mondschein (-s) moonlight
nämlich namely, you see, you must know, for
natür'lich naturally, of course
der Onkel (-s, —) uncle
schlafen (er schläft) sleep
schon already
die Schularbeit (—, -en) school work, lesson
sieben seven
sonst else, otherwise; sonst noch etwas anything else
Spanisch Spanish (language)
spät late
die Tante (—, -n) aunt

tragen (er trägt) carry, wear   viel much
uns *dat. of* wir us   warum' why
unten *adv.* below, downstairs   weit far

  heute nachmittag this afternoon
  mit etwas fertig sein be through with something
  wir gehen zu Onkel Heinrich we are going to Uncle Henry's

B

1. Weak Declension of Nouns

The nouns of this declension add =n, =en, or =nen to form the nominative plural. Those ending in =e, =el, or =er add =n; those ending in =in add =nen; the others add =en. Weak nouns never take umlaut as a means of forming the plural.

Of the masculine nouns in this declension those ending in =e add =n, the others add =en, to form the genitive, dative, and accusative singular.

SINGULAR

Nom.	die Uhr	die Blume	die Lehrerin	der Junge
Gen.	der Uhr	der Blume	der Lehrerin	des Jungen
Dat.	der Uhr	der Blume	der Lehrerin	dem Jungen
Acc.	die Uhr	die Blume	die Lehrerin	den Jungen

PLURAL

Nom.	die Uhren	die Blumen	die Lehrerinnen	die Jungen
Gen.	der Uhren	der Blumen	der Lehrerinnen	der Jungen
Dat.	den Uhren	den Blumen	den Lehrerinnen	den Jungen
Acc.	die Uhren	die Blumen	die Lehrerinnen	die Jungen

The following weak nouns occur in the previous lessons:

die Familie	die Küche	die Suppe
die Feder	die Schule	die Tafel
die Frage	die Schülerin	die Tasse
die Füllfeder	die Schwester	die Tinte
die Kartoffel	die Straße	die Tür
die Klasse	die Stunde	die Wiese

Lesson IX

2. Membership

To the weak declension belong

a. All feminine polysyllables except die Mutter and die Tochter of the strong declension, Class I, and a few in =kunft, =nis, and =sal of the strong declension, Class II.

b. About two thirds of the feminine monosyllables.

c. A few masculine monosyllables.

d. Masculine polysyllables in =e, denoting living beings.

e. A number of foreign masculine nouns accented on the last syllable.

There are no neuter nouns in the weak declension.

3. Suffix =in

The suffix =in forms feminine nouns from masculines, the stem vowel usually taking umlaut if possible:

der Lehrer *teacher* (man)	die Lehrerin *teacher* (woman)
der Schüler *pupil* (boy)	die Schülerin *pupil* (girl)
der Arzt *physician* (man)	die Ärztin *physician* (woman)

4. Mixed Declension

A few nouns are declined strong in the singular and weak in the plural:

SINGULAR

Nom.	der Doktor	das Bett
Gen.	des Doktors	des Bettes
Dat.	dem Doktor	dem Bette
Acc.	den Doktor	das Bett

PLURAL

Nom.	die Dokto'ren	die Betten
Gen.	der Dokto'ren	der Betten
Dat.	den Dokto'ren	den Betten
Acc.	die Dokto'ren	die Betten

Note the shifting of accent in the plural of Doktor. Nouns in =or accent this ending in the plural, =ŏr becoming =ō'ren. These nouns are of Latin origin.

5. Summary of Declensional Endings of Nouns

	S I*	S II	S III	Weak	Mixed
		SINGULAR			
Nom.	—	—	—	—	—
Gen.	-s	-(e)s	-(e)s	-(e)n	-(e)s
Dat.	—	-(e)	-(e)	-(e)n	-(e)
Acc.	—	—	—	-(e)n	—
		PLURAL			
Nom.	—	-e	-er	-(e)n	-(e)n
Gen.	—	-e	-er	-(e)n	-(e)n
Dat.	(-n)	-en	-ern	-(e)n	-(e)n
Acc.	—	-e	-er	-(e)n	-(e)n

Feminine nouns do not change in the singular.

The following take umlaut in the plural:

Strong declension I: about two dozen.

Strong declension II: most masculines and all feminines if possible; no neuters.

Strong declension III: all if possible.

Weak declension: none.

Mixed: none.

6. Declension of Herr and Herz

SINGULAR

Nom.	der Herr	das Herz
Gen.	des Herrn	des Herzens
Dat.	dem Herrn	dem Herzen
Acc.	den Herrn	das Herz

PLURAL

Nom.	die Herren	die Herzen
Gen.	der Herren	der Herzen
Dat.	den Herren	den Herzen
Acc.	die Herren	die Herzen

Herr renders *Mr., gentleman, Lord, master.*

* S I = Strong declension, Class I.

7. Use of the Present Tense for the Future

The use of the present tense for the future, to express something definitely intended or confidently expected, is more common in German than in English:

> Du trägst meinen Korb mit den Blumen. Dann wirst du hübsch müde und schläfst gut. *You will carry my basket with the flowers. Then you will become "good and tired" and will sleep well.*

8. Predicate Adjectives and Nouns

Predicate adjectives and nouns usually follow adverbial modifiers:

> Es wird schon um sechs Uhr dunkel. *By six o'clock it is getting dark.*
> Die Tage sind im Winter kurz. *The days are short in winter.*

C

1. Decline in the singular and plural:

meine Tante	ihre Schwester	welche Tür
unser Onkel	dieser Korb	die Schülerin

2. Give the genitive singular and the nominative plural of

die Schularbeit	das Haus	der Herr
der Mond	der Doktor	die Kartoffel
die Feder	die Tasse	die Tochter
der Arzt	der Junge	der Sohn
das Bett	die Lehrerin	das Herz
der Kopf	der Bruder	die Uhr
die Straße	das Land	der Teller

3. Conjugate:

1. Ich trage den Korb. 2. Ich schlafe gut. 3. Ich esse keinen Nachtisch. 4. Ich werfe die Bücher aufs Pult. 5. Ich öffne die Türen. 6. Ich lerne Deutsch. 7. Was lese ich? 8. Ich korrigiere die Hefte.

First Book in German

4. Copy the following sentences, substituting the missing ending for each blank, and use the correct forms of the verbs in parentheses:

1. Was (haben) du auf dem Herz___? 2. Da (werden) er hübsch müde und (schlafen) gut. 3. Diese Bett___ (sein) nicht groß genug. 4. Der Vater dieser Junge___ ist Lehrer. 5. Karl (nehmen) den Hut vom Kopf___ und (sagen): „Gut___ Tag, Herr Doktor!" 6. Tante Klara (kommen) erst um halb sieben nach Haus___. 7. Wer (tragen) den Korb mit den Blume___? 8. „Sind dein___ Tante___ zu Hause?" (fragen) Karl. Herr Doktor Karsten (haben) nämlich zwei Schwester___. 9. Paul (arbeiten) sehr langsam; er (sein) ein Faulpelz. 10. Onkel Heinrich (graben) im Garten und Tante Helene (kochen) ein___ Suppe für die Kind___. 11. Seine Schwester___ sind beide Lehrerin___; Fräulein Emma (lehren) Spanisch, Fräulein Klara Französisch. 12. Warum (lachen) du so viel?

5. Restate the following sentences, beginning with the words in heavy type:

1. Die Jungen gehen **natürlich** mit uns. 2. Im Winter wird **es** sehr kalt. 3. Im Sommer sind **die Tage** lang, im Winter kurz. 4. Wir gehen **heute nachmittag** aufs Land zu Onkel Heinrich. 5. Ich trage die Bücher, du trägst **den Korb mit den Blumen**. 6. Dann wirst **du** hübsch müde. 7. Jeden Abend geht **er** ins Kino. 8. Die Schwestern sind **heute** nicht zu Hause.

6. Translate into German:

1. Paul Karsten is in his room. Aunt Emma is downstairs. 2. Aunt Clara is at school and will not come home until half past six. 3. Paul is sitting at the table and is reading. 4. Somebody knocks, but Paul does not answer. 5. Then Aunt Emma opens the door and steps into the room. 6. "You lazybones!" she exclaims. "Are you not yet ready? We are going to Uncle Henry's this afternoon, and it is already late." 7. "It is too far," Paul answers. "I shall stay at home. At six o'clock it is already dark. 8. I am tired and I am not yet through with my lessons."[1] 9. "Have you anything else on your mind?"

Itinerant Fruit-Vender, Berlin

asks Aunt Emma. "We have moonlight, and we shall come home at half past eight. 10. You will carry the basket with the plates, and Charles will carry the flowers. 11. Then you will both become very tired, and you will sleep well."

1. Follow the German model in section *A*.

D [Optional]

Einige Berufe und Handwerke

Herr Treutler ist Arzt; er ist ein guter Arzt. Herr Nagel ist Advokat; er ist ein berühmter Advokat. Herr Braun ist Lehrer; er lehrt am Gymnasium. Herr Weber ist Pfarrer; er predigt Sonntags in der Kirche.

Was tut der Barbier? — Er rasiert uns und schneidet uns die Haare.[1] — Was tut der Kaufmann? — Er verkauft allerlei

Waren in seinem Laden. — Was kaufen wir beim Bäcker?[2] — Brot. — Was kaufen wir beim Fleischer? — Fleisch. — Was macht der Fabrikant? — Er macht allerlei Waren aus Wolle, Baumwolle, Seide, Eisen, Holz, Leder usw. — Was macht der Schneider? — Er macht Anzüge. Er arbeitet mit der Schere, dem Fingerhut und der Nadel. — Was tut der Schuhmacher? — Er bessert alte Schuhe aus[3] und macht neue.[4]

„Schuster, bleib bei deinem Leisten!"[5] sagt das Sprichwort, und das ist ein guter Rat.

1. uns die Haare *our hair*. 2. beim Bäcker *at the baker's*. 3. bessert ... aus *mends*. 4. *new ones*. 5. „Schuster, bleib bei deinem Leisten!" *"Cobbler, stick to your last"*; that is, don't meddle with what you don't understand. (Der Leisten *last* (of a shoemaker).)

Zum Schnellsprechen

Der Metzger wetzt das Metzgermesser.[1]

Die Bürsten mit schwarzen Borsten bürsten besser, als[2] die Bürsten mit weißen Borsten.

Zwischen zwei Zwetschenzweigen[3] sitzen zwei zwitschernde[4] Schwalben.

Hinter Hermann Hannes' Haus
Hängen hundert Hemden 'raus,[5]
Hundert Hemden hängen 'raus
Hinter Hermann Hannes' Haus.

Hör',[6] du Bub',[7] sag'[8] deinem Buben,[9] daß dein Bub' meinen Buben keinen Buben mehr[10] heißt,[11] denn mein Bub' leidt's nicht[12] von deinem Buben, daß dein Bub' meinen Buben einen Buben heißt.

1. *butcher's knife*. 2. *than*. 3. *plum-tree branches*. 4. *twittering*. 5. *out*. 6. *Listen*. 7. *rascal*. 8. *tell*. 9. *boy*. 10. *any more*. 11. *call*. 12. leidt's nicht = leidet es nicht *will not endure it*.

Lesson IX

Rätsel

Welchen Hut setzt man nie auf den Kopf?
[Den Fingerhut]

Wo haben die Städte keine Häuser?
[Auf der Landkarte]

Wann ist der Müller ohne Kopf in der Mühle?
[Wenn er den Kopf aus dem Fenster steckt]

Welcher Unterschied ist zwischen einem Baume und einer Glocke?
[Die Glocke hat ein G, der Baum hat zwei=ge]

Mailied

Wie herrlich leuchtet
Mir[1] die Natur!
Wie glänzt die Sonne!
Wie lacht die Flur!

Es[2] dringen Blüten
Aus jedem Zweig
Und tausend Stimmen
Aus dem Gesträuch,

Und Freud' und Wonne
Aus jeder Brust.
O Erd', o Sonne!
O Glück, o Lust!

GOETHE

1. *to me.*   2. *There.*

Sprichwörter

Jeder ist seines Glückes Schmied.
Dummheit und Stolz wachsen auf einem Holz.[1]

1. *branch* (literally, *wood*).

REVIEW OF LESSONS I–IX

1. Put (*a*) the definite article, (*b*) the indefinite article, before each of the following nouns:

Tisch	Pult	Blume	Küche
Buch	Tag	Tür	Morgen
Tafel	Straße	Kopf	Faulpelz
Stuhl	Teller	Mond	Gemüse
Heft	Vogel	Familie	Tante
Uhr	Abend	Ball	Stück
Fenster	Klavier	Kartoffel	Brief
Bank	Wurst	Klasse	Schule
Korb	Wiese	Wort	Bad
Haus	Hut	Traum	Frage

2. Decline in the singular and plural

der Bruder	dieser Junge	unser Haus
mein Zimmer	jene Tasse	welches Bett
das Glas	die Nacht	das Herz

3. Give the genitive singular and the nominative plural of

die Schülerin	die Schwester	der Garten	der Stuhl
der Arzt	die Tochter	der Sohn	der Doktor
die Stunde	der Brief	das Heft	das Kind
der Winter	der Herr	die Mutter	der Onkel
das Land	der Baum	die Uhr	der Freund
das Töchterchen	die Suppe	die Feder	das Buch

4. Form diminutives from

der Bruder	die Schwester	das Haus
die Mutter	das Fenster	der Korb

Review of Lessons I–IX

5. Copy the following sentences, substituting for each blank the ending that has been omitted:

1. Der Vater dies__ Schüler__ ist Arzt. 2. Er zeigt sein__ Bruder das Messer nicht. 3. Jed__ Schüler und jed__ Schülerin hat ein__ Bleistift. 4. Die Mutter jen__ Kinder ist krank. 5. Sie reicht ihr__ Schwester ein Stück Kreide. 6. Habt ihr eur__ Hefte?

6. Replace the words in heavy type with personal pronouns:

1. **Das Papier** ist dünn. 2. **Der Bleistift** ist kurz. 3. **Die Tinte** ist zu dick. 4. **Die Stühle** sind alt. 5. Wo ist **der Korb**? 6. **Die Füllfeder** liegt auf dem Tische.

7. Conjugate:

1. Ich bin in der Schule. 2. Ich habe keine Tinte. 3. Ich schreibe die Wörter an die Tafel. 4. Ich öffne die Fenster. 5. Ich schlafe in diesem Zimmer. 6. Ich lese den Brief. 7. Ich esse das Brot. 8. Ich werde fleißig.

8. Use the correct forms of the verbs in parentheses:

1. Wo (**sitzen**) du in der Klasse? 2. Klara (**treten**) ins Zimmer. 3. Karl (**nehmen**) den Hut vom Kopfe. 4. Ihr (**reden**) zu viel. 5. Gertrud (**arbeiten**) in der Küche. 6. Hans (**graben**) im Garten. 7. Heinrich (**lernen**) Deutsch. 8. Paul (**tragen**) keinen Hut. 9. Was (**sagen**) du? 10. Er (**antworten**) nicht.

9. Copy the following sentences, substituting for each blank the definite article, and contracting it with the preposition where possible:

1. Hans schaut aus ____ Fenster in ____ Garten. 2. Vor ____ Hause sind zwei Bäume. 3. Ich lege das Messer neben ____ Teller. 4. Die Mutter kocht in ____ Winter eine Suppe für ____ Kinder. 5. Paul tritt an ____ Pult. 6. Der Lehrer steht an ____ Fenster. 7. Fritz wirft seinen Hut auf ____ Stuhl. 8. Marie geht durch ____ Garten in ____ Küche. 9. Die Familie geht

nach _____ Abendessen in _____ Wohnzimmer. 10. Emma wohnt bei _____ Großvater auf _____ Lande. 11. Er kommt nicht ohne _____ Bruder. 12. Die Kinder spielen auf _____ Wiese hinter _____ Hause. 13. Leo geht mit _____ Schwester zu _____ Schule. 14. Das Buch liegt unter _____ Bank. 15. Der Lehrer legt die Füllfeder zwischen _____ Bleistift und _____ Stück Kreide.

10. Restate the following sentences, beginning with the words in heavy type:

1. Wir bleiben **heute** zu Hause. 2. Ihr kommt **natürlich** mit uns. 3. Du wirst **dann** hübsch müde und schläfst gut. 4. Das ist nicht **zu weit**. 5. Im Winter sind **die Tage** kurz. 6. Er legt **den Bleistift** neben die Füllfeder. 7. Sie zeigt **der Mutter** den Korb nicht. 8. Die Kinder spielen bis sechs Uhr **auf der Wiese**. 9. Mit meinen Schularbeiten bin **ich** noch nicht fertig. 10. Wir bleiben eine Stunde **dort**. 11. Das Wetter ist nicht **sehr schön**. 12. Um drei Uhr kommt **Karl** nach Hause. 13. Dann gehen **sie** aufs Land. 14. Nach dem Mittagessen geht **der Vater** wieder ins Geschäft. 15. Heute ist **Paul** nicht hier. 16. Schon um sechs Uhr wird **es** dunkel.

11. Translate into German:

1. Which house, our house, his house; this chair and that one, every chair, my chair; those tables, these benches, their books; such meat, many a mother, your room, no paper. 2. Paul's sister, Mary's brother, Fred's father, Jack's knife. 3. A piece of bread, a glass of milk, a cup of coffee, two glasses of water, three cups of coffee. 4. Clara's father is a teacher. Her uncle is a physician. 5. Mr. Brown lives on Garden Street. In summer he lives in the country. 6. After dinner Charles goes to school again. He is not very diligent. 7. The teacher is sitting at the desk. He is correcting the notebooks. 8. Charles, is your father at home? What is he doing? 9. Do you play the piano, Gertrude? Do you draw? Do you study diligently? 10. I shall stay at home this afternoon.— No, you are going with us. We shall not stay there long. We shall come home at five o'clock.

Frankfurt on the Main. The Römer (City Hall) in the Background

12. Translate into English:

1. Fräulein Müller ist fleißig und klug und lernt schnell und genau. 2. Karls Schwester deckt den Tisch. Das Essen ist noch nicht fertig. 3. Die Familie geht nun zu Tisch. 4. Wir essen um sechs Uhr zu Abend. 5. Die Mutter geht mit den Kindern nach oben. 6. Karl badet jeden Abend kalt. 7. Manchmal redet er in der Nacht im Traume. 8. Karl nimmt den Hut vom Kopfe und sagt: „Guten Tag, Herr Doktor!" 9. Paul ist auf seinem Zimmer und liest. 10. „Danke sehr!" antwortet Karl. 11. Der Winter ist vor der Tür, und dann kommen Eis und Schnee. 12. Da klopft es, und Tante Emma tritt in das Zimmer. 13. Hast du sonst noch etwas auf dem Herzen? 14. Sie spielen eine Stunde Tennis und machen dann einen Spaziergang. 15. Sie kommen erst um halb sechs nach Hause.

LESSON X

Past Indicative

A

Ein Besuch (Schluß)

Onkel Heinrich ist Pastor und wohnt in einem Dorfe. Er hat vier Kinder, einen Sohn und drei Töchter. Tante Emma und die Knaben fanden ihn mit seiner Familie im Garten. Er grüßte die Gäste herzlich und fragte nach ihrem Befinden, sprach eine Zeitlang mit Tante Emma über ihre Arbeit in der Schule, und ging dann ins Haus und schrieb einige Briefe.

Karl und Paul spielten nun mit Heinz, dem Vetter Pauls, Ball. Die Mädchen blieben bei ihrer Mutter und Tante Emma. Bald wurde es kühl, und die Frauen gingen in die Küche. Die Knaben blieben bis sechs Uhr draußen. Da rief Tante Helene die Kinder zum Abendessen. Karl und Paul waren sehr hungrig und aßen wie die Wölfe.

Um sieben Uhr kam der Mond, aber erst um acht Uhr sagten die Gäste Lebewohl. Karl und Paul redeten auf dem Heimweg nicht viel, denn sie waren jetzt wirklich müde und sahen den Weg kaum. Karl schlief die Nacht[1] wie ein Murmeltier bis weit in den Sonntag hinein. Er kam fast zu spät in die Kirche.

1. die Nacht *that night*.

Fragen

1. Wo wohnt Onkel Heinrich?
2. Was ist er?
3. Wie viele Kinder hat er?
4. Wo fanden die Gäste den Pastor?

5. Worüber sprach er eine Zeitlang mit Tante Emma?
6. Wer spielte mit Karl und Paul Ball?
7. Wohin gingen die Frauen?
8. Wer rief die Kinder zum Abendessen?
9. Wann sagten die Gäste Lebewohl?
10. Wie lange schlief Paul?
11. Wohin kam er fast zu spät?

Vocabulary

acht eight
die Arbeit (—, -en) work
bald soon
das Befin'den (-s) health
das Dorf (-es, ⸚er) village
draußen outside, out of doors
einige some
fast almost
die Frau (—, -en) woman, wife, Mrs.
der Gast (-es, ⸚e) guest, visitor
der Heimweg (-s) way home
Heinz (*masc.*) (Heinz' or -ens) Harry
herzlich hearty, cordial, affectionate
hinein' *adv.* into; bis weit in den Sonntag hinein until far into Sunday
ihn *acc. of* er him
jetzt now
kaum scarcely, hardly
die Kirche (—, -n) church; in die Kirche kommen (gehen) come (go) to church

der Knabe (-n, -n) boy
kühl cool
das Lebewohl (-s) farewell, good-by
das Mädchen (-s, —) girl
das Murmeltier (-s, -e) marmot; wie ein Murmeltier schlafen sleep like a log *or* top
der Pastor (-s, Pasto'ren) pastor, minister
sehen (er sieht, er sah) see
der Sonntag (-s, -e) Sunday
sprechen (er spricht, er spräch) speak, talk; sprechen über *acc.* speak about
der Vetter (-s, -n) cousin (male)
viele many; wie viele how many
vier four
der Weg (-es, -e) way
wie as, like, how
wirklich real
der Wolf (-es, ⸚e) wolf; wie die Wölfe essen eat like wolves
eine Zeitlang for some time, for a while

Lesson X

B

1. Weak and Strong Verbs

Verbs are divided into two main groups, called weak and strong, according to their method of forming the past tense.

Weak verbs form the first person singular of the past indicative by adding =te or =ete to the stem of the infinitive.

Strong verbs form the first person singular of the past indicative by changing the stem vowel.

Whether a given verb is weak or strong cannot be told from the infinitive. It is a matter of observation. Weak verbs are, however, by far the more numerous.

2. Past Indicative

The past indicative forms of weak verbs of the sagen type are derived by adding =te, =test, etc., as indicated below, to the stem of the infinitive.

Weak verbs of the arbeiten type add =ete, =etest, etc., as indicated below.

Strong verbs are without ending in the first and third person singular; otherwise they have the endings of the present tense.

Although certain helpful classifications of strong verbs will be made in later lessons of this text, the past indicative of a strong verb is best learned by observation.

PAST INDICATIVE

sagen	arbeiten	schreiben	finden
ich sagte	arbeitete	schrieb	fand
du sagtest	arbeitetest	schriebst	fandest
er sagte	arbeitete	schrieb	fand
wir sagten	arbeiteten	schrieben	fanden
ihr sagtet	arbeitetet	schriebt	fandet
sie sagten	arbeiteten	schrieben	fanden

Note that ich sagte means *I said, I was saying,* or *I did say.*

The following weak and strong verbs occur in Lessons I–X:

WEAK

sagen Type

danken
decken
fragen
grüßen
klopfen
kochen
korrigieren
lachen
legen
lehren
lernen
machen
nähen
reichen
sagen
schauen
spielen
wohnen
zeigen

arbeiten Type

antworten
arbeiten
baden
öffnen
rechnen
reden
zeichnen

STRONG

Pres. Infin.	Past Indic.	Pres. Infin.	Past Indic.
bleiben	blieb	schlafen	schlief
essen	āß	schreiben	schrieb
finden	fand	sehen	sah
gehen	ging	singen	sang
graben	grub	sitzen	sāß
kommen	kam	sprechen	sprāch
lassen	ließ	stehen	stand
lesen	las	tragen	trug
liegen	lag	treten	trat
nehmen	nahm	trinken	trank
rufen	rief	werfen	warf

3. Past Indicative of haben, sein, and werden

ich hatte	ich war	ich wurde
du hattest	du warst	du wurdest
er hatte	er war	er wurde
wir hatten	wir waren	wir wurden
ihr hattet	ihr wart	ihr wurdet
sie hatten	sie waren	sie wurden

Lesson X

C

1. Conjugate in the present and the past indicative:

1. Ich spiele im Garten. 2. Ich öffne die Türen. 3. Ich spreche Deutsch. 4. Ich stehe am Fenster. 5. Ich sehe ihn nicht. 6. Ich schlafe gut.

2. Decline in the singular and plural:

die Frau	unser Vetter	dieses Dorf	das Mädchen
welcher Knabe	der Pastor	mein Gast	jene Kirche

3. Copy the following sentences, substituting the missing ending for each blank, and put the verbs in the past indicative:

1. Wir liegen unter jen___ Baume und schlafen. 2. Es wird bald kühl, und die Mädchen gehen ins Haus. 3. Sie grüßt uns herzlich und fragt nach unsr___ Befinden. 4. Herr Doktor Karsten hat nur ein___ Bruder. 5. Um vier Uhr kommt er mit sein___ Freunde nach Hause. 6. Er ist Pastor und wohnt in ein___ Dorfe. 7. Er badet jed___ Abend kalt. 8. Er ist sehr hungrig und läßt nichts auf sein___ Teller. 9. Sie liest den Brief ihr___ Freundes. 10. Er trägt kein___ Hut. 11. Am Nachmittag gräbt er ein___ Stunde im Garten. 12. Ihr zeigt dem Lehrer eur___ Hefte nicht.

4. Copy the following sentences, substituting for each blank the definite article, contracting it with the preposition where possible; and put the verbs in the past indicative:

1. Heinz nimmt _____ Hut von _____ Kopfe und sagt: „Guten Tag, Frau Karsten!" 2. _____ Vater sitzt an _____ Pulte und rechnet oder zeichnet. 3. Sie öffnen _____ Tür und treten in _____ Zimmer. 4. Ich rede auf _____ Heimweg nicht viel, denn ich bin jetzt wirklich müde und sehe _____ Weg kaum. 5. Sie werden von _____ Wege nach _____ Dorfe müde. 6. An _____ Sonntag gehen wir alle in _____ Kirche. 7. Ich antworte _____ Lehrer nicht, denn ich habe kein Buch. 8. Leo kommt erst um acht Uhr nach

Haufe und ſchläft wie ein Murmeltier bis weit in _____ Tag hinein.
9. Wir ſind hungrig und eſſen wie _____ Wölfe. 10. Er geht auf
ſein Zimmer und ſchreibt einige Briefe. 11. Er lacht und wirft ſeine
Bücher auf _____ Bett. 12. Er öffnet _____ Fenſter und ruft
_____ Vater. 13. _____ Wetter iſt ſchön, und _____ Vögel
ſingen in _____ Bäumen. 14. Er bleibt faſt eine Stunde dort.
15. Wie viele Federn haſt du? 16. Die Kinder ſpielen bis ſieben Uhr
draußen in _____ Garten. 17. Ich ſpreche eine Zeitlang mit _____
Lehrer über ſeine Arbeit in _____ Schule. 18. Tante Klara iſt in
_____ Schule und korrigiert Hefte. 19. Er findet _____ Freund
an _____ Tiſche vor ſeinen Büchern. 20. In _____ Winter kocht
_____ Mutter immer eine Suppe für _____ Kinder. 21. Das
Dienſtmädchen iſt in _____ Eßzimmer und deckt _____ Tiſch.
22. Nur Fräulein Müller ſchaut auf _____ Tafel und _____ Lehrer.

5. Give the meaning and the principal parts* of

Weg	Junge	Korb	Winter	Wurſt	Gemüſe
Wolf	Herz	Tante	Abend	Klavier	Arbeit
Blume	Onkel	Kopf	Nacht	Käſe	Mond

6. Translate into German:

1. Paul's uncle lived in a village. He was a minister and had four children, a son and three daughters. 2. Paul and Charles found Uncle Henry in the garden. He was sitting at a table and was drinking coffee. 3. Aunt Helen and the girls were in the kitchen. Paul's cousin Harry was not at home. 4. Uncle Henry spoke with the boys about their school work. At five o'clock Harry came home. 5. At six o'clock they ate supper. Paul and Charles ate like wolves. 6. Paul drank two cups of coffee, and Charles three glasses of milk. 7. After supper they all went into the living-room. Aunt Helen played the piano, and the children sang. 8. At eight o'clock Paul and Charles said good-by. On the way home they did not talk much, for they were both very tired. 9. They went to bed immediately and slept like a log until far into Sunday.

* Always use the definite article with a noun when giving its principal parts.

Lesson X

D [Optional]

Wanderers Nachtlied II[1]

Über allen Gipfeln
Ist Ruh',
In allen Wipfeln
Spürest[2] du
Kaum einen Hauch;   5
Die Vögelein schweigen im Walde.
Warte nur,[3] balde[4]
Ruhest[5] du auch.

GOETHE

In der Nähe von Ilmenau[6] ist ein Hügel. Der Kickelhahn heißt er. Dort stand zu Goethes Zeiten eine einfache Hütte für die Jäger, eine sogenannte Jagdhütte. Die Wände waren aus Brettern, und an eines dieser Bretter[7] schrieb der Dichter an einem Septemberabend des Jahres 1780[8] dieses kleine Gedicht. Es besteht nur aus wenigen Zeilen, und doch ist es eine Perle. Ein Lied ist das Gedicht zwar nicht, aber man hat es mehr als[9] hundertmal komponiert.[10]

Ein halbes Jahr vor seinem Tode war Goethe zum letztenmal[11] auf dem Kickelhahn. Seine beiden Enkel waren mit ihm,[12] und der Großvater erzählte ihnen[13] von seiner Jugend und zeigte ihnen die bekannten Orte. Es ging wieder auf den Herbst zu.[14] An der Bretterwand der Jagdhütte standen noch jene Verse, und der Dichter las die verblaßte[15] Schrift. Die Tränen kamen ihm dabei in die Augen.[16] „Ja, warte nur, balde ruhest du auch", sagte er leise und trocknete sich die Wangen.[17] Goethe war damals zweiundachtzig Jahre alt. Ein langes Leben, reich an Leid und Freude, aber vor allem[18] reich an Fleiß und Arbeit lag hinter ihm. Im folgenden[19] Jahre, gerade zu

Hunting Lodge (Rebuilt 1874) on the Kickelhahn, where Goethe wrote "Über allen Gipfeln ist Ruh'"

Beginn des Frühlings, fand sein heißes, ungestümes Herz die oft ersehnte [20] Ruhe. „Süßer Friede, komm, ach komm in meine Brust!" schließt ein anderes Gedicht aus seiner Jugend. Goethe starb am 22.[21] März 1832,[22] und nun war jene Bitte erfüllt.

Johann Wolfgang von Goethe (1749–1832)[23] ist der größte [24] Lyriker unter den deutschen Dichtern; viele halten ihn für [25] den größten Lyriker aller Zeiten und Völker. Seine lyrischen Gedichte sind einfach; oft spielt die Natur eine große Rolle darin, und sie bringen alle die persönlichen Gefühle und

Lesson X

Erfahrungen des Dichters zum Ausdruck.[26] Ein großer Bewunderer Goethes war Longfellow. Er studierte längere Zeit[27] in Deutschland, war ein guter Kenner der deutschen Dichtung und übersetzte eine Anzahl deutscher Gedichte ins Englische,[28] darunter auch „Über allen Gipfeln ist Ruh'":

>O'er all the hill-tops
>Is quiet now,
>In all the tree-tops
>Hearest thou
>Hardly a breath;
>The birds are asleep in the trees:
>Wait; soon like these
>Thou too shalt rest.

Der Einfluß Goethes und anderer deutscher Dichter auf Longfellows eigne Dichtung war bedeutend.

Goethes Lyrik ist aber nur ein kleiner Teil seiner Lebensarbeit. Sein berühmtestes[29] Werk ist „Faust", eine dramatische Dichtung. Goethe begann „Faust" in seiner Jugend, und erst[30] kurz vor seinem Tode beendigte er dieses Werk. Man nennt „Faust" oft die Bibel der Deutschen.

1. For „Wanderers Nachtlied I" see page 353.   2. Poetical for Spürst.
3. Warte nur *Just wait*.   4. balde, an older form of bald.   5. Poetical for Ruhst.   6. A town in Thuringia.   7. eines dieser Bretter *one of these boards*.   8. Read: siebzehnhundertundachtzig.   9. *than*.   10. hat . . . komponiert *has set to music*.   11. zum letztenmal *for the last time*.   12. *him*.
13. *them*.   14. ging . . . auf den Herbst zu *was approaching autumn*.
15. *faded*.   16. ihm . . . in die Augen *into his eyes*.   17. sich die Wangen *his cheeks*.   18. vor allem *above all*.   19. *following*.   20. *longed for*.
21. Read: zweiundzwanzigsten.   22. Read: achtzehnhundertzweiunddreißig.
23. 1749–1832. Read: siebzehnhundertneunundvierzig bis achtzehnhundertzweiunddreißig.   24. *greatest*.   25. halten ihn für *consider him*.   26. bringen . . . zum Ausdruck *express*.   27. längere Zeit *for some time*.   28. ins Englische *into English*.   29. *most famous*.   30. *not until*.

LESSON XI

Declension of Adjectives · Letters

A

Weihnachten (Ein Brief)

Ruhla, den 20. Dezember 1931.

Lieber, guter Onkel Heinrich!

Endlich haben wir Ferien, und ich bin zu Hause. Der Vater holte mich selbst von der Bahn. Wir hatten klares, mildes
5 Wetter, und es war eine herrliche Fahrt durch den stillen Wald. In einer Stunde waren wir zu Hause. Die Mutter und meine kleinen Brüder standen auf der Treppe und riefen willkommen. Unser alter Hund Karo war toll vor Freude und warf mich in den tiefen, weichen Schnee.

10 Ich habe sehr hübsche Geschenke für die lieben Eltern und die Brüder. Für den Vater habe ich einen Geldbeutel aus gelbem Leder. Er ist sehr groß; der Vater sagt immer: „Dazu ist mein Geldbeutel zu klein." Der Mutter gebe ich ein halbes Dutzend schöne Taschentücher. Für Fritz habe ich ein Messer
15 und einen Ball, für Karl ein dickes Buch mit vielen Bildern. Morgen gehe ich mit dem Vater in den Wald. Der gute, alte Karo geht natürlich mit uns, aber für meine kleinen Brüder ist der Weg zu weit. Auch liegt im Walde zu viel Schnee. Auf dem Hügel hinter unsrem Hause steht ein schöner, kleiner Tannen=
20 baum. Das wird unser Christbaum, und in vier Tagen kommt das Christkind. Hurra!

Gesunde und fröhliche Weihnachten! Mit herzlichem Gruß
Deine Dich liebende Nichte

Martha Hollmann.

Lesson XI

Fragen

1. Wer holte Martha von der Bahn?
2. Wie war das Wetter?
3. Wo standen die Mutter und die kleinen Brüder, und was riefen sie?
4. Wie war der alte Hund vor Freude?
5. Wohin warf er Martha?
6. Was hat Martha für die Eltern und die Brüder?
7. Wohin geht Martha morgen mit dem Vater?
8. Wo steht der schöne, kleine Tannenbaum?
9. Wann kommt das Christkind?

Vocabulary

die **Bahn** (—, -en) track, road, railroad; von der Bahn holen meet at the station
das **Bild** (-es, -er) picture
der **Christbaum** (-s, ⸚e) Christmas tree
das **Christkind** (-s) the child Jesus, Santa Claus
da'zu to that, for that
der **Dezem'ber** (-(s), —) December; den 20. Dezember 1931 (see section 6, page 126)
das **Dutzend** (-s, -e) dozen; ein halbes Dutzend half a dozen
die **Eltern** pl. parents
die **Fahrt** (—, -en) drive, ride
die **Ferien** (ie = i + e) pl. vacation
die **Freude** (—, -n) joy
fröhlich merry, joyful

geben (er gibt, er gab) give
der **Geldbeutel** (-s, —) pocketbook
das **Geschenk'** (-s, -e) present
der **Gruß** (-es, ⸚e) greeting; *in the conclusion of a letter* regards, love
herrlich magnificent, glorious, splendid, delightful
holen (*wk.*) fetch, get
der **Hügel** (-s, —) hill
der **Hund** (-es, -e) dog
hurra' hurrah
klar clear
das **Leder** (-s) leather; aus Leder of leather
lieb dear
lieben (*wk.*) love; liebend *pres. part.* loving
mich *acc. of* ich me

mild mild
die Nichte (—, -n) niece
selbst *intensive pron. indecl.* myself, yourself, himself, etc.
still still, silent
der Tannenbaum (-s, ⁻e) fir tree
das Taschentuch (-s, ⁻er) handkerchief
tief deep
toll mad; toll vor Freude mad with joy
die Treppe (—, -n) (flight of) steps *or* stairs
der Wald (-es, ⁻er) forest
weich soft
die Weihnachten (—, —) Christmas
willkom'men welcome

B

1. Descriptive Adjectives in the Predicate

A predicate adjective is not declined:

>Der Vater ist alt.
>Die Mutter ist alt.
>Das Haus ist alt.
>Die Häuser sind alt.

2. Descriptive Adjectives Used Attributively

A descriptive adjective used attributively (that is, before a noun expressed or understood) must be inflected. It has two sets of endings, called *strong* and *weak*, the strong endings being identical with those of dieser except in the genitive singular, masculine and neuter:

	Strong Endings				Weak Endings			
	SINGULAR			PLURAL	SINGULAR			PLURAL
	M.	*F.*	*N.*	*M.F.N.*	*M.*	*F.*	*N.*	*M.F.N.*
Nom.	-er	-e	-es	-e	-e	-e	-e	-en
Gen.	-en	-er	-en	-er	-en	-en	-en	-en
Dat.	-em	-er	-em	-en	-en	-en	-en	-en
Acc.	-en	-e	-es	-e	-en	-e	-e	-en

3. Rule for the Use of Endings

The attributive adjective takes the weak endings when it is preceded by der, a dieser-word, or an inflected form of a kein-word; otherwise the attributive adjective has the strong endings:

Weak Declension

SINGULAR

N. der große Hund	diese schöne Blume	jenes alte Haus
G. des großen Hundes	dieser schönen Blume	jenes alten Hauses
D. dem großen Hunde	dieser schönen Blume	jenem alten Hause
A. den großen Hund	diese schöne Blume	jenes alte Haus

PLURAL

N. die großen Hunde	diese schönen Blumen	jene alten Häuser
G. der großen Hunde	dieser schönen Blumen	jener alten Häuser
D. den großen Hunden	diesen schönen Blumen	jenen alten Häusern
A. die großen Hunde	diese schönen Blumen	jene alten Häuser

Strong Declension

SINGULAR

Nom.	guter Kaffee	dünne Milch	kaltes Wasser
Gen.	guten Kaffees	dünner Milch	kalten Wassers
Dat.	gutem Kaffee	dünner Milch	kaltem Wasser
Acc.	guten Kaffee	dünne Milch	kaltes Wasser

PLURAL

Nom.	hübsche Geschenke	liebe Freunde
Gen.	hübscher Geschenke	lieber Freunde
Dat.	hübschen Geschenken	lieben Freunden
Acc.	hübsche Geschenke	liebe Freunde

Note that the attributive adjective when preceded by a kein-word takes the strong endings in the nominative singular masculine and in the nominative and accusative singular neuter, and the weak endings elsewhere:

SINGULAR

Nom.	mein kleiner Bruder	seine neue Uhr
Gen.	meines kleinen Bruders	seiner neuen Uhr
Dat.	meinem kleinen Bruder	seiner neuen Uhr
Acc.	meinen kleinen Bruder	seine neue Uhr

PLURAL

Nom.	meine kleinen Brüder	seine neuen Uhren
Gen.	meiner kleinen Brüder	seiner neuen Uhren
Dat.	meinen kleinen Brüdern	seinen neuen Uhren
Acc.	meine kleinen Brüder	seine neuen Uhren

	SINGULAR	PLURAL
Nom.	unser liebes Kind	unsre lieben Kinder
Gen.	unsres lieben Kindes	unsrer lieben Kinder
Dat.	unsrem lieben Kinde	unsren lieben Kindern
Acc.	unser liebes Kind	unsre lieben Kinder

Observe that two or more descriptive adjectives before a noun have the same inflection, whether strong or weak:

klares, mildes Wetter
ein schöner, kleiner Tannenbaum
der tiefe, weiche Schnee

4. Adjectives in ⸗e, ⸗el, ⸗en, ⸗er

Adjectives ending in ⸗e drop this e before the declensional endings; adjectives in ⸗el, ⸗en, ⸗er, likewise usually omit the e of the stem when inflected:

Der Knabe ist müde.
Der müde Knabe schlief wie ein Murmeltier.
Das Zimmer ist dunkel.
Es ist ein dunkles Zimmer.

5. *One* after an Adjective

The word *one* after an English adjective has no equivalent in German:

My new pen does not write so well as the old one. Meine neue Feder schreibt nicht so gut wie die alte.

6. Letters

The date of a letter is put in the accusative, without punctuation between the month and the year:

den 20. Dezember 1931 (= den zwanzigsten Dezember neunzehn⸗ hunderteinunddreißig) *December 20, 1931.*

The salutation is usually begun well toward the center of the line and is followed by an exclamation point.

No punctuation occurs between the concluding words and the name of the writer:

| Deine Dich liebende Nichte | *Your loving niece,* |
| Martha Hollmann. | *Martha Hollmann* |

Deine Dich liebende Nichte means literally *Your you loving niece*; Dich is the accusative of Du (all pronouns of address and their possessives are capitalized in letters), and liebende is the inflected form of the present participle liebend, from lieben *love*.

C

1. *a.* Decline in the singular and plural:

der stille Wald	jenes schöne Bild	unser lieber, guter Onkel
ihr alter Hund	seine kleine Nichte	herzlicher Gruß
dein hübsches Geschenk	euer dickes Buch	diese lange Treppe

b. Decline in the singular:

| große Freude | tiefer, weicher Schnee |
| gelbes Leder | klares, mildes Wetter |

c. Decline in the plural:

fröhliche Weihnachten   herrliche Ferien

d. Change to the plural:

der schöne Christbaum	für seine kleine Nichte
mein junger Bruder	große Freude
liebes Kind	die fleißige Schülerin
im stillen Walde	in diesem großen Geldbeutel

e. Change to the singular:

ihre neuen Taschentücher	mit herzlichen Grüßen
diese hübschen Geschenke	ohne meine kleinen Schwestern
durch die großen Gärten	seit jenen fröhlichen Tagen
aus den dunklen Küchen	keine schönen Länder
unsre alten Häuser	die hungrigen Wölfe

First Book in German

2. Place the adjective before the noun (*a*) with the definite article, (*b*) with the indefinite article:

EXAMPLE: Das Buch ist dick; das dicke Buch; ein dickes Buch.

1. Der Tannenbaum ist klein. 2. Die Treppe ist alt. 3. Das Fenster ist offen. 4. Der Hund ist toll. 5. Die Fahrt ist herrlich. 6. Der Wald ist still. 7. Das Bild ist schön. 8. Der Geldbeutel ist groß. 9. Die Küche ist dunkel. 10. Das Taschentuch ist neu.

3. Copy the following sentences, substituting the ending of the adjective for each blank:

1. Marthas gut___ Mutter und die klein___ Brüder standen vor der offn___ Tür. 2. Bei der Treppe war tief___, weich___ Schnee. 3. Der groß___, alt___ Tisch in meinem neu___ Zimmer ist nicht sehr schön. 4. Heinz hatte zwei Hunde, einen groß___, schwarz___, und einen klein___, weiß___. 5. Ihr neu___, grün___ Hut ist sehr schön. 6. Martha gab den klein___ Brüdern sehr schön___ Geschenke. 7. Die Eltern eures klein___ Freundes wohnen nicht weit von dem groß___ Dorfe Ruhla. 8. Für den Vater haben wir einen groß___ Geldbeutel aus weich___, schwarz___ Leder. 9. Ich schreibe immer mit schwarz___ Tinte, aber mein Bruder schreibt mit grün___. 10. Auf dem Hügel hinter unsrem Hause stehen zwei schön___, klein___ Tannenbäume. 11. Diese schön___ Blumen sind für unsre lieb___ Lehrerin. 12. Ich habe kein gelb___ Papier. 13. Euer jung___ Freund ist sehr fleißig. 14. Welches klein___ Mädchen war gestern nicht hier? 15. Mancher alt___ Herr, solches dünn___ Papier, jeder klein___ Knabe, ihr neu___ Lehrer, vier groß___ Teller.

4. Put into the third person singular, present and past tenses:

1. Ich gebe den kleinen Brüdern sehr hübsche Geschenke. 2. Ich zeichne die Bilder selbst. 3. Ich stehe auf der Treppe und rufe willkommen. 4. Dazu bin ich zu alt. 5. Ich hole den Lehrer von der Bahn. 6. Ich liebe dich. 7. Ich trage keinen Hut. 8. Ich habe eine neue Uhr. 9. Ich trinke nur Wasser. 10. Ich sehe die Kinder nicht. 11. Ich rufe den Vater zum Abendessen. 12. Ich lehre Spanisch.

5. Translate into German:

1. I am at home again at last.[1] Uncle Henry met me at the station. 2. The weather was clear and mild, and the ride through the silent forest was delightful. 3. Our old dog Karo is mad with joy; he is always throwing me into the deep snow. 4. My brothers have two new dogs, a large black one and a small white one. 5. Hurrah! Christmas is close at hand. Santa Claus will come in three days. 6. We shall go into the forest tomorrow and get our Christmas tree. 7. I have a very pretty present for Father, a large pocketbook of black leather. 8. For Mother I have half a dozen handkerchiefs, for Fred a fountain pen, and for Charles a thick book with many pictures. 9. Merry Christmas!

1. at last again at home.

D [Optional]

O Tannenbaum

(Sieh[1] Seite 420!)

Das Lied vom Tannenbaum ist schon über hundert Jahre alt. Es geht wirklich auf ein altes Volkslied zurück[2] und singt das Lob des Tannenbaums, der[3] als[4] Christbaum bei Jung und Alt in hohem Ansehen steht. Den Weihnachtsbaum finden wir nun fast überall, doch die Sitte entstand erst[5] zu Anfang des siebzehnten Jahrhunderts am Rhein, breitete sich aber bald über ganz Deutschland und von dort nach anderen Ländern aus.[6] Man schmückt den Baum in Deutschland ähnlich wie in Amerika und hängt auch Äpfel, Nüsse und allerlei Zuckerzeug daran. Der Weihnachtsmann oder das Christkind treten selten auf,[7] und die Verteilung der Geschenke, die sogenannte Bescherung, ist fast überall in Deutschland am Weihnachtsabend.

Am Nachmittag müssen die Kinder das Weihnachtszimmer verlassen, die Eltern schmücken den Baum, und auf Tischen,

Stühlen und dem Fußboden bauen sie die Spielsachen und die anderen Geschenke auf,[8] aber nicht eingewickelt.[9] Dann zünden sie die Lichte an[10] und rufen die Kinder. Zuerst singen
20 sie gewöhnlich ein paar Weihnachtslieder und eilen dann zu ihren Geschenken. Die Familie bleibt bis spät in die Nacht zusammen, und ehe man zu Bett geht, wünscht man einander: „Gesunde und fröhliche Weihnachten!" Mit diesem Wunsche begrüßen sich[11] auch Freunde und Bekannte, wenn sie einander
25 während der Weihnachtsfeiertage treffen.

In den katholischen Gegenden Deutschlands findet man häufig die sogenannte Krippe: Maria und Joseph vor der Krippe mit dem Jesuskind, im Hintergrunde des Stalles der Ochs und der Esel, über dem Stall an einem Faden ein Engel
30 mit einem Spruchband[12] in den Händen. Die Aufschrift[13] ist oft lateinisch und lautet dann: "Gloria in excelsis Deo[14]!"

Der Weihnachtsbaum bleibt bis über Neujahr, oft bis zum Dreikönigstag stehen.[15] Am Silvesterabend macht man allerlei Losspiele[16]; man will[17] die Zukunft erfahren, wenn auch[18]
35 nur die[19] des kommenden Jahres. Um Mitternacht begrüßt man den Jahresanfang mit dem Rufe: „Prosit Neujahr!" oder „Ein glückliches Neues Jahr!" Im ganzen[20] feiert man in Deutschland den Beginn des neuen Jahres mehr zu Hause im Kreise der Familie, als auf den Straßen und Plätzen und
40 in den Hotels,[21] wie[22] in Amerika.

1. *See.* 2. geht ... zurück *goes back.* 3. *which.* 4. *as.* 5. *not until.* 6. breitete sich ... aus *spread.* 7. treten ... auf *appear.* 8. bauen ... auf *arrange.* 9. *wrapped up.* 10. zünden ... an *light.* 11. *one another.* 12. *ribbon with a Biblical verse.* 13. *verse.* 14. "Gloria in excelsis Deo" *Glory to God in the highest.* 15. bleibt ... stehen *is left standing.* 16. macht ... Losspiele *plays fortune-telling games.* 17. *wants to.* 18. wenn auch *even if.* 19. *that.* 20. Im ganzen *On the whole.* 21. Nom. sg. das Hotel'. A few nouns of foreign origin form a plural in =s. 22. *as.*

LESSON XII

Present Perfect and Past Perfect Indicative · Present Perfect for English Past Tense · Present Participle

A

Weihnachten (Schluß)

Ruhla, den 29. Dezember 1931.

Herzlich geliebter Onkel!

Vielen, vielen Dank für den prachtvollen Mantel. Ich habe bis jetzt nie einen so teuren gehabt, und meine Freude ist riesig groß. Während der Feiertage haben wir viel Besuch gehabt, das ganze Haus war voller Gäste, und so schreibe ich erst heute.

Am Montag morgen haben wir den Christbaum aus dem Walde geholt. Du hast nie einen so schönen gesehen. Das Wetter war kurz vor Mitternacht stürmisch geworden, und während der Nacht hatte es stark geschneit. Aber am Morgen schien die Sonne wieder.

Dienstag und Mittwoch habe ich mit der Mutter fleißig in der Küche gearbeitet, Donnerstag nachmittag haben wir beide den Christbaum geputzt. Bald nach dem Abendessen kam das Christkind. Dann haben wir Lieder gesungen und fast bis Mitternacht gespielt und Äpfel und Nüsse gegessen. Am Weihnachtstag sind wir natürlich alle zur Kirche gefahren. Nun sind die Ferien schon wieder fast zu Ende. Sie sind viel zu kurz gewesen.

Nochmals tausend Dank für das herrliche Weihnachtsgeschenk und viele Grüße und Küsse von

Deiner dankbaren Nichte

Martha Hollmann.

Fragen

1. Was hat der Onkel Martha geschenkt?
2. Was haben Marthas Eltern während der Feiertage gehabt?
3. Wann hat Martha mit dem Vater den Christbaum geholt?
4. Wie war das Wetter kurz vor Mitternacht geworden?
5. Wie war das Wetter am Morgen wieder?
6. Was haben Martha und ihre Mutter am Donnerstag nachmittag gemacht?
7. Wann kam das Christkind?
8. Wie lange haben die Kinder gespielt?
9. Was haben sie gegessen?
10. Wohin sind sie am Weihnachtstag alle gefahren?

Vocabulary

der Apfel (–s, ⸚) apple
der Besuch' (–s, –e) visit; company; viel Besuch lots of company
der Dank (–es) thanks; vielen Dank many thanks
dankbar thankful, grateful
der Dienstag (–s, –e) Tuesday
der Donnerstag (–s, –e) Thursday; (am) Donnerstag nachmittag (on) Thursday afternoon
das Ende (–s, –n) end; zu Ende sein be over
fahren (er fährt, er fuhr, er ist gefahren) drive, ride; zur Kirche fahren drive or ride to church
der Feiertag (–s, –e) holiday
ganz whole, entire
gestern yesterday
der Kuß (Kusses, Küsse) kiss
das Lied (–es, –er) song
der Mantel (–s, ⸚) cloak
die Mitternacht (—, ⸚e) midnight
der Mittwoch (–s, –e) Wednesday
der Montag (–s, –e) Monday; (am) Montag morgen (on) Monday morning

nie never
nochmals once more, again
die Nuß (—, Nüsse) nut
prachtvoll magnificent, gorgeous
putzen (wk.) trim, decorate
riesig gigantic, immense
scheinen (es scheint, es schien, es hat geschienen) shine
schenken (wk.) give (as a present), present with
schneien (wk.) snow
die Sonne (—, -n) sun

stark strong; w. verbs of snowing or raining hard
stürmisch stormy
tausend thousand, a thousand
teuer dear, expensive
voll full; voller Gäste full of guests
während prep. w. gen. during
das Weihnachtsgeschenk (-s, -e) Christmas present
der Weihnachtstag (-s, -e) Christmas day; am Weihnachtstag (on) Christmas day

am Morgen in the morning
den 29. Dezember (= den neunundzwanzigsten Dezember) December 29
ein so such a(n)
viele Grüße lots of love
und so schreibe ich erst heute and so I have not written till today

B

1. Past Participle

The past participle of most German verbs has the prefix ge-. The ending is -t for weak verbs of the sagen type, -et for weak verbs of the arbeiten type, and -en for strong verbs. The stem vowel is, with weak verbs, the same as that of the infinitive, while with strong verbs it must be learned by observation.

INFIN.	sagen	arbeiten	tragen	finden	werfen
PAST PART.	gesagt	gearbeitet	getragen	gefunden	geworfen

Weak verbs in -ie'ren omit the ge- of the past participle: korrigie'ren, past participle korrigiert'.

The following is a list of the strong verbs used in previous lessons, together with their past participles:

bleiben	geblieben	schreiben	geschrieben
essen	gegessen	sehen	gesehen
finden	gefunden	sein	gewesen
geben	gegeben	singen	gesungen
gehen	gegangen	sitzen	gesessen
graben	gegraben	sprechen	gesprochen
kommen	gekommen	stehen	gestanden
lassen	gelassen	tragen	getragen
lesen	gelesen	treten	getreten
liegen	gelegen	trinken	getrunken
nehmen	genommen	werden	geworden
rufen	gerufen	werfen	geworfen
schlafen	geschlafen		

2. Present Perfect and Past Perfect Indicative

The present perfect indicative is composed of the present indicative of the auxiliary haben or sein and the past participle of the verb that is being conjugated:

ich habe gesagt *I have said*
du hast gesagt *you have said*
er hat gesagt *etc.*
wir haben gesagt
ihr habt gesagt
sie haben gesagt

ich bin gekommen *I have come*
du bist gekommen *you have come*
er ist gekommen *etc.*
wir sind gekommen
ihr seid gekommen
sie sind gekommen

The past perfect indicative is composed of the past indicative of the auxiliary haben or sein and the past participle of the verb that is being conjugated:

ich hatte gesagt *I had said*
du hattest gesagt *you had said*
er hatte gesagt *etc.*
wir hatten gesagt
ihr hattet gesagt
sie hatten gesagt

ich war gekommen *I had come*
du warst gekommen *you had come*
er war gekommen *etc.*
wir waren gekommen
ihr wart gekommen
sie waren gekommen

In the present perfect and past perfect tenses the past participle stands at the end of a simple sentence or a principal clause:

> Ich habe bis jetzt nie einen so teuren **gehabt**. *I have never had such an expensive one before.*
>
> Es hatte stark **geschneit**. *It had snowed hard.*

3. Auxiliary of Perfect Tenses

a. All transitive verbs and most intransitive verbs are conjugated in the perfect tenses with the auxiliary haben.

b. (1) Intransitive verbs denoting a change of place or a change of condition are conjugated with sein.

(2) Bleiben *remain,* sein *be,* and two or three other intransitives not included in the above classification take sein.

When a verb is conjugated with sein, this fact will be indicated in the vocabularies. Where there is no reference to the auxiliary, the particular verb is conjugated with haben.

The following verbs, used in previous lessons, are conjugated with sein:

> bleiben, gehen, kommen, sein, treten, werden

4. Principal Parts of Verbs

The principal parts of a verb, from which the entire conjugation may be constructed, are the infinitive, the third person singular of the present indicative, the third person singular of the past indicative, and the third person singular of the present perfect indicative:

> sagen, er sagt, er sagte, er hat gesagt
> arbeiten, er arbeitet, er arbeitete, er hat gearbeitet
> tragen, er trägt, er trug, er hat getragen
> treten, er tritt, er trat, er ist getreten

5. Present Perfect for English Past Tense

German uses the present perfect tense, where English uses the past tense, in referring to a single isolated act or situation in past time:

> Donnerstag nachmittag haben wir den Christbaum geputzt. *Thursday afternoon we trimmed the Christmas tree.*
> Am Weihnachtstag sind wir alle zur Kirche gefahren. *Christmas day we all drove to church.*
> Er hat Hans gestern gesehen. *He saw Jack yesterday.*
> Wann ist er nach Hause gekommen? *When did he come home?*

In colloquial speech the present perfect tense is also often used, instead of the past tense, in narrating succeeding or related past actions and conditions:

> Er ist müde und durstig nach Hause gekommen, hat ein Glas Wasser getrunken und ist gleich auf sein Zimmer gegangen
> instead of Er kam müde und durstig nach Hause, trank ein Glas Wasser und ging gleich auf sein Zimmer.

It will be noted, then, that the German present perfect may be rendered in English in three ways: Er ist gekommen means *He has come, He came,* and *He did come.*

6. Present Participle

The present participle usually ends in =end, sometimes in =nd. It may be formed by adding d to the infinitive: lieben *love*, liebend *loving*.

7. Participles Used as Adjectives

When used as attributive adjectives, the present and the past participles are declined strong or weak in accordance with the rules given in Lesson XI for the declension of adjectives:

> Deine Dich liebende Nichte *Your loving niece*
> Herzlich geliebter Onkel *Dearly beloved Uncle*

Lesson XII

C

1. Conjugate in the present perfect and the past perfect tense:

1. Ich spiele auf der Wiese. 2. Ich öffne die Tür. 3. Ich trete ans Fenster.

2. *a.* Change the tense of the verbs in the following sentences to the present perfect:

1. Der Knabe ging gestern in den Wald. 2. Dort fand er einen schönen, großen Tannenbaum. 3. Am Montag morgen holte er den Baum nach Hause. 4. Die ganze Familie fuhr am Weihnachtstag zur Kirche. 5. Am Donnerstag nachmittag putzten wir den Christbaum. 6. Das Christkind kam bald nach dem Abendessen. 7. Die Kinder spielten fast bis Mitternacht. 8. Dann sangen sie Lieder und aßen Äpfel und Nüsse. 9. Martha schrieb erst am Dienstag an ihren Onkel. 10. Die Ferien waren viel zu kurz.

b. Change the tense of the verbs in the following sentences to the past perfect:

1. Das Mädchen fand meinen Geldbeutel auf der Straße. 2. Während der Feiertage hatten wir viel Besuch. 3. Die Kinder wurden hungrig und müde. 4. Am Morgen schien die Sonne hell. 5. Am Nachmittag schneite es stark. 6. Jeden Abend war unser Haus voller Gäste. 7. Sie gab der Tante einen Kuß. 8. Er grub eine Stunde im Garten. 9. Wir arbeiteten bis spät in die Nacht hinein. 10. Sie sprachen Deutsch.

3. Put into the past, present perfect, and past perfect:

1. Er schenkt seiner Nichte einen prachtvollen Mantel. 2. Ihre Freude ist riesig groß. 3. Er bleibt nie lange. 4. Mittwoch gehen wir aufs Land. 5. Ich korrigiere die Hefte in der Schule. 6. Während der Nacht wird das Wetter stürmisch. 7. Er sitzt am Pulte und rechnet. 8. Sie stehen am Fenster und schauen in den Garten. 9. Die Uhr liegt auf dem Tische. 10. Ich trinke ein Glas Wasser. 11. Paul wirft seine Bücher aufs Bett. 12. Karl nimmt den Hut vom Kopfe. 13. Tante Helene ruft die Kinder zum Abendessen. 14. Die Knaben reden auf dem Heimweg nicht viel.

First Book in German

4. Give the meaning and the principal parts of

lesen	zeigen	wohnen	lassen	antworten
reichen	lachen	zeichnen	legen	machen
baden	tragen	sehen	schlafen	lehren

5. a. Decline in the singular and plural:

    ihr teurer Mantel
    seine dankbare Nichte
    dieses herrliche Weihnachtsgeschenk

b. Decline in the singular:

  gelbes Papier   heller Mondschein
  grüne Tinte   unsre geliebte Mutter

c. Decline in the plural:

    stille Wälder   große Äpfel

6. Give the meaning and the principal parts[*] of

Kuß	Bild	Hügel	Leder	Vetter	Gast
Ende	Hund	Gruß	Dorf	Knabe	Weg
Sonne	Treppe	Freude	Frau	Mädchen	Lied

7. Translate into German:

1. It has become very cold, and during the night it snowed hard. 2. But now the sun is shining again. Martha is wearing her beautiful new cloak. 3. Uncle Henry gave Martha this magnificent Christmas present. She has never had such an expensive one. 4. Vacation[1] is almost over. Soon I shall go to school again.[2] 5. We have had lots of company during the holidays.[3] Every day[4] our house has been full of guests. 6. Yesterday we worked in the kitchen the whole afternoon,[4] for we had no servant girl. 7. After supper we played the piano and sang songs. Then we ate apples and nuts and drank coffee. 8. I called Aunt Helen, but she had already gone to bed. 9. I went to bed at one o'clock. I was very tired and slept like

---

[*] Always use the definite article with a noun when giving its principal parts.

a log. 10. Once more many, many thanks for the gorgeous cloak. With lots of love and a thousand kisses, Your loving niece, Martha Hollmann.

1. The vacation.   2. again to school.   3. during the holidays lots of company.   4. *acc.*

D [Optional]

Stille Nacht, heilige Nacht
(Sieh Seite 421!)

Die Deutschen haben viele und sehr schöne Weihnachtslieder. Sehr beliebt ist „Stille Nacht, heilige Nacht". Der Dichter dieses Liedes war Joseph Mohr, Pfarrer zu Oberndorf, einem kleinen Orte in Tirol; die Musik ist von Franz Gruber, dem Lehrer und Organisten[1] dieses Dorfes. Text[2] und Melodie stammen aus dem Jahre 1818.[3] Heute finden wir es überall, wo Christen wohnen, und zur Weihnachtszeit erklingt es in allen möglichen Sprachen. Die Gemeinde von Oberndorf sang dieses Lied zum erstenmal[4] am Weihnachtsabend jenes Jahres. Die Orgel war schadhaft geworden, und Gruber konnte sie also nicht spielen. So begleitete er den Gesang auf der Laute. Dieses Instrument paßt wirklich sehr gut zu dem schlichten Liede.

Die alte Dorfkirche in Oberndorf steht nicht mehr, das Hochwasser[5] hat sie hinweggerissen.[6] Natürlich hat man eine neue Kirche gebaut und dort auch dem Dichter und dem Komponisten ein Denkmal errichtet.[7] Es ist ein Reliefbild aus Bronze.[8] Der Pfarrer steht am Himmelsfenster und lauscht mit glücklichem Gesicht auf den Gesang der Engel; der Lehrer Gruber steht im Hintergrunde und begleitet die singenden Engel auf der Laute. Die Welt hat die beiden Männer vergessen,[7] nur wenige wissen von ihnen. Viele halten „Stille Nacht, heilige Nacht" sogar für ein Volkslied. Das ist durchaus kein Wunder, denn

Text und Melodie sind aus der einfachen Volksseele entsprungen.[7] Jedes Kind versteht den Inhalt, und die Melodie ist auch nicht schwer zu erlernen.

1. Nom. Organist' *organist*. 2. *Words*. 3. achtzehnhundertundachtzehn. 4. zum erstenmal *for the first time*. 5. *floods*. 6. Infin. hinweg'reißen *sweep away*. Verbs with certain prefixes, called separable prefixes, insert the ge= of the past participle between the separable prefix and the rest of the verb. 7. Verbs with certain prefixes, called inseparable prefixes, omit the ge= of the past participle. 8. Relief'bild (ie = i + e) aus Bronze (on nasal as in French, z = ß) *relief in bronze*.

Sprüche

Schätze[1] nicht zu hoch das Geld,
Es hat nur Wert für diese Welt.

Ein Gewissen, gut und rein,
Geht über[2] Geld und Edelstein.

1. Imperative. 2. Geht über *Is worth more than*.

Willst du immer weiter schweifen?

Willst[1] du immer weiter schweifen?
Sieh, das Gute liegt so nah.
Lerne nur[2] das Glück ergreifen,
Denn das Glück ist immer da.

GOETHE

1. *Want to*. 2. Lerne nur *Just learn to*.

Rätsel

Was brennt länger,[1] ein Wachslicht oder ein Talglicht?
[Keins,[2] beide brennen kürzer.[3]]

Wohin geht man, wenn man zwölf Jahre alt ist?
[Man geht ins dreizehnte Jahr.]

Welche Krankheit hat noch in keinem Lande geherrscht?
[Die Seekrankheit.]

1. *longer*. 2. *Neither*. 3. *shorter*.

Airplane View of Oberndorf

LESSON XIII

Personal Pronouns · Compounds with da · Es as an Introductory Word · Use of man · Adverbial Accusative of Time

A

Auf der Eisbahn

Der Vater gab mir zu Weihnachten ein Paar neue Schlittschuhe. Sie sind sehr schön, und ich bin damit sehr zufrieden. Meine alten waren zu klein für mich, und so habe ich sie meinem Freunde Christoph geschenkt. Sie passen ihm und sind noch so
5 gut wie neu.

Letzten Sonnabend sind wir auf die Eisbahn gegangen. Wir waren diesen Winter noch nicht dort gewesen. Meine kleine Schwester Anna ging auch mit uns. Auf dem Wege trafen wir Herrn Arndt. Wir grüßten ihn, und er dankte uns sehr freund-
10 lich. „Gehen Sie auf die Eisbahn?" fragte er. „Nun, ich wünsche Ihnen viel Vergnügen! Man sagt, das Eis ist glatt und fest. Das ist eine sehr schöne Mütze, Anna. Du trägst sie heute zum ersten Male, nicht wahr?" „Jawohl, Herr Arndt", antwortete Anna. „Sie ist ganz neu. Die Mutter hat sie mir
15 heute morgen gekauft."

Es waren viele Leute auf der Eisbahn. Christoph und ich führten Anna, denn sie läuft noch nicht gut. Wir fielen ein paarmal und lachten herzlich darüber. Um sechs Uhr gingen wir nach Hause. Es war schon ganz dunkel, und man sah die
20 Bäume am Ufer kaum noch. „Es war herrlich", sagte Christoph beim Abschied. „Nächsten Sonnabend gehen wir früher und bleiben den ganzen Nachmittag. Nun, auf Wiedersehen!"

Lesson XIII

Fragen

1. Was gab der Vater Hermann zu Weihnachten?
2. Was machte Hermann mit seinen alten Schlittschuhen?
3. Wohin gingen die Freunde am Sonnabend nachmittag?
4. Wer ging mit ihnen?
5. Wen (*Whom*) trafen sie auf dem Wege?
6. Was trug Anna zum ersten Male?
7. Wer führte Anna auf der Eisbahn?
8. Wie war das Eis?
9. Wann gingen sie nach Hause?
10. Was sagte Christoph beim Abschied?

Vocabulary

der **Abschied** (–s, –e) leave, parting; beim Abschied at *or* on parting

Christoph (*masc.*) (–s) Christopher

damit' with it, with them

darü'ber over it, about it, at it

die **Eisbahn** (—, –en) place where one skates, ice for skating; auf der Eisbahn on the ice; auf die Eisbahn gehen go skating

fallen (er fällt, er fiel, er ist gefallen) fall

fest firm, solid

früh early; früher earlier, sooner

führen (*wk.*) lead

ganz *adv.* wholly, entirely, quite

glatt smooth

Hermann (*masc.*) (–s) Herman

jawohl' yes indeed

kaufen (*wk.*) buy

laufen (er läuft, er lief, er ist gelaufen) run; (= Schlittschuh laufen) skate

letzt last

die **Leute** *pl.* people

das **Mal** (–es, –e) time; zum ersten Male for the first time

man *indef. pron.* one, they, you

die **Mütze** (—, –n) cap

nächst *superl. of* nah(e) nearest, next

nun *interj.* well

das **Paar** (–es, –e) pair; ein Paar Schlittschuhe a pair of skates

passen (*wk.*) *dat. of person* fit

der **Schlittschuh** (–s, –e) skate

treffen (er trifft, er traf, er hat getroffen) meet, hit

das Ufer (–s, —) bank, shore; am Ufer on the bank

das Vergnü'gen (–s, —) pleasure, amusement, enjoyment; ich wünsche Ihnen viel Vergnügen I hope you will have a good time

wahr true; nicht wahr? is it not so? aren't you? isn't she? isn't it? etc.

wünschen (*wk.*) wish

zufrie'den satisfied, pleased

auf Wiedersehen! till we meet again! good-by!
ein paarmal a few times
heute morgen this morning
so + *adj. or adv.* + **wie** as + *adj. or adv.* + as
zu Weihnachten at *or* for Christmas

B

1. Declension of the Personal Pronouns

SINGULAR

	First Person	*Second Person*		*Third Person*		
NOM.	ich *I*	du *you*	Sie *you*	er *he*	sie *she*	es *it*
GEN.	meiner *of me*	deiner	Ihrer	seiner	ihrer	seiner
DAT.	mir *to me, me*	dir	Ihnen	ihm	ihr	ihm
ACC.	mich *me*	dich	Sie	ihn	sie	es

PLURAL

NOM.	wir *we*	ihr *you*	Sie *you*	sie *they*
GEN.	unser *of us*	euer	Ihrer	ihrer
DAT.	uns *to us, us*	euch	Ihnen	ihnen
ACC.	uns *us*	euch	Sie	sie

2. Agreement of the Personal Pronoun

The personal pronoun in the third person must agree in gender and number with the noun to which it refers:

Das ist eine sehr schöne Mütze. Du trägst **sie** heute zum ersten Male, nicht wahr? *That is a very pretty cap. You are wearing it today for the first time, aren't you?*

Wer hat dir diesen Bleistift gegeben? — Ich habe **ihn** gefunden. *Who gave you this pencil? — I found it.*

3. Compounds with da

As a rule, German does not use the personal pronoun after a preposition to refer to an inanimate object or to an idea; instead, a compound of da (dar before vowels) with the preposition is employed:

> Die Schlittschuhe sind sehr schön, und ich bin **damit'** sehr zufrieden. *The skates are very pretty, and I am very pleased with them.*
>
> Wir fielen ein paarmal und lachten herzlich **darü'ber**. *We fell a few times and laughed heartily about it.*

4. Es as Introductory Word

The neuter es is often used to introduce a sentence, the subject then following the verb, in the manner of the English expletive *there*:

> Es waren viele Leute auf der Eisbahn.* *There were many people on the ice.*
>
> Es ist kein Tisch in meinem Zimmer. *There is no table in my room.*

Es must introduce the sentence. If any other element is placed first, es is omitted:

> In meinem Zimmer ist kein Tisch. *In my room there is no table.*

5. Use of man

The indeclinable indefinite pronoun man *one* may often be rendered in English by the personal pronouns *we, you, they*, or by an indefinite word or expression as *a person, people*:

> **Man** sagt, das Eis ist glatt und fest. *They say the ice is smooth and firm.*
>
> Es war schon ganz dunkel, und **man** sah die Bäume am Ufer kaum noch. *It was already quite dark, and you* (or *a person*) *could scarcely see the trees on the bank any more.*
>
> **Man** ißt zu viel. *We* (or *People*) *eat too much.*

---

* In sentences of this type es may be referred to as the grammatical subject, Leute as the logical or real subject. It will be observed that the verb agrees in number with the real subject.

6. Adverbial Accusative of Time

The accusative case without a preposition is used adverbially to express definite time or duration of time:

> Letzten Sonnabend sind wir auf die Eisbahn gegangen. *Last Saturday we went skating.*
>
> Nächsten Sonnabend gehen wir früher und bleiben **den ganzen Nachmittag**. *Next Saturday we shall go earlier and stay the whole afternoon.*
>
> Sie spielten **eine Stunde** Tennis. *They played tennis (for) an hour.*

Instead of the accusative without a preposition, a prepositional phrase may often be used:

> Donnerstag nachmittag (or Am Donnerstag nachmittag) haben wir den Christbaum geputzt. *Thursday afternoon (or On Thursday afternoon) we trimmed the Christmas tree.*

C

1. Use the correct forms of the personal pronouns in parentheses:

1. Die Schlittschuhe passen (**du**) gut. 2. Sie sind zu klein für (**ich**). 3. Wir haben (**er**) auf dem Wege getroffen. 4. Er hat (**wir**) sehr freundlich gegrüßt. 5. Wer hat (**Sie**) ein Paar Schlittschuhe geschenkt? 6. Christoph führte (**sie** *sg.*) auf der Eisbahn. 7. Er hat (**ich**) beim Abschied für die Schlittschuhe gedankt. 8. Sie hat (**sie** *pl.*) den Mantel gezeigt. 9. Hermann ist mit (**er**) gekommen. 10. Hat man (**du**) gesehen? 11. Ich wünsche (**ihr**) viel Vergnügen. 12. Die Mutter hat (**sie** *sg.*) heute morgen eine neue Mütze gekauft. 13. Ich habe nichts für (**ihr**). 14. Er hat (**wir**) einen langen Brief geschrieben.

2. Replace the words in parentheses by personal pronouns or by compounds with da:

1. (**Das Eis**) ist glatt und fest. 2. Ich habe ihm herzlich (**für die Mütze**) gedankt. 3. Man hatte (**den Tannenbaum**) sehr schön geputzt. 4. Ich habe (**meine Feder**) noch nicht gefunden. 5. (**Die**

Lesson XIII

Küche) ist groß und hell. 6. Man sah die Bäume (**am Ufer**) kaum noch. 7. Das Messer liegt (**unter dem Teller**). 8. Sie ist (**mit den Bildern**) zufrieden, nicht wahr? 9. (**Dieser Korb**) ist nicht groß genug. 10. Frau Arndt ist ein paarmal mit (**ihrer Nichte**) ins Kino gegangen. 11. Martha trägt (**ihren neuen Hut**) heute morgen zum ersten Male. 12. (**Deine Mütze**) ist noch so gut wie neu.

3. Translate into English:

1. Ich habe sie nicht gegrüßt. 2. Letzten Dienstag war sie nicht zu Hause. 3. Nun, was haben sie gesagt? 4. Was haben Sie mit den alten Schlittschuhen gemacht? 5. Der Onkel hat ihr einen prachtvollen Mantel geschenkt. 6. Habt ihr den Mantel gesehen? 7. Ist das Ihr Hund? 8. Ist das ihr Haus?

4. *a.* Put into the past, present perfect, and past perfect tenses:

1. Christoph läuft schnell nach Hause. 2. Das wünsche ich nicht. 3. Wir führen Anna auf der Eisbahn. 4. Er fällt ein paarmal. 5. Hermann trifft Herrn Arndt auf dem Wege. 6. Die Schlittschuhe passen mir nicht.

b. Decline in the singular and plural:

   die neue Mütze   mein kleiner Knabe   unser liebes Kind

c. Decline in the plural:

             alte Leute

d. Decline in the singular:

        glattes Eis   weicher Schnee

5. Give the meaning and the principal parts of

Ufer	Eisenbahn	Nuß	Kuß	scheinen
Paar	Sonne	Ende	Lied	putzen
Mütze	Apfel	Mantel	laufen	fahren

6. Translate into German:

1. Herman is laughing and singing. He has a pair of new skates. 2. His father gave him the skates. — When? — At Christmas. 3. His old ones were too small for him. — What

did he do with them? 4. He gave them to his friend Christopher. They are still as good as new. 5. Last Wednesday Herman went skating for the first time this winter. His sister Anna and Christopher went with him. 6. There were not very many people on the ice. They went home at half past six. It was quite dark. 7. "Next Tuesday we shall go earlier," said Christopher on parting, "and stay the entire afternoon. Well, good-by." 8. That is a new hat, isn't it, Anna? — Yes indeed, Mr. Arndt. It is quite new; I bought it this morning. 9. Are you going skating? Well, I hope you will have a good time. 10. Thank you very much. They[1] say the ice is smooth and firm.

1. Man.

D [Optional]

O du fröhliche

(Sieh Seite 422!)

Das wirkliche Datum der Geburt Christi[1] wissen wir nicht, und man feierte sie im Anfang nicht überall an demselben[2] Tage. Erst der römische Bischof Liberus hat die Feier im
5 Jahre 354[3] auf den fünfundzwanzigsten Dezember festgelegt.[4] Dadurch fiel Weihnachten für die germanischen Völker mit dem alten heidnischen Fest der Wintersonnenwende[5] zusammen.[6] Manche von den alten Bräuchen aus jener Zeit leben noch heute weiter,[7] wenn auch nur in veränderter Form. In Norddeutsch-
10 land finden wir noch den Schimmelreiter.[8] Ein junger Bursche zieht in den Wochen vor Weihnachten durch die Gassen des Dorfes. Vor der Brust trägt er eine lange Stange, an der oben[9] ein Pferdekopf ist. Dieser Schimmelreiter ist der Windgott[10] Wodan, der[11] in den „zwölf Nächten"[12] durch die Lüfte
15 brauste. Das Wort "Wednesday" hat seinen Namen von ihm.

Lesson XIII

In anderen Gegenden Deutschlands ist er zum [13] Knecht
Ruprecht geworden, der [11] aber nun fast überall Sankt Nikolaus
heißt. Er kommt am sechsten Dezember, manchmal vom
Christkind begleitet. Dieses [14] teilt Äpfel, Nüsse und kleines
Backwerk an die Kinder aus.[15] Wenn Sankt Nikolaus allein
kommt, gibt er den Kindern die kleinen Geschenke. Aber er
läßt der Mutter auch immer eine Rute [16] zurück,[17] damit [18] sie
die ungehorsamen Kinder strafen kann. Im katholischen
Süddeutschland kommt Sankt Nikolaus als Bischof gekleidet.
Der [19] gibt dann den Kindern außer den Geschenken gute
Lehren.

An manchen Orten gehen mehrere „Klause" [20] von Haus zu
Haus, ein guter und ein oder mehrere böse. Sie machen Lärm
mit einer Peitsche, oder Schellen und rasselnden Ketten, die [21]
sie an sich hängen haben,[22] schlagen Vorübergehende,[23] teilen
Geschenke aus und nehmen auch welche an.[24] Anderswo, wie
zum Beispiel in Heidelberg, ziehen am fünften und sechsten
Dezember abends verkleidete Knaben herum,[25] meist mit Bart
und sackartigem Gewand, und betteln auf den Straßen und
an den Türen, wobei sie Heischelieder [26] singen, die [21] oft schon
Jahrhunderte alt sind.

Viel alter Aberglaube ist noch mit der Weihnachtszeit ver=
bunden, aber auch schöne alte Bräuche. Man denkt am Weih=
nachtsabend nicht nur an die Armen und hilft ihnen durch
Geschenke, sondern auch an die Tiere. In manchen Gegenden
bekommen die Ziegen, Kühe und Pferde am Weihnachtsabend
besseres Futter, oft Brot und Salz. Ja, sogar den Vögeln
unter Gottes freiem Himmel streut man Körner. Früher war
der Glaube allgemein, daß die Haustiere im Stall in der Christ=
nacht sprechen und die Zukunft voraussagen können.

Das Gegenstück zum Weihnachtsfest sind die Johannisfeuer, die[21] man in Deutschland und den skandinavischen Ländern am Abend des vierundzwanzigsten Juni anzündet. Sie gehen auf
50 das Fest der Sommersonnenwende[27] zurück.[28] Zu Beginn des Frühlings treibt man in vielen Gegenden den Tod, das heißt,[29] den Winter, aus,[30] der[21] den Tod in der Natur bedeutet. Man nennt diesen Sonntag den Toten=[31] oder Sommersonntag. Oft findet ein Kampf statt[32] zwischen dem Winter und dem
55 Sommer, die[21] durch Burschen in passender Verkleidung dargestellt werden.[33] Natürlich bleibt der Sommer immer der Sieger im Streit. Die Kirche hat aber all diesen alten, heid= nischen Bräuchen eine christliche Bedeutung gegeben.

1. Latin gen. of Christus *Christ*. 2. Nom. derselbe *the same*. 3. drei= hundertvierundfünfzig. 4. Infin. festlegen *fix*. 5. *winter solstice*. 6. fiel ... zusam'men *coincided*. 7. leben ... weiter *continue to exist*. 8. *rider of the gray horse*. 9. an der oben *on the top of which*. 10. *god of the winds*. 11. *who*. 12. The old Germanic celebration of the winter solstice lasted twelve days: December 25 to January 6. 13. Omit in translating. 14. *The latter*. 15. teilt ... aus *distributes*. 16. *small bundle of birch twigs* (literally, *rod*). 17. läßt ... zurück' *leaves behind*. 18. damit' *in order that*. 19. *He*. 20. Pl. of Klaus, abbreviation of Nikolaus. 21. *which*. 22. an sich hängen haben *have hanging on them*. 23. *passers-by*. 24. nehmen auch welche an *also accept some*. 25. ziehen ... herum *march about*. 26. *begging songs*. 27. *summer solstice*. 28. gehen ... zurück' *go back*. 29. das heißt *that is*. 30. treibt ... aus *drives out*. 31. Totensonntag *mid-Lent Sunday*. 32. findet ... statt *takes place*. 33. dargestellt werden *are represented*.

LESSON XIV

Comparison of Adjectives and Adverbs · Expressions of Comparison · The Article with Proper Names

A

Ein Brief

Marburg, den 1. März 1934.

Liebe Tante Marie!

Heute regnet es, und so finde ich Zeit zum Schreiben. Wir sind fünfundzwanzig Schüler in unsrer Klasse, natürlich alle Knaben. Fritz Bradler ist der jüngste, aber nicht der kleinste. 5
Er ist größer als die meisten anderen Knaben der Klasse. Der älteste ist Peter Brauer; er ist neun Monate älter als Fritz Bradler und auch etwas größer, aber nur sehr wenig. Peter Brauer lernt gut, aber Fritz Bradler lernt besser. Peter hat sicher den besseren Kopf, aber Fritz ist fleißiger. Der beste und 10
fleißigste Schüler ist der lange Gottfried Angermann. Angermann ist auch ein sehr guter Athlet. Er ist der beste Schwimmer, aber Fritz Bradler läuft schneller. Am schnellsten läuft der kleine Franz Huber.

Nun, der Frühling kommt bald. Die Tage werden immer 15
länger und das Wetter wärmer. Der Frühling ist wohl die schönste Jahreszeit: die Blumen blühen, die Vögel singen, das Gras ist am grünsten und der Himmel am blausten. Für mich ist der Herbst auch sehr schön, fast ebenso schön wie der Frühling. Im Herbst spielen wir alle Fußball. Ein Freund von mir, 20
ein Amerikaner, sagte neulich zu mir: „Sie spielen das englische Rugbyspiel. Das amerikanische Fußballspiel ist ganz anders."

Er sagt auch, in Amerika spielt man sehr viel Schlagball und Korbball.

25 Aber genug für heute, liebe Tante, es wird spät. Nächste Woche schreibe ich einen viel längeren Brief. Mit den herzlichsten Grüßen

Dein getreuer Neffe

Heinrich Heuser.

Fragen

1. Wie viele Schüler sind in Heinrich Heusers Klasse?
2. Wer ist der jüngste Schüler? der älteste? der fleißigste?
3. Wer ist größer als die meisten Knaben in der Klasse?
4. Wer ist der beste Schwimmer?
5. Wer läuft am schnellsten?
6. Wie werden die Tage und das Wetter?
7. Wann ist das Gras am grünsten?
8. Wann spielen die Schüler Fußball?
9. Was sagte Heusers amerikanischer Freund neulich?
10. Spielt man in Deutschland Schlagball und Korbball?

Vocabulary

als than
Ame′rika (*neut.*) (–s) America
der Amerika′ner (–s, —) American
amerika′nisch American
ander other
anders *adv.* otherwise; es ist ganz anders it is quite different
der Athlet′ (–en, –en) athlete
blau blue
blühen bloom

Deutschland (*neut.*) (–s) Germany
ebenso just as
englisch English
etwas *adv.* somewhat
Franz (*masc.*) (Franz′ *or* –ens) Francis, Frank
der Frühling (–s, –e) spring
fünfundzwanzig twenty-five
der Fußball (–s) football
das Fußballspiel (–s) football game

Lesson XIV

gera'de *adv.* just
getreu' faithful
Gottfried (*masc.*) (–s) Godfrey
das Gras (Grases, Gräser) grass
groß (⸚er, ⸚t) large, tall (*of persons*), great
der Herbst (–es, –e) autumn, fall
der Himmel (–s, —) heaven, sky
die Jahreszeit (—, –en) season
der Korbball (–s) basket ball
der März (–(es), –e) March
meist most; die meisten anderen Knaben most of the other boys

der Monat (–s, –e) month
der Neffe (–n, –n) nephew
neulich recently
regnen (*wk.*) rain
das Rugbyspiel (–s) Rugby game
der Schlagball (–s) baseball
der Schwimmer (–s, —) swimmer
sicher sure, certain
wenig little
die Woche (—, –n) week
wohl probably
die Zeit (—, –en) time; Zeit zum Schreiben time for writing

den 1. März 1934 (= den ersten März neunzehnhundertvierunddreißig) March 1, 1934
der lange Gottfried Angermann tall and lanky Godfrey Angermann
ein Freund von mir a friend of mine
mit den herzlichsten Grüßen with best regards, with (best) love

B

1. Comparison of Adjectives

The comparative stem is formed by adding ⸗er, the superlative by adding ⸗st, to the positive:

POSITIVE	COMPARATIVE	SUPERLATIVE
klein	kleiner	kleinst
schnell	schneller	schnellst

If the positive ends in a sibilant (s, ß, sch, z, x, tz) or in ⸗d or ⸗t, the superlative adds ⸗est:

weiß	weißer	weißest
mild	milder	mildest

Most monosyllabic adjectives with the stem vowel a, o, or u take umlaut in the comparative and superlative:

| lang | länger | längſt |
| kurz | kürzer | kürzeſt |

Of the monosyllabic adjectives with the stem vowel a, o, or u, occurring so far, all take umlaut in the comparative and superlative except klar and toll; two others, geſund and glatt, have comparative and superlative forms either with or without umlaut.

The following adjectives, used in previous lessons, are irregular in their comparison:

groß	größer	größt
gut	beſſer	beſt
viel	mehr	meiſt

In the vocabularies the comparative and superlative degrees will be indicated when they take umlaut of the stem vowel or are irregular, as follows: lang (¨er, ¨ſt), gut (beſſer, beſt).

Adjectives ending in =e, =el, =en, or =er drop the e of these endings in the comparative:

müde	müder	müdeſt
dunkel	dunkler	dunkelſt
teuer	teurer	teuerſt

2. Declension of Comparative and Superlative Forms

The comparative and superlative forms of the adjective, when used attributively, follow the same rules of declension as the positive form:

ſein jüngerer Sohn *his younger son*
der jüngere Sohn *the younger son*
die jüngeren Söhne *the younger sons*
ihr älteſtes Kind *their oldest child*
das älteſte Kind *the oldest child*
die älteſten Kinder *the oldest children*

In the predicate position the comparative, like the positive, is not inflected:

Sie ist **älter** als ihre Schwester. *She is older than her sister.*

The uninflected form of the superlative, however, does not occur as a predicate adjective. Instead German employs a prepositional phrase composed of am plus the superlative in the dative case neuter:

Im Frühling ist das Gras **am grünsten.** *The grass is greenest* (literally, *at the greenest*) *in spring.*

Note that in sentences such as

Welcher von den Knaben ist der größte? — Fritz ist der größte.
Which of the boys is the tallest? — Fred is the tallest.

we do not have a predicate adjective, but an attributive adjective, the noun Knabe *boy* being understood after der größte *the tallest*. However, here too the am construction is frequently employed.

3. Comparison of Adverbs

The comparative of adverbs is formed like the comparative of adjectives. It is not inflected.

Fritz läuft schneller als Gottfried. *Fred runs faster than Godfrey.*

The superlative of the adverb is expressed by the am construction:

Wer läuft am schnellsten? — Franz läuft am schnellsten. *Who runs fastest? — Frank runs fastest.*

4. Immer plus Comparative

The comparative preceded by immer renders the English double comparative:

Die Tage werden immer länger. *The days are becoming longer and longer.*

5. Expressions of Comparison

Karl ist so alt wie du. *Charles is as old as you.*

Der Herbst ist ebenso (or gerade so) schön wie der Frühling. *Autumn is just as pretty as spring.*

Marie ist nicht so groß wie ihre Schwester. *Mary is not so tall as her sister.*

Fritz ist fleißiger als Peter. *Fred is more industrious than Peter.*

6. The Article with Proper Names

When a proper name is preceded by an adjective, it takes the definite article:

Am schnellsten läuft **der** kleine Franz Huber. *Little Frank Huber runs fastest.*

In direct address, however, the article is omitted — for example, in the salutation in letters:

Lieber, guter Onkel Ernst!
Liebe Tante Marie!

C

1. Compare:

dick	alt	glatt	teuer	warm
tief	klar	herzlich	gut	hell
hübsch	fleißig	groß	fest	neu
klug	dunkel	toll	kalt	müde

2. Decline in the singular and plural:

das kleiner__ Kind   der kältest__ Tag
kein größer__ Glas   unser liebst__ Freund

3. Connect the following groups of words into sentences by using the comparative:

EXAMPLE. Der Tisch, der Stuhl, neu. — Der Tisch ist neuer als der Stuhl.

1. Der Frühling, der Herbst, schön. 2. Der Löffel, das Messer, lang. 3. Der Bleistift, die Feder, kurz. 4. Peter, Fritz, alt. 5. Das Wohnzimmer, das Eßzimmer, dunkel. 6. Die Tassen, die Teller, teuer.

DEUTSCHES REICH

CHWEDEN
OSTSEE
LITAUEN
Tilsit
Königsberg
OSTPREUSSEN
Danzig
Marienburg
POMMERN
Stettin
erlin
Frankfurt
Oder
Thorn
Weichsel
Posen
Warschau
POLEN
SCHLESIEN
Breslau
Dresden
RIESENGEBIRGE
Prag
TSCHECHOSLOWAKEI
Wien
Donau
Buda Pest
UNGARN

Lesson XIV

4. Form sentences from the following groups of words by using the positive, the comparative, and the superlative:

EXAMPLE. Heinrich, Helene, ich, jung. — Heinrich ist jung, Helene ist jünger, ich bin am jüngsten.

1. Der Sommer, der Herbst, der Frühling, schön. 2. Heinz, Franz, Martha, klug. 3. Ich, Gertrud, Gottfried Angermann, fleißig lernen. 4. Du, mein Neffe, Marie, gut lernen. 5. Frau Karsten, Herr Braun, Fräulein Müller, schnell sprechen.

5. Replace the English words in parentheses by the German equivalent:

1. Es wurde (colder and colder). 2. Peter Brauer ist nicht (so) fleißig (as) Fritz Bradler. 3. Martha ist (as) groß (as) ihre Mutter. 4. Helene spielt (just as) gut Klavier (as) ihre Schwester. 5. Heinrich Heuser ist ein sehr guter Athlet, aber Peter Brauer ist (the best) in unsrer Schule. 6. Gottfried Angermann ist der beste Schwimmer, und der kleine Franz Huber läuft (fastest). 7. Peter ist etwas größer (than) Fritz, aber nur sehr wenig. 8. Marie wird (prettier and prettier). 9. In welchem Monat wird es (coldest)? 10. Im Frühling ist der Himmel (bluest) und das Gras (greenest).

6. Copy the following sentences, substituting the missing ending for each blank:

1. Klara ist ihr jüngst___ Kind. 2. Sie ist das schönst___ Mädchen in der Schule. 3. Hast du kein dünner___ Papier? 4. Peter und Fritz sind beide klug, aber Fritz ist der fleißiger___. 5. Franz und Gottfried sind die best___ Athleten in unsrer Klasse. 6. Nächst___ Woche schreibe ich einen viel länger___ Brief.

7. Put into the past, present perfect, and past perfect tenses:

1. Die Blumen blühen und die Vögel singen. 2. Es regnet die ganze Woche. 3. Im März ist es sehr kalt. 4. Der kleine Franz Huber läuft am schnellsten. 5. Im Herbst spielen wir alle Fußball. 6. Die Tage werden immer länger.

158 First Book in German

8. a. Replace the words in parentheses by personal pronouns or by compounds with ba:

1. Anna trägt (**die Mütze**) zum ersten Male. 2. Hermann hat (**den Brief**) geschrieben. 3. (**Der Himmel**) ist im Frühling am blausten. 4. Christoph ist (**mit den Schlittschuhen**) sehr zufrieden. 5. Hans ging mit (**seinen Freunden**) ins Kino. 6. Es liegen einige Bücher (**auf dem Tische**).

b. Give the meaning and the principal parts of:

Woche	Zeit	Mütze	fallen	führen
Monat	Neffe	Paar	treffen	wünschen
Himmel	Ufer	Leute	laufen	passen
Gras	Baum	Herz	liegen	legen

9. Translate into German:

1. A brighter room, a larger table, smaller chairs, the more industrious pupils. 2. My prettiest hat, our youngest child, the oldest house, the shortest nights. 3. Yesterday it rained the whole day, and so I found time for writing. 4. There are twenty-five pupils in our class, naturally all boys. 5. The youngest is Fred Bradler; the oldest is Peter Brauer. 6. Peter is nine months older than Fred, but only a little taller. 7. He has certainly a better head than the other boys, but he is not so industrious as tall and lanky Godfrey Angermann. 8. Godfrey is probably the best athlete in our class, but little Frank Huber runs fastest. 9. For me autumn is the finest season, for in autumn we play football for three long months.[1] 10. I am, however, somewhat too small for football. I am smaller than most of the other boys. 11. We play the English Rugby game. The American football game is quite different. 12. A friend of mine, an American, told me so[2] recently. 13. In Germany we play baseball and also basket ball, but not as[3] in America. 14. Next Sunday I shall write a longer letter. With best love to[4] you all, Your faithful nephew, Henry

1. three long months football.   2. *told me so* sagte mir das.   3. so wie.   4. an (acc.).

Lesson XIV.

D
[Optional]

Eine Geographiestunde [1]

Der nördliche Teil Deutschlands ist flach, der mittlere und südliche aber gebirgig. Die Gebirge werden immer höher von Norden nach Süden. Die wichtigsten deutschen Gebirge sind der Schwarzwald, die Bayrischen Alpen,[2] der Thüringer Wald, das Erzgebirge und das Riesengebirge. Der höchste Berg ist die Zugspitze in den Bayrischen Alpen. Die Zugspitze ist fast 3 000[3] Meter (über 9 000[4] Fuß) hoch. Die Rocky Mountains sind aber viel höher als die deutschen Gebirge.

Auch die deutschen Flüsse sind viel kleiner und kürzer als die amerikanischen Flüsse. Die wichtigsten deutschen Flüsse sind der Rhein, die Weser, die Elbe, die Oder und die Donau. Außer der Donau fließen sie alle von Süden nach Norden, die Donau aber fließt von Westen nach Südosten. Der Rhein, die Weser und die Elbe münden[5] in die Nordsee; die Oder mündet in die Ostsee, die Donau in das Schwarze Meer.

Die Donau fließt nur auf ihrem oberen Lauf durch Deutschland. Die Oder ist zwar fast ganz ein deutscher Fluß, doch die Weser ist der einzige von den größeren Flüssen, der[6] sowohl seine Quelle als[7] seine Mündung auf deutschem Gebiet hat. An ihrer Mündung liegt die berühmte Hafenstadt Bremen. Hamburg, an der Mündung der Elbe, ist die größte Hafenstadt des europäischen Kontinents. Die ältesten deutschen Städte finden wir aber am Rhein. Der Rhein, welcher[6] der schönste und wichtigste deutsche Fluß ist, entspringt in der Schweiz und hat seine Mündung in Holland. Die größeren Nebenflüsse des Rheins sind der Neckar, der Main, die Lahn und die Mosel.[8]

Deutschland hat ungefähr dasselbe⁹ Klima¹⁰ wie Neueng=
land.¹¹ Am kältesten wird es hoch oben in den Gebirgen. Das
30 mildeste Klima finden wir im Rheintal¹² und in den Tälern
der Nebenflüsse des Rheins. Deutschland ist nur ein sehr
kleines und seit dem Weltkrieg ein sehr armes Land.

       Der alte Gott, der¹³ lebet¹⁴ noch!
       Was¹⁵ willst¹⁶ du, Herz, verzagen?

1. Geographie'stunde *Lesson in Geography*.   2. For view, see page 95.
3. dreitausend.   4. neuntausend.   5. *empty*.   6. *which*.   7. sowohl'...
als *both ... and*.   8. Mo'sel *Moselle'*.   9. See derfel'be.   10. *climate*.
11. *New England*.   12. *Rhine valley*.   13. *he*.   14. Poetical for lebt.
15. *Why*.   16. Infin. wollen.

Das Deutsche Reich]

Man kann das Deutsche Reich kaum noch einen Bundes=
staat¹ nennen, denn die einzelnen Länder, so nennt man näm=
lich die Einzelstaaten,² haben alle besonderen³ Rechte fast ganz
verloren. Das größte dieser Länder ist Preußen, dann folgen
5 Bayern, Württemberg, Sachsen, Baden usw. Das gesamte
Deutsche Reich ist nicht so groß wie der Staat Texas, hat aber
etwa halb soviel⁴ Einwohner wie die Vereinigten Staaten.

Vor hundert Jahren hatten die deutschen Länder rund
30 000 000⁵ Einwohner, und noch im Jahre 1871⁶ lebten
10 zwei Drittel der Bewohner des Deutschen Reiches in ländlichen
Gemeinden, 1895⁷ nur noch die Hälfte, und gegenwärtig leben
volle zwei Drittel in den Städten. Berlin, die Hauptstadt des
Reiches und zugleich die größte Stadt, hat 4 000 000⁸ Ein=
wohner. Hamburg mit 1 000 000⁹ Einwohnern ist die nächst=
15 größte. Andere große deutsche Städte sind Leipzig, Köln,
München, Dresden,¹⁰ Breslau, Essen, Frankfurt am Main¹¹
und Düsseldorf.

1. *federal state.* 2. *individual states.* 3. After alle the adj. takes the wk. endings. 4. soviel' *as many.* 5. dreißig Millio'nen. 6. achtzehnhunderteinundsiebzig. 7. achtzehnhundertfünfundneunzig. 8. vier Millionen. 9. einer Million. 10. Drēsden (voiceless s) *Drĕsden* (voiced s). 11. For view, see page 111.

Witze

"Nun, Junge, wie war die Prüfung?"

"Gut, Vater. Der Lehrer war so freundlich und so fromm."

"Fromm? Wieso[1]?"

"Bei jeder Antwort, die [2] ich gab, schlug er die Hände zusammen [3] und rief: ‚Mein Gott! Mein Gott!'"

1. *How is that.* 2. *that.* 3. schlug ... zusam'men *struck together.*

"Heinrich," sagte der Herr beim Erwachen [1] zu seinem Diener, "wann bin ich eigentlich gestern abend nach Hause gekommen?"

"Um drei Uhr morgens, gnädiger Herr.[2]"

"So, so — hm — und wann bin ich gestern morgen aufgestanden[3]?"

"Um acht Uhr abends, gnädiger Herr."

1. beim Erwa'chen *upon awakening.* 2. gnädiger Herr *sir.* 3. Infin. aufstehen.

LESSON XV

Future and Future Perfect Indicative · Position of the Infinitive · Future of Probability · Interrogative Pronouns wer and was · Compounds with wo · Other Interrogative Words

A

Die Hausfrau

„Wer hat eben telephoniert?" fragt Frau Weber ihre Tochter Minna. „Es war Max Gadmer." „Und wovon habt ihr so lange gesprochen?" „Max geht morgen ins Theater. Er hat zwei Karten und bat mich, mit ihm zu gehen." „Was für ein
5 Stück gibt man morgen?" „‚Die Jungfrau von Orleans.‘ Es wird sicher sehr schön sein, aber es ist ja nicht möglich, daß ich gehe, denn wir haben morgen abend Besuch. Ich werde jetzt zum Vater ins Geschäft gehen, Mutter, und komme dann mit ihm nach Hause." „Es wird wohl zu spät sein", sagt Frau
10 Weber. „Es ist schon nach fünf Uhr, und der Vater wird das Geschäft wohl schon geschlossen haben. Ich werde dich überhaupt in der Küche brauchen." Dann öffnet Frau Weber die Tür zum Kinderzimmer und ruft: „Kinder, warum schreit ihr so? Ihr macht mich noch verrückt mit dem Lärm! Und
15 wessen Mütze liegt hier wieder auf dem Boden? Wie schmutzig ihr seid!"

Jetzt kommt Anna, das Dienstmädchen, ins Zimmer. „Anna, mit wem haben Sie so lange an der Ecke gesprochen? Sie haben eine halbe Stunde bei dem jungen Manne gestanden.
20 Nun, schon gut! Es wird wohl wieder ein Vetter gewesen sein. Und womit haben Sie heute morgen den Spiegel in meinem

Zimmer geputzt? Mit einem feuchten Handtuch, nicht wahr? Man sieht die Streifen noch immer. Nun, decken Sie jetzt den Tisch!" „Welches Tischtuch, welches Silber und welche Gläser wünschen Sie, gnädige Frau?" „Was für eine dumme Frage! 25 Wir haben heute abend keine Gäste. Also die gewöhnlichen!" Damit geht Frau Weber aus dem Zimmer.

Fragen

1. Mit wem hat Minna Weber lange gesprochen?
2. Wohin geht Max morgen abend?
3. Geht Minna mit Max ins Theater?
4. Welches Stück gibt man morgen?
5. Von wem ist „Die Jungfrau von Orleans"?
6. Wie spät ist es?
7. Ist Minnas Vater noch im Geschäft?
8. Wo sind die Kinder und was machen sie?
9. Mit wem hat Anna, das Dienstmädchen, an der Ecke gestanden?
10. Womit hat Anna den Spiegel in Frau Webers Zimmer geputzt?
11. Was sieht man noch immer auf dem Spiegel?
12. Was macht Anna jetzt?
13. Welches Silber und welche Gläser nimmt sie?

Vocabulary

also accordingly, therefore, then
bitten (er bittet, er bat, er hat gebeten) ask, request; bitten um *acc.* ask for
der **Boden** (–s, — *or* ⁻) floor
brauchen (*wk.*) need
da′mit with that
daß *conj.* that
dumm (⁻er, ⁻st) stupid
eben *adj.* even, level, smooth; *adv.* just

die Ecke (—, -n) corner; an der Ecke at the corner
feucht damp, moist
das Geschäft' (-s, -e) business, store, mercantile establishment
gewöhn'lich usual, ordinary
gnädig gracious; gnädige Frau madam
das Handtuch (-s, ⸗er) towel
die Hausfrau (—, -en) housewife, lady of the house
ja you know
die Jungfrau (—, -en) virgin, maid; „Die Jungfrau von Orleans" (*pronounce Orleans as in French*) "The Maid of Orleans" (Joan of Arc), title of a drama by Schiller
die Karte (—, -n) card, ticket
das Kinderzimmer (-s, —) children's room, nursery
der Lärm (-es) noise
der Mann (-es, ⸗er) man; husband
möglich possible

putzen (*wk.*) polish
schließen (er schließt, er schloß, er hat geschlossen) close
schmutzig dirty
schreien (er schreit, er schrie, er hat geschrieen) shout, scream
das Silber (-s) silver, silverware
der Spiegel (-s, —) mirror
der Streifen (-s, —) stripe, streak
das Stück (-es, -e) piece; play
telephonie'ren (*wk.*) telephone
das Thea'ter (-s, —) theater; ins Theater gehen go to the theater
das Tischtuch (-s, ⸗er) tablecloth
überhaupt' for that matter, anyway, aside from that, at all
verrückt' crazy; ihr macht mich noch verrückt you will drive me crazy yet
womit' with what
wovon' of what, about what

eine halbe Stunde half an hour
heute abend this evening
morgen abend tomorrow evening
noch immer still
schon gut all right
was für ein what kind of? what a!

B

1. Future and Future Perfect Indicative

The future indicative is composed of the present indicative of werden and the present infinitive of the verb that is being conjugated:

ich werde sagen *I shall say*	wir werden sagen *we shall say*
du wirst sagen *you will say*	ihr werdet sagen *you will say*
er wird sagen *he will say*	sie werden sagen *they will say*

The future perfect indicative is composed of the present indicative of werden and the past infinitive of the verb that is being conjugated. The past infinitive consists of the past participle plus the auxiliary haben or sein.

ich werde gesagt haben *I shall have said*
du wirst gesagt haben *you will have said*
er wird gesagt haben   *etc.*
wir werden gesagt haben
ihr werdet gesagt haben
sie werden gesagt haben

ich werde gekommen sein *I shall have come*
du wirst gekommen sein *you will have come*
er wird gekommen sein   *etc.*
wir werden gekommen sein
ihr werdet gekommen sein
sie werden gekommen sein

2. Position of the Infinitive

In the future and future perfect tenses the infinitive stands at the end of a simple sentence or a principal clause:

Er wird es nicht finden. *He will not find it.*
Bis dann wird er es schon gemacht haben. *By that time he will already have done it.*

The dependent infinitive with zu usually stands at the end of a sentence or a clause; when modified, it is generally set off by a comma:

Er bat mich, morgen abend mit ihm zu gehen. *He asked me to go with him tomorrow evening.*

3. Future of Probability

The future is frequently used to express a present probability, and the future perfect to denote a past probability:

Es wird wohl zu spät sein. *It is probably too late.*

Der Vater wird das Geschäft wohl schon geschlossen haben. *Your father has probably already closed the store.*

Es wird wohl wieder ein Vetter gewesen sein. *It was probably a cousin again.*

4. Interrogative Pronouns wer and was

NOM.	wer *who*	was *what*
GEN.	wessen *whose, of whom*	wessen *of what*
DAT.	wem *to whom, whom*	(lacking)
ACC.	wen *whom*	was *what*

5. Compounds with wo

The interrogative pronoun *what* after a preposition is expressed in German by a compound of wo (wor before vowels) with the preposition if the preposition governs the dative case. If the preposition governs the accusative case, the use of the preposition and pronoun, as in English, is permissible, but the compound with wo is more common.

Wovon' habt ihr so lange gesprochen? *About what did you talk so long?*

Womit' haben Sie den Spiegel geputzt? *With what did you polish the mirror?*

Worauf' (or Auf was) bist du gefallen? *On what did you fall?*

6. Other Interrogative Words

The interrogative adjective and pronoun welcher has been treated in Lesson VI.

Lesson XV

In the expression was für ein *what kind of* für is without prepositional force and does not affect the case of the following word:

> Was für ein Stuhl ist das? or Was ist das für ein Stuhl? *What kind of chair is that?*
>
> Was für ein Stück gibt man morgen? *What kind of play will they give tomorrow?*

Before nouns denoting material and before plural nouns ein is omitted:

> Was für Papier ist das? *What kind of paper is that?*
>
> Was für Bilder sind das? *What kind of pictures are those?*

In exclamations was für (ein) and welch (ein) have the force of *what (a)*:

> Was für eine dumme Frage! or Welch eine dumme Frage! *What a stupid question!*
>
> Was für dumme Fragen! or Welch dumme Fragen! *What stupid questions!*

C

1. Conjugate in the future and future perfect tenses:

1. Ich decke den Tisch. 2. Ich gehe ins Theater.

2. *a.* Put the following sentences into the future tense:

1. Man gibt „Die Jungfrau von Orleans". 2. Wir schenken euch zwei Karten. 3. Sie putzt den Spiegel mit einem feuchten Handtuch. 4. Das brauchen wir ja überhaupt nicht. 5. Du machst mich noch verrückt. 6. Er telephoniert seinem Bruder.

b. Put the following sentences into the future perfect tense:

1. Er macht keinen Lärm. 2. Man sieht die Streifen noch immer. 3. Der junge Mann steht eine halbe Stunde an der Ecke. 4. Du bleibst nicht zu Hause. 5. Es ist nicht möglich. 6. Sie wünscht also das gewöhnliche Silber.

3. Put the following sentences into the past, present perfect, past perfect, future, and future perfect tenses:

1. Er schließt das Geschäft um fünf Uhr. 2. Er bittet sie um ein Glas Wasser. 3. Warum schreien die Kinder so? 4. Er wird immer dümmer. 5. Das Tischtuch liegt auf dem Boden. 6. Du gehst zum Vater ins Geschäft.

4. Replace the English words in parentheses by the German equivalents:

1. Mit (whom) hast du eben gesprochen? 2. (Whom) haben Sie auf dem Wege getroffen? 3. (Who) hat die Tür zum Kinderzimmer geöffnet? 4. (Whose) Handtuch hast du, Max? 5. (What kind of) Tinte brauchen Sie, gnädige Frau? 6. (With what) haben Sie diesen Brief geschrieben? 7. (Which) Schüler lernt (most diligently)? 8. (Which one) ist der dümmste? 9. (Which) von den Mädchen ist größer (than) ihr Vater?

10. (What) Bücher wünschen Sie, Herr Doktor? 11. (What a) dummer Knabe! 12. (What) große Zimmer! 13. (On what) hast du es gelegt? 14. (What kind of) Feder ist das? 15. (Which) Stück gibt man heute abend? 16. Hat er (you) gebeten, morgen abend mit ihm zu gehen? 17. In (which) Jahreszeit ist das Gras (greenest)? 18. (Out of what) hat er die Milch getrunken? 19. (What kind of) Dienstmädchen hat die Hausfrau? 20. (With that) ging Frau Weber nach oben.

5. a. Compare:

feucht	dumm	klar	groß	kurz
schmutzig	alt	dunkel	jung	teuer
hell	hübsch	klug	kalt	tief

b. Give the meaning and the principal parts of

Karte	Geschäft	Silber	Himmel	brauchen
Mann	Boden	Theater	Gras	regnen
Spiegel	Ecke	Zeit	Woche	blühen
Stück	Lärm	Neffe	Monat	telephonieren
Tischtuch	Streifen	Bett	Tasse	lesen
Kopf	Traum	Nacht	Hut	grüßen

Lesson XV

6. Translate into German:

1. Minna Weber and Max Gadmer are going to the theater tomorrow evening. 2. Max has two tickets, and he has asked Minna to go with him. 3. They are giving "The Maid of Orleans," and it will be very beautiful. 4. Where are you going, Minna? — To Clara Vogel's.[1] I shall not stay long, only half an hour. 5. Clara is probably not at home. She went to the country this morning, you know.[2] 6. Why are the children making so much noise? They will drive me crazy yet. 7. What made these streaks on the mirror? — Anna probably polished it with a damp towel. 8. How stupid! Where is Anna? — She is talking with a young man at the corner.[3] 9. Anna, with whom have you been talking at the corner for a whole hour? With a cousin, you say? 10. Well, all right. Set the table now; it is already late. 11. Which plates and cups do you wish, madam? — The usual ones, of course. Why do you ask?

1. To Clara Vogel. 2. *you know* ja, immediately following the verb.
3. at the corner with a young man.

D [Optional]

Wandervögel

Seit dem Anfang dieses Jahrhunderts sieht man in Deutschland, besonders im Sommer, überall Wandervögel, Gruppen von jungen Burschen auf der Wanderung.[1] Oft sind auch Mädchen dabei. Die Wandervögel sind junge Leute aus den großen Städten, und diese Fußwanderungen sind für sie reich an Erfahrung und Genuß. Die Jugend der Städte kommt auf diesen Wanderfahrten[2] in Berührung[3] mit der Natur und sieht etwas von dem Leben auf dem Lande. Auch ist der Aufenthalt im Freien sehr heilsam für ihre Gesundheit. Mancher zieht[4] blaß und schwächlich auf seine Fahrt, und gebräunt und kräftig kommt er wieder heim. Die Wandervögel sind sehr demokratisch,[5] und wir finden unter ihnen Personen aus den verschiedensten Gesellschaftsklassen. Die Gefährten[6] lernen Einordnung[7] und Unterordnung,[8] und den Geist der Kameradschaft.

15 Zum Glück braucht der Wandervogel nicht viel Geld. Die Kleidung ist so einfach wie möglich: farbiges Hemd oder Bluse, kurze Hose, kurze Strümpfe und grobe Schuhe. Jeder hat einen Rucksack oder alten Tornister mit ein paar Kleidungsstücken und Mundvorrat[9] auf dem Rücken. Natürlich hat jede Gruppe einen
20 Führer, gewöhnlich ist es ein junger Mann mit etwas Erfahrung. Der[10] hat immer eine gute Karte und eine Uhr bei sich.

Manchmal schlafen die Wandervögel bei einem Bauer im Stall oder in der Scheune im frischen Heu, oder im Freien unterm Zelt. Doch hat man jetzt an vielen Orten Jugendher-
25 bergen.[11] Dort finden die müden Jungen ein einfaches Bett und vielleicht auch eine warme Mahlzeit für ein paar Pfennige. Man hat zum Beispiel einen großen Teil der alten Burgruine Stahleck bei Bacharach am Rhein wieder unter Dach gebracht und ausgebaut.[12] So ist Burg Stahleck jetzt eine großartige
30 Jugendherberge mit Raum für mehrere hundert Personen. Dort bekommt jeder für billiges Geld ein einfaches aber sauberes Bett.

Wem[13] Gott will rechte Gunst erweisen,
Den[14] schickt er in die weite Welt,
35 Dem[15] will er seine Wunder weisen
In Berg und Tal und Strom und Feld.[16]

---

1. auf der Wanderung *on walking tours*. For picture of a hiking club in the mountains of Switzerland, see page 176.   2. *hikes*.   3. *contact*.
4. *starts*.   5. demokra'tisch *democratic*.   6. *scouts* (literally, *companions*).
7. *coöperation*.   8. *discipline*.   9. *food*.   10. *He*.   11. *lodgings for scouts*.   12. Infin. ausbauen *repair*.   13. *To whom*.   14. *Him*.
15. *To him*.   16. The so-called Youth Movement (Jugendbewegung) has now absorbed the various groups of Wandervögel. The Youth Movement also strives for physical fitness, but its aims are primarily of a political nature. Since the Wandervögel were intensely patriotic and

Wandervögel on Top of the Tower of Stahleck Castle, at Bacharach on the Rhine

helped to pave the way for the development of the Youth Movement, the authors have thought it appropriate to leave the article above unchanged. Youth in Germany is on the march today more than ever before, and lodgings for youthful hikers have increased in number and popularity throughout the country.

Heidenröslein

Sah ein Knab'[1] ein Röslein stehn,
Röslein auf der Heiden,
War[2] so jung und morgenschön,
Lief er[3] schnell, es nah zu sehn,
5   Sah's mit vielen Freuden.
Röslein, Röslein, Röslein rot,
Röslein auf der Heiden.

Knabe sprach: Ich breche dich,
Röslein auf der Heiden!
10 Röslein sprach: Ich steche dich,
Daß[4] du ewig denkst an mich,
Und ich will's nicht leiden!
Röslein, Röslein, Röslein rot,
Röslein auf der Heiden.

15 Und der wilde Knabe brach
's[5] Röslein auf der Heiden.
Röslein wehrte sich[6] und stach,
Half ihm doch kein Weh und Ach,[7]
Mußt' es eben leiden.[8]
20 Röslein, Röslein, Röslein rot,
Röslein auf der Heiden.

GOETHE

1. Sah ein Knab' for Ein Knabe sah.   2. Es war.   3. Lief er for Er lief.
4. *So that.*   5. 's = Das.   6. wehrte sich *defended itself.*   7. Half ihm doch kein Weh und Ach *But lamenting and wailing was of no avail.*   8. Mußt' es eben leiden *It had to endure it just the same.*

REVIEW OF LESSONS X–XV

1. *a.* Conjugate in the past tense:

1. Ich hole den Christbaum aus dem Walde. 2. Ich rede nicht zu viel. 3. Ich nehme es. 4. Ich werde müde.

b. Conjugate in the present perfect and past perfect tenses:

1. Ich zeige es ihnen. 2. Ich öffne die Fenster. 3. Ich komme mit den Kindern.

c. Conjugate in the future and future perfect tenses:

1. Ich lache darüber. 2. Ich bleibe zu Hause.

2. Put into the past, present perfect, past perfect, future, and future perfect tenses:

1. Es wird kalt. 2. Ich habe keine Zeit. 3. Sie ist nicht zu Hause. 4. Er korrigiert die Hefte. 5. Wir gehen auf die Eisbahn. 6. Sie antworten dem Lehrer nicht. 7. Während der Nacht schneit es stark. 8. Spielt ihr auf der Wiese? 9. Du schenkst ihm die alten Schlittschuhe. 10. Franz Huber läuft am schnellsten.

3. Give the meaning and the principal parts of

essen	schauen	fahren	nähen
finden	sehen	scheinen	lassen
wohnen	singen	treffen	rechnen
graben	lieben	lachen	stehen
machen	sitzen	telephonieren	geben
nehmen	legen	schreien	klopfen
liegen	öffnen	bitten	putzen
bleiben	treten	blühen	schenken
rufen	trinken	wünschen	fallen
schlafen	lernen	baden	führen
schreiben	lesen	fließen	passen
zeichnen	kaufen	werfen	regnen

4. Decline in the singular and plural:

der schöne Christbaum	keine gute Schule
sein kleiner Bruder	mein teurer Mantel
dieses herrliche Geschenk	große Freude
unser neues Haus	herzlicher Gruß
jene alte Kirche	deine dankbare Nichte

5. Place the adjective before the noun (*a*) with the definite article, (*b*) with the indefinite article:

EXAMPLE. Der Hund ist toll; der tolle Hund; ein toller Hund.

1. Die Küche ist groß. 2. Das Handtuch ist feucht. 3. Das Tischtuch ist neu. 4. Der Spiegel ist schmutzig. 5. Der Mann ist groß. 6. Der Himmel ist blau. 7. Die Tür ist offen. 8. Das Zimmer ist dunkel. 9. Der Apfel ist grün. 10. Die Schülerin ist fleißig.

6. Copy the following sentences, substituting the ending of the adjective for each blank:

1. Der lieb___, gut___ Onkel hat Martha einen prachtvoll___ Mantel geschenkt. 2. Mein hübsch___, klein___ Bruder stand auf der Treppe und rief willkommen. 3. Der klein___ Schwester gab ich zwei dick___ Bücher mit schön___ Bildern. 4. Dieser groß___ Geldbeutel aus gelb___ Leder ist für den Vater. 5. Der lang___ Gottfried Angermann ist ein fleißig___ Schüler. 6. Die Eltern dieser klein___ Kinder sind beide krank. 7. Ich habe sehr schön___ Geschenke für meine jung___ Brüder. 8. Wir haben klar___, mild___ Wetter gehabt. 9. Es war eine herrlich___ Fahrt durch den still___ Wald. 10. Unser alt___ Hund warf mich in den tief___, weich___ Schnee. 11. Sie hat einen schwarz___ Mantel und eine weiß___ Mütze getragen. 12. Ihr neu___ Hut ist nicht so schön wie der alt___.

7. Compare:

schnell	klug	toll	gut	groß
tief	kalt	blau	kurz	teuer
weiß	hübsch	mild	jung	fleißig
feucht	dunkel	dick	klar	schwarz
müde	dumm	weich	herrlich	schmutzig

Review of Lessons X–XV

8. Decline in the singular and plural:

    der kleiner__ Knabe   unser größt__ Zimmer
    sein älter__ Bruder   das schönst__ Lied

9. Replace the English words in parentheses by the German equivalents:

1. Klara ist (older than) ihre Schwester. 2. Anna ist nicht (so pretty as) Gertrud. 3. Emma ist (as tall as) ihre Mutter. 4. Marie ist (just as industrious as) Helene. 5. Du wirst (slower and slower). 6. Hier ist das Wasser (deepest). 7. Fritz läuft (faster than) Gottfried. 8. Franz Huber läuft (fastest). 9. (Whose) Messer ist das? 10. (Whom) hast du zu Hause getroffen?

11. (To whom) haben Sie das Silber gezeigt? 12. (Which) Mantel hat sie gekauft? (Which one) hat sie gekauft? 13. (What) Bücher brauchen Sie? 14. (What) hat er gefunden? 15. (What kind of) Tisch ist das? (What kind of) Stühle sind das? 16. (What a) schöner Hut! (What) dünnes Papier! 17. (With what) haben Sie dieses Bild gezeichnet? 18. (On what) lag er?

10. Use the correct forms of the personal pronouns in parentheses:

1. Mein Bruder gab (ich) ein Paar neue Schlittschuhe. 2. Die Schlittschuhe passen (Sie) gut. 3. Die alten sind zu klein für (ich). 4. Er dankte (wir) sehr freundlich. 5. Ich habe (er) gestern gesehen. 6. Wer hat (ihr) diese Bücher gegeben? 7. Wir haben (sie sg.) das Bild geschenkt. 8. Ich habe (sie pl.) die Karten nicht gezeigt. 9. Hat er (du) gegrüßt? 10. Sie haben (wir) gesehen. 11. Die Tante rief (sie pl.) zum Abendessen. 12. Wer ist mit (du) gekommen?

11. Replace the words in parentheses by personal pronouns or by compounds with da:

1. (Der Tisch) ist ganz neu. 2. Gestern habe ich (den Tisch) gekauft. 3. Viele Bücher lagen (auf dem Tische). 4. (Die Feder) schreibt gut. 5. Ich legte (die Feder) neben den Bleistift. 6. Eine Karte liegt (unter dem Teller). 7. Ich habe (das Messer) gefunden. 8. Was hast du (mit dem Obst) gemacht? 9. Er ist mit (seinem Bruder) ins Theater gegangen.

Hiking Club of German Boys in the Mountains of Switzerland

12. Translate into German:

1. He was standing behind the table; they were sitting upon a bench. 2. When did you buy the new cap? — I bought it yesterday. 3. It is much prettier than the old one. 4. Last Sunday we went to the country. 5. We stayed two days in the country. 6. He asked me to go with him to the movies. 7. There are two tables in our room. 8. There were only four people there. 9. They[1] say she is much younger than he.[2] 10. Little Charles is more industrious than his brother. 11. She is probably not there. She is probably at school. 12. He has probably already done it. 13. (*Close of a letter*) Lots of love and kisses from your grateful niece, Martha Hollmann. 14. (*Date of a letter*) Marburg, March 1, 1934.

1. Man.   2. Set off the subordinate clause by a comma.

Review of Lessons X–XV

13. Give the meaning and the principal parts of

Mann	Monat	Nuß	Bild	Hügel	Karte
Ecke	Gras	Apfel	Vetter	Ende	Pastor
Zeit	Ufer	Treppe	Mädchen	Weg	Stück
Woche	Mütze	Herr	Frau	Boden	Spiegel
Neffe	Sonne	Hund	Dorf	Wald	Kuß

14. Translate into English:

1. Die Knaben aßen wie die Wölfe. 2. Erst um acht Uhr sagten die Gäste Lebewohl. 3. Paul schlief die Nacht wie ein Murmeltier bis weit in den Sonntag hinein. 4. Der Vater holte mich selbst von der Bahn. 5. Der alte Karo war toll vor Freude. 6. Ich habe der Mutter ein halbes Dutzend schöne Taschentücher geschenkt. 7. Fröhliche Weihnachten! 8. Während der Feiertage haben wir viel Besuch gehabt. 9. Das ganze Haus war voller Gäste, und so schreibe ich erst heute. 10. Du hast nie einen so schönen Baum gesehen.

11. Bald nach dem Abendessen kam das Christkind. 12. Nun sind die Ferien schon wieder fast zu Ende. 13. Letzten Sonnabend sind wir auf die Eisbahn gegangen. 14. Nun, ich wünsche Ihnen viel Vernügen! 15. Wir fielen ein paarmal und lachten herzlich darüber. 16. Auf Wiedersehen, Anna! 17. Wir sind fünfundzwanzig Schüler in unsrer Klasse, natürlich alle Knaben. 18. Fritz ist größer als die meisten anderen Knaben der Klasse. 19. Die Tage werden immer länger und das Wetter wärmer. 20. Im Frühling ist das Gras am grünsten und der Himmel am blausten.

21. Das amerikanische Fußballspiel ist ganz anders. 22. Ein Freund von mir, ein Amerikaner, sagte mir das neulich. 23. Wovon habt ihr so lange gesprochen? 24. Es ist ja nicht möglich, daß ich gehe, denn wir haben morgen abend Besuch. 25. Der Vater wird das Geschäft wohl schon geschlossen haben. 26. Ich werde dich überhaupt in der Küche brauchen. 27. Kinder, ihr macht mich noch verrückt mit dem Lärm! 28. Nun, schon gut! Es wird wohl wieder ein Vetter gewesen sein. 29. Welches Silber wünschen Sie, gnädige Frau? 30. Was für eine dumme Frage!

LESSON XVI

Imperative Mood · Possessive Pronouns · Use of gern · Definite Article in Place of Possessive Adjective · Das, dies, and es in Expressions of Identity · Direct and Indirect Object

A

Im Restaurant

Frau Nagel ging mit ihren beiden Kindern Hildegard und Oswald in ein Restaurant. Der Kellner führte sie an einen Tisch am Fenster und reichte Frau Nagel die Speisekarte. „Bringen Sie uns, bitte, drei Portionen Kalbsbraten mit gel=
5 ben Rüben, Kartoffelbrei und Krautsalat!" sagte Frau Nagel. „Ich esse nicht gern gelbe Rüben!" rief Oswald. „Ich auch nicht!" sagte Hildegard. „Ich esse lieber Erbsen!" „Nun, bringen Sie den Kindern Erbsen anstatt Rüben!" „Was wünschen Sie zu trinken, gnädige Frau?" „Für die Kinder
10 Milch, für mich eine Tasse Kaffee."

Sie waren sehr hungrig, und das Essen schmeckte ihnen vor= trefflich. „Aber Oswald, iß nicht mit den Fingern, nimm die Gabel!" mahnte Frau Nagel. „Und eßt nicht so schnell, Kinder, es ist nicht gesund! Trinkt eure Milch langsam! Und du,
15 Hildegard, stütze die Ellbogen nicht auf den Tisch!" Zum Nachtisch aßen sie Gefrorenes und Kuchen. „Dein Stück Kuchen ist größer als meins", sagte Oswald zu seiner Schwester. „Das ist nicht wahr", antwortete Hildegard. „Deins ist ebenso groß wie meins." „Schweigt doch!" rief die Mutter, „sonst
20 essen wir nicht wieder hier."

Auf dem Wege nach Hause trafen sie Kurt Meyer. Er trug

Lesson XVI

einen neuen Anzug und hatte mehrere Bücher unter dem Arme.
Kurt grüßte Frau Nagel und die Kinder, und gab ihnen die
Hand. „Das ist ein sehr schöner Anzug, Kurt", sagte Frau
Nagel. „Jawohl!" rief Oswald, „er ist viel schöner als meiner." 25
„Es ist ein Geburtstagsgeschenk", antwortete Kurt. „Was
machst du mit den Büchern?" fragte Frau Nagel. „Dies sind
nicht meine Bücher", sagte Kurt. „Richard Schmidt hat sie
gestern bei mir gelassen, und ich bringe sie ihm jetzt."

Fragen

1. Wohin ging Frau Nagel mit ihren beiden Kindern?
2. Wie heißen die Kinder?
3. Wohin führte der Kellner Frau Nagel und die Kinder?
4. Was für Fleisch und was für Gemüse aßen sie?
5. Was tranken sie?
6. Wie schmeckte ihnen das Essen?
7. Was aßen sie zum Nachtisch?
8. Wen trafen sie auf dem Wege nach Hause?
9. Was für einen Anzug trug Kurt?
10. Was hatte er unter dem Arme?
11. Essen Sie gern gelbe Rüben, Herr (Fräulein) ———?
12. Was trinken Sie lieber, Kaffee oder Tee?

Vocabulary

aber *interj.* why
anstatt' *prep. w. gen.* instead of
der Anzug (–s, ⸚e) suit (of clothes)
der Arm (–es, –e) arm
beide both, two

bringen (*irreg.* er bringt, er brachte, er hat gebracht) bring
doch *adv. and conj.* yet, but, still, however; *used w. imperative for emphasis* schweigt doch hush, I tell you *or* be quiet, will you

der Ellbogen (–s, —) elbow
die Erbse (—, –n) pea
der Finger (–s, —) finger
die Gabel (—, –n) fork
das Geburts′tagsgeschenk′ (–s, –e) birthday present
Gefro′renes *adj. infl.* ice cream
gern (lieber, am liebsten) *adv.* gladly, willingly
die Hand (—, ⸚e) hand; er gab ihnen die Hand he shook hands with them
heißen (er heißt, er hieß, er hat geheißen) be called; wie heißen die Kinder what are the names of the children
der Kalbsbraten (–s, —) roast veal
der Kartof′felbrei (–s) mashed potatoes
der Kellner (–s, —) waiter

der Kraut′salat′ (–s) slaw, coleslaw
der Kuchen (–s, —) cake
mahnen (*wk.*) admonish, reprove
mehrere several
die Portion′ (—, –en) helping (*or* plate) of meat, etc.; drei Portionen Kalbsbraten roast veal for three
das Restaurant′ (*pronounce as in French*) (–s, –s)* restaurant
die Rübe (—, –n) = gelbe Rübe carrot
schmecken (*wk.*) taste
schweigen (er schweigt, er schwieg, er hat geschwiegen) be silent
die Speisekarte (—, –n) bill of fare, menu
stützen (*wk.*) support, prop, rest
der Tee (–s) tea
vortreff′lich excellent

ich auch nicht nor I, either *or* neither do I
zum Nachtisch for dessert
usw. *abbrev. of* und so weiter and so forth

B

1. Imperative Mood

The imperative occurs in German in three forms, corresponding to the three words for *you*: du, ihr, and Sie. All three forms are rendered alike in English. The pronouns du and ihr are regularly omitted unless they bear special emphasis; the pronoun Sie is never omitted.

* A small number of nouns of foreign origin form a plural in ₌s.

Lesson XVI

a. The bu form of weak verbs is derived by adding ≠e to the stem of the present infinitive: ſage! rede! With strong verbs the ≠e is often omitted, no apostrophe being used to indicate the omission: ſing[e]! geh[e]! Laſſen is regularly without ending: laß!

Strong verbs with the stem vowel e that change the e to ie or i in the second and third person singular of the present indicative show the same vowel change in the bu form of the imperative. These forms regularly omit the ending ≠e: ſieh! iß! Note, however, that the imperative of werden is werde!

b. The ihr form of the imperative is derived by adding ≠t or ≠et to the stem of the present infinitive, the rule being the same as that for the formation of the second person plural of the present indicative: ſagt! redet! ſeht! eßt!

c. The Sie form ends in ≠en or ≠n and is identical with the third person plural of the present indicative or with the infinitive: ſagen Sie! reden Sie! ſehen Sie! eſſen Sie!

IMPERATIVE

ſage!	rede!	ſing[e]!	ſieh!	iß!
ſagt!	redet!	ſingt!	ſeht!	eßt!
ſagen Sie!	reden Sie!	ſingen Sie!	ſehen Sie!	eſſen Sie!

2. Imperative of ſein

The imperative forms of ſein *be* are ſei! ſeid! ſeien Sie!

3. Punctuation of Imperative Sentences

The exclamation point is generally used after imperative sentences:

> Iß nicht mit den Fingern! *Don't eat with your fingers.*
> Trinkt eure Milch langſam! *Drink your milk slowly.*
> Bringen Sie den Kindern Erbſen anſtatt Rüben! *Bring the children peas instead of carrots.*

4. Possessive Pronouns

The possessive pronouns are identical in form with the possessive adjectives except in three cases: the nominative singular masculine, and the nominative and accusative singular neuter. Here the adjectives are, as we saw in Lesson V, without ending, whereas the pronouns have the endings =er, =es, and =es respectively:

> Dein Anzug ist viel schöner als meiner. *Your suit is much prettier than mine.*
> Ich habe dein Messer; hast du meines? *I have your knife; have you mine?*

The shortened forms meins, deins, seins, are frequently used instead of the fuller forms meines, deines, seines:

> Dein Stück Kuchen ist größer als meins. *Your piece of cake is larger than mine.*
> Deins ist ebenso groß wie meins. *Yours is just as large as mine.*

Like the possessives, so also the words ein and kein, which, as adjectives, are without ending in the nominative singular masculine and in the nominative and accusative singular neuter, are inflected in these three cases when used pronominally, having the endings =er, =(e)s, and =(e)s respectively:

> kein Schüler, keiner von den Schülern *no pupil, none of the pupils*
> Haben Sie ein Glas? — Nein, aber Max hat ein(e)s. *Have you a glass? — No, but Max has one.*

5. Use of gern

The adverb gern *gladly, willingly*, is usually rendered in English by the verb *like*:

> Ich liege gern im Grase. *I like to lie in the grass.*
> Ich spiele lieber auf der Wiese. *I like better to play in the meadow,* or *I prefer to play in the meadow.*

Ich arbeite am liebsten im Garten. *I like best to work in the garden.*

Ich esse gern gelbe Rüben. *I like carrots.*

Ich esse lieber Kartoffeln. *I like potatoes better,* or *I prefer potatoes.*

Ich esse am liebsten Erbsen. *I like peas best.*

Ich trinke Tee lieber als Kaffee. *I like tea better than coffee,* or *I prefer tea to coffee.*

6. Definite Article in Place of Possessive Adjective

The definite article is often used in place of a possessive adjective before a word denoting a part of the body or the clothing when there is no doubt as to who the possessor is:

Iß nicht mit **den** Fingern! *Don't eat with your fingers.*

Stütze **die** Ellbogen nicht auf den Tisch! *Don't rest your elbows on the table.*

Er hatte mehrere Bücher unter **dem** Arme. *He had several books under his arm.*

Er nahm **den** Hut vom Kopfe. *He took off his hat.*

7. Das, dies, and es in Expressions of Identity

The forms das, dies, and es are used with the verb sein *be* in stating the identity of a person or an object:

Das ist ein schöner Anzug. *That is a pretty suit.*

Das sind meine Bleistifte. *Those are my pencils.*

Dies ist meine Tochter. *This is my daughter.*

Dies sind meine Bücher. *These are my books.*

Es ist Maries neuer Hut. *It is Mary's new hat.*

Es sind Freunde von meinem Bruder. *They are friends of my brother.*

Note expressions of the following kind:

Ich bin es. *It is I.* Bist du es? *Is it you?*
Wir sind es. *It is we.* Sind Sie es? *Is it you?*
Etc. Etc.

8. Direct and Indirect Object

The indirect object generally precedes the direct object except when the direct object is a personal or reflexive pronoun:

Ich gab dem Schüler die Feder. *I gave the pupil the pen,* or *I gave the pen to the pupil.*

Ich gab ihm die Feder. *I gave him the pen,* or *I gave the pen to him.*

Ich gab sie dem Schüler. *I gave it to the pupil.*

Ich gab sie ihm. *I gave it to him.*

C

1. Give the imperative (three forms) of

rufen	führen	holen	stehen	sein
geben	arbeiten	werfen	tragen	kommen
nehmen	treten	schlafen	lassen	werden

2. Say in German (*a*) to your brother, (*b*) to your brother and sister, (*c*) to Mr. Brown:

1. Lay the forks on the table. 2. Bring me ice cream and cake for dessert. 3. Open the door. 4. Speak German. 5. Read the new book. 6. Don't eat with your fingers. 7. Don't rest your elbows on the table.

3. Complete the following series:

1. Wessen Zimmer ist dies? — Es ist mein(e)s; es ist dein(e)s; usw. 2. Wessen Tisch ist das? — Es ist meiner; es ist deiner; usw. 3. Wessen Tinte ist dies? — Es ist meine; es ist deine; usw. 4. Wessen Hefte sind das? — Es sind meine; es sind deine; usw.

4. Substitute German words for the words in parentheses:

1. Ist das Kurts Bleistift? — Nein, es ist (mine). 2. Richard hatte ein Buch, aber es war nicht (his). 3. Hast du Papier? — Nein, ich habe (none). 4. Haben Sie ein Messer? — Ja, ich habe (one), aber

Lesson XVI

es ist zu Hause. 5. (One) von den Knaben hatte mehrere Hefte unter (his) Arme. 6. Christoph hat (my) Buch, und ich habe (his). 7. (None) von den Schülern zeichnet gut. 8. Dieser Hut ist nicht so schön wie (yours). 9. (One) von den Mädchen ist heute krank. 10. Oswald ißt mit (his) Fingern. 11. Hildegard stützt (her) Ellbogen auf den Tisch. 12. Was hast du in (your) Hand? 13. (It) ist ein schöner Anzug; (it) ist viel schöner als (mine); du hast (it) gestern gekauft, nicht wahr? 14. Wer sind (those) Leute? — (They) sind Herrn Arndts Gäste. 15. (These) sind meine Geburtstagsgeschenke; (they) sind sehr schön, nicht wahr? 16. (Those) sind meine neuen Bilder. Wünschen Sie (one)? 17. (This) Haus ist größer als (theirs, ours, hers, yours). 18. Hier ist (his) Korb. Wo ist (ours, mine, theirs, hers)?

5. *a*. Replace the words in parentheses by personal pronouns:

1. Der Kellner reichte (**Frau Nagel**) (**die Speisekarte**). 2. Er bringt ihnen (**drei Portionen Kalbsbraten**). 3. Wir haben (**unsrer Nichte**) (**den Hut**) geschenkt. 4. Marie hat (**dem Vater**) (**die Gabel**) gezeigt. 5. Reiche mir (**den Bleistift**), bitte! 6. Wer hat (**den Kindern**) (**die grünen Äpfel**) gegeben?

***b*.** Replace the pronouns in parentheses by suitable nouns:

1. Wir haben (**sie**) (**ihnen**) gegeben. 2. Max hat (**ihn**) dem Lehrer gezeigt. 3. Leo hat (**es**) (**ihm**) geholt. 4. Gib (**sie**) der Lehrerin! 5. Er hat (**ihn**) mir gereicht.

6. *a*. Give the meaning and the principal parts of

heißen	schweigen	bitten	schließen	schreien
mahnen	stützen	brauchen	putzen	telephonieren
nähen	fallen	laufen	rufen	lachen

***b*.** Put into the past, present perfect, past perfect, future, and future perfect tenses:

1. Sie gehen in ein Restaurant. 2. Das Essen schmeckt ihnen vortrefflich. 3. Er bringt sie ihr. 4. Ich stütze die Ellbogen nicht auf den Tisch. 5. Wir sprechen Deutsch.

7. *a.* Replace the English words in parentheses by the German equivalents:

1. (Whom) traf Frau Nagel auf dem Wege nach Hause? 2. (What kind of) Anzug trug Kurt Meyer? 3. (Whose) Bücher hatte er unter dem Arme? 4. Mit (whom) hast du gespielt? 5. (What a) schöner Hut! 6. (On what) hat er gesessen?

b. Give the meaning and the principal parts of

Kuchen	Kellner	Mann	Karte
Arm	Erbse	Brief	Boden
Hand	Tee	Spiegel	Geschäft
Anzug	Gabel	Stück	Handtuch

8. Translate into German:

1. Is it you, Clara? — Yes, it is I. — Is it you, children? — Yes, it is we. — Is it you, Mr. Smith? — Yes, it is I. 2. He showed his uncle the watch. He showed the watch to his uncle. He showed it to him. 3. I like to study German. I like to live in the country. I prefer to stay at home. I like best to go to the movies. 4. I do not like carrots.[1] — Nor I, either.[1] — What do you wish instead of carrots? — Peas or slaw, please. 5. I prefer milk to coffee.[2] I like tea best.[2] 6. What is the boy's name? — His name is Oswald. — What is the girl's name? — Her name is Hildegard. 7. Mrs. Nagel goes into a restaurant with her two children. 8. The waiter brings them roast veal with carrots, mashed potatoes, and slaw. 9. "I don't like carrots!"[1] exclaims Oswald. "I like peas better!"[2] Bring me some[3] peas!" 10. "Be silent, will you!" his mother answers; "otherwise we shall go home immediately." 11. The children are very hungry, and they eat too fast. "Why, children, don't eat so fast!" admonishes Mrs. Nagel. "It is not healthful." 12. On the way home they meet Kurt Meyer. Kurt greets Mrs. Nagel and the children, and shakes hands with them.

---

1. Cf. the German model in section *A* for word order.   2. Cf. section *B*, 5, for word order.   3. Omit.

D

[Optional]

Du bist wie eine Blume

Du bist wie eine Blume,
So hold und schön und rein;
Ich schau' dich an,[1] und Wehmut
Schleicht mir ins Herz hinein.[2]

Mir ist,[3] als ob ich die [4] Hände 5
Aufs Haupt dir [5] legen sollt',[6]
Betend, daß Gott dich erhalte [7]
So rein und schön und hold.

HEINE

Ein einfaches und schönes Gedicht ist Heines „Du bist wie
eine Blume." Es ist aus einem Erlebnis des Dichters entstan= 10
den. In Berlin traf er eines Tages eine jüdische Waise, ein
sehr schönes, fast erwachsenes Mädchen namens Miriam.
Heine war sein Leben lang ein großer Bewunderer weiblicher
Reize, und Miriams Schönheit und Unschuld machten einen
tiefen Eindruck auf ihn. Er hat ihn in nur acht Zeilen festge= 15
halten.[8] Wir besitzen über hundertundsechzig Kompositionen [9]
des kleinen Gedichts. Man singt es auch oft, doch nicht so
häufig und allgemein wie „Die Lorelei." Eine schöne englische
Übersetzung ist die [10] von C. G. Leland:

>Thou'rt like a lovely floweret, 20
>So void of guile thou art;
>I gaze upon thy beauty
>And grief steals o'er my heart.
>
>I fain would lay devoutly
>My hands upon thy brow, 25
>And pray that God will keep thee
>As good and fair as now.

Im Jahre 1845 [11] erkrankte Heine, und vom Jahre 1848 [12] ab [13] konnte er sein Bett fast nie mehr verlassen. Er nannte sein Schmerzenslager die Matratzengruft.[14] Acht lange Jahre ruhte er lebend in diesem Grab, und doch verlor er den Mut und die Liebe zum Leben nicht. Seine französische Frau und die deutsche Muse waren seine besten Trösterinnen. Oft schrieb er nach einer Nacht voll Schmerzen am Morgen ein herrliches Gedicht. Seine Gedichte sind im Auslande vielleicht besser bekannt als die [15] irgend eines anderen deutschen Dichters, besonders seine schönen Lieder. Sein Hauptthema [16] war die Liebe; immer wieder hat er ihre Freuden und Leiden besungen.

Heine ist am siebzehnten Februar 1856 [17] in Paris gestorben; sein Grab ist auf dem Montmartre.[18]

1. schau'... an *look upon*. 2. Schleicht mir ins Herz hinein *Steals into my heart*. 3. Mir ist *I feel*. 4. *my*. 5. Aufs Haupt dir *Upon thy head*. 6. *should*. 7. Subj.: *will keep*. 8. Infin. festhalten. 9. Kompositio'nen *musical settings*. 10. *that*. 11. achtzehnhundertfünfundvierzig. 12. achtzehnhundertachtundvierzig. 13. *on*. 14. Matrat'zengruft *mattress grave*. 15. *those*. 16. *principal theme*. 17. achtzehnhundertsechsundfünfzig. 18. auf dem Montmartre (pronounce as in French) *in the cemetery of Montmartre*.

Sprichwörter

Vor der Tat halte Rat!

Erst besinn's,[1] dann beginn's!

Eile mit Weile!

Rede wenig, aber wahr, denn vieles Reden bringt Gefahr.

Blick' erst auf dich,[2] dann richte mich!

1. *think about it*. 2. *yourself*.

LESSON XVII

Relative Pronouns **der** and **welcher** · Compounds with
wo · Transposed Word Order · Adverbial Genitive of
Time

A

Unser Sommerhäuschen

Unser Sommerhaus, von dem ich so oft spreche, ist an einem kleinen Flüßchen, das nach kurzer Strecke in den Bärensee fließt. Wir baden oft dort, auch meine jüngeren Geschwister, denn es ist gar nicht gefährlich; der See ist nicht sehr groß und nirgends tief. Meine beiden Vettern, die in Berlin wohnen, und deren 5 Vater Kaufmann ist, waren letzten Sommer bei uns, auch meine Cousine Agnes, deren Mutter vor drei Monaten gestorben ist.

Wir spielten von Morgen bis Abend und wurden nicht müde. Manchmal machten wir auch lange Ausflüge in den Wald. Eines Tages kamen wir an einen großen See, welchen 10 ich noch nie gesehen hatte und an dessen Ufer wir einen breiten Strand fanden. Dort war schöner, feuchter Sand, woraus wir ein Häuschen bauten, welches wir mit einigen alten Brettern deckten, die am Strande lagen.

Wir blieben mehrere Stunden dort und gingen erst um halb 15 sechs nach Hause. Auf dem Heimweg fand ich einen schönen Stein mit vielen gelben Punkten. „Das ist sicher Gold", sagte meine Cousine, der ich den Stein zeigte. Ich glaubte es auch und wurde darüber sehr aufgeregt. Aber der Vater lachte nur und sagte: „Gold ist es nicht, mein Sohn, es ist nur ein ge- 20 wöhnlicher Stein." Ich war natürlich sehr enttäuscht, aber der Stein, den ich heute noch habe, ist wirklich sehr schön.

Fragen

1. Wo ist das Sommerhaus?
2. In welchen See fließt der kleine Fluß?
3. Was tun die Kinder dort?
4. Wo wohnen die Vettern?
5. Wie heißt die Cousine?
6. Wann ist ihre Mutter gestorben?
7. Wohin machten die Kinder manchmal Ausflüge?
8. Was fanden sie eines Tages auf ihrem Ausflug?
9. Was war am Strande des Sees?
10. Womit deckten sie das Häuschen, das sie aus Sand gebaut hatten?
11. Was fand der Knabe auf dem Heimweg?
12. Was sagte die Cousine über den Stein?
13. Was sagte der Vater darüber?

Vocabulary

abends of an evening, in the evening
aufgeregt excited
der Ausflug (–s, ⸗e) outing; einen Ausflug machen go on an outing
der Bärensee (–s) Bear Lake
bauen (*wk.*) build
Berlin' (*neut.*) (–s) Berlin
breit broad, wide
das Brett (–es, –er) board
die Cousi'ne* (—, –n) cousin (female)
enttäuscht' disappointed

fließen (es fließt, es flöß, es ist geflossen) flow
der Fluß (Flusses, Flüsse) river
das Flüßchen (–s, —) small river
gefähr'lich dangerous
die Geschwi'ster *pl.* brother and sister, brothers and sisters
glauben (*wk.*) *dat. of person* believe
das Gold (–es) gold
das Häuschen (–s, —) small house

* Often written Kusine; this form, however, lacks official sanction.

der **Kaufmann** (-s, Kaufleute) merchant
nirgends nowhere, not anywhere
oft (-er, am -esten) often
der **Punkt** (-es, -e) point, dot, speck
der **Sand** (-es) sand
der **See** (-s, Se'en) lake
sehr very, very much
das **Sommerhaus** (-hauses, -häuser) summerhouse
das **Sommerhäuschen** (-s, —) small summerhouse

der **Stein** (-es, -e) stone
sterben (er stirbt, er starb, er ist gestorben) die
der **Strand** (-es, -e) strand, beach
die **Strecke** (—, -n) extent, distance; nach kurzer Strecke after a short distance
tun (er tut, er tat, er hat getan) do
über *prep. w. acc.* about, concerning
woraus' out of which, from which

gar nicht not at all
noch nie never yet
vor drei Monaten three months ago

B

1. Relative Pronouns der and welcher

SINGULAR

	Masc.	Fem.	Neut.	Masc.	Fem.	Neut.
Nom.	der	die	das	welcher	welche	welches
Gen.	dessen	deren	dessen	(lacking)	(lacking)	(lacking)
Dat.	dem	der	dem	welchem	welcher	welchem
Acc.	den	die	das	welchen	welche	welches

PLURAL

	M.F.N.	M.F.N.
Nom.	die	welche
Gen.	deren	(lacking)
Dat.	denen	welchen
Acc.	die	welche

Both der and welcher may refer to either persons or things, and each may mean *who*, *which*, or *that*. Except in the genitive, where the forms of der are required, there is, generally speaking, a free choice between der and welcher. However, in the spoken language der is more commonly used.

> Unser Sommerhaus, von **dem** (or von **welchem**) ich so oft spreche, ist an einem kleinen Flüßchen. *Our summer house, of which I so often speak, is on a small river.*
>
> Wir deckten es mit einigen alten Brettern, **die** (or **welche**) am Strande lagen. *We covered it with some old planks that lay on the shore.*
>
> Meine Cousine Agnes, **deren** Mutter vor drei Monaten gestorben ist, wohnt jetzt bei uns. *My cousin Agnes, whose mother died three months ago, now lives with us.*
>
> Das ist der Schüler, **der** (or **welcher**) so schnell und genau lernt. *That is the pupil who learns so quickly and accurately.*

Bear in mind that the relative pronoun agrees in gender and number with its antecedent, but that its case is determined by its relation to the clause in which it stands.

2. Relative not Omitted

The relative pronoun is never omitted in German:

> *The pen you have writes better than this one.* Die Feder, **die** du hast, schreibt besser als diese.

3. Compounds with wo

In place of a preposition plus a relative pronoun a compound of wo (wor before vowels) with the preposition may be used in referring to a thing:

> Dort war schöner, feuchter Sand, **woraus'** (or aus dem or aus welchem) wir ein Häuschen bauten. *There was some pretty, moist sand there, out of which we built a small house.*
>
> Die Tinte, **womit'** (or mit der or mit welcher) ich geschrieben habe, war zu dick. *The ink with which I wrote was too thick.*

4. Transposed Word Order

In a relative clause the verb stands last; in the case of a compound tense the auxiliary stands last and is immediately preceded by the participle or infinitive. This is called *transposed word order*. Compare the sentences in the preceding sections of this lesson.

The transposed order is the regular order in subordinate clauses.

5. Punctuation of Subordinate Clauses

All subordinate clauses are set off by commas.

6. Adverbial Genitive of Time

The genitive case is used adverbially to express indefinite time or to denote the time of habitual, customary action:

> Eines Tages kamen wir an einen großen See. *One day we came to a large lake.*
>
> Abends (or Des Abends) spielen sie auf der Wiese. *Of an evening (or In the evening) they play in the meadow.*

C

1. Copy the following sentences, substituting the relative pronoun der or welcher for each blank:

1. Der See, in _____ wir baden, ist nirgends tief. 2. Meine beiden Vettern, von _____ ich Ihnen schon geschrieben habe, sind jetzt bei uns. 3. Der schöne Stein mit den gelben Punkten, _____ ich auf dem Heimweg fand, war nicht Gold. 4. Das kleine Flüßchen, an _____ unser Sommerhaus ist, fließt nach kurzer Strecke in den Bärensee. 5. Die Bretter, mit _____ wir unser Häuschen deckten, haben wir am Strande gefunden. 6. Meine Cousine Agnes, _____ morgen kommt, wohnt in Berlin. 7. Herr Schmidt, _____ Vater dieses Haus gebaut hat, ist Kaufmann. 8. Dies ist die Bank, auf _____ er saß. 9. Das sind die Kinder, _____ Eltern vor einigen

Tagen gestorben sind. 10. Der Vater, _____ ich den Stein zeigte, lachte nur und sagte: „Es ist nur ein gewöhnlicher Stein."

2. Use compounds with wo in the above sentences when it is possible.

3. Form complex sentences, changing each second sentence into a relative clause:

EXAMPLE. Der Bleistift ist neu. Karl hat ihn gefunden.
Der Bleistift, den (welchen) Karl gefunden hat, ist neu.

1. Dies ist das Haus. Mein Onkel hat es gekauft. 2. Mein Freund heißt Richard. Sein Vater ist Kaufmann. 3. Das ist die neue Feder. Agnes hat damit geschrieben. 4. Der Knabe wohnt in der Gartenstraße. Er hat dein Buch gefunden. 5. Das Mädchen war heute nicht in der Schule. Seine Mutter ist krank. 6. Der Sand war sehr feucht. Meine jüngeren Geschwister spielten darin. 7. Die Dame heißt Frau Weber. Ihre Tochter ist gestorben. 8. Die Bilder waren sehr schön. Er zeigte sie mir. 9. Der Fluß war breit, tief und gefährlich. Unser Sommerhäuschen stand an seinem Ufer. 10. Der kleine Schüler ist der Sohn des Lehrers. Er sagte: „Danke sehr!"

4. Replace the English words in parentheses by German equivalents:

1. (Of an afternoon) machten wir oft einen Ausflug in den Wald. 2. (One evening) kam er sehr aufgeregt nach Hause. 3. (His) Anzug ist schöner als (mine). 4. (My) Zimmer ist nicht so groß wie (his). 5. Was hat Kurt unter (his) Arme? 6. (Speak) Deutsch, Hans! 7. (Stay) hier, Kinder! 8. (Hand) mir die Feder, bitte, Herr Braun! 9. Was tun Sie (of an evening) auf dem Lande? 10. (One day) haben wir den ganzen Nachmittag Tennis gespielt. 11. (Who) hat das an die Tafel geschrieben? — Der Schüler, (who) das geschrieben hat, ist nicht hier.

12. (Whose) Buch haben Sie? — Der Schüler, (whose) Buch ich habe, ist krank. 13. (To whom) hast du den Stein gezeigt? — Der Knabe, (to whom) ich den Stein zeigte, heißt Heinz Heuser. 14. (Whom) haben Sie eben gegrüßt? — Herr Arndt, (whom) ich eben grüßte, ist ein alter Freund meines Vaters. 15. (What) hast du gefunden? (What) Buch wünscht er? (What kind of) Feder hat

Lesson XVII

sie? (What a) schönes Mädchen! (With what) hast du das gemacht?
16. (Which) Hut hat sie gekauft? (Which one) hat sie gekauft?
Der Hut, (which) sie gekauft hat, ist sehr schön. Hier ist die Feder,
(with which) ich meine Schularbeiten schreibe.

5. *a.* Give the imperative (three forms) of

    bauen   glauben   sterben   tun

b. Put into the past, present perfect, past perfect, future, and future perfect tenses:

1. Sie glaubt ihm gar nicht. 2. Er ist sehr enttäuscht. 3. Was sagt die Cousine über den Stein? 4. Was tun die Kinder dort? 5. Er spricht gern Deutsch.

c. Give the meaning and the principal parts of

Stein	Sand	Kuchen	bauen	stützen
See	Strecke	Gabel	sterben	schmecken
Fluß	Arm	Tee	bringen	mahnen
Cousine	Finger	Kellner	heißen	schweigen
Kaufmann	Hand	fließen	regnen	schließen

6. Translate into German:

1. We bathe in a small lake which is not deep anywhere.
2. My younger brothers and sisters also often bathe there; it is not at all dangerous. 3. Cousin Agnes, who lives in Berlin and whose father is a merchant, is with us this summer. 4. Yesterday we went on a long outing in the forest. My two cousins, Kurt and Richard Meyer, went with us. 5. We found a large lake which we had never yet seen and on whose shore we played for several hours. 6. We built a little house out of moist sand and covered it with some old boards which were lying on the beach.
7. On the way home Agnes found a stone with many yellow specks. "That is certainly gold," exclaimed Kurt. 8. We came home quite excited,[1] but father, to whom we showed the stone immediately, laughed heartily about it. 9. "It is a very pretty stone," he said, "but only an ordinary one." We are, of course, all very much disappointed.

---

1. quite excited home.

*German Village Scene. Group of Farmhouses in
Garmisch, Bavaria*

D [Optional]

Der deutsche Bauer

Kaum dreißig Prozent[1] der Einwohner Deutschlands verdienen ihr Brot durch Acker-[2] und Gartenbau. Der größte Teil des Ackerbodens ist in den Händen von kleinen Besitzern; die großen Güter machen nur etwas mehr als ein Fünftel des bebauten Bodens aus.[3] Auf den großen Gütern benutzt man jetzt meistens moderne Maschinen, ebenso wie in Amerika. Aber die eigentlichen Bauern müssen häufig ohne Maschinen fertig werden, denn Mähmaschinen, Selbstbinder,[4] Dreschmaschinen usw. sind erstens zu teuer, zweitens kann man sie auf kleinen Feldern und in bergigen Gegenden nicht gut gebrauchen. Hier mäht man Gras und Getreide zum großen Teil noch mit der Sense, bindet die Garben mit Strohseilen und drischt das

Getreide mit dem Flegel, obwohl die Dreschmaschine immer
mehr Boden gewinnt. Roggen und Hafer baut man am
meisten, daneben auch Weizen und Gerste; Mais nur als 15
Grünfutter.[5] Sehr wichtig sind die Kartoffeln und die Zuk=
kerrüben.

Die deutschen Bauern wohnen in Dörfern beisammen.
Einzelhöfe[6] findet man fast nur in Nordwestdeutschland. Das
Leben des deutschen Bauers ist nicht so einsam wie das Dasein 20
auf der typischen amerikanischen Farm. Alle größeren Dörfer
haben Kirche und Schule, und an Wirtshäusern fehlt es natür=
lich nicht.

1. das Prozent' *per cent.*   2. Ackerbau.   3. machen ... aus *constitute*.
4. *binders* (literally, *self-binders*).   5. *green fodder*.   6. *Isolated farms*.

Deutsche Brunnen

Sehr interessant sind die alten Brunnen, die man in manchen
deutschen Städten noch findet. Nürnberg ist besonders reich an
solchen Kunstwerken. Dort finden wir auf dem Markte den
sogenannten Schönen Brunnen[1] und den Neptunbrunnen.[2]
Der Schöne Brunnen stammt aus dem Ende des vierzehnten 5
Jahrhunderts und besteht aus einer fast 20 m[3] hohen Stein=
pyramide,[4] die mit vielen Figuren geschmückt ist. In der Nähe
der Lorenzkirche[5] ist der eherne Tugendbrunnen,[6] gekrönt durch
das Standbild der Göttin der Gerechtigkeit. Ein zierlicher
kleiner Brunnen aus Erz befindet sich hinter der Frauenkirche.[7] 10
Im Volksmunde heißt er das Gänsemännchen,[8] die Figur stellt
nämlich einen Bauer dar,[9] der unter jedem Arme eine Gans
hält. An verschiedenen Orten findet man neue Brunnen, die
im Stil der alten geschaffen sind, wie z. B.[10] den Mende=
Brunnen in Leipzig.

Bis zum Ende des neunzehnten Jahrhunderts spielten die öffentlichen Brunnen eine große Rolle in dem Leben der Städte. Dorthin kamen die Frauen und Mädchen, gewöhnlich in den Abendstunden, um Wasser für den Haushalt zu holen. Sie
20 hatten dabei die beste Gelegenheit, Neuigkeiten auszutauschen, zu plaudern und zu klatschen. Das interessanteste Thema waren natürlich die Schwächen, Fehler und Sünden der lieben Mitmenschen. Wir können uns denken,[11] daß man sich beim Erzählen[12] nicht immer streng an die Wahrheit hielt.

25 Außer den Brunnen findet man in den deutschen Städten zahlreiche andere Denkmäler, die dem Fremden aber nicht viel sagen.[13] Vor dem Rathaus in Breslau ist z. B. ein Denkmal aus alter Zeit, die Staupsäule.[14] Dort wurden früher Übeltäter angebunden und öffentlich mit Ruten gestäupt.[15] Auf
30 dem Markte in Bremen erhebt sich[16] ein fast 10 m[17] hohes steinernes Bild, der berühmte Roland von Bremen. Dieses Steinbild ist zwar ganz und gar kein Kunstwerk, wohl aber ein Wahrzeichen, daß die Stadt Bremen ihr eignes Gericht hatte. Der steinerne Riese trotzt[18] nun schon mehr als fünfhundert
35 Jahre dem Wind und dem Wetter; man kann nicht sagen, daß er dabei schöner geworden ist.

1. For picture, see page 247.   2. *Fountain of Neptune.*   3. 20 m = zwanzig Meter.   4. Stein'pyrami'de *stone pyramid.*   5. *Church of St. Lawrence.*   6. *Fountain of the Virtues.*   7. *Church of Our Lady.*   8. *Goose-Seller.*   9. stellt . . . dar *represents.*   10. z. B. = zum Beispiel *for example.*   11. uns denken *imagine.*   12. beim Erzählen *while gossiping.*   13. *mean.*   14. *whipping post.*   15. wurden . . . angebunden . . . und gestäupt *were tied and flogged.*   16. erhebt sich *rises.*   17. 10 m = zehn Meter.   18. *has been defying.*

Ewing Galloway

Gänsemännchen Fountain in Nuremberg

LESSON XVIII

Conjunctions · Als, wenn, and wann · Indirect Questions · Es gibt

A

Die deutschen Schulen

Jedes deutsche Kind muß zur Schule gehen, wenn es sechs Jahre alt wird. Die meisten gehen zur Volksschule, doch gibt es auch Privatschulen. Der Lehrgang dauert acht Jahre, so daß ein Kind mit vierzehn Jahren aus der Schule kommt.
5 Der Anfang des Schuljahrs fällt nicht wie bei uns in den Monat September, sondern in den April, gleich nach Ostern. In einigen großen Städten bildet man auch im Herbst neue Klassen für Anfänger.

Das Schuljahr zählt vierzig bis zweiundvierzig Schulwochen,
10 und jede Woche hat sechs Schultage, denn die Kinder gehen auch Sonnabends zur Schule; sie haben aber Mittwoch- und Sonnabendnachmittag frei. Obgleich die Sommerferien, welche auch die großen Ferien heißen, nur vier Wochen dauern, kommen doch mindestens zehn schulfreie Wochen auf das Jahr. Die
15 Kinder haben nicht nur zu Weihnachten, Ostern und Pfingsten je acht bis zehn Tage frei, sondern auch im Herbst, Anfang Oktober, haben sie zwei schulfreie Wochen, damit sie den Eltern bei der Feldarbeit helfen können.

Fragen

1. Wann muß jedes deutsche Kind zur Schule gehen?
2. Wohin gehen die meisten?
3. Wie viele Jahre gehen die Kinder zur Schule?

Lesson XVIII

4. Wie alt sind die Kinder, wenn sie aus der Schule kommen?

5. In welchen Monat fällt der Anfang des Schuljahrs?

6. Wo bildet man auch im Oktober neue Klassen für Anfänger?

7. Ist das Schuljahr in Deutschland länger oder kürzer als bei uns?

8. Welche beiden Nachmittage der Woche sind schulfrei?

9. Wie lang sind die Sommerferien gewöhnlich?

10. Wann haben die Kinder je acht bis zehn schulfreie Tage?

11. In welchen Monat fällt Ostern gewöhnlich?

12. Warum haben die Kinder im Oktober Ferien?

Vocabulary

der **Anfang** (–s, ⸚e) beginning; Anfang Oktober at the beginning of October

der **Anfänger** (–s, —) beginner

der **April'** (–(s), –e) April

bilden (wk.) form

damit' in order that

dauern (wk.) last

deutsch German

die **Feldarbeit** (—, –en) work in the field(s)

frei free; frei haben have a holiday, have no school

helfen (er hilft, er half, er hat geholfen) dat. help

das **Jahr** (–es, –e) year; mit vierzehn Jahren aus der Schule kommen leave school at the age of fourteen

je adv. each

können (irreg.) be able to, can

der **Lehrgang** (–s, ⸚e) course of instruction

mindestens at least

muß (from müssen, irreg.) must

obgleich' although

der **Okto'ber** (–(s), —) October

Ostern pl., but usually takes verb in sg. Easter

Pfingsten pl., but usually takes verb in sg. Whitsuntide, Pentecost

die **Privat'schule** (v = w) (—, –n) private school

schulfrei free from lessons; zehn schulfreie Wochen ten weeks' vacation

das **Schuljahr** (–s, –e) school year

der **Schultag** (–s, –e) school day

die Schulwoche (—, -n) school week

der Septem′ber (-(s), —) September; in den Monat September fallen come in the month of September

die Sommerferien (ie = i + e) *pl.* summer vacation

sondern but

die Stadt (—, ⸚e) city, town

vierzehn (ie = i) fourteen

vierzig (ie = i) forty

die Volksschule (—, -n) public (*or* elementary *or* grade) school

wenn when, whenever, if

zählen (*wk.*) count, number

zehn ten

zweiundvierzig (ie = i) forty-two

es gibt there is, there are

Mittwoch= und Sonnabendnachmittag = Mittwochnachmittag und Sonnabendnachmittag Wednesday afternoon and Saturday afternoon

sage mir tell me

B

1. Coördinating Conjunctions

The chief coördinating conjunctions are

aber *but*	sondern *but*
denn *for*	und *and*
oder *or*	

The coördinating conjunctions do not affect the word order.

2. Aber and sondern

Aber and sondern both render English *but*. Aber is used after either an affirmative or a negative statement with the force of *however*:

> Anna ist nicht schön, **aber** sie ist fleißig und klug.

Sondern is used only after a negative statement, has the force of *but on the contrary*, and proves the truth of the preceding denial by establishing the actual fact:

> Der Anfang des Schuljahrs fällt nicht in den Monat September, **sondern** in den April.

Lesson XVIII

3. Subordinating Conjunctions

The most important subordinating conjunctions are

als *when, as* (temporal)
bevor' } *before*
ehe
bis *until*
da *since* (causal), *as* (causal)
damit' *in order that*
daß *that*
indem' *while*
nachdem' *after*
ob *whether, if* (in indirect questions)

obgleich' } *although*
obschon'
seit } *since* (temporal)
seitdem'
sobald' *as soon as*
solange *as long as*
während *while*
weil *because*
wenn *if, when, whenever*
wie *as* (manner)

A clause introduced by a subordinating conjunction has the transposed word order:

> Der Lehrgang dauert acht Jahre, so daß ein Kind mit vierzehn Jahren aus der Schule kommt.

If the subordinate clause precedes the principal clause, the principal clause takes the inverted order:

> Obgleich die Sommerferien nur vier Wochen dauern, kommen zehn schulfreie Wochen auf das Jahr.

4. Als, wenn, and wann

German has three equivalents for English *when*, namely, als, wenn, and wann.

Als is used when referring to a definite time in the past: Als ich ihn gestern sah, war er hungrig.

Wenn is used (*a*) when referring to a definite time in the future: Du mußt zur Schule gehen, **wenn** du sechs Jahre alt wirst; (*b*) in the sense of *whenever*: **Wenn** er zu uns kam, war er immer hungrig. **Wenn** er nach Berlin kommt, wohnt er gewöhnlich bei uns.

Wann is used in direct or indirect questions: **Wann** hast du ihn gesehen? Sage mir, **wann** du ihn gesehen hast.

5. Indirect Questions

The indirect question is a type of the subordinate clause and takes the transposed word order. An indirect question is introduced by ob or by some interrogative word, such as an interrogative pronoun, an interrogative adjective, or an interrogative adverb (wann, warum, wie, wo, worauf, and so on).

Direct question: Wer hat das getan?
Indirect question: Sage mir, wer das getan hat.
Direct question: Hat er das Haus gekauft?
Indirect question: Wir wissen (*know*) nicht, ob er das Haus gekauft hat.
Direct question: Warum gehst du nicht gern zur Schule?
Indirect question: Ich frage dich, warum du nicht gern zur Schule gehst.

6. Es gibt

Es gibt corresponds to *there is* or *there are* when referring to existence in general or within very broad limits:

Es gibt keine schwarzen Äpfel. *There are no black apples.*
Es gibt auch Privatschulen in Deutschland. *There are also private schools in Germany.*
Es gibt viel Obst dieses Jahr. *There is much fruit this year.*

In these sentences es is the subject of gibt, while Äpfel, Privatschulen, and Obst are objects of the verb.

Es ist and es sind are used when referring to existence in a definite, limited space:

Es ist kein Tisch in meinem Zimmer. *There is no table in my room.*
Es sind zehn Stühle im Eßzimmer. *There are ten chairs in the dining-room.*

In sentences of this type es is an introductory word, the real subject following the verb (see page 145).

Lesson XVIII

C

1. Copy the following sentences, substituting the proper conjunction, aber or sondern, for each blank:

1. Die meisten Kinder gehen zur Volksschule, _____ es gibt auch Privatschulen. 2. Hans geht nicht zur Schule, _____ er arbeitet in einem Restaurant. 3. Fritz spielt nicht mit den anderen Knaben Ball, _____ er hilft den Eltern bei der Feldarbeit. 4. Karl ist nicht sehr klug, _____ er lernt fleißig. 5. Der Anfang des Schuljahrs fällt in den April, _____ in einigen großen Städten bildet man auch im Herbst neue Klassen für Anfänger. 6. Der Lehrer war nicht alt, _____ er war jung. 7. Jede Woche hat sechs Schultage, _____ die Kinder haben Mittwoch- und Sonnabendnachmittag frei. 8. Nicht nur zu Weihnachten, _____ auch zu Ostern und Pfingsten, hat man je acht bis zehn Tage frei. 9. Es war nicht Gold, _____ nur ein gewöhnlicher Stein. 10. Ich war sehr enttäuscht, _____ der Stein ist wirklich sehr schön.

2. Copy the following sentences, substituting the proper word, als, wenn, or wann, for each blank:

1. _____ ein deutsches Kind sechs Jahre alt wird, muß es zur Schule gehen. 2. _____ können Sie mir bei der Feldarbeit helfen? 3. _____ wir gestern auf die Eisbahn gingen, trafen wir Herrn Arndt. 4. Frage ihn, _____ er gestern abend nach Hause gekommen ist. 5. _____ wir eines Tages einen langen Ausflug in den Wald machten, kamen wir an einen großen See. 6. _____ er morgen kommt, werde ich es ihm sagen. 7. _____ wir einen Spaziergang machten, ging Hermann immer mit uns. 8. _____ ich vor zwei Jahren in Berlin wohnte, ging ich oft ins Theater. 9. Ich sah ihn heute morgen, _____ ich im Garten arbeitete.

3. Form complex sentences, using the conjunctions suggested —

a. Make out of each second sentence a subordinate clause:

1. Es kommen mindestens zehn schulfreie Wochen auf das Jahr. Die Sommerferien dauern nur vier Wochen. **(obgleich)**

2. Wir spielten an dem schönen, breiten Strande. Es wurde ganz dunkel. (**bis**)

3. Der Mann trug keinen Hut. Das Wetter war sehr kalt. (**obschon**)

4. Max öffnete das Fenster. Er ging zu Bett. (**ehe**)

5. Das Kind schlief schon. Die Mutter kam nach Hause. (**als**)

b. Make out of every first sentence a subordinate clause:

1. Der Lehrgang dauert acht Jahre. Das Kind kommt mit vierzehn Jahren aus der Schule. (**da**)

2. Gertrud spielte Klavier. Anna half der Mutter. (**während**)

3. Du bist fertig. Wir werden gehen. (**sobald**)

4. Er war krank. Er hat nicht mehr gearbeitet. (**seitdem**)

5. Wir hatten ein Haus aus Sand gebaut. Wir deckten es mit einigen alten Brettern. (**nachdem**)

6. Martha ist krank. Ich bleibe jeden Abend zu Hause. (**solange**)

4. Form complex or compound sentences, using the conjunctions suggested:

1. Die Kinder können den Eltern bei der Feldarbeit helfen. Sie haben Anfang Oktober zwei schulfreie Wochen. (**weil, denn**)

2. Ich werde heute abend nicht ins Theater gehen. Ich werde arbeiten. (**sondern**)

3. Unser Sommerhäuschen ist an einem kleinen Flüßchen. Ich habe es Ihnen schon gesagt. (**wie**)

4. Marie ist hier. Wir spielen jeden Tag Tennis. (**seit**)

5. Er war schon damit fertig. Ich kam nach Hause. (**bevor**)

6. Morgen machen wir einen Ausflug in den Wald. Wir gehen zum Großvater. (**oder**)

7. Ich habe den Brief nicht geschrieben. Ich hatte keine Feder. (**weil, denn, da**)

8. Wir gehen zur Schule. Wir lernen etwas. (**damit**)

9. Es ist nicht wahr. Ich habe das gesagt. (**daß**)

10. Er lachte. Er sagte es. (**indem**) [1]

---

1. Indem emphasizes the contemporaneousness of the actions. A clause introduced by indem is often translated best by a present-participial phrase: *He laughed while saying it.*

Lesson XVIII

5. Turn the following direct questions into indirect questions dependent upon Sage mir:

1. In welchen Monat fällt der Anfang des Schuljahrs? 2. Wie viele Schulwochen zählt das Schuljahr? 3. Warum haben die Kinder Anfang Oktober zwei schulfreie Wochen? 4. Wo bildet man auch im Oktober neue Klassen für Anfänger? 5. Wohin gehen die meisten Kinder? 6. Wer hat eben telephoniert? 7. Wovon habt ihr so lange gesprochen? 8. Was hast du gefunden? 9. Ist er zu Hause?

6. Replace the English words in parentheses by the German equivalents:

1. (There is) ein großer Spiegel in unsrem Schlafzimmer. 2. In unsrem Schlafzimmer (there is) ein großer Spiegel. 3. (There are) keine so großen Flüsse in Deutschland wie in Amerika. 4. In Deutschland (there are) keine so großen Flüsse wie in Amerika. 5. (Are there) keine Privatschulen in Deutschland? 6. Wie viele Badezimmer (are there) in Ihrem Hause? 7. Bei uns (there is) keine Ferien zu Pfingsten. 8. (There are) viele schöne Blumen in meinem Garten. 9. (There are) nicht mehr viele Wölfe in diesem Lande. 10. (There are) keine Faulpelze in dieser Klasse.

7. *a.* Copy the following sentences, substituting a relative pronoun for each blank:

1. Das Schuljahr, _____ Anfang in den April fällt, zählt vierzig bis zweiundvierzig Schulwochen. 2. Die Bretter, mit _____ wir unser Häuschen deckten, lagen am Strande. 3. Wir baden in einem See, _____ nirgends tief ist. 4. Das ist der Tisch, auf _____ die Bücher lagen. 5. Hier ist die Füllfeder, von _____ ich Ihnen sagte. 6. Der schöne Anzug, _____ er trug, war ein Geburtstagsgeschenk. 7. Die Schülerin, _____ Mutter krank ist, war gestern nicht in der Schule. 8. Wo ist das Glas, aus _____ er immer trank? 9. Die Schlittschuhe, _____ Hermann seinem Freunde schenkte, waren noch so gut wie neu. 10. Die Mütze, _____ Anna zum ersten Male trug, war sehr schön.

b. Use compounds with wo in the sentences above, when it is possible.

8. Give the meaning and the principal parts of

Jahr	See	Punkt	bilden	tun
Stadt	Kaufmann	Sand	zählen	bauen
Anfang	Fluß	Strecke	dauern	fließen
Anfänger	Brett	Gold	sterben	fallen
Stein	Cousine	helfen	glauben	heißen

9. Translate into German:

1. When the German children are [1] six years old, they go to school. 2. How long does the course of instruction last? — Eight years. 3. Fred will leave school at the age of fourteen. 4. Although the beginning of the school year comes [2] in April, they sometimes form new classes for beginners also in autumn.[3] 5. The children go to school also on Saturday, do they not? — Yes, but they have no school on [4] Wednesday afternoon and Saturday afternoon. 6. Tell me, please, how long the summer vacation lasts. — Not so long as with [5] us; only four weeks. 7. At Christmas they have eight to ten days' holiday,[6] and also at Easter and Whitsuntide. 8. At the beginning of October they have two weeks' vacation.[7] — Why? — In order that the children may be able to [8] help their parents with [5] the work in the fields.

1. werden. 2. fallen. 3. Place before the object of the verb.
4. *have no school on* frei haben. 5. bei. 6. *ten days' holiday* zehn Tage frei. 7. *two weeks' vacation* zwei schulfreie Wochen. 8. *may be able to* können.

D [Optional]

Der Kachelofen

Breslau, den 1. Dezember 1934.
Charlottenstraße 5, II.[1]

Lieber Richard!

Endlich habe ich ein Zimmer gefunden, das mir gefällt. Ich zahle 45 *RM*[2] den [3] Monat, mit Frühstück, das allerdings nur aus Kaffee mit Brötchen besteht. Das Zimmer ist groß und fast vier Meter hoch; in der linken hinteren Ecke steht ein

Lesson XVIII

Tile Stoves: 1, Typical Modern Stove; 2, Eighteenth-Century Stove, Southern Germany

mächtiger Bau, wie Du ihn[4] in Deinem Leben noch nicht gesehen hast. Es ist ein Kachelofen. Der Sockel ist ungefähr drei Viertel Meter hoch, über einen Meter lang und halb so breit. Der Ofen selbst ist nicht ganz so lang und breit, aber er reicht fast bis an die Decke. Die Kacheln sind aus feinem Ton gebrannt und glasiert; sie sind ähnlich wie die tiles, mit denen bei Dir zu Hause die Wände des Badezimmers belegt sind, aber etwas größer. Auf den ersten Blick sehen die Kacheln wie bläulich weißer, fein geäderter Marmor aus.[5] An der Vorderseite ist ein Schmuckstück, das die Göttin Diana[6] darstellt; es ist etwa einen halben Meter hoch, rein weiß und nicht glasiert. Der Sims ist von gleichem Material,[7] hat dieselbe Länge und Breite wie der Sockel, und besteht aus einem Reigen von Amoretten.

Der Ofen ist wirklich eine Zierde des Zimmers, und was die Hauptsache ist, er heizt sehr gut.

Das Aschenloch ist im Sockel, die Feurung im Ofen selbst. Beide haben starke Eisentüren, mit blitzenden Messingplatten
25 belegt. Diese Türen kann man dicht zuschrauben. Morgens kommt das Dienstmädchen, macht Feuer an[8] und steckt dann vier bis sechs Preßkohlen in den Ofen. Wenn die[9] glühen, schraubt sie beide Türen fest zu.[10] Der Ofen hält die Wärme den ganzen Tag und auch die ganze Nacht hindurch. Nur bei
30 großer Kälte legt das Mädchen abends einige Preßkohlen nach.[11] Hier in Deutschland hält man die Zimmer nicht ganz so warm wie bei uns drüben. Daran wirst Du Dich gewöhnen müssen,[12] wenn Du nächsten Monat hierher kommst.

Ich kann Dir ein Zimmer besorgen, das direkt[13] neben
35 meinem liegt. Der Ofen darin muß ein Zwillingsbruder von meinem sein. Die Möbel, Bilder, Teppiche usw. sind ja hier auch etwas anders als bei uns, doch das bemerkt man nicht so sehr.[14] Ein Stuhl bleibt schließlich immer ein Stuhl, und ein Tisch ein Tisch, aber mein Ofen ist für mich eine Merkwürdig=
40 keit. Ich habe ihn Dir nur so genau beschrieben, damit Du nicht vielleicht denkst, wenn Du eines schönen Tages hier an= kommst, daß ich ein Grabdenkmal[15] in meinem Zimmer habe.

Ein anderes Mal mehr. Mit herzlichem Gruß

Dein treuer Freund
45
Paul.

1. Read: im zweiten Stock (*third story*) or zwei Treppen hoch. 2. 45 *RM* = fünfundvierzig Reichsmark. 3. *a.* 4. wie ... ihn *such as.* 5. sehen ... wie ... Marmor aus *look like marble.* 6. Dia'na *Diana* (goddess of the chase). 7. Material' *material.* 8. macht ... an *lights.* 9. *these.* 10. schraubt ... zu, infin. zuschrauben. 11. legt ... nach *adds.* 12. Daran wirst Du Dich gewöhnen müssen *You will have to get used to this.* 13. direkt' *directly.* 14. *much.* 15. *monument* (in a cemetery).

LESSON XIX

Inseparable Compound Verbs · Adjective used Substantively · Some Words to note Carefully

A
Der Lehrling

Die meisten deutschen Kinder verlassen mit vierzehn Jahren die Schule. Nur ein kleiner Teil besucht die höheren Schulen. Für die anderen beginnt nun das Leben der Arbeit. Viele gehen in die Fabrik, andere lernen den kaufmännischen Beruf, oder ein Handwerk, obgleich dieses immer mehr Boden verliert. Die Lehrzeit dauert drei bis vier Jahre. An kleinen Orten wohnt der Lehrling auch jetzt noch oft im Hause des Meisters, erhält dort auch seine Kost, aber keinen Lohn. In größeren Städten wohnt der Lehrling gewöhnlich bei den Eltern, bei Verwandten, oder auch bei Fremden.

Die Arbeitsstunden sind nicht mehr so lang wie in der guten alten Zeit. Früher war ein solcher Junge oft von morgens um sechs bis abends um zehn auf den Beinen. Da er im Hause des Meisters wohnte, gebrauchte man ihn zu allerlei Diensten. Das geschieht jetzt kaum mehr, dafür ist aber auch das menschliche Band zerrissen, welches einst zwischen dem Meister und dem Lehrling bestand.

Der Lehrling ist aber mit der Schule nicht etwa fertig, denn er muß noch abends bis zum achtzehnten Jahre die Fortbildungsschule besuchen. Dort lehrt man, was die jungen Leute in ihren Handwerken oder im kaufmännischen Beruf brauchen. Auch für die Mädchen gibt es Fortbildungsschulen.

Fragen

1. Wie alt sind die meisten deutschen Kinder, wenn sie die Schule verlassen?

2. Was für Schulen besucht ein kleiner Teil?

3. Wo finden viele Kinder Arbeit, nachdem sie die Schule verlassen haben?

4. Welchen Beruf lernen andere?

5. Wie lange dauert die Lehrzeit, wenn ein Knabe ein Handwerk lernt?

6. Bei wem wohnt der Lehrling an kleinen Orten auch heute noch?

7. Bei wem wohnt er gewöhnlich in größeren Städten?

8. Wozu gebrauchte man den Lehrling in der guten alten Zeit?

9. Was bestand früher zwischen Lehrling und Meister?

10. Welche Schule muß ein Lehrling besuchen, bis er achtzehn Jahre alt wird?

11. Gibt es nur für die Knaben Fortbildungsschulen?

Vocabulary

achtzehnt *adj. infl.* eighteenth

allerlei' all kinds of, all sorts of

die Arbeitsstunde (—, –n) working hour

das Band (–es, –e) bond, tie

begin'nen (er beginnt, er begann, er hat begonnen) begin

das Bein (–es, –e) leg; auf den Beinen sein be on one's feet

der Beruf' (–es, –e) profession, business

beste'hen (*str.*) exist

besu'chen (*wk.*) visit, attend (a school)

der Boden (–s, — *or* ⸚) ground, soil

dafür' for it, as a result of it

der Dienst (–es, –e) service

dieser the latter

einst once

erhal'ten (er erhält, er erhielt, er hat erhalten) receive

etwa perhaps, perchance, as you might suppose

die Fabrik' (—, –en) factory

die Fortbildungsschule (—, -n) continuation school
fremd strange; der Fremde *adj. infl.* stranger
früher formerly
gebrau'chen (*wk.*) use; gebrauchen zu *dat.* use for
gesche'hen (es geschieht, es geschah, es ist geschehen) happen
das Handwerk (-s, -e) handicraft, trade
hoch *when inflected* hoh= (höher, höchst) high; höhere Schule advanced (*or* secondary) school (prepares for the university)
kaufmännisch mercantile, commercial
die Kost (—) food, board
das Leben (-s, —) life

der Lehrling (-s, -e) apprentice
die Lehrzeit (—) apprenticeship
der Lohn (-es, ⸚e) salary, pay, wages
der Meister (-s, —) master
menschlich human
der Ort (-es, -e *or* ⸚er) place; an kleinen Orten in small places
der Teil (-es, -e) part
verlas'sen (*str.*) leave
verlie'ren (er verliert, er verlor, er hat verloren) lose
der Verwand'te *adj. infl.* relative
wozu' for what
zerrei'ßen (er zerreißt, er zerriß, er hat zerrissen) tear, sever

in der guten alten Zeit in the good old times

B

1. Inseparable Compound Verbs

The inseparable compound verb does not use ge= in the formation of the past participle*; otherwise it is conjugated like the simple verb:

INDICATIVE

Present
ich besuche
du besuchst
etc.

Past
ich besuchte
du besuchtest
etc.

* If the inseparable prefix is ge=, the ge= remains, of course, in the past participle: infin. gebrauchen, past part. gebraucht.

Pres. Perf.	*Past Perf.*
ich habe besucht	ich hatte besucht
Future	*Fut. Perf.*
ich werde besuchen	ich werde besucht haben

IMPERATIVE

besuche   besucht   besuchen Sie

The present indicative of erhalten is as follows: ich erhalte, du erhältst, er erhält, wir erhalten, ihr erhaltet, sie erhalten.

The inseparable prefixes are be-, ent- (emp- before f), er-, ge-, ver-, and zer-. They are not accented, whether they occur in compound verbs or in any other part of speech.

See the Appendix (pages 439-440) for the meanings and uses of the inseparable prefixes.

2. Adjective Used Substantively

When used as a noun, the adjective is capitalized, but retains its adjectival inflection:

fremd	strange
der Fremde	*the stranger* (male)
die Fremde	*the stranger* (female)
die Fremden	*the strangers*
ein Fremder	*a stranger* (male)
eine Fremde	*a stranger* (female)
Fremde	*strangers*

So also verwandt *related*, der Verwandte *the relative* (male), die Verwandte *the relative* (female), etc.; deutsch *German*, der Deutsche *the German* (male), die Deutsche *the German* (female), etc.

3. Some Words to Note Carefully

a. Da at the beginning of a clause may be either an adverb (= *there, then*), followed by the inverted order, or a

Lesson XIX

subordinating conjunction of cause (= *since, as*), followed by the transposed order:

> Da ſtand er in der Straße. *There he stood in the street.*
> Da lachte er herzlich. *Then he laughed heartily.*
> Da du nicht gehſt, bleibe ich auch zu Hauſe. *Since you are not going, I shall stay at home too.*

b. Doch at the beginning of a clause either may have the property of a coördinating conjunction (= aber *but*), being without effect upon the word order, or may have the force of an adverb (= *still, yet, however*), causing inversion:

> Dieſe Knaben ſind alle drei ſehr fleißig, **doch** Paul iſt der fleißigſte. *All three of these boys are very industrious, but Paul is the most industrious.*
> Der See iſt ſehr tief, **doch** Karl iſt ein guter Schwimmer. *The lake is very deep, but Charles is a good swimmer.*
> Der Hut iſt ſehr ſchön und gar nicht teuer, **doch** werde ich ihn nicht kaufen. *The hat is very pretty and not at all dear; still I shall not buy it.*
> Sie iſt dumm, **doch** liebt er ſie. *She is stupid; yet he loves her.*

c. Do not confuse doch and noch; both may be rendered in English by *still, yet*. Doch is adversative, having the force of *nevertheless*, while noch expresses continuation or degree:

> Obgleich er nur drei Monate in Deutſchland geweſen iſt, ſpricht er **doch** ſehr gut Deutſch. *Although he was in Germany only three months, still he speaks German very well.*
> Regnet es **noch**? *Is it still raining?*
> Iſt er **noch** nicht gekommen? *Hasn't he come yet?*
> Das iſt **noch** beſſer. *That is still better.*

d. Distinguish between *after, before, for,* and *since* as prepositions and as conjunctions.

After as a preposition is rendered by nach; as a subordinating conjunction, by nachdem:

After four o'clock I shall be at home. Nach vier Uhr werde ich
zu Hause sein.
After he was through with his lessons, he played tennis.
Nachdem er mit seinen Schularbeiten fertig war, spielte er
Tennis.

Before as a preposition is rendered by vor; as a subordinating conjunction, by bevor or ehe:

It happened before ten o'clock. Es ist **vor** zehn Uhr geschehen.
He came before I was ready. Er kam, **ehe** (or **bevor**) ich
fertig war.

For as a preposition is expressed by für; as a coördinating conjunction, by denn:

There are continuation schools also for the girls. Es gibt auch
Fortbildungsschulen **für** die Mädchen.
I shall not go, for I have no time. Ich gehe nicht, **denn** ich habe
keine Zeit.

Since as a preposition is rendered by seit; as a subordinating conjunction of cause, by da; and of time, by seit or seitdem:

Since that time he stays at home in the evening. **Seit** jener
Zeit bleibt er abends zu Hause.
*Since the apprentice lived in the house of the master, they used
him for all kinds of services.* **Da** der Lehrling im Hause
des Meisters wohnte, gebrauchte man ihn zu allerlei Diensten.
I have not seen him since you were here. Ich habe ihn nicht
gesehen, **seit** (or **seitdem**) Sie hier waren.

e. As has various equivalents in German, according to its meaning. As a subordinating conjunction of cause, it is rendered by da; of manner, by wie; of time, by als:

We did not stay long, as it was becoming dark. Wir sind nicht
lange geblieben, **da** es schon dunkel wurde.
It is as I told you. Es ist, **wie** ich Ihnen sagte.
We met Mr. Arndt as we were going skating. Wir trafen
Herrn Arndt, **als** wir auf die Eisbahn gingen.

Lesson XIX

C

1. Give the meaning and the principal parts of

beginnen	verlassen	korrigieren	bestehen
besuchen	verlieren	helfen	bilden
erhalten	zerreißen	zählen	dauern
gebrauchen	geschehen	tun	schweigen

2. Put into the present perfect and the future:

1. Die Kinder verlassen mit vierzehn Jahren die Schule. 2. Für die meisten beginnt nun das Leben der Arbeit. 3. Wir gebrauchen den Lehrling zu allerlei Diensten. 4. Ich erhalte dort meine Kost. 5. Das zerreißt das menschliche Band zwischen Meister und Lehrling. 6. Auch für die Mädchen gibt es Fortbildungsschulen. 7. Ihr seid den ganzen Tag auf den Beinen. 8. Du wünscht, eine höhere Schule zu besuchen, nicht wahr?

3. Give a synopsis* of

1. Das Handwerk verliert immer mehr Boden. 2. Das geschieht nicht mehr. 3. Sie besuchen eine höhere Schule.

4. Give the meaning and the principal parts of

Band	Lehrling	Jahr	Brett
Bein	Ort	Stadt	Finger
Fabrik	Teil	Fluß	Hand

5. Give the imperative, all three forms, of

es gleich beginnen   die Bücher nicht verlieren
uns bald besuchen   die Handtücher nicht zerreißen

6. *a*. Decline in the singular:

ein Deutscher   ein Verwandter
eine Deutsche   eine Fremde

---

* *Example:* Er wohnt im Hause des Meisters, er wohnte im Hause des Meisters, er hat im Hause des Meisters gewohnt, er hatte im Hause des Meisters gewohnt, er wird im Hause des Meisters wohnen, er wird im Hause des Meisters gewohnt haben.

First Book in German

b. Decline in the singular and plural:

der Deutsche   der Fremde
die Deutsche   die Verwandte

7. Replace the English words in parentheses by German equivalents:

1. (There are) fünfundzwanzig Schüler in dieser Klasse. 2. (There are) in Deutschland Fortbildungsschulen für die Mädchen. 3. (There) kommt Frau Weber. 4. (Since) du den ganzen Tag gearbeitet hast, werden wir heute abend zu Hause bleiben. 5. (Since) mein Vetter gekommen ist, spielen wir jeden Nachmittag Fußball. 6. Ich habe (since) heute morgen nichts gegessen, (still) bin ich nicht hungrig. 7. Ist die Tür (still) offen? 8. (After) dem Mittagessen geht der Vater wieder ins Geschäft. 9. (After) Sie mich verlassen hatten, besuchte ich Herrn Meyer. 10. Ich kam nach Hause, (before) es dunkel wurde, und war (before) neun Uhr mit meinen Schularbeiten fertig.

11. (There is) kein menschliches Band zwischen dem Meister und dem Lehrling wie früher, (for the latter) wohnt nicht mehr im Hause des Meisters. 12. Ich habe diese Feder gefunden, (as) ich aus der Schule nach Hause kam. 13. (As) du siehst, können wir nichts (for) ihn tun. 14. Ich habe keinen Spaziergang gemacht, (as) es kalt geworden war und ich keinen Mantel hatte. 15. Er ist (as) groß (as) sein Vater. 16. Können Sie mir sagen, (when) man neue Klassen für Anfänger bildet? 17. (When) ich vor drei Wochen in Berlin war, besuchte ich Onkel Heinrich und Tante Helene. 18. Er kam immer, (when) ich sehr viel zu tun hatte. 19. Es gibt Fortbildungsschulen nicht nur für die Knaben, (but) auch für die Mädchen. 20. In größeren Städten wohnt der Lehrling nicht mehr im Hause des Meisters, (but) an kleinen Orten geschieht das auch jetzt noch oft.

8. Turn the following direct questions into indirect questions dependent upon Sagen Sie mir:

1. Wozu gebrauchte man den Lehrling in der guten alten Zeit? 2. Bei wem wohnt der Lehrling in größeren Städten? 3. Wie lange dauert die Lehrzeit? 4. Was bestand einst zwischen Lehrling und Meister? 5. Welche Schule muß ein Lehrling besuchen, bis er achtzehn Jahre alt wird? 6. Ist dieses Papier zu dick?

Lesson XIX

9. Form complex or compound sentences, using the conjunctions suggested:

1. Jede Woche hat sechs Schultage. Die Kinder gehen auch Sonnabends zur Schule. (**weil, denn**)
2. Das Wetter war stürmisch geworden. Ich habe doch einen Spaziergang gemacht. (**obgleich**)
3. Während der Nacht hatte es stark geschneit. Am Morgen schien die Sonne wieder. (**aber**)
4. Die Mutter arbeitete in der Küche. Ich putzte den Christbaum. (**während**)
5. Die Kinder haben Anfang Oktober zwei schulfreie Wochen. Sie können den Eltern bei der Feldarbeit helfen. (**damit**)
6. Der Vater hatte zu Mittag gegessen. Er ging in den Wald. (**nachdem**)

10. Translate into German:

1. Although most German children leave school at the age of fourteen, a small number [1] attend the advanced schools. 2. For most children the life of work begins when they are fourteen years old. 3. Some go into the factory, while others learn the mercantile business or a trade. 4. However, not so many as formerly learn a trade; this is losing more and more ground. 5. When a boy learns a trade, the apprenticeship lasts three to four years. 6. In the good old times the apprentice lived in the house of the master, and received his board there, but no pay. 7. His working hours were very long, for the master used him for all kinds of services. 8. He was often on his feet from six in the morning until ten in the evening.[2] 9. But there was a human bond between the master and the apprentice, which no longer [3] exists. 10. Only in small places does the apprentice still often live in the house of the master; in the cities he usually lives with his parents, with relatives, or with strangers. 11. After the apprentice has left the public school, he must still attend the continuation school until his eighteenth year.

1. Teil, with verb in the sg. 2. Follow the German model in section *A*. 3. *no longer* nicht mehr.

D [Optional]
Die höheren Schulen Deutschlands

Jedes deutsche Kind muß vom sechsten bis zum zehnten Jahre die Grundschule besuchen. Diejenigen[1] Kinder, die sich auf[2] den Besuch der Universität, einer technischen oder irgend einer anderen Hochschule vorbereiten sollen,[3] gehen dann auf eine
5 höhere Schule. Die Aufnahmeprüfung ist sehr streng. Früher war der Besuch einer solchen Schule ein Privileg[4] der Kinder reicher und angesehener Leute. Auch wenn sie faul oder talentlos waren, kamen sie gewöhnlich auf irgend eine Weise auf eine höhere Schule, und oft auch auf die Universität. Heute
10 geht das nicht mehr. Kinder armer Leute, die sehr begabt sind, erhalten nun Hilfe von dem Staat oder der Gemeinde, wenn sie eine höhere Schule besuchen wollen.

Man hat jetzt fünf verschiedene Typen: I. Das humanistische Gymnasium; II. das Realgymnasium[5]; III. das Reform=
15 Realgymnasium; IV. die Oberrealschule; V. die Deutsche Oberschule.

Das humanistische Gymnasium hat neun Jahre Latein, sechs Jahre Griechisch und sieben Jahre einer modernen Sprache.

20 Das Realgymnasium hat kein Griechisch, dafür aber sechs Jahre einer zweiten modernen Sprache.

Das Reform=Realgymnasium hat vier Jahre Latein und zwei moderne Sprachen, die eine durch neun, die andere durch sechs Jahre.

25 Auf der Oberrealschule sind die Anforderungen in den modernen Sprachen dieselben wie auf dem Reform=Realgymnasium, aber statt Latein hat man mehr Mathematik und Naturwissenschaften.

Die Deutsche Oberschule hat neun Jahre Latein und vier
Jahre einer modernen Sprache, oder umgekehrt; hier wird viel
mehr Zeit auf das Studium der deutschen Sprache und Litera=
tur verwandt [6] als auf [7] Schulen von anderem Typus.[8]

Der Lehrgang dieser Schulen dauert neun Jahre.

Es gibt auch noch eine sechste Art von höherer Schule, die
Aufbauschule. Hier können sich [9] besonders begabte Schüler
nach Beendigung der Volksschule, die sie mit vierzehn Jahren
verlassen, in sechs Jahren auf den Besuch der Universität oder
Hochschule vorbereiten. Unter den Aufbauschulen finden wir
alle fünf Typen [8] vertreten, die oben beschrieben sind.

Alle deutschen Schulen, auch die Hochschulen und Univer=
sitäten, stehen unter der Aufsicht des Staates. Auf den höheren
Schulen ist die Disziplin sehr streng, und die Schüler müssen
fleißig arbeiten. Das Schuljahr zählt einundvierzig Wochen,
und jede Woche dreißig bis zweiunddreißig Schulstunden.

1. From derjenige. 2. *for*. 3. sich ... vorbereiten sollen *are to prepare themselves*. 4. das Privileg' (v = w) *privilege*. 5. Real'gymna'sium. 6. wird ... verwandt *is devoted*. 7. *at*. 8. der Typus *type*. 9. Object of vorbereiten.

O du lieber Augustin
(Sieh Seite 423!)

Abschied
(Sieh Seite 424!)

LESSON XX

Separable Compound Verbs · Variable Prefixes

A
Das Jahr

In der Natur fängt das Jahr mit dem Frühling an. Gegen Ende März, wenn der Winter vergangen ist, geht die Sonne morgens um sechs Uhr auf und abends um sechs Uhr unter. Die Tage fangen nun an, schnell länger zu werden, und ehe wir
5 daran denken, ist der Sommer da. Die Sonne ist immer früher aufgegangen und ihr Weg durch den Himmel immer länger geworden.

Nun aber kehrt die Sonne in ihrem Laufe um, und nach drei weiteren Monaten treten wir in den Herbst ein. Die Tage
10 nehmen schnell ab, und bald ist Weihnachten vor der Tür. Es scheint fast, als ob uns die Sonne ganz aufgegeben hat. Zwar werden die Tage nach Neujahr länger, da aber die Erde während des Herbstes viel von der Sommerwärme verloren hat, kehrt milderes Wetter erst im Frühling wieder. Dann erwacht alles
15 in Garten, Feld und Wald zu neuem Leben, und Mutter Natur wiederholt ihr altes Spiel.

Merksätze[1]

Gehen Sie hin! Kommen Sie her!
Wohin gehen Sie? Woher kommen Sie?
Er ging die Treppe hinauf.
Sie kam die Treppe herunter.
Er kam die Straße herauf.

1. *Sentences to be Noted Carefully.*

Lesson XX

Sie ging die Straße hinunter.

Er ging zur Tür hinein, als sie herauskam.

Er ging hinaus, als sie hereinkam.

Er machte die Fenster auf und die Tür zu.

Der Lehrer wiederholte die Frage.

Der Hund holte den Ball wieder.

Wann geht die Sonne unter?

Unterbrich mich nicht!

Kehren Sie um, ehe es zu spät ist!

Er umarmte seine Mutter.

Fragen

1. Wann fängt das Jahr in der Natur an?
2. In welchem Monat beginnt der Frühling?
3. In welchem Monat fängt der Herbst an? der Winter?
4. In welcher Jahreszeit sind die Tage am kürzesten?
5. Wie werden die Tage nach Neujahr?
6. Warum kehrt milderes Wetter erst im Frühling wieder?
7. Was geschieht dann?
8. Was tut Mutter Natur?

Vocabulary

ab'|nehmen (*str.*) *tr.* take off; *intr.* decrease (in length), grow shorter

alles all, everything

an'|fangen (er fängt an, er fing an, er hat angefangen) begin

auf'|geben (*str.*) give up

auf'|gehen (*str.*, *aux.* sein) rise (of the sun)

auf'|machen (*wk.*) open

da *adv.* there, here, then

denken (*irreg.* er denkt, er dachte, er hat gedacht) think; denken an *acc.* think of

ein'|treten (*str.*, *aux.* sein) enter, set in (of the weather)

die Erde (—, −n) earth

erwa'chen (*wk.*, *aux.* sein) awake, wake up

das Feld (−es, −er) field

herauf'|kommen (*str.*, *aux.* sein) come up

heraus'|kommen (*str.*, *aux.* sein) come out

herein'|kommen (*str.*, *aux.* sein) come in

her'|kommen (*str.*, *aux.* sein) come here

herun'ter|kommen (*str.*, *aux.* sein) come down

hinauf'|gehen (*str.*, *aux.* sein) go up

hinaus'|gehen (*str.*, *aux.* sein) go out

hinein'|gehen (*str.*, *aux.* sein) go in; zur Tür hineingehen go in at the door

hin'|gehen (*str.*, *aux.* sein) go there, go

hinun'ter|gehen (*str.*, *aux.* sein) go down

der Lauf (–es) course

die Natur' (—) nature; in der Natur in nature

das Neujahr (–s, –e) New Year

scheinen (*str.*) shine, seem

die Sommerwärme (—) summer heat, heat of the summer

das Spiel (–es, –e) game

umar'men (*wk.*) embrace

um'|kehren (*wk.*, *aux.* sein) turn back

unterbre'chen (er unterbricht, er unterbräch, er hat unterbrochen) interrupt

un'ter|gehen (*str.*, *aux.* sein) set (of the sun)

verge'hen (*str.*, *aux.* sein) pass (away)

weiter farther, further

wie'der|holen (*wk.*) fetch back, bring back

wiederho'len (*wk.*) repeat

wie'der|kehren (*wk.*, *aux.* sein) return

woher' whence, from where, from what place

zu'|machen (*wk.*) close

zwar to be sure, it is true

als ob as if

gegen Ende März toward the end of March

B

1. Separable Compound Verbs

The conjugation of the separable compound verb does not differ from that of the simple verb. Separable prefixes are indicated in the vocabularies thus: auf'|machen, hinaus'|gehen.

The principal parts of separable compound verbs are given as follows:

aufmachen, er macht auf, er machte auf, er hat aufgemacht
hinausgehen, er geht hinaus, er ging hinaus, er ist hinausgegangen

The main thing to bear in mind about the separable compound verb is the position of the prefix. Study the following sentences carefully:

NORMAL ORDER	INVERTED ORDER
Ich mache die Tür **auf**.	Da mache ich die Tür **auf**.
Ich machte die Tür **auf**.	Da machte ich die Tür **auf**.
Ich habe die Tür **aufgemacht**.	Da habe ich die Tür **aufgemacht**.
Ich hatte die Tür **aufgemacht**.	Da hatte ich die Tür **aufgemacht**.
Ich werde die Tür **aufmachen**.	Da werde ich die Tür **aufmachen**.
Ich werde die Tür **aufgemacht** haben.	Da werde ich die Tür **aufgemacht** haben.

TRANSPOSED ORDER	IMPERATIVE
Ehe ich die Tür **aufmache**.	Mache die Tür **auf**!
Ehe ich die Tür **aufmachte**.	Macht die Tür **auf**!
Ehe ich die Tür **aufgemacht** habe.	Machen Sie die Tür **auf**!
Ehe ich die Tür **aufgemacht** hatte.	DEPENDENT INFINITIVE WITH zu
Ehe ich die Tür **aufmachen** werde.	Er wünschte die Tür **aufzumachen**.
Ehe ich die Tür **aufgemacht** haben werde.	

From the sentences above it will be seen that the separable prefix is separated completely from its verb in the present and the past tense when the normal or the inverted order is used; it then stands usually at the end of the sentence or, in a complex sentence, at the end of its clause. Note that the prefix is also separated from its verb in the imperative.

Separable prefixes receive the accent. Some of the more common separable prefixes are ab, an, auf, aus, bei, dar, ein, empor', entge'gen, fort, her, hin, los, mit, nach, nieder, vor, weg, weiter, zu, zurück', zusam'men; there are numerous others.

2. Hin and her

Hin *thither* means away from the speaker or the speaker's point of view, while her *hither* signifies toward the speaker or the speaker's point of view:

> Gehen Sie hin! *Go there.*
> Kommen Sie her! *Come here.*
> Wohin' gehen Sie? or Wo gehen Sie hin? *Where are you going?* (literally, *Whither are you going?*)
> Woher' kommen Sie? or Wo kommen Sie her? *Where do you come from?* (literally, *Whence do you come?*)
> Er ging die Treppe hinauf'. *He went up the stairs.*
> Sie kam die Straße herun'ter. *She was coming down the street.*

3. Variable Prefixes

The prefixes durch, über, um, and unter are called variable prefixes; that is, they are sometimes separable and sometimes inseparable. Compare, for example, un'tergehen *set* (of the sun) and unterbre'chen *interrupt*:

> Wann geht die Sonne unter? *When does the sun set?*
> Unterbrich mich nicht! *Don't interrupt me.*

These prefixes tend to be separable when used in their literal sense, and inseparable when used in a figurative sense. In some cases, however, this distinction is not obvious.

The prefix wieder is separable except in the one compound wiederho'len *repeat, review*:

> Der Lehrer wiederholte die Frage. *The teacher repeated the question.*
> Der Hund holte den Ball wieder. *The dog fetched the ball back.*

Lesson XX

C

1. Give the meaning and the principal parts of

hinuntergehen	bringen	umkehren	besuchen
heraufkommen	zerreißen	wie'derholen	erhalten
anfangen	eintreten	wiederho'len	geschehen
denken	umarmen	zumachen	verlassen

2. Put into the present perfect and future:

1. Wir unterbrechen ihn nicht. 2. Die Sonne geht um sechs Uhr unter. 3. Um acht Uhr geht der Mond auf. 4. Du gehst schnell zur Tür hinein. 5. Sie umarmt die Eltern. 6. Ich gebe mein Geschäft auf. 7. Woher kommt sie? 8. Nun kehrt die Sonne in ihrem Laufe um. 9. Nach drei weiteren Monaten treten wir in den Herbst ein. 10. Die Tage nehmen schnell ab. 11. Die Erde verliert viel von der Sommerwärme. 12. Im Frühling kehrt milderes Wetter wieder. 13. Dann erwacht alles in Garten, Feld und Wald zu neuem Leben. 14. Mutter Natur wiederholt ihr altes Spiel. 15. Die Zeit vergeht sehr schnell.

3. Give a synopsis of

1. Er nimmt den Hut ab. 2. Sie kommen die Straße herunter. 3. Du machst die Fenster auf. 4. Ich gehe nicht hinaus. 5. Ihr denkt nicht mehr daran.

4. Say in German (*a*) to Fred, (*b*) to Clara and Henry, (*c*) to Mr. Nagel:

1. Come here, please. 2. Come in. Go out. 3. Close the windows. Don't open the door. 4. Go[1] and ask him. 5. Repeat the question. 6. Do not interrupt me. 7. Begin immediately. 8. Don't give it up.

[1]. hingehen.

5. Form complex sentences, using the conjunctions suggested —

a. Make out of each second sentence a subordinate clause:

1. Die Tage werden wieder länger. Die Sonne kehrt in ihrem Laufe um. (**wenn**)

2. Milderes Wetter kehrt erst im Frühling wieder. Die Erde hat während des Herbstes viel von der Sommerwärme verloren. (**weil, da**)

3. Ich kam heraus. Er ging die Treppe hinauf. (**als**)

4. Es war kühler geworden. Er hatte die Fenster aufgemacht. (**nachdem**)

b. Make out of every first sentence a subordinate clause:

1. Du denkst daran. Weihnachten ist da. (**ehe**)
2. Wir treten in den Herbst ein. Die Tage nehmen schnell ab. (**wenn**)
3. Er hat sein Geschäft aufgegeben. Er arbeitet doch noch jeden Tag fleißig. (**obgleich**)
4. Es fing zu regnen an. Wir kehrten um. (**als**)

6. Replace the English words in parentheses by German equivalents:

1. Zwar werden die Tage nach Neujahr länger, (but) milderes Wetter kehrt erst im Frühling wieder. 2. Der Lehrling ist aber mit der Schule nicht etwa fertig, (but) er muß noch bis zum achtzehnten Jahre die Fortbildungsschule besuchen. 3. Der Hund hat den Ball, (which) Fritz unter das Haus geworfen hat, wiedergeholt. 4. Die Tage nehmen jetzt schnell ab, (for) wir sind in den Herbst eingetreten. 5. (When) die deutschen Kinder vierzehn Jahre alt werden, fängt für die meisten das Leben der Arbeit an. 6. Er ging gerade zur Tür hinein, (when) ich ihn sah. 7. (As) ich heute morgen die Straße hinunterging, traf ich Herrn Meyer. 8. Nach Neujahr werden die Tage zwar länger, (still) milderes Wetter tritt erst im Frühling ein. 9. Der Sommer ist bald da, (yet) bleibt es (still) kühl. 10. (Since) kaltes Wetter eingetreten ist, gehen wir jeden Tag auf die Eisbahn. 11. Viele Kinder gehen in die Fabrik, (after) sie die Schule verlassen haben. 12. Er klopfte an die Tür, (before) er eintrat.

7. Translate into German:

1. He asked me to close the door. 2. It seems as if spring would never come[1] this year. 3. In nature the year begins toward the end of March. 4. The sun rises earlier and earlier, and before we are thinking of it summer is here. 5. The sun now turns back in its course, and the days begin to grow shorter. 6. After three months we have entered into autumn,

and soon Christmas is close at hand. 7. Although the days become longer after New Year, milder weather does not return until spring.[2] 8. In spring everything in nature awakes to new life. 9. During autumn the earth loses much of the heat of the summer. 10. Yesterday the sun rose at six o'clock in the morning and set at six o'clock in the evening.

1. Translate *would ... come* by the future.   2. *not ... until spring* erst im Frühling.

D [Optional]

Barry

Es war im Museum zu Bern. Vor einem großen ausgestopften Bernhardiner Hund[1] stand ein alter Herr und sah sich das prächtige Tier an.[2] Dann rief er seiner Enkelin leise zu: „Käthe, komm einmal her!" „Ja, lieber Großvater", antwortete das Kind und trat an den Alten heran. „Sieh dir diesen Hund an[3]!" sagte der Großvater, „das ist Barry." „Aber wer ist Barry?" fragte das Kind, das vielleicht zehn Jahre alt war. „Das erzähle ich dir dann draußen", war die Antwort.

Als der alte Herr und seine Enkelin später auf einer Bank im Park saßen, berichtete der Großvater: „Über den Großen Sankt Bernhard[4] führt ein Paß gleichen Namens, und auf dem höchsten Punkte des Passes, 2472[5] m, d. h. mehr als achttausend Fuß über dem Meere, ist ein Kloster. Man nennt es das Hospiz.[6] Der heilige Bernhard[7] hat es gegen Ende des zehnten Jahrhunderts gegründet. Natürlich hat man es im Laufe der Zeit immer mehr erweitert und vergrößert. Ein Dutzend Mönche mit ihren Dienern bewohnen dieses Hospiz jahraus, jahrein. Die Beschäftigung dieser Mönche ist es, die Reisenden zu verpflegen, welche den Paß benutzen. Heute führt eine gute Kunststraße durch den Paß, und jeden Sommer besuchen ihn viele Tausende von Reisenden. Aber im Winter ist er auch jetzt noch gefährlich. Früher war die Gefahr natürlich noch viel größer; Hunderte von Menschen haben da das Leben verloren.

„Ein Schneesturm bricht plötzlich aus und überrascht den
25 einsamen Wanderer; er kämpft gegen den Sturm, ermüdet aber endlich, sinkt um und schläft im Schnee ein, um nie wieder zu erwachen. Oder es verschüttet ihn eine Lawine, die auf einem der mit ewigem Schnee bedeckten Berge [8] entstanden ist, welche den Paß einschließen. In beiden Fällen ist er verloren, wenn
30 nicht Hilfe kommt.

„Wenn sich ein Schneesturm erhebt,[9] wenn der Donner der Lawinen die Luft zerreißt, dann verlassen die Mönche und ihre Diener das Kloster, um die Berge zu durchstreifen.[10] Ihre mächtigen, großen Hunde begleiten sie dabei. Oft gehen diese
35 klugen Tiere auch allein aus. Dann hängt man jedem Hunde eine kleine Flasche mit starkem Branntwein und ein Körbchen mit Brot um. Wenn der Hund einen verschütteten Wanderer entdeckt, so gräbt er ihn aus und beleckt ihm das Gesicht[11] so lange, bis er erwacht. Wenn der Hund allein zu schwach ist, so
40 eilt er nach dem Kloster zurück und holt menschliche Hilfe. Und nie verirrt er sich,[12] nie verfehlt er den Rückweg zur Unfallstelle.[13] So sind viele Menschen dem sicheren Tode entgangen. Solch ein Hund war Barry. In zwölfjährigem Dienste hat er über vierzig Menschen vor dem Erfrieren errettet. So hat er sich den
45 Ehrenplatz in unsrem Museum erworben.[14]"

1. Bernhardi'ner (indecl. adj.) Hund *Saint Bernard dog*. 2. sah sich (dat.) ... an *gazed at*. 3. Sieh dir ... an *Look at closely*. 4. A mountain of the Alps. 5. zweitausendvierhundertzweiundsiebzig. 6. Hospiz' *hospice*. 7. Der heilige Bernhard *Saint Bernard*. 8. einem der mit ewigem Schnee bedeckten Berge *one of the mountains covered with eternal snow*. 9. sich ... erhebt *rises*. 10. *scour*. 11. ihm das Gesicht *his face*. 12. verirrt ... sich *loses his way*. 13. *scene of the accident*. 14. hat ... sich (dat.) ... erworben *gained for himself*.

LESSON XXI

Impersonal and Reflexive Verbs · Intensive Pronouns · Reciprocal Pronouns

A

Ein Brief

Marburg, den 29. April 1934.

Lieber Robert!

Es hat mich sehr gefreut, von Dir zu hören; doch schäme ich mich sehr, daß ich Deinen Brief noch nicht beantwortet habe. Aber ich habe sehr wenig Zeit. Und glaube mir, lieber Robert, ich denke oft an Dich.

Der Vater schreibt mir, daß Du im Juli nach Deutschland kommen wirst, um ein Jahr hier zu studieren, und zwar in unsrem schönen alten Marburg. Ich freue mich riesig darüber. Wir werden uns also bald sehen und einander sicher viel zu erzählen haben. Es tut mir nur leid, daß Adam nicht auch kommt. Grüße ihn von mir; Ihr seht Euch ja jeden Tag. Adam und ich schreiben einander nicht, aber wir hören durch Freunde voneinander.

Dieses Jahr war der Winter hier nicht sehr kalt, selbst im Januar und Februar nicht, obgleich es oft schneite. Der April war bisher schön, aber heute hat es den ganzen Tag geregnet, gedonnert und geblitzt. Letzte Woche habe ich mich stark erkältet, natürlich durch eigne Schuld. Ich hatte mich nämlich ohne Rock an das offne Fenster gesetzt. Jetzt geht es mir schon wieder gut.

Hans Heuser hat mir neulich eine Postkarte aus Neuyork geschickt. Es gefällt ihm dort sehr gut. Es ist ihm gelungen,

University of Marburg

eine gute Stellung zu bekommen, er hat sich ein Automobil
gekauft und scheint ganz glücklich zu sein. Der kleine Meyer
wohnt auch in Neuyork. Du erinnerst Dich an ihn, nicht wahr?
Er hat mich vor drei Jahren in Akron besucht. Heuser und
Meyer sehen sich jeden Sonntag.

Ich lege eine Zeichnung von dem Marburger Schlosse bei,
die ich selbst gemacht habe. Obschon sie gar nicht schlecht ist,
wirst Du doch große Augen machen, wenn Du das Schloß erst
selber siehst.

Aber genug für heute! In ein paar Wochen bist Du ja hier,
und dann brauchen wir einander nicht mehr zu schreiben.
Bis dahin herzlichen Gruß!

      Dein getreuer Freund
        Heinrich Baumann.

Lesson XXI

Fragen

1. Wer hat Heinrich Baumann einen Brief geschrieben?
2. Warum schämt sich Heinrich?
3. Warum wird Robert nach Deutschland kommen?
4. Was tut Heinrich leid?
5. Wie ist der Winter dieses Jahr gewesen?
6. In welchen Monaten hat es oft geschneit?
7. Wie war das Wetter an dem Tage, an dem Heinrich an Robert schrieb?
8. Wo ist Hans Heuser jetzt, und wie geht es ihm?
9. Welcher von Heinrichs Freunden ist auch in Neuyork?
10. Wann treffen sich Heuser und Meyer gewöhnlich?
11. Was legt Heinrich seinem Briefe bei?
12. Was wird Robert tun, wenn er das Marburger Schloß erst selbst sieht?

Vocabulary

das **Auge** (–s, –n) eye; große Augen machen open one's eyes wide

das **Automobil'** (–s, –e) automobile

beant'worten (wk.) answer

bei'|legen (wk.) inclose

bekom'men (str.) get, obtain, receive

bisher' till now, up to the present

blitzen (wk.) lighten

dahin' thither, there; bis da'hin till then

donnern (wk.) thunder

eigen own

einan'der each other, one another

erin'nern (wk.) refl. w. an and acc. remember

erkäl'ten (wk.) refl. catch cold; sich stark erkälten catch a bad cold

erzäh'len (wk.) relate, tell

der **Februar'** (–(s), –e) February

freuen (wk.) please; es freut mich I am glad; refl. rejoice, be glad; sich freuen über acc. be glad of

gefal′len (*str.*) *dat.* please; es gefällt ihm he likes it

gelin′gen (es gelingt, es gelang, es ist gelungen) *dat.* succeed; es gelingt ihm, es zu tun he succeeds in doing it

glücklich happy

hören (*wk.*) hear

der Januar (−(s), −e) January

der Ju′li (−(s), −s) July

leid *pred. adj.*: es tut mir leid (um *acc.*) I am sorry (for); was tut ihm leid? what is he sorry about?

Marburger *indecl. adj.* Marburg

Neuyork′ (*neut.*) (−s) New York; aus Neuyork from New York

die Postkarte (−, −n) post(al) card

der Rock (−es, ⸚e) coat; ohne Rock without a coat

schämen (*wk.*) *refl.* be ashamed; *w. gen.* be ashamed of; schäme dich shame on you

schicken (*wk.*) send

schlecht bad

das Schloß (Schlosses, Schlösser) castle

die Schuld (−−) fault; durch eigne Schuld through one's own fault

selber *intensive pron. indecl.* myself, yourself, himself, *etc.*

selbst *intensive pron. indecl.* myself, yourself, himself, *etc.*; *adv.* even

setzen (*wk.*) set; *refl.* seat oneself, sit down

die Stellung (−, −en) position

studie′ren (*wk.*) study (at a university)

voneinan′der of each other, of one another

waschen (er wäscht, er wusch, er hat gewaschen) wash; sich (*dat.*) die Hände waschen wash one's hands

die Zeichnung (−, −en) drawing

   ein paar *indecl.* a few
   es geht mir gut I am well
   grüße ihn von mir remember me to him
   nicht mehr not any more, no longer
   um ... zu *w. infin.* in order to
   und zwar *particularizes a preceding statement* and ... too

Lesson XXI

B

1. Impersonal Verbs

An impersonal verb may have only es as subject. Otherwise its conjugation is like that of other verbs. An important class of impersonal verbs are those denoting phenomena of nature:

    Es schneit. *It is snowing.*
    Es hat heute morgen stark geregnet. *It rained hard this morning.*

There are in German a number of verbs used impersonally whose equivalents in English are not impersonal. These should be noted carefully:

    Es klopft. *Somebody is knocking.*

2. Reflexive Verbs

Reflexive verbs present no peculiarities of conjugation. In the first and second persons German has no special reflexive pronouns, the personal pronouns being used here with reflexive force. Only in the third person is there a distinct reflexive form, sich, which is invariable.

sich waschen wash oneself

INDICATIVE

Present

    ich wasche **mich** *I wash myself*
    du wäschst **dich** *you wash yourself*
    er wäscht **sich** *he washes himself*
    sie wäscht **sich** *she washes herself*
    es wäscht **sich** *it washes itself*

    wir waschen **uns** *we wash ourselves*
    ihr wascht **euch** *you wash yourselves*
    sie waschen **sich** *they wash themselves*
    Sie waschen **sich** *you wash yourselves* or *yourself*

Past: ich wusch **mich**
Present perfect: ich habe **mich** gewaschen
Past perfect: ich hatte **mich** gewaschen
Future: ich werde **mich** waschen
Future perfect: ich werde **mich** gewaschen haben

IMPERATIVE

wasche **dich** *wash yourself*
wascht **euch** *wash yourselves*
waschen Sie **sich** *wash yourselves or yourself*

If the verb governs the dative case, mir and dir replace mich and dich:

ich helfe **mir**	wir helfen **uns**
du hilfst **dir**	ihr helft **euch**
er hilft **sich**	sie helfen **sich**

The dative forms of the reflexive pronouns occur also in various constructions where the verb is not reflexive:

Er hat **sich** gestern einen neuen Hut gekauft. *He bought himself a new hat yesterday.*

3. Intensive Pronouns

The intensive pronouns selbst, selber, *myself, yourself, himself,* etc. are invariable. They must not be confused with reflexive pronouns. A reflexive pronoun stands as the object of the verb or of a preposition, and refers back to the subject, whereas an intensive pronoun stands in apposition with a noun or another pronoun. In English intensive pronouns coincide in form with reflexive pronouns, but this is not the case in German.

Sie hat die Tischtücher **selbst** (**selber**) gewaschen. *She washed the tablecloths herself.*
Sie hat **sich** gewaschen. *She washed herself.*
Er hat es mir gestern selbst (selber) gesagt. *He told me so himself yesterday.*

Lesson XXI

Selbst and selber are used alike, except that selbst may also be used adverbially in the meaning of *even*; it then precedes the word that it intensifies:

Selbst im Januar war es nicht kalt. *Even in January it was not cold.*

4. Reciprocal Pronouns

German has a special reciprocal pronoun, einan′der *each other, one another*, which is invariable; but more commonly it uses the reflexive pronoun to express the reciprocal relation when no ambiguity can arise:

Wir werden uns (or einander) bald sehen. *We shall see each other soon.*

After a preposition, however, einander is generally used, being united with the preposition in one word:

Wir hören durch Freunde **voneinander**. *We hear of each other through friends.*

C

1. Conjugate in the present, present perfect, and future tenses:
    1. sich sehr darüber freuen
    2. sich (*dat.*) die Hände waschen

2. Give a synopsis of

1. Sie schämt sich seiner. 2. Wir setzen uns auf die Bank. 3. Du erkältest dich stark. 4. Ich kaufe mir ein Automobil. 5. Es geht ihr sehr gut. 6. Es blitzt und donnert den ganzen Tag.

3. Put into the present perfect tense and translate into English:

1. Es tut uns leid um ihn. 2. Es gefällt ihnen in Neuyork sehr gut. 3. Er erinnert sich nicht an mich. 4. Es gelingt mir nicht, eine Stellung zu bekommen. 5. Es freut mich sehr, das zu hören. 6. Im Januar und Februar schneit es viel. 7. Du erkältest dich durch eigne Schuld.

8. Schämst du dich nicht, das zu sagen? 9. Er setzt sich ohne Rock an das offne Fenster. 10. Was tut dir leid? 11. Wie gefällt es Ihnen dort? 12. Ihr seht euch jeden Tag. 13. Er legt seinem Briefe eine Zeichnung von dem Marburger Schlosse bei. 14. Ich beantworte seine Postkarte nicht. 15. Er geht im Juli nach Deutschland, um ein Jahr dort zu studieren. 16. Sie haben einander sicher viel zu erzählen.

4. Say in German (*a*) to your brother, (*b*) to the children, (*c*) to Mr. Brown:

1. Wash your hands. 2. Don't catch cold. 3. Shame on you. 4. Please sit down. 5. Be glad of it.

5. Put into German:

1. He washed himself. He washed it himself. 2. I saw it myself. I saw myself in the mirror. 3. Even in winter he wears no hat. He will catch cold. 4. They hardly greet each other. We are sorry for them. 5. We have nothing against each other. 6. We see each other every day. 7. They were sitting beside each other. They were speaking with each other. 8. You said it yourself. They did it themselves. 9. She bought herself a new cloak. 10. He talks too much; even in his sleep he often talks.

6. Put into the past, present perfect, and future tenses:

1. Sie schicken einander ein paar Postkarten. 2. Er macht große Augen. 3. Ich nehme den Hut ab. 4. Sie kommt die Treppe herunter. 5. Wir unterbrechen ihn nicht. 6. Ich denke nicht daran. 7. Sie umarmen ihre Mutter. 8. Du verlierst deine Bücher. 9. Er geht zur Tür hinein. 10. Ich wiederhole die Frage. 11. Die Sonne geht um sechs Uhr auf. 12. Dann erwacht alles zu neuem Leben. 13. Er wünscht uns viel Vergnügen. 14. Die Knaben essen wie die Wölfe.

7. Give the meaning and the principal parts of

Rock	Zeichnung	Spiel	gelingen	aufmachen
Auge	Schuld	bekommen	gefallen	gebrauchen
Stellung	Erde	erzählen	anfangen	zumachen
Automobil	Feld	studieren	aufgehen	hören
Schloß	Stadt	beantworten	eintreten	beginnen

Lesson XXI

8. Translate into German:

1. This morning Henry Baumann wrote a long letter to[1] his friend Robert Arndt. He was ashamed that he had not yet answered Robert's letter. 2. Henry is very happy, for his friend is coming to Germany in July in order to study a year in beautiful old Marburg.[2] 3. They will certainly have much to tell each other.[3] Henry is sorry, however,[4] that Adam is not coming also. 4. He inclosed in his letter[5] a drawing of the Marburg castle, which he made himself. 5. Although Henry does not draw badly, still Robert will open his eyes wide when he first sees the castle himself. 6. Henry caught a bad cold last week, and through his own fault, too. He sat down by the open window without a coat.[3] 7. He is well again, but he is staying at home today because it is lightening and thundering. 8. Up to the present we have had beautiful weather, and it has not rained much. 9. Jack Heuser and Fred Meyer sent Henry a post card recently[6] from New York. They like it there very well. They have succeeded in getting good positions, and they seem to be quite happy. 10. "In a few weeks you will be in Marburg," said Henry in his letter. "I can hardly wait till then.[7] Remember me to Adam and tell him[8] that I often think of him."

1. an w. acc.   2. in the beautiful old Marburg (*neut.*).   3. Follow the German model (section *A*) for the order of words.   4. Do not set off with commas.   5. Dative without preposition.   6. recently a post card.   7. I can (kann) hardly till then wait (warten).   8. *tell him* sage ihm!

D [Optional]

Satzreihe

Ich stehe um sieben Uhr auf.

Ich wasche mich in kaltem Wasser.

Ich putze mir die Zähne.

Ich kämme mir das Haar.

Ich ziehe mich an.

Ich gehe ins Eßzimmer.

Ich setze mich an den Tisch.

Ich esse das Frühstück.

Ich gehe nach dem Frühstück in die Stadt.

10 Ich arbeite am Vormittag.

Ich amüsiere mich am Nachmittag.

Ich komme um elf Uhr abends nach Hause.

Ich gehe auf mein Zimmer.

Ich ziehe mich aus.

15 Ich lege mich ins Bett.

Ich decke mich zu.

Ich schlafe gleich ein.

Doktor Eisenbart
(Sieh Seite 425!)

Die wenigsten Leute wissen, daß Doktor Eisenbart eine historische Person ist; man hält ihn allgemein für eine Erfindung. Dieser Mann, der durch das Lied vom Doktor Eisenbart 5 unsterblich geworden ist, war für seine Zeitgenossen durchaus keine komische Figur. Er wurde 1661[1] in Bayern geboren[2] und erhielt wahrscheinlich seine Vorbildung als Augen- und Wundarzt in Bamberg; doch den größten Teil seines reichen medizinischen[3] Wissens erwarb er sich durch Selbststudium. 10 Zum Manne herangewachsen ging er nach Norddeutschland, wo er durch seine Erfolge bald großen Ruhm gewann. Seine studierten Kollegen bezeichneten ihn freilich als einen Quacksalber,[4] und das wurde auch nicht anders, als ihm die Braunschweigisch-Lüneburgische[5] Regierung im Jahre 1710[6] Titel 15 und Patent[7] eines Landarztes verlieh. Aber die Kranken kamen zu ihm von nah und fern, die Reichen sowohl wie die Armen, und viele fanden durch seine Geschicklichkeit Heilung.

Lesson XXI

In seinem Auftreten hatte Doktor Eisenbart freilich etwas von einem Scharlatan.[8] Besonders zu Anfang seiner Laufbahn zog er von Stadt zu Stadt, von Jahrmarkt zu Jahrmarkt. Gewöhnlich ließ er eine Schaubühne aufschlagen,[9] erschien auf dieser in prächtiger und auffallender Kleidung und stellte sich den Leuten vor. Dabei machte er immer seinen eignen Marktschreier und stellte sein Wissen und seine Kunst ohne Scheu in das rechte Licht.

Er ist am elften November 1727[10] gestorben und liegt in der Ägidienkirche[11] zu Münden in Hannover begraben. Sein Grabstein ist noch heute zu sehen,[12] und die gut erhaltene Inschrift nennt alle seine Titel und Würden. Zweihundert Jahre nach seinem Tode hat ihm die Stadt Münden sogar ein Denkmal errichtet.

1. sechzehnhunderteinundsechzig. 2. wurde ... geboren *was born*. 3. medizi'nisch *medical*. 4. *quack*. 5. *of Brunswick-Lüneburg*. 6. siebzehnhundertundzehn. 7. das Patent' *patent or license*. 8. der Scharlatan *charlatan*. 9. ließ ... aufschlagen *had ... erected*. 10. siebzehnhundertsiebenundzwanzig. 11. Ägi'dienkirche (ie = i + e) *Church of Saint Ægidius*. 12. *be seen*.

REVIEW OF LESSONS XVI–XXI

1. Give the imperative (three forms) of

helfen	studieren	nehmen	öffnen	werden
tun	zählen	treten	essen	geben
schweigen	bilden	schlafen	sein	lesen
schließen	tragen	arbeiten	sehen	lassen

2. Substitute German words for the English words in parentheses:

1. Karl hat (my) Messer und ich habe (his). 2. Hast du (no) Papier? — Nein, ich habe (none). 3. Hier ist (your) Hut; wo ist (mine)? 4. (My) Anzug ist nicht so schön wie (yours). 5. (Their) Haus ist größer als (ours). 6. (One) von den Schülern ist krank. 7. (My) Küche ist kleiner als (hers). 8. (Our) Stühle sind neuer als (theirs). 9. Iß nicht mit (your) Fingern, Oswald, nimm die Gabel! 10. Hildegard stützte (her) Ellbogen auf den Tisch. 11. Nimm (your) Hut ab, Heinrich, wenn du ins Haus kommst! 12. Was hat er in (his) Hand? 13. (It) ist ein sehr schöner Mantel; (it) ist viel schöner als (hers); wo hast du (it) gekauft? 14. Wer sind (those) Männer? — (They) sind Kaufleute aus Marburg. 15. Sind (those) Ihre neuen Messer und Gabeln? (They) sind wirklich sehr schön. 16. (These) sind die Bücher, (that) Heinrich mir aus Berlin geschickt hat. Wünschen Sie (one) zu lesen?

3. Put into German, using gern (lieber, am liebsten) with an appropriate verb to render *like* (*prefer, like best*):

1. Is it you, Fred? — Yes, it is I. 2. Is it you, children? — Yes, it is we. 3. We like to study German. 4. I do not like to work in the garden. 5. Do you like ice cream? Do you like cake? Do you like coffee? 6. I prefer tea to coffee. I like milk best. 7. She does not like carrots. Nor he, either. 8. We prefer baseball to basket ball. We like best to play football. 9. We play of an afternoon in the meadow behind our house. 10. One day we played the whole afternoon and did not become tired.

Review of Lessons XVI–XXI

4. Replace the words in parentheses by personal pronouns:

1. Fritz hat (dem Lehrer) (das Heft) gereicht. 2. Ich werde (der Tante) (die Uhr) schenken. 3. Er hat (dem Onkel) (den Rock) geschickt. 4. Zeige ihm (die Postkarte) nicht! 5. Hat er dir (die Zeichnung) gegeben? 6. Marie hat (der Mutter) (das Handtuch) geholt.

5. *a.* Copy the following sentences, substituting a relative pronoun for each blank:

1. Früher gebrauchte man den Lehrling, _____ gewöhnlich im Hause des Meisters wohnte, zu allerlei Diensten. 2. Die Sommerferien, _____ auch die großen Ferien heißen, dauern nur vier Wochen. 3. Wir kamen an einen großen See, an _____ Ufer wir einen breiten Strand fanden. 4. Die Bretter, mit _____ wir unser Häuschen deckten, lagen am Strande. 5. Der Stein, _____ ich heute noch habe, ist sehr schön. 6. Hier ist eine Zeichnung vom Schlosse, _____ ich selbst gemacht habe. 7. Zeigen Sie mir die Bank, bitte, auf _____ er saß! 8. Der Knabe, mit _____ ich spielte, ist mein Vetter Franz Huber. 9. Ich schreibe an meine Cousine Agnes, _____ Mutter vor drei Monaten gestorben ist. 10. Das Glas, aus _____ er trank, war schmutzig.

b. When possible, use compounds with wo in the sentences above.

6. Form complex sentences, changing each second sentence into a relative clause:

1. Die Mädchen sind seine Cousinen. Er schickte ihnen schöne Geschenke. 2. Da ist der Baum. Er lag darunter. 3. Dort geht die Frau. Ich habe ihren Mantel gefunden. 4. Der Mann lachte nur. Ich zeigte ihm den Stein. 5. Hier ist meine neue Füllfeder. Ich habe den Brief damit geschrieben. 6. Meine beiden Vettern sind diesen Sommer bei uns. Sie wohnen in Berlin, und ihr Vater ist Kaufmann. 7. Kurt zeigte mir den neuen Anzug. Er hat ihn gestern gekauft. 8. Das ist der kleine Oswald Nagel. Er ißt mit den Fingern.

First Book in German

7. Replace the English words in parentheses by the German equivalents:

1. (Whose) Buch ift das? 2. Der Schüler, (whose) Buch ich habe, ift heute nicht hier. 3. (Whom) haben Sie geholfen? 4. Der Knabe, (whom) ich half, ift sehr dumm. 5. (Whom) haft du getroffen? 6. Der alte Herr, (whom) du getroffen haft, ift unfer Lehrer. 7. (To whom) haft du das Silber gezeigt? 8. Die Dame, (to whom) du das Silber gezeigt haft, ift die Frau unfres Paftors. 9. (Which) Hut haben Sie gekauft? (Which one) haben Sie gekauft? 10. Der Hut, (which) Sie gekauft haben, ift sehr schön.

8. Copy the following sentences, substituting the proper conjunction, aber or sondern, for each blank:

1. Diese Tinte ist nicht dick, _ _ _ _ _ dünn. 2. Er ist nicht fleißig, _ _ _ _ _ er ist gar nicht dumm. 3. Der Anfang des Schuljahrs fällt nicht in den Monat September, _ _ _ _ _ in den April. 4. Die Zeichnung ist nicht gut, _ _ _ _ _ sie ist sehr schlecht. 5. Wir schreiben einander nicht, _ _ _ _ _ wir hören durch andere voneinander. 6. Die Tage werden nach Neujahr länger, _ _ _ _ _ milderes Wetter kehrt erst im Frühling wieder.

9. Copy the following sentences, substituting the proper word, als, wenn, or wann, for each blank:

1. _ _ _ _ _ das Wetter schlecht war, blieb ich immer zu Hause. 2. _ _ _ _ _ haft du ihn gesehen? 3. _ _ _ _ _ ich ihn gestern sah, trug er einen neuen Anzug. 4. Zeigen Sie ihm diese Bilder, _ _ _ _ _ er kommt! 5. _ _ _ _ _ wir letzten Sommer auf dem Lande waren, machten wir oft lange Ausflüge in den Wald. 6. Fragen Sie ihn, _ _ _ _ _ er nach Deutschland geht!

10. Form complex sentences, using the conjunctions suggested:

1. Ich bin sehr müde. Ich werde dir doch helfen. **(obgleich)**
2. Ich war in Berlin. Ich besuchte Herrn Angermann. **(während)**
3. Ich werde bei euch bleiben. Der Vater kommt nach Hause. **(bis)**
4. Ich bin nicht ins Theater gegangen. Das Wetter war so schlecht. **(weil)**

Review of Lessons XVI–XXI

5. Gib es ihm! Du siehst ihn. (**sobald**)

6. Es tut mir leid. Adam kommt nicht auch. (**daß**)

7. Die meisten Kinder gehen zur Volksschule. Es gibt auch Privatschulen. (**obschon**)

8. Der kleine Meyer wohnte in Neuyork. Wir sahen uns jeden Sonntag. (**solange**)

9. Ich frage dich. Ist Hans zu Hause? (**ob**)

10. Ich werde dich führen. Du fällst nicht. (**damit**)

11. Replace the English words in parentheses by the German equivalents:

1. (Before) ihr daran denkt, wird Weihnachten da sein. 2. Kommen Sie nicht (before) zehn Uhr! 3. Ich schreibe nicht viele Briefe, (for) ich habe wenig Zeit. 4. Er hat ein Klavier (for) seine Tochter gekauft. 5. (Since) Marie hier ist, gehen wir jeden Abend ins Kino. 6. (Since) ich keine Feder hatte, habe ich den Brief nicht geschrieben. 7. (Since) jenem Tage ist er nicht wieder auf die Eisbahn gegangen. 8. Der See ist nicht sehr groß und nirgends tief, (as) ich dir letzte Woche schrieb. 9. Sie ging zur Tür hinein, (as) er herauskam. 10. (As) du in ein paar Tagen hier sein wirst, schreibe ich dir nicht wieder. 11. (After) er das gesagt hatte, tat es ihm leid. 12. (After) dem Abendessen spielten wir eine Stunde Klavier und sangen allerlei deutsche Lieder. 13. (There are) viele schöne alte Schlösser in Deutschland. 14. (There are) vier Badezimmer in seinem Hause.

12. Turn the following direct questions into indirect questions dependent upon Sage mir:

1. Wann geht die Sonne jetzt auf? 2. Was habt ihr verloren? 3. Wer ist eben zur Tür hineingegangen? 4. Warum machte er die Fenster auf? 5. Wie gefällt es dir dort? 6. Ist dein Bruder auf seinem Zimmer? 7. Hat er die Bücher gelesen? 8. Badest du warm oder kalt? 9. Wohin geht ihr? 10. Wie spät ist es?

13. *a.* Decline in the singular: ein Fremder, eine Verwandte.

b. Decline in the singular and plural: der Verwandte, die Fremde.

14. Give a synopsis of

1. Er zerreißt seinen neuen Anzug. 2. Sie kommt die Treppe herauf. 3. Die Sonne geht um sechs Uhr unter. 4. Es schneit die ganze Nacht. 5. Er freut sich sehr darüber.

15. Give the imperative (three forms) of

1. uns nicht unterbrechen. 2. alle Türen zumachen. 3. sich auf die Bank setzen. 4. sich die Hände waschen. 5. die Briefe gleich beantworten. 6. nicht hinausgehen.

16. Conjugate in the present, present perfect, and future tenses:

1. sich stark erkälten. 2. sich ein Automobil kaufen.

17. Put into the present perfect and the future:

1. Er besucht eine höhere Schule. 2. Das Handwerk verliert immer mehr Boden. 3. Es gibt Fortbildungsschulen für die Lehrlinge. 4. Im Frühling erwacht Mutter Natur zu neuem Leben. 5. Er kehrt bald um. 6. Wir umarmen unsre Tante. 7. Ich wiederhole die Frage. 8. Wann kehrt er wieder? 9. Die Tage fangen an, schnell länger zu werden. 10. Ich schäme mich nicht, ihm alles zu sagen.

18. Form complex sentences, using the conjunctions suggested —

a. Make out of each second sentence a subordinate clause:

1. Ich grüßte sie. Sie kam die Treppe herunter. (**als**)

2. Es war sehr kalt im Zimmer. Man hatte alle Fenster aufgemacht. (**weil**)

3. Die Tage nehmen schnell ab. Wir treten in den Herbst ein. (**wenn**)

4. Es war ganz dunkel geworden. Wir kehrten endlich um. (**ehe**)

b. Make out of every first sentence a subordinate clause:

1. Ich ging die Treppe hinauf. Er kam zur Tür heraus. (**als**)
2. Die Tage fangen nach Neujahr an, länger zu werden. Milderes Wetter kehrt erst im Frühling wieder. (**obgleich**)

The Schöner Brunnen, in Nuremberg

248 First Book in German

3. Die Sonne war aufgegangen. Es wurde viel wärmer. (**nachdem**)
4. Er geht nicht mehr hin. Er macht seine Schularbeiten viel besser. (**seitdem**)

19. Give the principal parts and the meaning of

a

heißen	bauen	schenken	gebrauchen	hereinkommen
bringen	glauben	schicken	geschehen	sich erinnern
blitzen	dauern	tun	verlassen	herkommen
donnern	setzen	studieren	vergehen	hinuntergehen
gelingen	sitzen	beginnen	bekommen	beilegen
mahnen	legen	bestehen	erzählen	hören
schmecken	liegen	erhalten	aufgeben	rufen

b

Arbeit	Erbse	Auge	Sand	Stadt
Schuld	Geschwister	Kellner	Spiel	Ort
Kuchen	Speisekarte	Anfänger	Stellung	Fabrik
See	Erde	Schloß	Band	Hand
Stein	Feld	Gold	Jahr	Bein
Automobil	Restaurant	Punkt	Fluß	Teil
Rock	Arm	Boden	Anzug	Finger

20. Translate into German:

1. My father himself. Even my father. Our parents themselves. Even our parents. 2. I washed myself. I washed the automobile myself. 3. Even in January and February it was not very cold. 4. We see each other every Sunday. We were sitting beside each other. 5. Where are you going? Come here, please. 6. Is it still raining? Hasn't he come yet? 7. The weather was warm; yet he caught a bad cold. 8. The drawing is not at all bad; still you will open your eyes wide when you first see the castle yourself. 9. The boards we used were lying on the beach. 10. Where is the post card Jack sent you? 11. We are sorry that you are not coming. 12. Do you remember little Meyer? 13. He was sitting on a bench. He sat down on a bench. 14. I often think of him. 15. He did not succeed in getting a position. 16. She is ashamed of her relatives, isn't she?

Review of Lessons XVI–XXI

21. Translate into English:

1. Da saß er am Tische mit einem Fremden. 2. Da lachte er und sagte: „Das ist nur ein gewöhnlicher Stein." 3. Da die Erde während des Herbstes viel von der Sommerwärme verloren hat, wird das Wetter erst im Frühling wieder mild. 4. Bringen Sie uns, bitte, drei Portionen Kalbsbraten mit gelben Rüben, Kartoffelbrei und Krautsalat. 5. Was wünschen Sie zu trinken, gnädige Frau? 6. Das Essen schmeckte ihnen vortrefflich. 7. Schweigt doch, sonst essen wir nicht wieder hier! 8. Das kleine Flüßchen fließt nach kurzer Strecke in den Bärensee. 9. Manchmal machten wir lange Ausflüge in den Wald. 10. Der Lehrgang der Volksschule dauert acht Jahre. 11. Die Kinder haben zu Weihnachten, Ostern und Pfingsten je acht bis zehn Tage frei. 12. Anfang Oktober haben sie zwei schulfreie Wochen, damit sie den Eltern bei der Feldarbeit helfen können.

13. Viele Kinder lernen den kaufmännischen Beruf. 14. Der Lehrling, der im Hause des Meisters wohnt, erhält dort seine Kost, aber keinen Lohn. 15. Ehe wir daran denken, ist der Sommer da. 16. Nun aber kehrt die Sonne in ihrem Laufe um. 17. Die Tage nehmen schnell ab, und bald ist Weihnachten vor der Tür. 18. Ich schäme mich sehr, daß ich deinen Brief noch nicht beantwortet habe. 19. Robert kommt im Juli nach Deutschland, um ein Jahr hier zu studieren, und zwar in unsrem schönen alten Marburg. 20. Grüße ihn von mir! 21. Wir geben einander immer Geburtstagsgeschenke. 22. Letzte Woche habe ich mich stark erkältet, natürlich durch eigne Schuld. 23. In ein paar Wochen bist du ja hier, und dann brauchen wir uns nicht mehr zu schreiben. 24. Bis dahin herzlichen Gruß!

LESSON XXII

Strong Verbs, Class I · Wer and was as Compound Relatives · Was as a Simple Relative

A
Auf dem Kreuzberg[1]

Am Sonntag morgen war herrliches Wetter, und Karl eilte schnell zum alten Markte, wo seine Freunde Klaus Gerber und Jakob Schaffer auf ihn warteten. „Wer an einem solchen Tage zu Hause bleibt, ist ein Narr, das heißt,
5 wenn er keine Schule hat", rief Karl. „Aber wer von euch hat heute Geld? Eine einzige Mark ist alles, was ich habe." „Das ist mehr als genug, wir brauchen heute kein Geld," antwortete Jakob, „denn wir steigen ja auf den Kreuzberg. Ich bin letzten Sommer mit meiner Mutter auf den Kreuzberg
10 geritten, und zwar auf einem sehr faulen Esel. Es war schrecklich! Zu Fuß ist es viel schöner!"

Sie machten sich also gleich auf den Weg, gingen zum Tore hinaus und waren nach einer halben Stunde schon im Walde. Nachdem sich jeder einen Stock geschnitten hatte, stiegen sie
15 fröhlich den Berg hinauf. Bei einem Bauernhause war ein großer Hund, der furchtbar bellte. Aber der Bauer kam aus dem Hause, pfiff dem Hunde, ergriff ihn beim Halsband und sagte: „Fürchten Sie sich nicht vor dem Hunde! Er hat noch nie einen Menschen gebissen." Karl antwortete lachend mit den
20 Worten Bismarcks: „Wir Deutsche[2] fürchten Gott, aber sonst nichts in der Welt."

1. der Kreuzberg (= *Cross Mountain*), a mountain near Bischofsheim, in Bavaria, about three thousand feet high.   2. For the infl. of an adj. after a pers. pron., see the Appendix, page 436.

Lesson XXII

Fragen

1. Wie war das Wetter am Sonntag morgen?
2. Wo warteten Karls Freunde auf ihn?
3. Wie heißen Karls Freunde?
4. Wieviel Geld hatte Karl nur?
5. Wohin gehen Karl und seine Freunde heute?
6. Mit wem war Jakob letzten Sommer auf dem Kreuzberg?
7. Ist er zu Fuß gegangen oder geritten?
8. Wann kamen die Knaben in den Wald?
9. Wo war ein großer Hund und was tat er, als er die Knaben sah?
10. Wer kam aus dem Hause, als der Hund bellte?
11. Was tat der Bauer und was sagte er?
12. Was antwortete Karl?

Vocabulary

der **Bauer** (–s or –n, –n) peasant, farmer
das **Bauernhaus** (–hauses, –häuser) peasant house, farmhouse
beißen (er beißt, er biß, er hat gebissen) bite
bellen (wk.) bark
der **Berg** (–es, –e) mountain
eilen (wk., aux. sein) hurry
einzig single, sole, only
ergrei′fen (er ergreift, er ergriff, er hat ergriffen) catch hold of, grasp
der **Esel** (–s, —) donkey
faul lazy

furchtbar fearful, frightful
fürchten (wk.) fear; refl. be afraid; sich fürchten vor dat. be afraid of
der **Fuß** (–es, ⸗e) foot; zu Fuß on foot
das **Geld** (–es, –er) money
der **Gott** (–es, ⸗er) God, god
das **Halsband** (–s, ⸗er) necklace, collar (of a dog)
hinauf′/steigen (str., aux. sein) climb up
Jakob (masc.)(–s) Jacob, James
je adv. ever
Klaus (masc.) (Klaus' or Klausens) Nicholas

die **Mark** (—, —) mark (about 40 cents)
der **Markt** (–es, ⸚e) market, market place
der **Mensch** (–en, –en) man (in general), human being, person
der **Narr** (–en, –en) fool
pfeifen (er pfeift, er pfiff, er hat gepfiffen) whistle
reiten (er reitet, er ritt, er ist geritten) ride (on an animal)
schneiden (er schneidet, er schnitt, er hat geschnitten) cut
schön nice
schrecklich terrible

steigen (er steigt, er stieg, er ist gestiegen) mount, climb; auf einen Berg steigen climb a mountain
der **Stock** (–es, ⸚e) stick, cane
das **Tor** (–es, –e) gate; zum Tore hinausgehen go out of the city
warten (*wk.*) wait; warten auf *acc.* wait for
die **Welt** (—, –en) world
das **Wort** (–es) word; *pl.* **Wörter** (single, individual) words; *pl.* **Worte** (connected) words, discourse, speech

das heißt that is; *abbrev.* d. h.
sich auf den Weg machen start (up)on one's way

B

1. Classification of Strong Verbs

Strong verbs fall into seven groups, according to the vowel change in their principal parts. These groups are referred to as Class I, Class II, Class III, and so forth. The groups in this lesson, and in the following lessons, contain only verbs that have occurred in section *A* of each lesson, and are not intended to be complete.

2. Class I

The verbs of Class I have the vowels ei, ie, ie, or ei, i, i, in the infinitive, past indicative, and past participle respectively. Such a change of the radical vowel of verbs is called vowel gradation, or ablaut, and must not be confused with vowel modification, or umlaut.

ei, ie, ie

bleiben, blieb, geblieben
scheinen, schien, geschienen
schreiben, schrieb, geschrieben
schreien, schrie, geschrieen
schweigen, schwieg, geschwiegen
steigen, stieg, gestiegen

ei, i, i

beißen, biß, gebissen
ergreifen, ergriff, ergriffen
pfeifen, pfiff, gepfiffen
reiten, ritt, geritten
schneiden, schnitt, geschnitten
zerreißen, zerriß, zerrissen

3. Wer and was as Compound Relatives

Wer meaning *he who, whoever*, and was meaning *that which, what, whatever*, are used as compound or indefinite relative pronouns, that is, without an antecedent. They are sometimes resumed, for emphasis, by the demonstrative pronouns der and das, respectively, in the main clause.

Wer an einem solchen Tage zu Hause bleibt, (der) ist ein Narr. *Whoever stays at home on such a day is a fool.*

Was er sagt, ist wahr. *What he says is true.*

4. Was as a Simple Relative

Was is used as a simple relative, instead of das, when the antecedent is a neuter pronoun, as alles, das, es, etwas, manches, nichts, vieles, or a neuter adjective, especially a superlative used substantively, as das Beste, das Schönste, and so on:

Eine einzige Mark ist alles, was ich habe. *A single mark is all that I have.*

Das ist das Schönste, was ich je gesehen habe. *That is the prettiest thing I ever saw.*

C

1. Give a synopsis of

1. Der Bauer schneidet sich einen Stock. 2. In der Nacht schweigen die Vögel. 3. Wir reiten auf dem Esel durch das Dorf. 4. Ich steige auf den Kreuzberg. 5. Du schreibst einen Brief an die Eltern.

2. Give a sliding synopsis * of

1. Ich steige fröhlich den Berg hinauf. 2. Du bleibst jeden Abend zu Hause. 3. Er zerreißt die Handtücher nicht.

3. Put into the past tense and the present perfect tense:

1. Der Hund beißt keinen Menschen. 2. Ich ergreife den Hund beim Halsband. 3. Er pfeift dem Hunde. 4. Die Sonne scheint hell. 5. Warum schreien die Kinder so? 6. Wir eilen zum alten Markte. 7. Sie fürchten sich nicht. 8. Ich mache mich gleich auf den Weg. 9. Der Hund bellt furchtbar. 10. Er wartet auf die Eltern. 11. Wir gehen zum Tore hinaus. 12. Ich habe gar kein Geld, keine einzige Mark; es ist schrecklich. 13. Es blitzt und donnert eine Stunde. 14. Sie sehen sich oft. 15. Er sagt es selbst. 16. Selbst im Juli ist es nicht heiß. 17. Wir brauchen kein Geld. 18. Der Bauer kommt aus dem Hause. 19. Sie fallen ein paarmal und lachen herzlich darüber.

4. Say in German (*a*) to your brother, (*b*) to the children, (*c*) to the servant girl:

1. Please be silent. 2. Don't whistle. 3. Cut the bread. 4. Climb on the table. 5. Don't be afraid of the dog. 6. Wait for us.

5. Conjugate in the present, present perfect, and future tenses:

      1. sich früh auf den Weg machen
      2. sich einen großen Stock schneiden

---

* *Examples:* (1) Ich brauche kein Geld, du brauchtest kein Geld, er hat kein Geld gebraucht, wir hatten kein Geld gebraucht, ihr werdet kein Geld brauchen, sie werden kein Geld gebraucht haben. (2) Du gehst nach Hause, er ging nach Hause, wir sind nach Hause gegangen usw. (3) Er spielt Klavier, wir spielten Klavier, ihr habt Klavier gespielt usw.

Lesson XXII

6. Copy the following sentences, substituting a relative pronoun for each blank:

1. Alles, _____ sie trägt, ist schön. 2. Sie glaubt nichts, _____ ich sage. 3. Hier ist das Buch, _____ er mir neulich schickte. 4. _____ seine Schularbeiten nicht gut macht, der ist faul und dumm. 5. Der Schüler, _____ so schön pfeift, heißt Jakob Schaffer. 6. _____ du siehst, ist das Marburger Schloß. 7. Das ist ein Bauernhaus, _____ du siehst. 8. Das ist das Beste, _____ ich habe. 9. _____ man wünscht, das glaubt man gern. 10. _____ ihm ein einziges Wort davon sagt, ist ein Narr. 11. Das ist es eben, _____ ich immer gefürchtet habe. 12. Die Feder, _____ du mir geschenkt hast, schreibt sehr schön. 13. Das ist das Dümmste, _____ ich je gehört habe. 14. Vieles, _____ Klaus Gerber uns erzählte, war nicht wahr. 15. _____ sich ein Automobil kauft, ist verrückt, das heißt, wenn er nicht viel Geld hat. 16. Der Bauer, _____ aus dem Hause kam, ergriff den Hund beim Halsband.

7. Give the meaning and the principal parts of

Halsband	Esel	Stock	Tor	bekommen	schicken
Gott	Bauer	Mensch	Auge	sich erkälten	setzen
Fuß	Bauernhaus	Welt	Rock	sich freuen	studieren
Geld	Mark	Narr	Schloß	gefallen	hören
Berg	Wort	Markt	Feld	gelingen	sitzen

8. Translate into German:

1. The weather is glorious. The sun is shining warm and bright. 2. Charles hurries quickly to the old market place, where his friends are waiting for him. 3. They need no money today, for they are climbing the Kreuzberg. The single mark that Charles has is more than enough. 4. James was on the Kreuzberg with his mother last summer. He rode on a donkey, and on a very lazy one, too. 5. "It was terrible," he said. "On foot it is much nicer." 6. They start on their way immediately. After half an hour they are already in the forest. 7. After each one has cut himself a cane, they climb merrily up the mountain. 8. "Whoever is staying at home today is stupid!" exclaims Charles. 9. Soon they come to[1] a peasant house where a large

dog is barking frightfully. But the peasant whistles to the dog
and catches hold of him by the collar. 10. "Don't be afraid!"
he says. "He will not bite anybody." [2] Charles answers with
the words of Bismarck that the Germans fear God, but nothing
else in the world.

1. an *w. acc.*   2. *not anybody* niemand.

D [Optional]

Sprichwörter

Es ist nicht alles Gold, was glänzt.
Wer nicht wagt, gewinnt nicht.
Wer zuletzt lacht, lacht am besten.
Wer säet, der mähet.
5   Wer nicht vorwärts geht, der kommt zurück.
Was vom Herzen kommt, das geht zum Herzen.

Die Lorelei
(Sieh Seite 426!)

Jeder Deutsche kennt diese Ballade von Heine, und man
singt sie oft in fröhlichen Stunden. Deshalb sagt man: „Wenn
die Deutschen am fröhlichsten sind, so singen sie: ‚Ich weiß nicht,
5 was soll es bedeuten, daß ich so traurig bin.'" Es ist wirklich
viel Wahres in diesem Ausspruch. Den Namen hat das Lied
von dem Loreleifelsen. Etwas oberhalb Sankt Goars,[1] aber am
rechten Ufer des Rheins, ragt dieser Felsen über vierhundert
Fuß hoch steil aus dem Strome empor. Er springt auch weit
10 in das Flußbett hinein, und früher war die Stelle wegen der
starken Strömung für die Schiffer sehr gefährlich. Clemens
Brentano hat um das Jahr 1800[2] die Sage von der Zauberin
Lorelei erfunden und eine Ballade daraus geschaffen. Mehrere
neuere Dichter haben den Stoff auch behandelt, aber keiner mit
15 solchem Erfolg wie Heine.

Lesson XXII

The Lorelei Cliff

Ewing Galloway

Heinrich Heine war Jude und hieß eigentlich Harry Heine. Als er achtundzwanzig Jahre alt war, ließ er sich taufen[3] und nahm dabei den Namen Heinrich an. In seinem Herzen aber blieb er sein Leben lang Jude. Fast die Hälfte seiner Jahre lebte er in Paris; dort ist auch sein Grab. Eine unglückliche Liebe zu einer Cousine verbitterte seine Jugend, und diese Bitterkeit begleitete ihn durch sein ganzes Leben. Wir finden ihre Spuren in vielen seiner Gedichte. Als Lyriker kommt Heine gleich nach Goethe. Viele seiner Gedichte sind einfach, wahr und schön; andere aber sind unecht und übertrieben. Heine hatte sein Leben lang glühende Bewunderer und bittere Feinde. Und so ist es auch heute noch, das zeigt aber: seine Dichtung ist keineswegs tot und vergessen, sondern lebt noch weiter im deutschen Volke.

1. A town on the Rhine.   2. achtzehnhundert.   3. ließ ... sich taufen *had himself baptized.*

Ich hatte einst ein schönes Vaterland[1]

Ich hatte einst ein schönes Vaterland.
Der Eichenbaum
Wuchs dort so hoch, die Veilchen nickten sanft.
Es war ein Traum.

5 Das küßte mich auf deutsch und sprach auf deutsch
(Man glaubt es kaum,
Wie gut es klang) das Wort: „Ich liebe dich!"
Es war ein Traum.

1. Published when Heine had been living in Paris several years.

LESSON XXIII

Strong Verbs, Class II · Der as Demonstrative

A
Auf dem Kreuzberg (Schluß)

Nach einer halben Stunde kamen sie an den Hochwald. Links vom Wege war ein Tal, und in dem floß ein Bach lärmend über die Steine seines Bettes. Bei einem schönen, großen Tannenbaum bogen sie rechts in den dichten Wald. Dort roch es sehr angenehm und war am hellen Vormittag ganz dunkel. Als sie sich dem Gipfel des Berges näherten, mußten sie auf Händen und Füßen kriechen. Endlich waren sie oben. Sie setzten sich hinter einen Felsen, der sie gegen den Wind schützte, und aßen ihre Butterbrote. Natürlich hatten sie Wurst und Käse darauf. Jakob hatte eine Flasche mit Kaffee, den goß er in kleine Becher und bot ihn den Freunden. Nach dem Essen lagen alle drei auf dem Rücken[1] und schauten in den Himmel. Hoch über ihnen flog ein Adler und zog große Kreise in die blaue Luft. Aber bald hatten die Wanderer die müden Augen geschlossen und schliefen.

Klaus wachte zuerst auf und weckte die anderen. Sie froren alle ein wenig, denn hier oben war es kühl, obgleich die Sonne schien. „Wir gehen über die Waldmühle nach Hause", sagte Karl. „Dort sieht man immer Rehe. Letzten Herbst hat mein Vater eins da geschossen." „Ja, der hat immer Glück", sagte Jakob. „Ich aber habe vor drei Monaten meine Uhr dort verloren."

Die Knaben machten sich auf den Weg, und nach einer Weile sahen sie wirklich drei Rehe auf einer kleinen Wiese. Aber die

25 flohen schnell in den Wald, als die Knaben sich näherten. Es
war dunkel geworden, ehe die Wanderer an die Waldmühle
kamen, und so sahen sie das große, alte Gebäude erst, als sie
dicht dabei waren. Von dort war es noch ein langer Weg bis
zur Stadt, und sie kamen erst um acht Uhr wieder nach Hause.
30 Sie waren müde, hungrig und durstig, aber glücklich und
zufrieden.

1. auf dem Rücken *on their backs.* See Appendix, page 442.

Fragen

1. Wann kamen die Knaben in den Hochwald?
2. Wo ging der Weg rechts in den dichten Wald?
3. Was mußten die Knaben tun, als sie sich dem Gipfel des Berges näherten?
4. Wohin setzten sie sich, als sie endlich oben waren?
5. Was taten alle, nachdem sie gegessen hatten?
6. Was für ein Vogel flog hoch über ihnen?
7. Wie war es auf dem Gipfel, obschon die Sonne schien?
8. Über welchen Ort gingen sie nach Hause?
9. Was sieht man bei der Waldmühle oft?
10. Wessen Vater hat dort ein Reh geschossen?
11. Hat Jakob bei der Waldmühle auch Glück gehabt?
12. Haben die Knaben wirklich Rehe gesehen?
13. Was taten die Rehe, als die Knaben sich näherten?
14. Wie war es geworden, ehe die Wanderer an das große, alte Gebäude kamen?
15. Wie waren die Knaben, als sie nach Hause kamen?

Lesson XXIII

Vocabulary

der Adler (–s, —) eagle
angenehm agreeable, pleasant
auf'|wachen (*wk., aux.* sein) awake, wake up
der Bach (–es, ⸚e) brook
der Becher (–s, —) drinking-cup
biegen (er biegt, er bog, er hat gebogen) bend; *intr., aux.* sein turn
bieten (er bietet, er bot, er hat geboten) offer
das Butterbrot (–s, –e) (slice of) bread and butter
dicht thick, dense; dicht dabei' close by it
der Felsen (–s, —) rock
die Flasche (—, –n) bottle
fliegen (er fliegt, er flog, er ist geflogen) fly
fliehen (er flieht, er floh, er ist geflohen) flee
frieren (er friert, er fror, er hat gefroren) be cold, feel cold
das Gebäu'de (–s, —) building
gießen (er gießt, er goß, er hat gegossen) pour
der Gipfel (–s, —) top
das Glück (–es) luck, fortune, happiness; Glück haben be lucky
der Hochwald (–s, ⸚er) forest of tall trees, big timber

der Kreis (Kreises, Kreise) circle
kriechen (er kriecht, er kroch, er ist gekrochen) creep; auf Händen und Füßen kriechen creep on one's hands and knees
lärmend noisily
links *adv.* to the left
die Luft (—, ⸚e) air
nähern (*wk.*) *refl., w. dat.* approach
oben *adv.* at the top; hier oben up here
rechts *adv.* to the right
das Reh (–es, –e) deer
riechen (er riecht, er roch, er hat gerochen) smell
der Rücken (–s, —) back
schießen (er schießt, er schoß, er hat geschossen) shoot
schützen (*wk.*) protect
das Tal (–es, ⸚er) valley
die Waldmühle (—, –n) forest mill; über die Waldmühle gehen go by way of the forest mill
der Wanderer (–s, —) wanderer
wecken (*wk.*) waken
die Weile (—) while
der Wind (–es, –e) wind
ziehen (er zieht, er zog, er hat gezogen) draw, pull; *intr., aux.* sein move, go; Kreise ziehen make circles, form circles

sie mußten they had to

B

1. Strong Verbs, Class II

The verbs of Class II have the vowels ie, ŏ, ŏ, or ie, ō, ō, in the infinitive, past indicative, and past participle respectively:

ie, ŏ, ŏ	ie, ō, ō
fließen, floß, geflossen	biegen, bog, gebogen
gießen, goß, gegossen	bieten, bot, geboten
kriechen, kroch, gekrochen	fliegen, flog, geflogen
riechen, roch, gerochen	fliehen, floh, geflohen
schießen, schoß, geschossen	frieren, fror, gefroren
schließen, schloß, geschlossen	verlieren, verlor, verloren
	ziehen, zog, gezogen

2. Der as Demonstrative

Der is used both as a demonstrative adjective and as a demonstrative pronoun.

As an adjective it is declined like the definite article, but has stronger stress:

> **Der** Junge macht mich noch verrückt. *That boy will drive me crazy yet.*
>
> **Die** Frau ist aber groß, nicht wahr? *That woman is certainly tall, isn't she?*

Der is less definite than the demonstratives jener and dieser; that is, it does not in itself indicate the position of objects as distant or near. Its use is common, especially in everyday speech.

As a demonstrative pronoun der is inflected like the relative der, but has stronger stress:

> Ja, **der** hat immer Glück. *Yes, he is always lucky.*
>
> Wir sahen drei Rehe auf einer Wiese, **die** flohen aber schnell in den Wald. *We saw three deer in a meadow, but they quickly fled into the forest.*

Note that in translating these sentences into English the personal pronoun is employed instead of the demonstrative. When the third person is to be emphasized, German often uses the demonstrative der, die, das, in place of the personal pronoun er, sie, es.

3. Compounds with da

In place of the preposition plus the demonstrative pronoun der, a compound of da (dar before vowels) with the preposition may be used in referring to a thing; this is the regular construction when referring to an idea:

„Was für eine dumme Frage!" sagte Frau Weber. **Da'mit** (*With that*) ging sie aus dem Zimmer.

Compare the last sentence with the following:

Was hast du **damit'** (*with it*) gemacht?

It will be noted, then, that compounds with da take the stress on the first component when they have demonstrative force; on the last component when they stand for the preposition plus a personal pronoun.

C

1. Give a synopsis of

1. Wir frieren alle ein wenig. 2. Im Hochwald riecht es sehr angenehm. 3. Die Adler fliegen sehr hoch. 4. Das Kind kriecht auf Händen und Füßen. 5. Ich schieße ein Reh.

2. Give a sliding synopsis of

1. Wir bieten dem Manne Geld. 2. Ihr biegt rechts in den dichten Wald. 3. Sie ziehen nach Berlin.

3. Put into the past tense and the present perfect tense:

1. Die Rehe fliehen schnell in den Wald. 2. In einem Tale links vom Wege fließt ein Bach lärmend über die Steine seines Bettes. 3. Ich gieße den Kaffee in die Becher. 4. Du verlierst die Flasche. 5. Bald schließen die Wanderer die müden Augen. 6. Der Adler zieht

große Kreise in die blaue Luft. 7. Klaus wacht zuerst auf und weckt die anderen. 8. Hier oben ist es kühl, obgleich die Sonne scheint. 9. Sie nähern sich dem Gipfel des Berges. 10. Der Felsen schützt sie gegen den Wind. 11. Nach dem Essen liegen wir auf dem Rücken und schauen in den Himmel. 12. Wir gehen über die Waldmühle nach Hause. 13. Sie sehen das alte Gebäude kaum, obgleich sie dicht dabei sind. 14. Er ißt sein Butterbrot. 15. Du hast immer Glück. 16. Nach einer Weile kommen die Wanderer an den Hochwald.

4. *a.* Say in German to your brother:

1. Close the door. 2. Eat your bread and butter. 3. Do not bend the postal card.

b. Say in German to your sister and your brother:

1. Creep on your hands and knees.[1] 2. Do not waken the children. 3. Do not offer them any coffee.

c. Say in German to Mr. Brown:

1. Pour the tea in the drinking-cups. 2. Do not shoot the deer. 3. Do not lose the bottle.

1. feet.

5. Read the following sentences aloud and translate them:

1. Sie setzten sich hinter einen Felsen, der schützte sie gegen den Wind.

   Sie setzten sich hinter einen Felsen, der sie gegen den Wind schützte.

2. Er hatte eine Flasche mit Kaffee, den goß er in kleine Becher.

   Er hatte eine Flasche mit Kaffee, den er in kleine Becher goß.

3. Da kommt Herr Vogel, der hat letzten Herbst bei der Waldmühle ein Reh geschossen.

   Da kommt der Herr, der letzten Herbst bei der Waldmühle ein Reh geschossen hat.

4. Auf einer kleinen Wiese sahen wir einige Rehe, die flohen schnell in den Wald.

   Auf einer kleinen Wiese sahen wir einige Rehe, die schnell in den Wald flohen.

Lesson XXIII

5. Hoch über ihnen flog ein Adler, der zog große Kreise in die blaue Luft.

Hoch über ihnen flog ein Adler, der große Kreise in die blaue Luft zog.

6. Replace the English words in parentheses by German equivalents:

1. (For that) habe ich kein Geld. Ich habe kein Geld (for it). 2. Ist (that) Junge wieder hier? 3. (Of that) denke ich gar nicht. Ich denke gar nicht (of it). 4. Fürchtet euch nicht! (That) alte Hund wird euch nicht beißen. 5. Da geht Klara Schmidt, (she) trägt immer einen grünen Hut. 6. Das ist Franz Huber, (he) wartet auf seinen kleinen Bruder. 7. (About[1] that) hat er mir kein einziges Wort gesagt. Er hat mir kein einziges Wort (about it) gesagt. 8. (That) ist alles, (that) ich habe. 9. Hier ist der Hut, (that) er mir schenkte. 10. Glauben Sie, (that) er kommen wird? 11. Nichts, (that) ich tue, gefällt ihm. 12. (Whoever) das glaubt, ist ein Narr. 13. (Who) hat dir das gesagt? 14. Dort geht der alte Herr, (who) es mir gesagt hat. 15. (Whose) Buch haben Sie? 16. Mein Vetter, (whose) Vater neulich gestorben ist, wohnt jetzt bei uns. 17. (He who) viel Geld hat, (der) ist deshalb[2] nicht immer glücklich.

1. von.   2. *on that account.*

7. Give the meaning and the principal parts of

a

Bach	Flasche	Wanderer	Tor	Welt
Gebäude	Gipfel	Waldmühle	Berg	Mensch
Adler	Tal	Luft	Esel	Halsband
Becher	Kreis	Hochwald	Fuß	Markt
Felsen	Reh	Butterbrot	Stock	Mark
Rücken	Glück	Bauer	Gott	Narr
Wind	Weile	Geld	Wort	Geschenk

b

ergreifen	reiten	steigen	zerreißen
eilen	pfeifen	fürchten	schreiben
bellen	schneiden	schweigen	schreien
beißen	warten	bleiben	scheinen

8. Translate into German:

1. After a while the wanderers came to a valley in which a large brook flowed. 2. By a large fir tree they turned to the right into a dense forest where it was quite dark and cool, although the sun shone bright and warm. 3. As they approached the top of the mountain, they had to creep on their hands and knees[1] until they were at the top. 4. They sit down behind a rock and eat their slices of bread and butter and drink the coffee which James has in a bottle. 5. Then they lie on their backs and look into the sky, where an eagle is flying high above them and forming large circles in the blue air. 6. But soon they are sleeping, for they are very tired. When they awake, they are all a little cold. 7. They go home by way of the forest mill. It is very late when they start on their way. 8. It is already becoming dark before they come to the forest mill. Close by the old building they see three deer which flee quickly into the forest as they approach. 9. "Last fall my father was lucky," said Charles. "He shot[2] two deer not far from here." 10. "I am never lucky," answered James. "I lost[2] my watch here three months ago." 11. From the forest mill it is still a long way to the city. Not until eight o'clock are the tired wanderers at home again.

1. feet.   2. Pres. perf. tense.

D   [Optional]

Deutscher Sport

Allerlei Sport hat in den letzten Jahrzehnten in Deutschland Eingang gefunden. Früher war nur das Turnen allgemein beliebt. In den Volksschulen und auf den höheren Schulen ist es auch heute noch ein obligatorischer[1] Teil des Unterrichts. Der Begründer dieser Art von Leibesübungen war Friedrich Ludwig Jahn, der nach dem unglücklichen Kriege Preußens gegen Napoleon I.[2] die Turnvereine ins Leben rief. Man nennt ihn deshalb oft Turnvater Jahn. Er hatte auch großen Anteil an der Gründung der Burschenschaften, das sind Studen=

Acme Newspictures, Inc.

Gymnastic Performances at a German Agricultural Exhibition

10 tenverbindungen, die man in Deutschland an allen Universitäten und anderen Hochschulen findet. Jahn glaubte, daß Preußen und Deutschland nur dann ihre Freiheit wiedergewinnen könnten,[3] wenn die deutsche Jugend sich einen hohen Grad von körperlicher Tüchtigkeit erwerbe.[4]

15 Heute hat der Sport das Turnen[5] etwas in den Hintergrund gedrängt. Er hat sich unter englischem und amerikanischem Einfluß seit dem Weltkriege rasch entwickelt. Stadtgemeinde und Staat unterstützen heute nicht nur das Turnen, sondern auch den Sport. Wir finden in Deutschland fast alle Arten von
20 Sport, die wir hier kennen, wenn auch manchmal in etwas anderer Form. Die Spielregeln werden aber unter dem Einfluß der Olympischen[6] Spiele immer mehr international.[7] An den Universitäten und höheren Schulen Deutschlands spielt der Sport nicht dieselbe Rolle wie in Amerika. Nicht die Schulen,
25 sondern private[8] Vereine stellen die Mannschaften auf, und jeder kann Mitglied werden. Aber die Studenten haben jetzt auch ihre eignen Vereine.

Der Sport ist in Deutschland sehr gut organisiert.[9] Das Reich ist in Gaue und Bezirke eingeteilt, die untereinander um
30 die Meisterschaft kämpfen. Die Wettkämpfe sind aber nicht solch[10] große Schaustellungen wie in den Vereinigten Staaten. Das Ziel ist, wie bei den Turnvereinen, möglichst viele durch gesunde Leibesübungen körperlich stark und geschickt zu machen. Natürlich hat man auch Stadien,[11] doch diese sind nicht solch
35 mächtige Amphitheater[12] aus Stein und Zement[13] wie in Amerika. Oft ist das Stadion nichts als ein großes Feld mit Spielplätzen für die verschiedenen Arten von Sport, mit Rennbahnen für Fahrrad, Motorrad und Auto, und nur wenigen, einfachen Brettersitzen. Bei großen Meisterschaftskämpfen

müssen die meisten Zuschauer stehen. Auch das Boxen[14] ist 40
jetzt ziemlich häufig in Deutschland. Öffentliche Wettkämpfe
finden aber nur zwischen Berufsboxern statt. Sicher wird der
Sport in Deutschland, der wirklich noch sehr jung ist, immer
mehr Boden gewinnen.

1. obligato'rischer *obligatory*.   2. den Ersten.   3. Subj.: *would be able to*.   4. sich ... erwerbe (subj.) *acquired*.   5. For picture of a gymnastic festival, see page 75.   6. Olym'pischen *Olympic*.   7. international' *international*.   8. priva'te (v = w) *private*.   9. Infin. organisie'ren *organize*.   10. Manch, solch, and welch (the last when used exclamatorily) may stand uninflected before an adjective, the latter then having strong endings.   11. Stadien (ie = i + e) pl. of das Stadion *stadium*.   12. das Amphi'thea'ter *amphitheater*.   13. der or das Zement' *cement*.   14. *boxing*.

Witze

Der Pfarrer schlug die Hände über dem Kopf zusammen.
„Kipfelberger," sagte er bekümmert, „als ich Sie das letztemal
traf, machten Sie mich zum[1] glücklichsten Menschen auf der
Welt, weil Sie nüchtern waren. Und heute machen Sie mich
zum[1] allerunglücklichsten, weil Sie schon wieder betrunken sind." 5

„Ja, Herr Pfarrer," entgegnete der alte Sünder, „heute bin
ich dran[2] mit dem Glücklichsein[3]!"

1. *the*.   2. bin ich dran *it's my turn*.   3. *being happy*.

„Warum haben Sie gerade die Behandlung von Hautkrankheiten als Spezialität[1] gewählt?" fragte man einen
berühmten Arzt.

„Dafür habe ich drei gute Gründe", antwortete der Arzt.
„Erstens holen mich meine Patienten[2] nie nachts aus dem Bett, 5
zweitens stirbt selten einer daran,[3] und drittens werden sie das
Übel nie los."

1. die Spezialität' *specialty*.   2. der Patient' *patient*.   3. *of them* or *from them*.

LESSON XXIV

Strong Verbs, Class III · Cardinal Numerals · Definite Article in a Distributive Sense · Infinitive as a Noun

A

Schulprüfung und Schauturnen

Gestern war Schulprüfung. Die Eltern der Kinder und viele andere waren da. Die älteren Schüler hatten am Tage vorher Kränze gebunden und alle Zimmer damit geschmückt. Nachdem die Kleinen zwei Lieder gesungen hatten, fragte der
5 Lehrer sie: „Wieviel ist zwei mal fünf, zehn weniger drei, sechs und sieben, acht geteilt durch vier" und so weiter. Endlich fragte er den kleinen Peter Gruber, der erst sieben Jahre alt ist, aber gut rechnet: „Peter, wieviel hast du in deiner Sparbüchse?"
„Eine Mark fünfundzwanzig Pfennige", war die Antwort.
10 „Wenn ich dir nun fünfundzwanzig Pfennige gebe, wieviel hast du dann?" Dieselbe Antwort wie vorher. „Aber Peter!" ruft der Lehrer jetzt. „Wieviel ist hundertfünfundzwanzig und fünfundzwanzig?" „Hundertundfünfzig. Ach so! Aber für die fünfundzwanzig Pfennige kaufe ich mir doch[1] einen neuen
15 Bleistift", sagte Peter mit erstauntem Gesicht.

Am Abend war Schauturnen in der Turnhalle. Es begann um halb acht und dauerte bis drei Viertel zehn. Hier glänzte Jakob Schaffer, der den ersten Preis gewann. Man fing mit dem Schwimmen an. Jakob gleitet langsam ins Wasser, sinkt
20 wie ein Stein und bleibt unten. Der Lehrer steht mit der Uhr in der Hand und zählt: „Zehn, zwanzig, dreißig, vierzig" usw. Erst nach dreiundneunzig Sekunden kommt Jakob wieder nach oben und schwimmt nun vierundzwanzig Minuten sehr schnell.

Dann eilt er zu dem höchsten Sprungbrett und springt ins Wasser. Er hat mindestens zwölfmal getaucht, und zwar auf alle möglichen [2] Weisen. Nachher hat er noch mit Kurt Balke gerungen, der viel älter und größer als Jakob ist. Aber dieser hat ihn doch endlich mit den Schultern auf die Matte gezwungen. Er war aber auch [3] stolz wie ein König, als er um zehn Uhr nach Hause ging, nachdem er zwei Tassen heißen Tee getrunken hatte.

1. *you see.* 2. After alle the adj. takes the wk. endings. 3. aber auch, *indeed.*

Merksätze

Wieviel Uhr ist es?
Es ist ein Viertel drei.
Es ist halb acht.
Es ist drei Viertel zehn.
Um zehn Uhr ging er nach Hause.
Wievielmal die Woche gehen Sie ins Kino?
Ich gehe zweimal die Woche ins Kino.

Fragen

1. Warum waren gestern die Eltern der Kinder in der Schule?

2. Was hatten die älteren Schüler am Tage vorher getan?

3. Womit begannen die Kleinen, nachdem sie zwei Lieder gesungen hatten, mit dem Rechnen oder dem Lesen?

4. Warum fragte der Lehrer den kleinen Peter Gruber?

5. Wieviel Geld hatte Peter in seiner Sparbüchse?

6. Was fragte ihn der Lehrer dann?

7. Was antwortete Peter?

8. Warum zählte Peter die fünfundzwanzig Pfennige nicht zu dem Gelde, welches er schon hatte?

9. Wann war großes Schauturnen?

10. Wer gewann den ersten Preis?
11. Wie lange blieb Jakob unter Wasser?
12. Wie lange ist er nachher geschwommen?
13. Wie war der Knabe, mit dem Jakob gerungen hat?
14. Wie war Jakob, als er nach Hause ging?

Vocabulary

ach ah, oh; ach so oh, I see
die Antwort (—, -en) answer
binden (er bindet, er band, er hat gebunden) bind, tie
dersel'be[1] (dieselbe, dasselbe; dieselben) the same
erst first, only, not until
erstaunt' astonished
das Gesicht' (-s, -er) face; mit erstauntem Gesicht with a look of astonishment
gewin'nen (er gewinnt, er gewann, er hat gewonnen) win, gain
glänzen (wk.) glitter, glisten, shine
gleiten (er gleitet, er glitt, er ist geglitten) glide
heiß hot
der König (-s, -e) king
der Kranz (-es, ⸗e) wreath; Kränze binden make wreaths
die Matte (—, -n) mat
die Minu'te (—, -n) minute
nachher' afterwards
der Pfennig (-s, -e) pfennig (one hundredth of a mark or about two fifths of a cent)

der Preis (Preises, Preise) price, prize
ringen (er ringt, er rang, er hat gerungen) struggle, wrestle
das Schauturnen (-s) gymnastic exhibition
schmücken (wk.) adorn, decorate
die Schulprüfung (—, -en) exhibition test (to which the school commissioners and the parents are invited)
die Schulter (—, -n) shoulder
schwimmen (er schwimmt, er schwamm, er ist geschwommen) swim; das Schwimmen (-s) swimming
die Sekun'de (—, -n) second
sinken (er sinkt, er sank, er ist gesunken) sink
die Sparbüchse (—, -n) savings box or bank
springen (er springt, er sprang, er ist gesprungen) jump, leap, spring
das Sprungbrett (-s, -er) diving board

Lesson XXIV

stolz proud
tauchen (*wk.*) dive
teilen (*wk.*) divide; geteilt durch divided by
die Turnhalle (—, -n) gymnasium
unten *adv.* beneath, under
das Viertel (ie = i) (-s, —) quarter
vorher' *adv.* before; am Tage vorher on the day before
die Weise (—, -n) manner, way;

auf alle möglichen Weisen in all the ways possible
weniger less
wieviel' how much
wieviel'mal how many times
zweimal two times, twice
zwingen (er zwingt, er zwang, er hat gezwungen) force, compel; ihn mit den Schultern auf die Matte zwingen force his shoulders against the mat
zwölfmal twelve times

am Abend in the evening
nach oben up, to the top
zwei mal fünf two times five

1. Both components are declined: der as the definite article, selbe as a weak adjective.

B

1. Strong Verbs, Class III

The verbs of Class III have the vowels i, a, u, or i, a, o, in the infinitive, past indicative, and past participle respectively:

i, a, u

binden, band, gebunden
finden, fand, gefunden
ringen, rang, gerungen
singen, sang, gesungen
sinken, sank, gesunken
springen, sprang, gesprungen
trinken, trank, getrunken
zwingen, zwang, gezwungen

i, a, o

beginnen, begann, begonnen
gewinnen, gewann, gewonnen
schwimmen, schwamm, geschwommen

2. Cardinal Numerals

1	eins	11	elf	21	einundzwanzig
2	zwei	12	zwölf	22	zweiundzwanzig
3	drei	13	dreizehn	30	dreißig
4	vier	14	vierzehn	40	vierzig
5	fünf	15	fünfzehn	50	fünfzig
6	sechs	16	sechzehn	60	sechzig
7	sieben	17	siebzehn	70	siebzig
8	acht	18	achtzehn	80	achtzig
9	neun	19	neunzehn	90	neunzig
10	zehn	20	zwanzig	100	hundert

101	hundert(und)eins	202	zweihundert(und)zwei
102	hundert(und)zwei	210	zweihundert(und)zehn
110	hundert(und)zehn	221	zweihunderteinundzwanzig
121	hunderteinundzwanzig	1 000	tausend
200	zweihundert	1 001	tausend(und)eins
201	zweihundert(und)eins	2 000	zweitausend

100 000	hunderttausend
1 000 000	eine Million', *pl.* Millionen
1 000 000 000	eine Milliar'de, *pl.* Milliarden
0	eine Null, *pl.* Nullen

Note carefully

    sechs, sechzehn, sechzig
    sieben, siebzehn, siebzig
    ß (i.e. ss), not z, in dreißig
    Commonly hundert, not einhundert
    Commonly tausend, not eintausend
    ie in vierzehn and vierzig pronounced as short i

The form eins is used in counting, as indicated above. As an attributive adjective and as a pronoun, ein *one* has been treated in Lessons III and XVI. The numeral ein is often spaced (e i n) to distinguish it from the article ein. It is pronounced with strong stress, whereas the article is without stress.

Hundert and tausend are not inflected when used as adjectives, but form a plural in ‑e when used as nouns:

> hundert Leute *a hundred people*
> Hunderte von Leuten *hundreds of people*
> tausend Vögel *a thousand birds*
> Tausende von Vögeln *thousands of birds*

Million, Milliarde, and Null are weak nouns.
The other cardinals are not inflected.
A date under 2000, as 1934, is usually read thus: neunzehnhundertvierunddreißig.

3. Arithmetical Expressions

> $2 + 3 = 5$ Zwei und drei ist fünf.
> $3 \times 4 = 12$ Drei mal vier ist zwölf.
> $10 - 1 = 9$ Zehn weniger eins ist neun.
> $12 \div 2 = 6$ Zwölf geteilt durch zwei ist sechs.

4. Multiplicatives

Multiplicatives are formed by adding ‑mal to the cardinals:

> Ich gehe **zweimal** die Woche ins Kino.
> Er hat mindestens **zwölfmal** getaucht.

5. Time of Day

> Wieviel Uhr ist es? *What time is it?*
> Es ist eins (or ein Uhr). *It is one o'clock.*
> Es ist zwei (Uhr). *It is two o'clock.*
> ein Viertel (auf) drei *a quarter past two*
> halb drei *half past two*
> drei Viertel (auf) drei *a quarter to three*
> zehn Minuten nach zwei *ten minutes after two*
> zehn Minuten vor drei *ten minutes to three*
> um drei Uhr *at three o'clock*

Railway and airway time-tables use the twenty-four-hour system: $14.25 = 2.25$ P.M.

6. Definite Article in a Distributive Sense

The definite article is used in a distributive sense:

> Wievielmal **die Woche** gehen Sie ins Kino? *How many times a week do you go to the movies?*
>
> Ich gehe zweimal **die Woche** ins Kino. *I go to the movies twice a week.*

7. Infinitive as a Noun

The infinitive may be used as a noun. In this use it is generally preceded by the definite article.

> Man fing mit **dem Schwimmen** an. *They began with swimming.*
>
> Heute regnet es, und so finde ich Zeit **zum Schreiben**. *It is raining today, and so I find time for writing.*

C

1. Give a synopsis of

1. Er zwingt ihn mit den Schultern auf die Matte. 2. Ich binde den Hund an den Baum. 3. Du schwimmst sehr schnell. 4. Nachher ringt er mit Kurt Balke. 5. Ihr findet die Sparbüchse auf dem Pulte. 6. Er springt ins Wasser.

2. Give a sliding synopsis of

1. Ich gewinne den ersten Preis. 2. Du singst mehrere Lieder. 3. Er taucht auf alle möglichen Weisen.

3. Put into the past tense and the present perfect tense:

1. Am Tage vorher binden die Schüler Kränze. 2. Wir schmücken alle Zimmer damit. 3. Die Kleinen beginnen mit dem Rechnen. 4. „Ach so!" sagt Peter mit erstauntem Gesicht. 5. Am Abend ist Schauturnen in der Turnhalle. 6. Man fängt mit dem Schwimmen an. 7. Jakob gleitet langsam ins Wasser. 8. Er sinkt wie ein Stein und bleibt unten. 9. Erst nach neunzig Sekunden kommt er wieder nach oben. 10. Ich trinke eine Tasse heißen Tee. 11. Du eilst zu dem höchsten Sprungbrett. 12. Um zehn Uhr geht er stolz wie ein König nach Hause. 13. Der Stein glänzt wie Gold. 14. Er bietet mir die Hand.

Lesson XXIV

4. Give the imperative (three forms) of
    1. viele Kränze binden.
    2. die Zimmer damit schmücken.
    3. nicht ins Wasser springen.

5. Decline in the singular and plural:

derselbe Preis   dieselbe Antwort   dasselbe Gesicht

6. *a.* Count in German from ten to thirty.
b. Give in German the tens from ten to a hundred.
c. Give in German the multiplication table of three.
d. Translate the proverb
    Einmal ist keinmal.

7. Answer in German the following questions:

1. Wie alt sind Sie? 2. Wie viele Geschwister haben Sie? 3. Wie viele Tage hat das Jahr? 4. Wie viele Wochen hat das Jahr? 5. Wieviel Uhr ist es? 6. Um wieviel Uhr gehen Sie gewöhnlich zu Bett? 7. Um wieviel Uhr sind Sie heute morgen aufgewacht? 8. Wann geht die Sonne jetzt unter? Wann geht sie auf? 9. Um wieviel Uhr gehen Sie zur Schule? 10. Um wieviel Uhr kommen Sie aus der Schule? 11. Wievielmal die Woche gehen Sie zur Kirche? 12. Wievielmal die Woche gehen Sie ins Kino?

8. Do the following examples in German:

$8 + 7 =$ $60 - 16 =$ $6 \times 6 =$ $8 \div 2 =$
$12 + 9 =$ $72 - 8 =$ $3 \times 24 =$ $49 \div 7 =$
$25 + 8 =$ $90 - 15 =$ $10 \times 100 =$ $96 \div 12 =$

9. Read, in German, the time of day indicated by the following figures:

6.00	4.15	11.10	12.30
7.30	9.45	2.40	1.15

10. Replace the English words in parentheses by the German equivalents:

1. Ich habe nicht viel Zeit (for writing). 2. Peter Gruber ist (only) sieben Jahre alt. 3. Er hat (only) zwanzig Pfennige in seiner

Sparbüchse. 4. Wir haben dreimal (a) Woche Deutsch. 5. Die Kleinen fingen (with reading) an. 6. Nicht alles, (that) glänzt, ist Gold. 7. Es war ein alter König, (he) hatte eine schöne Tochter. 8. Was sagst du (to that)? 9. Geh zu Tante Emma, (she) wird dir helfen. 10. (That) Junge macht mich noch verrückt!

11. Give the meaning and the principal parts of

a

Matte	Schulter	Turnhalle	Felsen	Tal	Becher
Kranz	Weise	Gebäude	Bach	Wind	Luft
König	Sekunde	Flasche	Rücken	Kreis	Adler

b

teilen	gießen	wecken	schießen	frieren
bieten	schützen	kriechen	sich nähern	biegen
fliegen	ziehen	riechen	fliehen	schneiden

12. Translate into German:

1. Today is examination day.[1] The parents of the pupils and many others are at school. 2. The pupils have made wreaths and decorated the rooms with them. 3. They[2] begin with figuring. The teacher asks the pupils, "How much is nine times seven, forty-eight divided by six," and so on. 4. At last he asks Peter Gruber how much he has in his savings bank. "One mark and thirty-five pfennigs," answers Peter. 5. The teacher asks then how much he will have if he gives him twenty-five pfennigs. 6. The same answer as before. "Why, Peter!" exclaims the teacher, astonished. 7. Peter laughs and says that he will buy a new pencil for the twenty-five pfennigs. 8. In the evening there[3] is a[3] gymnastic exhibition in the gymnasium. It begins at half past eight and lasts until a quarter to eleven. 9. James Schaffer won the first prize. He glided slowly into the water and sank like a stone. 10. He stayed under for ninety-two seconds. When he came up again, he swam for twenty-five minutes very fast. 11. Then he dived at least eleven times, and in all the ways possible, too. 12. Afterwards he wrestled with Kurt Balke. Although Kurt is much older and larger than James, still the latter at last forced his shoulders against the mat.

1. *examination day* Schulprüfung. 2. Man. 3. Omit.

Lesson XXIV

D [Optional]

Alt Heidelberg
(Sieh Seite 427!)

Die Universität Heidelberg ist die älteste in Deutschland. Sie besteht seit dem Jahre 1386, ist also jetzt schon rund 550 Jahre alt. Heidelberg ist wohl die berühmteste, doch lange nicht die größte Universität des Deutschen Reiches. Die Stadt liegt am Neckar, einem Nebenflusse des Rheins, in einer sehr schönen Gegend. Ein Sommersemester in Heidelberg ist der Herzenswunsch vieler deutscher Studenten. Die deutschen Studenten beendigen nämlich ihre Studien häufig nicht auf einer und derselben Universität, sondern wechseln von einer zur anderen. Gewöhnlich gehen sie dorthin, wo sie die besten Lehrer in ihrem Fache finden. Für die deutschen Studenten ist die ganze akademische Welt eine große Republik,[1] wo jeder die gleichen Rechte hat, wohin er auch[2] kommt. Man spricht von keiner bestimmten Alma mater und man singt „Alt Heidelberg" überall, wo deutsche Studenten zusammenkommen. Das wirklich schöne Lied enthält viel von der alten Romantik[3] des Studentenlebens und ist gerade deshalb so beliebt.

Der Dichter desselben war Joseph Viktor von Scheffel (1826–1886). Er hat eine ganze Anzahl Studentenlieder geschrieben, deren Humor ewig jung bleiben wird. Auch seine größeren Werke sind voller Humor, besonders „Ekkehard" (1857), vielleicht der beste historische Roman der deutschen Literatur, und „Der Trompeter von Säkkingen[4]" (1855). „Der Trompeter" ist eine Liebesgeschichte in Versen und ziemlich sentimental.[5] Das Buch hat fast dreihundert Auflagen erlebt, „Ekkehard" weit über zweihundert. Scheffels kleinere Schriften sind nicht so gut bekannt.

In dem „Trompeter" finden wir den philosophischen Kater Hiddigeigei. Obschon er immer unter den Menschen gelebt hat, sind sie ihm doch ein Rätsel. So spekuliert[6] er:

> Manch ein schwer Problema[7] hab' ich
> Prüfend in dem Katerherzen
> Schon erwogen und ergründet,
> Aber eins bleibt ungelöst mir,
> Ungelöst und unbegriffen:
> Warum küssen sich die Menschen?
> 's ist nicht Haß, sie beißen sich nicht,
> Hunger nicht, sie fressen sich nicht,
>
> . . . .
>
> Warum also, frag' umsonst ich,
> Warum küssen sich die Menschen?
> Warum meistens nur die jüngren[8]?
> Warum diese meist im Frühling?
> Über diese Punkte werd' ich
> Morgen auf des Daches Giebel
> Etwas näher meditieren.[9]

Scheffels Werke geben aber auch ein gutes Bild der Wirklichkeit, denn er kannte Land und Leute sehr genau. Der Dichter hat mehrere Semester in Heidelberg studiert, ist auch im späteren Leben oft nach Heidelberg gekommen. So ist es ganz natürlich, daß wir dort, in der Nähe des berühmten Schlosses, ein Denkmal von ihm finden. Es ist ein schönes Werk aus Erz. Auch anderwärts hat man den Dichter durch Denkmäler geehrt; eines steht sogar in dem fernen Italien, das der Dichter mehrmals besuchte.

1. Republik' *republic*. 2. wohin ... auch *wherever*. 3. Roman'tik *romanticism*. 4. Now spelled Säckingen; a town in Baden. 5. sentimental' *sentimental*. 6. spekulie'ren *speculate*. 7. For Problem' *problem*. 8. Contr. of jüngeren. 9. meditie'ren *meditate*.

"Alt Heidelberg, du feine"

LESSON XXV

Strong Verbs, Class IV and Class V · Ordinal Numerals · Dative of the Possessor · Pronoun Object precedes Noun Subject · Adjective after etwas, nichts, etc.

A

Freitag, der Dreizehnte

Freitag, den 13. April 1934, hatte Anna viel Unglück. Gleich beim Frühstück zerbrach sie ihr Glas, und als sie es in die Küche trug, wie ihr die Mutter befohlen hatte, schnitt sie sich in den Finger. Das vergaß sie aber bald, nachdem sie in der
5 Schule war, und sie sprach und lachte laut, als der Lehrer schon hinter sein Pult getreten war. Sie hatte ihn gar nicht gesehen und war also sehr erstaunt, als er plötzlich sagte: „Anna, da du so gern sprichst, lies uns die Aufgabe vor!" Natürlich las sie nicht gut, und beim dritten Satze weinte sie. Aber der Lehrer
10 half ihr und sagte ihr kein böses Wort, denn Anna ist eine gute und fleißige Schülerin.

Zu Hause war auch etwas Unangenehmes geschehen. Der Hund hatte das Fleisch für das Mittagessen gestohlen und gefressen. Aber Anna war nicht hungrig. Sie kam mit roter,[1]
15 geschwollener Wange nach Hause und weinte laut. Eine Biene hatte sie gestochen. Die Mutter legte ihr Tonerde auf die Wange, und bald hörten die Schmerzen auf. Man setzte sich jetzt an den Tisch, aber Anna aß nichts, sondern trank nur ein Glas Milch. Plötzlich rief sie: „Es ist aber[2] gut, daß nicht
20 jeder Tag ein Freitag und der Dreizehnte ist!"

„Glaubst du, daß der Tag und das Datum daran schuld sind?" fragte der Vater. „In meinem achten Jahre habe ich mir am zwölften Mai, am Sonntag, das Bein gebrochen und dann bis zum zweiten Juni im Hospital gelegen. Was sagst du dazu?"

1. Supply the indefinite article in translating. See Appendix, page 442.
2. *certainly*.

Merksätze

Der wievielte ist heute?
Es ist der zehnte November.
Wann sind Sie geboren?
Ich bin am dritten August 1916 geboren.

Fragen

1. Was tat Anna gleich beim Frühstück?
2. Was geschah, als sie das Glas in die Küche trug?
3. Was tat Anna in der Schule noch, als der Lehrer schon im Zimmer war?
4. Was sagte der Lehrer zu Anna?
5. Was tat Anna beim dritten Satze?
6. Warum sagte ihr der Lehrer kein böses Wort?
7. Wo war auch etwas Unangenehmes geschehen?
8. Was hatte der Hund getan?
9. Wie war Annas Wange, als sie nach Hause kam?
10. Warum war ihre Wange rot und geschwollen?
11. Was tat die Mutter?
12. Was rief Anna plötzlich, nachdem sie eine Weile am Tische gesessen hatte?
13. Wie alt war Annas Vater, als er sich das Bein brach?
14. Geschah das am Freitag, dem Dreizehnten?
15. Wie lange hat Annas Vater im Hospital gelegen?

Vocabulary

die Aufgabe (—, -n) exercise, lesson

auf'|hören (wk.) cease, stop

der August' (-(e)s or —, -e) August

befeh'len (er befiehlt, er befahl, er hat befohlen) dat. of person command, order

die Biene (—, -n) bee

böse bad, evil; angry, cross

brechen (er bricht, er bräch, er hat gebrochen) break

das Datum (-s, Daten) date

dritt third

der Freitag (-s, -e) Friday

fressen (er frißt, er fräß, er hat gefressen) eat (of animals)

das Frühstück (-s, -e) breakfast; gleich beim Frühstück right off at breakfast; zum Frühstück for or at breakfast

gebo'ren (past part. of gebä'ren bear) born

geschwol'len (past part. of schwellen swell) swollen

das Hospital' (-s, Hospitäler) hospital

der Juni (-(s), -s) June

laut loud

der Mai (-(e)s or —, -e) May

der Novem'ber (v = w) (-(s), —) November

plötzlich sudden

rot (⸚er, ⸚est) red

der Satz (-es, ⸚e) sentence

der Schmerz (-es, -en) pain

schuld responsible, to blame; er ist daran' schuld he is the cause of it, he is to blame for it

stechen (er sticht, er stäch, er hat gestochen) prick, stick, sting

stehlen (er stiehlt, er stahl, er hat gestohlen) steal

die Tonërde (—, -n) medicated clay

unangenehm unpleasant

das Unglück (-s) ill luck, misfortune

verges'sen (er vergißt, er vergäß, er hat vergessen) forget

vor'|lesen (str.) read aloud

die Wange (—, -n) cheek

weinen (wk.) cry, weep

wievielt' which (by number); der wievielte ist heute what day of the month is it

zerbre'chen (str.) break, break to pieces

sich in den Finger schneiden cut one's finger

Lesson XXV

B

1. Strong Verbs, Class IV

The verbs of Class IV have the vowels e, a, o, in the infinitive, past indicative, and past participle respectively:

e, a, o

befehlen, befahl, befohlen
brechen, brach, gebrochen
helfen, half, geholfen
nehmen, nahm, genommen
sprechen, sprach, gesprochen
stechen, stach, gestochen
stehlen, stahl, gestohlen
sterben, starb, gestorben
treffen, traf, getroffen
werfen, warf, geworfen

Here belong also kommen (with irregular vowel in the present) and werden (with a weak past indicative):

kommen, kam, gekommen
werden, wurde (old form ward), geworden

2. Strong Verbs, Class V

The verbs of Class V have the vowels e, a, e, in the infinitive, past indicative, and past participle respectively:

e, a, e

essen, aß, gegessen
fressen, fraß, gefressen
geben, gab, gegeben
geschehen, geschah, geschehen

lesen, las, gelesen
sehen, sah, gesehen
treten, trat, getreten
vergessen, vergaß, vergessen

The following verbs have i or ie in the infinitive:

bitten, bat, gebeten
sitzen, saß, gesessen
liegen, lag, gelegen

3. Ordinal Numerals

With the exception of 1st, 3d, 7th, and 8th the ordinals through 19th are formed by adding ‑t to the corresponding cardinals. From 20th upward the ordinals are formed by adding ‑ſt to the cardinals.

1st	ērſt	11th	elft
2d	zweit	12th	zwölft
3d	dritt	13th	dreizehnt
4th	viert	19th	neunzehnt
5th	fünft	20th	zwanzigſt
6th	ſechſt	21st	einundzwanzigſt
7th	ſiebt or ſiebent	99th	neunundneunzigſt
8th	acht	100th	hundertſt
9th	neunt	101st	hundertunderſt
10th	zehnt	1000th	tauſendſt

The uninflected forms of the ordinals are not used. As a rule the ordinals are preceded by an article or a pronominal adjective, and are declined strong or weak like descriptive adjectives:

>der zweite Knabe *the second boy*
>ſein zweiter Apfel *his second apple*
>das dritte Haus *the third house*
>ihr drittes Kind *their third child*

4. Dates

Note the following expressions:

Der wievielte iſt heute? *What day of the month is it?*

Es iſt der zehnte November. *It is the tenth of November* (or *November the tenth*).

Wann ſind Sie geboren? *When were you born?*

Ich bin am vierten Januar (or den vierten Januar) 1915 geboren. *I was born (on) the fourth of January, 1915, or (on) January the fourth, 1915.*

der zweite Mai, der 2te Mai, der 2. Mai

am neunten Juli, am 9ten Juli, am 9. Juli

den zwanzigſten Februar, den 20ſten Februar, den 20. Februar

5. Dative of the Possessor

The dative of the possessor is commonly used with parts of the body, the latter being preceded by the definite article:

> Er legte **dem Mädchen** Tonerde auf die Wange. *He put medicated clay on the girl's cheek.*
> Er legte **ihr** Tonerde auf die Wange. *He put medicated clay on her cheek.*
> Ich habe **mir** das Bein gebrochen. *I broke my leg.*

6. Pronoun Object Precedes Noun Subject

In the inverted and the transposed order a personal pronoun or reflexive pronoun object often precedes a noun subject:

> wie **ihr** die Mutter befohlen hatte *as her mother had ordered her*
> But
> wie sie **ihr** befohlen hatte *as she had ordered her*

7. Adjective after etwas, nichts, etc.

An adjective used after etwas, nichts, viel, was, or wenig is treated as a noun and is written with a capital:

> etwas Unangenehmes *something unpleasant*

C

1. Conjugate in the present indicative:

1. Ich nehme das Buch vom Tische. 2. Ich lese die Aufgabe vor. 3. Ich trete hinter das Pult. 4. Ich treffe ihn oft in der Stadt. 5. Ich vergesse das Datum nie.

2. Give a synopsis of

1. Die Biene sticht das Mädchen in die Wange. 2. Es geschieht nichts Neues. 3. Ich zerbreche mein Glas. 4. Das vergessen wir bald. 5. Der Hund stiehlt in der Küche ein Stück Fleisch. 6. Er frißt es hinter dem Hause. 7. Du bist daran schuld.

3. Give a sliding synopsis of

1. Ich befehle dem Bruder zu schweigen. 2. Du hilfst dem Vater nicht. 3. Er sieht die Bienen nicht. 4. Wir essen zum Frühstück nicht viel. 5. Ihr sprecht zu laut. 6. Sie sterben nicht davon.

4. Put into the past tense and the present perfect tense:

1. Er bricht sich das Bein. 2. Sie nimmt die rote Mütze. 3. Ich treffe ihn auf dem Wege nach Hause. 4. Du wirfst deine Bücher auf den Boden. 5. Sie kommt mit geschwollener Wange nach Hause. 6. Wir geben jedem Kinde eine Mark. 7. Ihr lest die Briefe, nicht wahr? 8. Plötzlich tritt der Lehrer ins Zimmer. 9. Er bittet mich um ein Glas Wasser. 10. Er bietet mir drei Mark für das Messer. 11. Er sitzt am Pulte. 12. Er setzt sich ans Pult. 13. Er liegt drei Wochen im Hospital. 14. Sie legt dem Mädchen Tonerde auf die Wange. 15. Bald hören die Schmerzen auf. 16. Wir haben am Freitag viel Unglück. 17. Ich schneide mich in den Finger. 18. Sie weinen laut. 19. Sie liest den Satz vor. 20. Du zwingst mich, es zu tun.

5. *a.* Say in German to your brother:

1. Speak German. 2. Read the sentences aloud. 3. Don't break your arm.

b. Say in German to the children:

1. Help your mother. 2. Don't eat too much. 3. Don't break the glasses.

c. Say in German to Mr. Brown:

1. Take the red ones. 2. Don't forget it. 3. Stop laughing,[1] please.

1. Infin. with zu.

6. Read the following numerical expressions in German:

9	3	7	10	1	8	20	31	100
9th	3d	7th	10th	1st	8th	20th	31st	100th

7. Decline:

    ihr drittes Kind   das vierte Bild
    mein zweiter Brief   die zwanzigste Aufgabe

Lesson XXV

8. Read the following dates in German (*a*) in the nominative; (*b*) in the accusative; (*c*) after *am*:

June 10, 1934   May 16, 1892   February 28, 1760
August 1, 1900   November 21, 1914   March 4, 1935

9. Restate the following sentences, replacing the noun subjects by personal pronouns:

1. Obschon ihn die Biene gestochen hatte, weinte er nicht. 2. Als sich die Knaben dem Gipfel des Berges näherten, mußten sie auf Händen und Füßen kriechen. 3. Gestern hat uns der alte Mann besucht. 4. Darüber freuten sich die Kinder riesig.

10. Restate the following sentences, using the dative of the possessor:

1. Der Hund sprang auf den Rücken des Knaben. 2. Der Hund sprang auf seinen Rücken. 3. Das Wasser reichte bis an die Schultern der Frau. 4. Das Wasser reichte bis an ihre Schultern. 5. Sie legte die Hand auf den Kopf des Kindes. 6. Sie legte die Hand auf seinen Kopf. 7. Er warf es ins Gesicht des Mannes. 8. Er warf es in sein Gesicht.

11. Answer in German the following questions:

1. Der wievielte ist heute? 2. Der wievielte war gestern? 3. Wann sind Sie geboren? 4. Wann ist Weihnachten? 5. Wann beginnen die Sommerferien? 6. Der wievielte Tag der Woche ist der Freitag? 7. Der wievielte Monat des Jahres ist der Juni? 8. Ist Ihnen heute etwas Unangenehmes geschehen? 9. Glauben Sie alles, was Ihnen der Lehrer sagt? 10. Was haben Sie zum Frühstück gegessen? 11. Wievielmal die Woche haben Sie Deutsch? 12. Wieviel Uhr ist es? 13. Um wieviel Uhr essen Sie zu Mittag? zu Abend? 14. Haben Sie viel Zeit zum Studieren?

12. *a.* Do the following examples in German:

$11 + 9 =$ $22 - 7 =$ $4 \times 5 =$ $32 \div 8 =$
$18 + 10 =$ $73 - 16 =$ $11 \times 12 =$ $240 \div 12 =$

b. Read, in German, the time of day indicated by the following figures:

9.00	1.15	6.10
2.30	4.45	7.20
11.30	12.15	10.50

c. Give the meaning and the principal parts of

binden	tauchen	schwimmen	Gesicht	Kranz
gleiten	glänzen	schmücken	Antwort	König
springen	gewinnen	teilen	Preis	Weise
sinken	ringen	Matte	Turnhalle	Biene

13. Translate into German:

1. Yesterday was Friday, the thirteenth, and Anna had much ill luck. 2. Right off at breakfast she breaks her glass and cuts her finger. 3. But soon everything is forgotten, and she hurries to school, where she talks so much and laughs so loud that she does not see the teacher as he steps into the room. 4. When the latter suddenly said, "Anna, read us the lesson aloud," she was very much [1] astonished. 5. She began, but she did not read well, and at the third sentence she was crying. 6. The teacher helped her and did not become at all cross, for Anna is a good pupil. 7. As she was going home, a bee stung her. Anna cried again, and very loud, too. When she came home, her cheek was red and swollen. 8. Her mother puts medicated clay on her cheek, and the pains soon cease. 9. But Anna does not eat anything. She sits at the table and is silent. 10. Suddenly she exclaims, "It is good that Friday, the thirteenth, does not come very often!" 11. "Do you really believe that the day and the date are to blame for it?" asks her father. "Don't be so stupid! 12. When I was ten years old, I broke my leg on the twentieth of November, on Sunday. Then I lay in the hospital until the first of January. What do you say to that?" 13. How many weeks was he in the hospital? — From November 20 to January 1 are exactly six weeks.

1. Omit.

Lesson XXV

D
[Optional]

Deutsche Komponisten

Das deutsche Volk liebt Musik und Gesang. Musikalisches Talent findet man häufig, und unter den deutschen Komponisten sind mehrere, deren Namen mit Recht auf der ganzen Welt berühmt sind. Hierher gehört Georg Friedrich Händel. Er ging 1712 nach London, wo er im Jahre 1759 gestorben ist. Sein Grabmal ist in der Westminsterabtei.[1] Das Oratorium[2] „Messias" ist sein größtes Werk. Ein Zeitgenosse von ihm war Johann Sebastian Bach, lange Jahre Kantor[3] an der Thomaskirche[4] in Leipzig. Er hat vor allem Kirchenmusik geschrieben, darunter die Matthäus=[5] und die Johannespassion.[6]

Gegen Ende des achtzehnten Jahrhunderts fanden sich mehrere große Komponisten in Wien zusammen, von denen Mozart und Beethoven[7] die bedeutendsten sind. Doch auch Franz Schubert müssen wir hier nennen, den letzten der großen Klassiker im Reiche der Musik. Er hat dem Liede eine selbständige Kunstform gegeben und in seinem kurzen Leben mehr als sechshundert Lieder komponiert. Seine Nachfolger haben ihn auf diesem Gebiete kaum übertroffen.

Im neunzehnten Jahrhundert ist Richard Wagner die herrschende Gestalt, doch neben ihm stehen viele andere bedeutende Tonkünstler. Wagner strebte danach,[8] die Oper und das Drama in eine Kunstform zu verschmelzen. Er hat das Musikdrama geschaffen. In Bayreuth[9] errichtete er ein eignes Schauspielhaus zur Aufführung seiner Werke. Man nennt es gewöhnlich das Wagnertheater. Dort finden alljährlich die berühmten Wagnerfestspiele[10] statt, welche Musikfreunde aus ganz Europa und Amerika in Bayreuth zusammenbringen.

Für die Massen sind die schönen alten Volkslieder von großem Wert. Durch die Jugendbewegung, besonders durch die Wandervögel, sind diese in den letzten fünfzehn Jahren wieder neu zu Ehren gekommen. Der Inhalt und die Melodien dieser Lieder sind schlicht und einfach und entsprechen der Gedankenwelt und dem Seelenleben des deutschen Volkes. Man findet hier Heiteres und Ernstes, Komisches und Tragisches aus den Lebenserfahrungen der einfachen Leute, und oft in sehr guter Form. Auch schöne religiöse Lieder sind darunter.

Es war Johann Gottlieb Seume, der die Verse schrieb:

>Wo man singt, da laß dich ruhig nieder,
>Böse Menschen haben keine Lieder.

1. Westmin'sterabtei' *Westminster Abbey*. 2. Orato'rium *oratorio*. 3. *organist*. 4. *St. Thomas's Church*. 5. Matthä'uspassion' *Passion of Christ according to Matthew*. 6. Johan'nespassion' *Passion of Christ according to John*. 7. For picture of house in which Beethoven was born, see page 327. 8. danach anticipates the following infinitive phrase and is to be omitted in translating. 9. Bayreuth': town in northeastern Bavaria. 10. *Wagner-festival plays*.

Volkslieder

Du, du liegst mir im Herzen
(Sieh Seite 429!)

O Straßburg, o Straßburg

O Straßburg, o Straßburg,
Du wunderschöne Stadt,
Darinnen liegt begraben
So mannicher Soldat.

So mancher, so schöner,
Auch tapferer Soldat,
Der Vater und lieb Mutter
Böslich verlassen hat.

Bach    *Händel*

Mozart    *Beethoven*

Schubert    *Wagner*

10 Verlassen, verlassen,
    Es kann nicht anders sein;
    Zu Straßburg, ja zu Straßburg
    Soldaten müssen sein.

    Der Vater, die Mutter,
15 Die ging'n vor's[1] Hauptmanns Haus:
    „Ach Hauptmann, lieber Herr Hauptmann,
    Gebt unsren Sohn heraus!"

    „Euren Sohn kann ich nicht geben
    Für noch so vieles[2] Geld;
20 Euer Sohn und der[3] muß sterben
    Im weit und breiten[4] Feld.

    „Im weiten, im breiten,[5]
    Allvorwärts[6] vor dem Feind,
    Wenngleich sein schwarzbraun Mädel
25 So bitter um ihn weint."

    Sie weinet, sie greinet,
    Sie klaget also sehr:
    „Gut Nacht, mein herzig Schätzchen,
    Ich seh' dich nimmermehr!"

1. vor des.   2. Für noch so vieles *For ever so much.*   3. Euer Sohn und der *Your son, he.*   4. weit und breiten *far and wide.*   5. Supply Feld.
6. *In the very front.*

LESSON XXVI

Fractional Numerals · Prepositions with the Genitive · Adverbial Elements · Nicht · What Has Been and Still Is

A
Die Jahreszeiten

Das Jahr hat zwölf Monate. Drei Monate sind also ein Viertel des Jahres, oder ein Vierteljahr. Die Hälfte von zwölf ist sechs, und sechs Monate nennen wir ein halbes Jahr, oder ein Halbjahr. Die Woche hat sieben Tage. Ein Tag ist deshalb der siebte Teil der Woche, oder ein Siebtel der Woche. Da der Tag vierundzwanzig Stunden hat, ist eine Stunde ein Vierundzwanzigstel des Tages.

Man teilt das Jahr in vier Jahreszeiten, welche Frühling, Sommer, Herbst und Winter heißen. Während der ersten drei Monate des Jahres haben wir Winter; der Frühling beginnt am einundzwanzigsten März. Auf den Frühling folgt der warme Sommer, der vom 21. Juni bis zum 21. September dauert. Der Herbst fällt in das letzte Viertel des Jahres.

Es war schon in der zweiten Hälfte des Monats September und morgens und abends schon recht kühl, aber Jakob ging noch immer, auch außerhalb des Hauses, ohne Rock und Hut. Er fürchtet Wind und Wetter nicht.

Auch am zwanzigsten September ging er trotz des kalten Wetters mit seinem Freunde Peter an den See, der jenseits des Waldes liegt, um zu baden. Peters Lippen waren aber innerhalb weniger Minuten wegen der Kälte des Wassers ganz blau. Die Knaben blieben also nicht länger im Wasser. Nach=

dem sie die Kleider schnell angezogen hatten, gingen sie nach
Bielau, einem Dorfe, welches oberhalb des Sees und diesseits
des Waldes liegt. Jakobs Vetter ist seit drei Monaten in
diesem Dorfe Lehrer. Jakob war bis jetzt noch nicht nach
Bielau gekommen, seit sein Vetter dort wohnte. Sie fanden
den Vetter auf dem Hofe. Es freute ihn sehr, daß sie gekommen
waren, und er zeigte ihnen ein junges Pferd, das er vor kurzem
gekauft hatte. Es war ein edles Tier, und die Knaben hatten
große Freude daran. Peter nahm ein Stück Zucker aus der
Tasche und gab es ihm. Dann gingen sie ins Haus und unterhielten sich bei einer Tasse Kaffee über allerlei Sachen.

Merksätze

Wie lange wohnt er schon in diesem Dorfe?
Or: Seit wann wohnt er (schon) in diesem Dorfe?

Er wohnt schon drei Monate in diesem Dorfe.
Or: Er wohnt (schon) seit drei Monaten in diesem Dorfe.

Fragen

1. Wie heißen die zwölf Monate des Jahres?
2. Nennen Sie die sieben Tage der Woche!
3. Welcher Teil des Tages ist die Stunde?
4. Während welcher Monate haben wir Winter?
5. An welchem Tage beginnt der Sommer und bis wann dauert er?
6. Was trug Jakob trotz des kalten Wetters nicht?
7. Wo liegt der See, an den Jakob mit seinem Freunde Peter ging?
8. Wie wurden Peters Lippen innerhalb kurzer Zeit?
9. Warum gingen die Knaben nach Bielau?

Lesson XXVI

10. Wo fanden sie Jakobs Vetter?
11. Was zeigte er ihnen?
12. Was taten sie alle, nachdem sie ins Haus gegangen waren?

Vocabulary

an'|ziehen (*str.*) put on (clothes)
außerhalb *prep. w. gen.* outside of
deshalb on that account, therefore
diesseits *prep. w. gen.* on this side of
edel noble
folgen (*wk., aux.* sein) *dat.* follow
das Halbjahr (-s, -e) half-year
die Hälfte (—, -n) half
der Hof (-es, ⸚e) yard; auf dem Hofe in the yard
innerhalb *prep. w. gen.* inside of, within
jenseits *prep. w. gen.* on the other side of
die Kälte (—) cold, coldness
das Kleid (-es, -er) dress; *pl.* dresses, clothes
die Lippe (—, -n) lip

nennen (*irreg.* er nennt, er nannte, er hat genannt) name, call
oberhalb *prep. w. gen.* above
das Pferd (-es, -e) horse
recht right
die Sache (—, -n) thing, matter
das Siebtel (-s, —) seventh
die Tasche (—, -n) pocket
der Teil (-es, -e) part
das Tier (-es, -e) animal
trotz *prep. w. gen.* in spite of
unterhal'ten (*str.*) *refl.* converse; sich unterhalten über *acc.* converse about
das Vierteljahr (ie = i) (-s, -e) quarter (of the year)
das Vierundzwanzigstel (-s, —) twenty-fourth
wegen *prep. w. gen.* on account of
wenige few, a few
der Zucker (-s) sugar

bei einer Tasse Kaffee over a cup of coffee
große Freude an etwas (*dat.*) haben take great delight in something
im Monat September in the month of September
vor kurzem recently

B

1. Fractional Numerals

Except in the case of ½ the denominator of a fractional numeral is formed by adding ⸗el to the corresponding ordinal, while the numerator consists of a cardinal as in English. Fractional numerals are neuter nouns.

⅓ ein Drittel   9/10 neun Zehntel
⅔ zwei Drittel   11/20 elf Zwanzigstel
¾ drei Viertel   17/100 siebzehn Hundertstel

Half as an adjective is halb:

ein halber Monat *half a month*
ein halbes Dutzend *half a dozen*
drei und eine halbe Stunde *three and a half hours*

Half as a noun is die Hälfte:

die Hälfte der Kartoffeln *half of the potatoes*
Die Hälfte von zehn ist fünf. *One (A) half of ten is five.*

2. Prepositions with the Genitive

The following prepositions govern the genitive case:

außerhalb *outside of*
diesseit(s) *on this side of*
innerhalb *inside of, within*
jenseit(s) *on the other side of*
oberhalb *above*
statt or anstatt′ *instead of*
trotz *in spite of*
um ... willen *for the sake of*
unterhalb *below*
während *during*
wegen *on account of*

With um ... willen the noun stands between um and willen: um deines Vaters willen *for the sake of your father* or *for your father's sake*.

Wegen may either precede or follow the noun: wegen deines Vaters or deines Vaters wegen *on account of your father*.

Lesson XXVI

Personal pronouns governed by um ... willen or by wegen have special forms as follows:

um meinetwillen *for my sake*	meinetwegen *on my account*
um deinetwillen *for your sake*	deinetwegen *on your account*
um seinetwillen *for his (its) sake*	seinetwegen *on his (its) account*
um ihretwillen { *for her (its) sake* / *for their sake* }	ihretwegen { *on her (its) account* / *on their account* }
um unsertwillen / um unsretwillen } *for our sake*	unsertwegen / unsretwegen } *on our account*
um euertwillen / um euretwillen } *for your sake*	euertwegen / euretwegen } *on your account*
um Ihretwillen *for your sake*	Ihretwegen *on your account*

The forms meinetwegen, deinetwegen, and so on also mean *so far as I am concerned* or *for all I care*, *so far as you are concerned* or *for all you care*, and so on.

3. Adverbial Elements

a. Adverbial elements are usually arranged in the order *time, manner, place*:

> Karl eilte dann schnell zum alten Markte.

But variations may readily occur, depending upon emphasis and euphony. This is true, in particular, of the relative positions of adverbs of manner and place. In case of doubt the student may be guided by the rule that the most essential element comes last.

b. Adverbial elements of time commonly precede noun objects:

> Die älteren Schüler hatten am Tage vorher Kränze gebunden.
> Womit haben Sie heute morgen den Spiegel in meinem Zimmer geputzt?

But if the emphasis is on the time element, the order is reversed:

> Die älteren Schüler hatten die Kränze schon am Tage vorher gebunden.

4. Nicht

In the simple tenses nicht stands at the end of a principal clause if it modifies the whole statement:

> Er fürchtet Wind und Wetter nicht.
> Ich habe die Kreide nicht.
> Er trank seine Milch nicht.
> Gib ihm das Messer nicht!

In the compound tenses nicht precedes the participle or the infinitive:

> Er hat ihm das Messer nicht gegeben.
> Anna hatte ihre Aufgabe nicht gemacht.
> Er wird den Weg nicht finden.
> Sie werden ihre Aufgaben noch nicht gemacht haben.

In normal word order nicht precedes the particular element which it modifies:

> Karl ist gestern nicht in der Stadt gewesen.

But: In der Stadt ist Karl gestern nicht gewesen.
> Er ist nicht fleißig.

But: Fleißig ist er nicht.
> Er hat den Brief nicht mit Feder und Tinte sondern mit dem Bleistift geschrieben.
> Es wird heute nicht warm werden.
> Er ist von dem kalten Bade nicht krank geworden.

In a subordinate clause nicht precedes the verbal forms if the negation applies to the whole statement:

> Sie sagt, daß sie dem Kinde das Messer nicht gegeben hat.
> Obgleich er die Feder nicht brauchte, kaufte er sie doch.
> Sie kam nicht zur Schule, weil sie ihre Aufgabe nicht gemacht hatte.
> Ich fürchte, daß er den Weg nicht finden wird.

Nicht retains its position before the particular element it modifies also in a subordinate clause:

> Ich glaube, daß es heute nicht warm werden wird.
> Er sagt, daß er von dem kalten Bade nicht krank geworden ist.

5. What Has Been and Still Is

German uses the present tense where English uses the present perfect, to denote what has been and still is:

> Wie lange wohnt er schon in diesem Dorfe? or Seit wann wohnt er (schon) in diesem Dorfe? *How long has he been living in this village?*
>
> Er wohnt schon drei Monate in diesem Dorfe or Er wohnt (schon) seit drei Monaten in diesem Dorfe. *He has been living in this village (for) three months.*

Similarly German uses the past tense where English uses the past perfect, to express what had been and still was at a given point in past time:

> Ich arbeitete schon seit zwei Stunden, als er kam. *I had been working two hours when he came.*

C

1. Read in German:

$\frac{1}{7}$ von 35 ist 5	$\frac{3}{11}$ von 77 ist 21
$\frac{1}{24}$ von 96 ist 4	$\frac{3}{4}$ von 120 ist 90
$\frac{1}{30}$ von 90 ist 3	$\frac{9}{10}$ von 100 ist 90
$\frac{1}{2}$ von 100 ist 50	$\frac{1}{2}$ von 12 ist 6
$\frac{3}{8}$ von 72 ist 27	$\frac{1}{16}$ von 48 ist 3
$\frac{2}{3}$ von 45 ist 30	$\frac{5}{6}$ von 36 ist 30

2. Put each word in parentheses in its proper case:

1. Das Dorf liegt jenseits (**der Fluß**) unterhalb (**der See**). 2. Mein Freund wohnt außerhalb (**die Stadt**). 3. Diesseits (**das Haus**) ist ein kleiner Garten. 4. Trotz (**die Jahreszeit**) ist das Wetter noch schön und warm. 5. Er ist ohne (**sein Bruder**) gekommen. 6. Oberhalb (**der Wald**) kommt man in ein kleines Dorf. 7. Innerhalb (**die Städte**) findet man wenige Gärten. 8. Wegen (**das Wetter**) blieben wir gestern zu Hause. 9. Seit (**jener Tag**) habe ich ihn nur einmal gesehen. 10. Er hat es um (**sein Sohn**) willen getan. 11. Statt (**ein Bleistift**) hat sie mir Feder und Tinte gegeben. 12. Während

(**der Winter**) haben wir viel Schnee und Regen. 13. Er warf sein Buch unter (**der Tisch**). 14. (**Ihr Bruder**) wegen hat sie den Brief nicht geschrieben.

3. Put into German:

1. Don't stay at home on my account (on our account, on their account, on his account). 2. For your sake (For his sake, For her sake) I shall say nothing. 3. So far as I am concerned you may[1] go. 4. For all we care they may[2] stay at home. 5. How long have you been studying German? 6. I have been studying German two years. 7. How long did you study[3] German? 8. I studied[3] German two years. 9. I had been waiting half an hour when you saw me. 10. Don't eat the cheese. 11. He was not at school yesterday. 12. It does not become very hot in summer. 13. I did not see[3] him the whole day. 14. I shall not stay at home the whole afternoon; I am going to the movies at half past four. 15. He has been living in Berlin four years. 16. He lived[3] in Marburg two and a half years. 17. Half of the apples are green.

1. dürfen.   2. mögen.   3. Use pres. perf.

4. Begin each of the following sentences with the subject:

1. Morgen werden wir nicht zu Hause sein. 2. Während der Nacht wird es recht kühl. 3. Dumm ist sie nicht. 4. Nächste Woche besuchen wir unsre Tante auf dem Lande. 5. Die Uhr hat er nicht. 6. Innerhalb weniger Minuten waren seine Lippen ganz blau. 7. Endlich ging er langsam zur Schule. 8. Den Brief zeigte sie ihm nicht. 9. Gestern hatten wir Gäste aus der Stadt. 10. Schnell zog er dann seine Kleider an. 11. Vor kurzem hat er ein Pferd gekauft. 12. Auf dem Hofe war sie nicht.

5. Put into the past, the present perfect, and the future tense:

1. Man nennt ihn einen Faulpelz. 2. Wir unterhalten uns bei einer Tasse Kaffee über allerlei Sachen. 3. Er nimmt ein Stück Zucker aus der Tasche. 4. Wegen der Kälte des Wassers werden seine Lippen ganz blau. 5. Deshalb bleibt er nicht länger im Wasser.

Lesson XXVI

6. Der Hund folgt ihnen nach Hause. 7. Die Knaben haben große Freude daran. 8. Die Mutter legt ihr Tonerde auf die Wange. 9. Darüber freut sich der Junge sehr. 10. Zu Hause geschieht etwas Unangenehmes.

6. Decline:

    der zweite Teil   das edle Tier
    sein zweiter Besuch   ein edles Tier

7. Answer in German the following questions:

1. Wie viele Monate sind in einem Vierteljahr? 2. Wie viele Monate sind in einem Halbjahr? 3. Welchen Monat haben wir jetzt? 4. In welchem Monat fängt der Winter an? 5. Welche Jahreszeit beginnt im Monat März? 6. Der wievielte ist heute? 7. Der wievielte ist morgen? 8. Haben Sie heute etwas Neues gehört?

8. Give the meaning and the principal parts of

Sache	Pferd	Tasche	Satz	vorlesen
Hof	Tier	Biene	vergessen	weinen
Kleid	Zucker	Schmerz	stehlen	zerbrechen
Lippe	Teil	Wange	stechen	fressen

9. Translate into German:

1. Although it was already fall, James still went without coat and hat. 2. One day he went to the lake on the other side of the forest in order to bathe. His friend Peter went with him. 3. Peter's lips were soon quite blue on account of the coldness of the water. Therefore they did not stay long in the water. 4. They put on their clothes and go to Bielau where James's cousin has been teaching three months. 5. James finds his cousin in the yard. He shows the boys a young horse, which he bought[1] recently, and they take great delight in the noble animal. 6. Peter gives the horse a piece of sugar. Then they go into the house, drink coffee, and converse about all sorts of things.

                1. Use pres. perf.

D [Optional]
Die deutschen Hochschulen

Die deutschen Universitäten bestehen nicht wie die amerikanischen aus colleges, sondern aus Fakultäten.[1] Viele haben noch die alten vier: Theologie,[2] Jus,[3] Medizin[4] und Philosophie.[5] Die letzte ist die jüngste aber bei weitem die größte.
5 Unter die philosophische Fakultät gehört alles, was man in den amerikanischen colleges of liberal arts and sciences lehrt. An einigen deutschen Universitäten hat man aber die philosophische Fakultät geteilt, und unter verschiedenen Namen neue Fakultäten geschaffen. An der Spitze der Universität steht der Rektor,
10 der auf[6] ein Jahr gewählt wird,[7] und zwar der Reihe nach aus den verschiedenen Fakultäten.[8] Mit der Verwaltung der Finanzen[9] hat er nichts zu tun. Jede Fakultät hat ihren Dekan.[10]

Der Unterricht besteht aus Vorlesungen, Seminararbeit
15 und Experimenten[11] im Laboratorium.[12] Die Studenten auf der Hochschule haben viel Freiheit, und nach dem Zwang und der strengen Disziplin des Gymnasiums machen viele vollen Gebrauch davon, besonders in den ersten Semestern. Ein deutscher Student braucht keine Vorlesungen und kein Labora-
20 torium zu besuchen, wenn er nicht will. Er kann irgend einen Kursus[13] von Vorlesungen wählen, selbst wenn der Gegenstand nicht zu seinem Fache gehört. Wenn er am falschen Ende anfängt, so ist das seine Sache. Er macht keine Examina am Ende des Semesters. Er darf von einer Hochschule zur anderen
25 wandern, wann und wie er will. Aber am Schluß seines Studiums kommt ein sehr schweres und gründliches Examen. Die meisten brauchen zwölf oder mehr Semester, ehe sie so weit sind; manche machen nie ein Examen.

A Room of the Heidelberg Karzer

Aus dem Hochschulkundlichen Archiv von Schriftleiter Hans Bitter, Köln

Der einzige Titel, den die deutschen Hochschulen jetzt noch
verleihen, ist der Doktorgrad. Wer aber als Arzt oder Rechtsanwalt praktizieren [14] will, oder als Prediger oder Lehrer
Anstellung sucht, muß vorher ein Staatsexamen machen.

Eine alte Institution [15] der deutschen Universitäten ist der
Karzer, gewöhnlich mehrere Zellen, in denen Studenten ihre
Strafe absitzen mußten. Früher hatten die Universitäten ihre
eignen Richter, aber wenn ein Student heute wider das Gesetz
handelt, so kommt er, wie alle anderen, vor den bürgerlichen
Richter. Die alten Karzer sind von großem Interesse. Die
Wände dieser Zellen sind von oben bis unten bemalt [16] und mit
allerlei Reimereien beschrieben,[17] in denen der studentische
Humor zum Ausdruck kommt.

Eine große Rolle im Leben der deutschen Studenten spielen
die Verbindungen. Es gibt farbentragende und freie oder
schwarze Verbindungen. Die letzteren sind am zahlreichsten, die
ersteren aber weit berühmter. Man nennt sie farbentragende
Verbindungen, weil die Mitglieder bunte Mützen, Bänder und
Vierzipfel tragen. Doch ist das Tragen der Farben nur noch selten vorgeschrieben. Es gibt zwei große Gruppen von farbentragenden Verbindungen: die Korps, die aus den alten Landmann-
schaften entsprungen und fast so alt wie die Universitäten sind,
und die Burschenschaften, die erst seit dem Jahre 1815 bestehen.
Die Korps sind weniger zahlreich als die Burschenschaften, da
sie ziemlich exklusiv [18] sind. Bei feierlichen Gelegenheiten erschei-
nen die Mitglieder dieser Verbindungen, oder wenigstens die
Chargierten, in vollem Wichs, d. h. in einer Art Uniform, die
aus buntem Rock aus Samt oder Tuch, der mit Schnüren
besetzt ist, weißer Reithose, langen Stiefeln und bunter Mütze
oder Federhut besteht. Zum Wichs gehört immer der Schläger,

Students in Full Regalia

Photograph by Scherl

eine Art Säbel. Studenten, die keiner Verbindung angehören,
60 nennt man Wilde. Am Anfang und Schluß des Semesters und
bei festlichen Gelegenheiten hält man einen Kommers. Gewöhnlich hat man ein Programm [19] mit Musik und Gesang, und
die ganze Feier ist ziemlich formell.[20] Die berühmte Kneipe ist
dagegen ein freies, gemütliches Beisammensein bei einem Glase
65 Bier, gewisse Regeln gelten aber auch auf der Kneipe. Das
unmäßige Trinken, das früher gebräuchlich war, findet man
jetzt viel seltener. Beim Kommers und auch auf der Kneipe
singt man Studentenlieder.

1. Fakultä'ten *faculties*. 2. Theologie' *theology*. 3. *law*. 4. Medizin' *medicine*. 5. Philosophie' *philosophy*. 6. *for*. 7. gewählt
wird *is chosen*. 8. Under the new régime the rector is appointed by
the government. 9. Finan'zen *finances*. 10. Dekan' *dean*. 11. Experi-
men'ten *experiments*. 12. Laborato'rium *laboratory*. 13. *course*.
14. praktizie'ren *practice*. 15. Institution' *institution*. 16. *covered with
drawings*. 17. mit allerlei Reimereien beschrieben *inscribed with all kinds
of doggerel*. 18. exklusiv' *exclusive*. 19. Programm' *program*. 20. formell' *formal*.

LESSON XXVII

Strong Verbs, Class VI and Class VII · Irregular Verbs · Some Uses of the Infinitive · Laſſen

A
Der Wochenmarkt

In dem kleinen, deutſchen Städtchen, wo ich letztes Jahr bei meinem Großvater wohnte, hält man noch, im Winter wie im Sommer, Wochenmarkt, und zwar unter freiem Himmel. Auf dieſem Markte war alles zu ſehen,[1] was auf dem Lande wächſt, Kartoffeln, allerlei Gemüſe, Obſt, Butter, Eier, Käſe, Hühner, Gänſe, Enten, Tauben uſw. Schon ehe es hell wurde, kamen die Bauern mit ihren Wagen und fuhren langſam durch die Straßen nach dem Markte. Es iſt kaum[2] zu glauben, wie ſchwer die Wagen manchmal geladen waren. Doch ſchlugen die Bauern ihre Pferde nie. Nachdem ſolch[3] ein Bauer ſeine Waren abgeladen hatte, fuhr er nach dem Wirtshaus, um Pferd und Wagen dort zu laſſen. Den Handel ließ er in den Händen ſeiner Frau, ſeiner Mutter oder einer Tochter. Ehe er an ſeine eignen Geſchäfte ging, ſetzte er ſich in die Gaſtſtube und ließ ſich ein Glas Bier bringen. Mancher ſaß den ganzen Vormittag in einer Ecke, oft ohne ein Wort zu ſprechen, anſtatt der Frau zu helfen.

Ärmere Leute, die nicht Pferd und Wagen hatten, brachten ihre Waren in großen Körben, die ſie auf dem Rücken trugen. Gegen ſieben Uhr, im Sommer ſchon viel früher, im Winter etwas ſpäter, kamen die Käufer: Dienſtmädchen, einfache Haus=frauen, auch ein paar Damen, welche die Waren von ihren Dienſtmädchen nach Hauſe tragen ließen.

Eines Morgens sah ich einen kleinen Jungen eine große Birne aus dem Korbe einer Bäuerin nehmen, als diese den Rücken gewandt hatte. Aber schon legte sich ihm die Hand des Polizeidieners schwer auf die Schulter. Der kleine Dieb war gefangen, und vor Schreck ließ er die Birne fallen. Aber die Bäuerin sagte: „Nimm sie nur, und hier ist eine für deine Mutter. Aber ich rate dir, laß das Stehlen, denn das führt zu einem bösen Ende."

„Solche Burschen muß man hängen", sagte der Polizeidiener. „Ja, ja, die kleinen Diebe hängt man, die großen läßt man laufen", antwortete die Bäuerin. Der Junge lief mit feuchten doch frohen Augen nach Hause.

1. zu sehen *to be seen.* 2. *hard.* 3. Solch is uninflected before ein.

Merksatz

Ich kenne Herrn Heuser, aber ich weiß nicht, wo er wohnt.

Fragen

1. Was war auf dem Markte in dem kleinen, deutschen Städtchen zu sehen?
2. Wann kamen die Bauern zur Stadt?
3. Was ist kaum zu glauben?
4. Wohin gingen die Männer, nachdem sie abgeladen hatten?
5. In wessen Händen war der Handel?
6. Was ließen sich die Männer im Wirtshaus bringen?
7. Wo blieb mancher den ganzen Vormittag sitzen?
8. Wie brachten die ärmeren Leute ihre Waren nach dem Markte?
9. Wann kamen die Käufer?
10. Was tat ein kleiner Junge eines Morgens?

11. Wessen Hand legte sich dem Diebe auf die Schulter?
12. Was tat der Junge vor Schreck?
13. Was riet ihm die Bäuerin?
14. Wozu führt das Stehlen?
15. Was für Diebe hängt man, und welche läßt man laufen?

Vocabulary

ab'|laden (*str.*) unload
arm (⸚er, ⸚st) poor
die Bäuerin (—, –nen) peasant woman, farmer's wife
das Bier (–es, –e) beer
die Birne (—, –n) pear
der Bursche (–n, –n) fellow
die Dame (—, –n) lady
der Dieb (–es, –e) thief
das Ei (–es, –er) egg
einfach simple, plain
die Ente (—, –n) duck
fangen (er fängt, er fing, er hat gefangen) catch
froh glad, happy
die Gans (—, Gänse) goose
die Gaststube (—, –n) public room
halten (er hält, er hielt, er hat gehalten) hold
der Handel (–s) trade, business, transaction of business
hängen (*wk.*) *tr.* hang
das Huhn (–es, ⸚er) chicken
der Käufer (–s, —) buyer, purchaser
kennen (*irreg.* er kennt, er kannte, er hat gekannt) know, be acquainted with
laden (er lädt, er lud, er hat geladen) load
lassen (er läßt, er ließ, er hat gelassen) leave, let, have (something done *or* someone do a thing); fallen lassen let fall, drop; laufen lassen let go, let escape; laß das Stehlen leave off stealing, quit stealing
nur *w. imperative* just
der Polizei'diener (–s, —) policeman
raten (er rät, er riet, er hat geraten) *dat. of person* advise; guess
schlagen (er schlägt, er schlug, er hat geschlagen) strike, beat
der Schreck (–es) terror, fright; vor Schreck from fright
schwer heavy
das Städtchen (–s, —) (small) town
die Taube (—, –n) pigeon, dove
wachsen (er wächst, er wuchs, er ist gewachsen) grow

der Wagen (–s, —) wagon
die Ware (—, –n) article (of commerce); *pl.* goods, merchandise
wenden (*irreg.* er wendet, er wandte, er hat gewandt) turn
das Wirtshaus (–hauses, –häuser) inn
wissen (*irreg.* er weiß, er wußte, er hat gewußt) know
der Wochenmarkt (–s, ⸚e) weekly market

an seine eignen Geschäfte gehen go about one's own affairs
unter freiem Himmel in the open air

B

1. Strong Verbs, Class VI

The verbs of Class VI have the vowels a, u, a, in the infinitive, past indicative, and past participle respectively:

a, u, a

fahren, fuhr, gefahren
graben, grub, gegraben
laden, lud, geladen
schlagen, schlug, geschlagen
tragen, trug, getragen
wachsen, wuchs, gewachsen
waschen, wusch, gewaschen

2. Strong Verbs, Class VII

The verbs of Class VII have ie or i in the past indicative. The vowel of the past participle varies in different verbs but is always the same as that of the infinitive.

fallen, fiel, gefallen
fangen, fing, gefangen
halten, hielt, gehalten
heißen, hieß, geheißen
lassen, ließ, gelassen

laufen, lief, gelaufen
raten, riet, geraten
rufen, rief, gerufen
schlafen, schlief, geschlafen

3. Omission of Connecting =e=

Strong verbs that undergo vowel change in the second and third person singular of the present indicative do not

Lesson XXVII

follow the rule for the use of the connecting =e= in these forms. Stems in =b add =ſt instead of =eſt in the second person singular, and =t instead of =et in the third person singular. Stems in =t add =ſt in the second person singular, and have no inflectional ending in the third person singular.

ich halte	ich lade	ich rate
du **hältſt**	du **lädſt**	du **rätſt**
er **hält**	er **lädt**	er **rät**
wir halten	wir laden	wir raten
ihr haltet	ihr ladet	ihr ratet
ſie halten	ſie laden	ſie raten

4. Irregular Verbs

a. Irregular strong verbs. The strong verbs gehen and ſtehen form the past indicative and past participle from a stem different from that of the infinitive; tun has a different stem in the past tense:

> gehen, ging, gegangen
> ſtehen, ſtand, geſtanden
> tun, tat, getan

b. Irregular weak verbs. The following weak verbs have in the past indicative and past participle a vowel change which resembles ablaut:

> brennen (burn), brannte, gebrannt
> kennen (know), kannte, gekannt
> nennen (name), nannte, genannt
> rennen (run, race), rannte, iſt gerannt
> ſenden* (send), ſandte, geſandt
> wenden† (turn), wandte, gewandt
>
> bringen (bring), brachte, gebracht
> denken (think), dachte, gedacht
>
> wiſſen (know), wußte, gewußt

* Also regular: ſenden, ſendete, geſendet.
† Also regular: wenden, wendete, gewendet.

Wissen is also irregular in the singular of the present indicative:

ich weiß	wir wissen
du weißt	ihr wißt
er weiß	sie wissen

The imperative is regular: wisse! wißt! wissen Sie!

Wissen means to know something as a fact, while kennen means to be acquainted with a person or a thing:

> Ich kenne Herrn Heuser, aber ich weiß nicht, wo er wohnt. *I know Mr. Heuser, but I do not know where he lives.*

5. Some Uses of the Infinitive

a. The infinitive with zu is used after anstatt or statt, ohne, and um:

> Er saß in einer Ecke, ohne ein Wort zu sprechen, anstatt seiner Frau zu helfen. *He sat in a corner, without speaking a word, instead of helping his wife.*
>
> Er fuhr nach dem Wirtshaus, um Pferd und Wagen dort zu lassen. *He drove to the inn in order to leave his horse and wagon there.*

b. The infinitive without zu is used with certain verbs, such as heißen (*bid*), helfen, hören, lassen, lehren, lernen, sehen:

> Ich sah ihn eine Birne aus dem Korbe nehmen. *I saw him take a pear out of the basket.*
>
> Er hörte mich kommen. *He heard me come* (or *coming*).
>
> Ich lerne Deutsch lesen. *I am learning to read German.*

In the future tense the dependent infinitive precedes the infinitive of the governing verb:

> Er wird den Dieb laufen lassen. *He will let the thief go.*
>
> Du wirst ihn kommen hören. *You will hear him come* (or *coming*).
>
> Sie werden dir das Haus bauen helfen. *They will help you to build the house.*

Lesson XXVII

6. Lassen

The verb lassen must be noted carefully. When used with a dependent infinitive, it means *let* or *have* (that is, causal *have*):

> Er ließ die Birne fallen. *He let the pear fall.*
> Man läßt die großen Diebe laufen. *They let the big thieves go.*
> Die Damen ließen die Dienstmädchen die Waren nach Hause tragen. *The ladies had the servant girls carry the goods home.*

In the last sentence the word Dienstmädchen serves both as object of ließen and as subject of the infinitive tragen. If this object-subject word is omitted, then the infinitive acquires passive force:

> Die Damen ließen die Waren nach Hause tragen. *The ladies had the goods carried home.*

Compare also

> Er ließ sich ein Glas Bier bringen. *He had a glass of beer brought to him.*
> Ich lasse mir einen neuen Anzug machen. *I am having a new suit made.*

Lassen is also often used without a dependent infinitive, in which case it is commonly rendered by *leave*:

> Den Handel ließ er in den Händen seiner Frau. *He left the transaction of business in the hands of his wife.*
> Er ließ Pferd und Wagen im Wirtshaus. *He left his horse and wagon at the inn.*
> Er läßt nichts auf seinem Teller. *He leaves nothing on his plate.*

Lassen has also, at times, the force of *leave off, desist from, quit*:

> Laß das Stehlen! *Quit stealing.*
> Laß das Lernen und spiele mit mir! *Quit studying and play with me.*
> Laß das! *Leave off!* or *Quit it!*

C

1. Conjugate in the present indicative:

1. Ich halte es in der Hand. 2. Ich lasse vor Schreck ein paar Eier fallen. 3. Ich rate ihm, die Birnen nicht zu essen. 4. Ich heiße ihn gehen. 5. Ich lade den Wagen mit allerlei Gemüse. 6. Ich weiß nicht, wie die Dame heißt.

2. Give a synopsis of

1. Der Polizeidiener fängt den Dieb. 2. Wir rennen schnell nach dem Markte. 3. Sie senden uns Hühner und Enten. 4. Du weißt es nicht. 5. Er fährt nach dem Wirtshaus.

3. Give a sliding synopsis of

1. Ich grabe im Garten hinter dem Hause. 2. Du wächst sehr schnell. 3. Er kennt die Käufer nicht. 4. Wir schlagen die Pferde nie. 5. Ihr ladet den Wagen zu schwer. 6. Sie wenden dem Lehrer den Rücken.

4. Put into the past tense and the present perfect tense:

1. Man hält den Wochenmarkt unter freiem Himmel. 2. Ich hänge die Bilder an die Wand. 3. Er läuft mit frohen doch feuchten Augen nach Hause. 4. Sie raten mir, die Gänse und Tauben zu kaufen. 5. Die Bäuerin schenkt dem armen Burschen eine Birne. 6. Du wäschst dir die Hände nicht. 7. Den Handel läßt er in den Händen seiner Frau. 8. Die Bauern laden ihre Wagen ab. 9. Es brennt nicht. 10. Die einfachen Hausfrauen tragen die Waren selbst nach Hause. 11. Die Bauern setzen sich in die Gaststube und trinken Bier. 12. Er geht an seine eignen Geschäfte. 13. Ich denke nicht an ihn. 14. Er bringt mir Eier und Butter.

5. *a*. Say in German to your little brother:

1. Just take them. 2. Hold them in your hand. 3. Don't fall.

***b*. Say in German to your close friends James and John:**

1. Let the poor fellow go. 2. Help me carry the basket. 3. Don't strike the dog.

Lesson XXVII

c. Say in German to Miss Miller:

1. Drive to the inn. 2. Don't drop the bottle. 3. Guess what I have found.

6. Translate into German:

1. Leave off crying and help your mother. 2. I hear them laughing. 3. He went out of the room without answering. 4. She is teaching us to read French. 5. Instead of working he played tennis. 6. Where did you leave your books? 7. We go to school in order to learn something. 8. He leaves his door open. 9. He is having a new house built. 10. The peasants are having their wagons unloaded. 11. Have Jack help you. 12. No person knows when he must die. 13. I know the new teacher very well. 14. Fred knows the way to Bielau. 15. We know who did it. 16. You will see him working in the garden.

7. Compare:

froh	laut	angenehm
arm	heiß	faul
edel	stolz	rot

8. Give the meaning and the principal parts of

nennen	anziehen	Huhn	Taube	Zucker
tun	folgen	Dieb	Bäuerin	Tier
stehen	sich unterhalten	Dame	Städtchen	Teil
rufen	Ente	Bursche	Hof	Pferd
heißen	Ei	Birne	Kleid	Tasche
schlafen	Gans	Wagen	Lippe	Sache
fallen	Gaststube	Bier	Tal	Rock

9. *a.* Read in German:

$\frac{1}{3}$ von 27 ist 9 $\frac{2}{5}$ von 100 ist 40
$\frac{1}{2}$ von 90 ist 45 $\frac{7}{20}$ von 80 ist 28

b. Put into German:

1. The lake lies on the other side of the forest. 2. In spite of the bad weather he took a long walk. 3. I did not do it on your account. 4. We have been waiting an hour for him. 5. How long has he been here?

c. Begin the following sentences with the words in parentheses:

1. Das Messer hat (**er**) nicht. 2. Gestern hat (**sie**) ihr neues Kleid getragen. 3. Dann lief (**Karl**) schnell zur Schule. 4. Jene Dame kenne (**ich**) nicht. 5. Morgen werden (**wir**) Tante Helene besuchen. 6. Um sechs Uhr kam (**Paul**) müde und durstig nach Hause.

10. Translate into German:

1. Last year I was living with my grandfather in a small German town. 2. Every Saturday they held weekly market in the open air. 3. Here one sees everything that grows in the country: all kinds of fruit and vegetables, butter, eggs, chickens, geese, ducks, pigeons, and so forth. 4. You hear the peasants driving through the streets long before it becomes light. 5. Although the wagons are often heavily loaded, the peasants never beat their horses. 6. After the goods are unloaded, the men drive to the inn, where they leave their horses and wagons. 7. They sit down in the public room and have a glass of beer brought to them. They leave the transaction of business entirely in the hands of the women. 8. The buyers come toward seven o'clock. The ladies have their goods carried home by their servant girls. 9. One morning a small boy took a pear from the basket of a peasant woman. 10. But when the policeman caught the little thief, the peasant woman said: "Just let him go. He is probably hungry."

D [Optional]

Die Mensur

Die Mensur ist ein Überbleibsel des Duells.[1] Nur die farbentragenden Verbindungen gehen auf die Mensur, man nennt sie deshalb auch schlagende Verbindungen. Jeder Fuchs muß seine Bestimmungsmensuren[2] schlagen, ehe er vollwertiges Mitglied einer schlagenden Verbindung werden kann. Eine befreundete Verbindung stellt[3] den Gegner. In der Studenten=

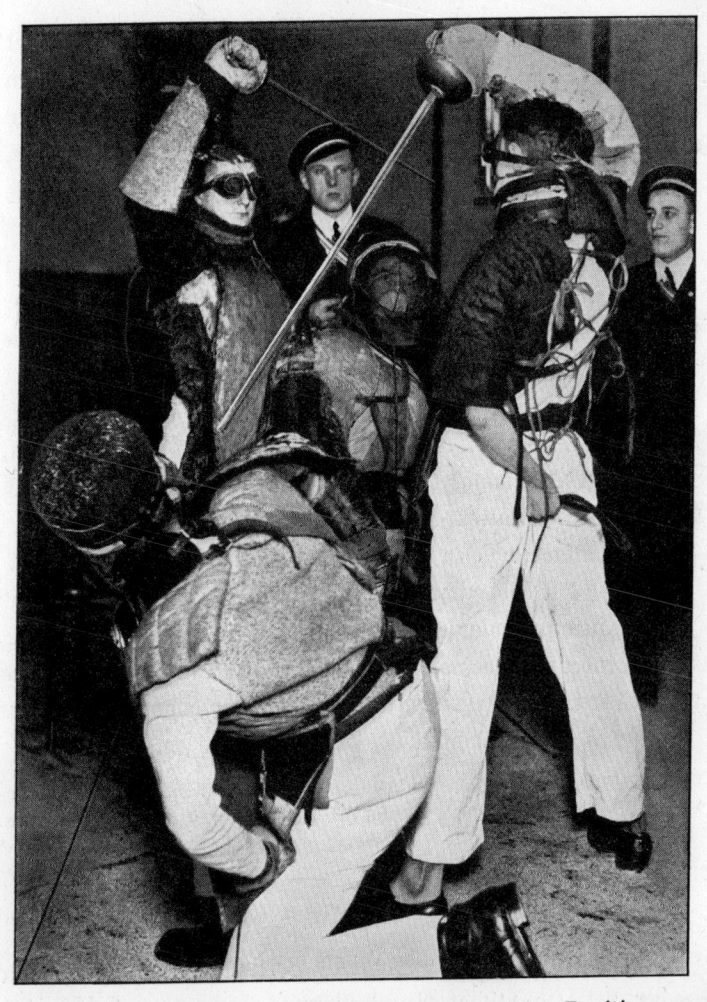

During the Mensur. The Figures in Crouching Position are the Seconds

sprache heißt die Mensur auch Pauke, und die Kämpfer nennt
man Paukanten.⁴ Wirkliche Gefahr für Gesundheit und Leben
ist mit der Mensur nicht verbunden. Die Paukanten tragen
große, schwere Lederschürzen, eine Halsbinde aus steifem,
dickem Leder, die bis an die Ohren reicht, eine Schutzbrille,
früher auch eine Mütze, die aber jetzt fortgefallen ist. Den
Paukarm,⁵ d. h. den rechten Arm, umwindet man so dick mit
Seide und Tüchern, daß er ganz steif ist und wie ein Ofenrohr
aussieht. Ehe die Paukanten auf die Mensur gehen, lassen sie
sich das Haar ganz kurz scheren. Beim Kampfe müssen sie mit
der Fußspitze den Kreidestrich berühren, der die Stellung be=
zeichnet. Sie stehen da, die linke Schulter weit zurückgeworfen,
und mit Ausnahme des rechten Handgelenks halten sie den
Körper unbeweglich. Jeder Paukant hat seinen Sekundanten.⁶
Die Paukanten zielen nur nach dem Kopf und Gesicht des Geg=
ners. Man hört nichts als das Schwirren der Schläger. Die
Zuschauer sind mausestill, ein Zuruf wäre⁷ ein Sakrilegium.⁸

Studenten gehen auch auf die Mensur, um eine Beleidigung
zu rächen. Jeder ehrenhafte Student, jeder honorige⁹ Student
heißt es in der Fachsprache, darf¹⁰ sich schlagen.

1. Duell' *duel.* 2. Bestim'mungsmensu'ren *assigned bouts.* 3. *pro-
vides.* 4. Nom. sg. der Paukant'. 5. *fencing arm.* 6. Nom.
Sekundant' *second.* 7. Subj. *would be.* 8. Sakrile'gium *sacrilege.*
9. hono'rige. 10. *may.*

Berlin

Die größte deutsche Stadt ist Berlin. Es wurde im Laufe
der Zeit Hauptstadt Brandenburgs, Preußens und schließlich
des Deutschen Reiches. Das heutige Berlin verdankt seine
Entwicklung vor allem der guten Verkehrslage.¹ In der Ge=
gend von Berlin laufen mehrere Bodensenkungen² zusammen,

die Täler früherer Ströme, die den Bau von Kanälen und Eisenbahnen sehr erleichterten. Durch die Anlage von Wasserstraßen wurde Berlin ein wichtiger Flußhafen, obschon die Spree, an der die Stadt liegt, keiner der großen deutschen Ströme ist. Da die Frachtschiffe aus dem Gebiete der oberen Oder und Elbe, sowie von den Hafenstädten an der Nord- und Ostsee die Spreehäfen Berlins erreichen können, bringt man viele Rohstoffe, wie Kohle, Erze, Holz und Baumaterial,[3] aber auch Obst, Kartoffeln und Getreide, auf dem Wasserwege hierher.

Außerdem ist Berlin heute das wichtigste Eisenbahnzentrum[4] des europäischen Kontinents, und so wurde es zur[5] größten Industriestadt[6] des Reiches. Man findet hier fast alle Industrien[7] vertreten; am wichtigsten sind aber die elektrische Großindustrie[8] und der Maschinenbau.[9] In der Herstellung von Kleidungsstücken und von allen jenen Dingen, die zur Ausstattung der Wohnung dienen, steht Berlin auf dem Kontinent an erster Stelle. Die verschiedenen industriellen[10] Anlagen reichen meilenweit vom Zentrum[11] des alten Berlins. Trotzdem ist die Umgebung dieser Stadt nicht ohne landschaftliche Schönheit. Das Land ist gewellt und reich an vielen kleinen Seen, und diese wieder liegen in einem Kranze von meist immergrünen Wäldern. Die Umgebung von Potsdam ist besonders schön.

In Berlin finden wir auch die größte Universität und die größte und beste technische Hochschule im Reiche, außerdem mehrere andere Institute[12] für Kunst und Wissenschaft. Das Buchgewerbe ist ebenfalls großartig entwickelt.

Die Stadt ist sehr schnell gewachsen. Im Jahre 1875 hatte Berlin noch weniger als eine Million Einwohner, heute zählt

es vier Millionen. Die Sehenswürdigkeiten Berlins auf=
zuzählen hat wenig Zweck. Man findet sie in jedem Reisehand=
buch angeführt und beschrieben, und vor allem muß man sie
sehen, wenn man sie wirklich würdigen will.[13]

1. der guten Verkehrslage *to its ready accessibility*. 2. *depressions*.
3. Bau'material' *building material*. 4. *railroad center*. 5. *the*.
6. Industrie'stadt *industrial city*. 7. Industri'en *industries*. 8. elektrische
Großindustrie *large-scale electrical industry*. 9. Maschi'nenbau *machine-manufacturing*. 10. industriel'len (ie = i + e) *industrial*. 11. *center*.
12. Nom. sg. das Institut' *institute*. 13. For a picture of the Berlin
cathedral, see page 53.

REVIEW OF LESSONS XXII–XXVII

1. Conjugate in the present indicative and in the imperative:

befehlen	bieten	laden	wissen	raten
halten	brechen	warten	vorlesen	vergessen

2. Give a synopsis of

1. Er schneidet sich in den Finger. 2. Sie kriechen auf Händen und Füßen. 3. Du zwingst ihn aufzuhören. 4. Der Hund frißt das Fleisch. 5. Ihr zerbrecht die Flaschen. 6. Der Polizeidiener fängt den Dieb. 7. Das wächst hier nicht. 8. Sie weiß es nicht. 9. Ich kenne die Dame nicht. 10. Wir denken oft an ihn. 11. Sie wirft das Buch auf den Tisch.

3. Give a sliding synopsis of

1. Ich binde das Pferd an den Baum. 2. Du gießt den Kaffee in die Becher. 3. Er steigt auf den Berg. 4. Wir lesen die Sätze vor. 5. Ihr schlagt den Esel nie. 6. Sie ziehen nach Berlin. 7. Du beginnst die Arbeit zu spät.

4. Put into the past tense and the present perfect tense:

1. Eine Biene sticht das Mädchen in die Wange. 2. Wir fürchten uns vor dem Hunde. 3. Du pfeifst zu laut. 4. Sie wendet mir den Rücken. 5. Wir unterhalten uns über allerlei Sachen. 6. Ihr reitet auf einem Esel. 7. Im Hochwald riecht es sehr angenehm. 8. Der Hund folgt mir nach Hause. 9. Ich gewinne den ersten Preis. 10. Hoch oben in der Luft fliegt ein Adler. 11. Sie gleiten langsam ins Wasser. 12. Wir nähern uns dem Gipfel des Berges. 13. Der Bauer ergreift den Hund beim Halsband. 14. Du springst vom höchsten Sprung= brett. 15. Die Rehe fliehen in den Wald. 16. Sie frieren alle ein wenig. 17. Der Bach fließt lärmend über die Steine seines Bettes. 18. Der Dieb stiehlt mein Geld. 19. Der kleine Bursche ringt dann eine halbe Stunde mit seinem Bruder. 20. Die Bauern fahren langsam durch die Straßen nach dem Markte.

First Book in German

5. Give the meaning and the principal parts of

beißen	schützen	weinen	brennen	warten
eilen	schießen	anziehen	befehlen	raten
bellen	wecken	nennen	halten	vergessen
hinaufsteigen	glänzen	hängen	bieten	bitten
aufwachen	schmücken	lassen	brechen	liegen
biegen	sinken	senden	laden	stehlen

6. Replace the English words in parentheses by the German equivalents:

1. (What) du sagst, ist wahr. 2. Ist (that) alles, (that) du hast? 3. Die Feder, (that) ich fand, schreibt sehr gut. 4. Siehst du (that) Mann dort? (That) ist Herr Doktor Karsten. 5. Dieser Tisch ist kleiner als (that one). 6. Was wirst du mit (that) Messer machen? 7. Was wirst du (with that) schneiden? 8. Geht zu Onkel Fritz, (he) wird euch helfen. 9. Ich habe nicht verloren, (what) du mir gegeben hast. 10. Das ist nicht das Dümmste, (that) er getan hat. 11. (Whoever) das sagt, ist sehr dumm. 12. Was sagst du (to that)? 13. Das Schönste, (that) ich in dieser Stadt gesehen habe, war das alte Schloß. 14. Frage Tante Klara, (she) weiß alles. 15. (Whoever) seine Schularbeiten jeden Tag gut macht, (der) erhält einen Preis. 16. Ich weiß etwas, (that) du nicht weißt. 17. Seit (that) Tage habe ich ihn nicht gesehen. 18. Es ist nicht alles Gold, (that) glänzt.

7. Read the following sentences aloud and translate them:

1. Da kommt der kleine Jakob Schaffer, der hat den ersten Preis gewonnen.

   Da kommt der kleine Knabe, der den ersten Preis gewonnen hat.

2. Aus dem Hause trat ein Bauer, der ergriff den Hund beim Halsband.

   Aus dem Hause trat ein Bauer, der den Hund beim Halsband ergriff.

3. Nicht weit von der Waldmühle sah er zwei Rehe, die hat er geschossen.

   Nicht weit von der Waldmühle sah er zwei Rehe, die er schoß.

Review of Lessons XXII–XXVII

4. Es war vor vielen Jahren ein alter König, der hatte eine schöne Tochter.

   Es war vor vielen Jahren ein alter König, der eine schöne Tochter hatte.

8. a. Count in German from forty-five to fifty-five.

b. Give in German the multiplication table of four.

c. Read in German the following numerals:

6, 16, 60; 4, 14, 40; 7, 17, 70; 10, 100, 1 000, 1 000 000, 1 000 000 000; 1934; 2 001; 0.

d. Do the following examples in German:

$8 + 3 =$	$82 - 12 =$	$4 \times 8 =$	$10 \div 2 =$
$10 + 9 =$	$99 - 14 =$	$8 \times 16 =$	$36 \div 4 =$
$66 + 5 =$	$30 - 3 =$	$10 \times 40 =$	$84 \div 12 =$

9. Read, in German, the time of day indicated by the following figures:

7.00	8.15	6.20	12.30
10.30	4.45	2.50	11.45

10. In the following sentences replace the noun subjects by personal pronouns:

1. Nie erkältet sich der Junge. 2. Karl arbeitet gern, wenn ihm die Schwester hilft. 3. Letzte Woche hat uns die Tante besucht. 4. Marie trug das Glas in die Küche, wie ihr der Vater befohlen hatte. 5. Jetzt näherten sich die Wanderer dem Gipfel des Berges.

11. Restate the following sentences, using the dative of the possessor:

1. Die Hand des Polizeidieners legte sich schwer auf die Schulter des Jungen. 2. Die Hand des Polizeidieners legte sich schwer auf seine Schulter. 3. Man bindet einen Korb auf den Rücken des Hundes. 4. Man bindet einen Korb auf seinen Rücken. 5. Ich lachte ins Gesicht des Mannes. 6. Ich lachte in sein Gesicht.

12. Read the following numerical expressions in German:

2, 2d; 14, 14th; 3, 3d; 30, 30th; 8, 8th; 21, 21st; 100, 100th; 7, 7th; 1, 1st; 16, 16th.

13. Decline:

unser dritter Knabe sein zweites Bild
der dritte Satz das zweite Haus

14. Read the following dates in German (*a*) in the nominative; (*b*) in the accusative; (*c*) after am:

May 2, 1909   March 6, 1877   April 1, 1914
August 8, 1872   June 10, 1857   July 4, 1934

15. Begin each of the following sentences with the subject:

1. Den Stock hat er nicht. 2. Die Matte kaufte er nicht. 3. Dieses Jahr war der Winter nicht sehr kalt. 4. Jeden Tag werde ich ärmer. 5. Seit drei Monaten ist Jakobs Vetter in diesem Dorfe Lehrer. 6. Dann gingen sie fröhlich zum Tore hinaus. 7. Erst um acht Uhr kamen sie müde und hungrig nach Hause. 8. Letzten Herbst hat mein Vater bei der Waldmühle ein Reh geschossen. 9. Manchmal machten wir auch Ausflüge in den Wald. 10. Morgen werde ich eine Zeichnung von dem Marburger Schlosse machen.

16. Read in German:

$\frac{1}{9}$ von 18 ist 2 $\frac{2}{3}$ von 18 ist 12
$\frac{1}{20}$ von 100 ist 5 $\frac{3}{4}$ von 20 ist 15
$\frac{1}{2}$ von 8 ist 4 $\frac{4}{7}$ von 28 ist 16
$\frac{1}{8}$ von 24 ist 3 $\frac{7}{30}$ von 90 ist 21

17. Put the words in parentheses in the proper case:

1. Innerhalb (**eine halbe Stunde**) hatte er es ganz vergessen. 2. Das Dorf Bielau liegt oberhalb (**der See**) und diesseits (**der Wald**). 3. Trotz (**das kalte Wetter**) geht Jakob noch immer, auch außerhalb (**das Haus**), ohne Rock und Hut. 4. Jenseits (**der Fluß**) ist eine schöne Wiese. 5. Eine kurze Strecke unterhalb (**das Dorf**) fließt das kleine Flüßchen in den Bärensee. 6. Außer (**ich**) war kein Mensch da. 7. Während (**die Feiertage**) haben wir viel Besuch gehabt. 8. Wegen

Bonn. House in which Beethoven was Born

(**das schlechte Wetter**) bin ich zu Hause geblieben. 9. Statt (**ein Hut**) hat sie sich ein neues Kleid gekauft. 10. Er stand zwischen (**das Pult**) und (**der Stuhl**). 11. (**Die Kinder**) wegen gehen wir jeden Sommer aufs Land. 12. Um (**sein Vater**) willen hat er es aufgegeben.

18. Translate into German:

1. We go to the theater three times a month. 2. He visits us twice a year. 3. I heard nothing new. 4. He has something very beautiful for you. 5. You need not do it on my account. 6. So far as we are concerned, you may [1] tell him.[2] 7. For her sake he will do it. 8. We did not work the whole day; we played tennis for two hours. 9. We did not work the whole day; we played football and went to the movies. 10. We do not write to each other very often, for writing takes so much time. 11. We had no time yesterday for [3] playing. 12. I see him standing at the window. 13. You will hear him open the door. 14. He said it without laughing. 15. Instead of studying he played basket ball.

16. I am going to Germany next summer in order to study in [4] beautiful old Marburg. 17. How long have you been living in Marburg? 18. I have been living in Marburg for two and one-half years. 19. How long did you live in the country? 20. I lived in the country for five years. 21. We had been playing only [5] half an hour when it began to rain. 22. I know Berlin very well. 23. We know why he did not come. 24. I did not know that. 25. He has John help his brother every Saturday. 26. She has the windows washed twice a month. 27. He leaves his books at home. 28. He lets the children play in the meadow. 29. Leave off reading and go to bed. 30. She is having a new dress made for Mary.

1. dürfen.   2. *tell him* es ihm sagen.   3. zum.   4. *in the.*   5. erst.

19. Give the meaning and the principal parts of

Welt	Wind	Schmerz	Zucker	Huhn
Mensch	Antwort	Hof	Tier	Wagen
Narr	Kranz	Tasche	Birne	Taube
Felsen	Matte	Lippe	Ei	Markt
Gebäude	Weise	Kleid	Gans	Fuß
Kreis	Aufgabe	Teil	Ente	Geld

Review of Lessons XXII–XXVII

20. Translate into English:

1. Sie machten sich also gleich auf den Weg. 2. Fürchten Sie sich nicht vor dem Hunde! 3. Bei einem großen Tannenbaum bogen sie rechts in den dichten Wald. 4. Dort roch es sehr angenehm. 5. Sie lagen auf dem Rücken und schauten in den Himmel. 6. Hoch über ihnen zog ein Adler große Kreise in die blaue Luft. 7. Wir gehen über die Waldmühle nach Hause. 8. Ja, der hat immer Glück. 9. Sie sahen das große, alte Gebäude erst, als sie dicht dabei waren. 10. „Ach so!" sagte Peter mit erstauntem Gesicht. 11. Am Abend war Schauturnen in der Turnhalle. 12. Hier glänzte Jakob Schaffer, der den ersten Preis gewann. 13. Er hat mindestens zwölfmal getaucht, und zwar auf alle möglichen Weisen. 14. Er hat ihn endlich mit den Schultern auf die Matte gezwungen. 15. Gleich beim Frühstück zerbrach sie ihr Glas.

16. Sie las nicht gut, und beim dritten Satze weinte sie. 17. Zu Hause war auch etwas Unangenehmes geschehen. 18. Sie kam mit roter, geschwollener Wange nach Hause. Eine Biene hatte sie gestochen. 19. Die Mutter legte ihr Tonerde auf die Wange, und bald hörten die Schmerzen auf. 20. Es ist aber gut, daß nicht jeder Tag ein Freitag und der Dreizehnte ist! 21. Glaubst du, daß der Tag und das Datum daran schuld sind? 22. Peters Lippen waren innerhalb weniger Minuten wegen der Kälte des Wassers ganz blau. 23. Sie fanden den Vetter auf dem Hofe. 24. Die Knaben hatten große Freude an dem edlen Tiere. 25. Sie unterhielten sich bei einer Tasse Kaffee über allerlei Sachen. 26. In diesem Städtchen hält man noch, im Winter wie im Sommer, Wochenmarkt, und zwar unter freiem Himmel. 27. Auf diesem Markte war alles zu sehen, was auf dem Lande wächst. 28. Ehe er an seine eignen Geschäfte ging, setzte er sich in die Gaststube und ließ sich ein Glas Bier bringen. 29. Der kleine Dieb war gefangen, und vor Schreck ließ er die Birne fallen. 30. Nimm die Birne nur, aber ich rate dir, laß das Stehlen, denn das führt zu einem bösen Ende. 31. Die kleinen Diebe hängt man, die großen läßt man laufen. 32. Der Junge lief mit feuchten doch frohen Augen nach Hause.

LESSON XXVIII

Present, Past, and Future Tenses of the Modal Auxiliaries

A

Bruder und Schwester

Karl Müller hat Wilhelm Weinhold eingeladen, heute abend mit ihm ins Theater zu gehen, aber Wilhelm wird nicht mitgehen können, denn er muß einen spanischen Aufsatz schreiben. Gestern wollte er auch ausgehen, aber er durfte nicht, weil er
5 seine italienische Aufgabe mit seiner Schwester Gertrud wiederholen sollte. Das mag er gar nicht, denn Gertrud ist sehr klug; sie weiß alles und spielt also gern mit ihm, wie die Katze mit der Maus. Gertrud selber kann Italienisch und Spanisch sehr gut. Sie weiß alle Regeln und kann beide Sprachen
10 schreiben und sprechen. Sie kennt auch die Werke vieler italienischer und spanischer Dichter und Schriftsteller. Wilhelm hat selbst einen sehr guten Kopf, aber er will nicht arbeiten, und Italienisch mag er außerdem nicht.

Seine Schwester wollte letzten Herbst ihre Lehrerinnen-
15 prüfung machen, aber sie konnte es nicht, weil sie krank war. Mehrere Wochen konnte sie fast gar nicht schlafen, und als das besser wurde, mochte sie nicht essen. Wilhelm fand das ganz in der Ordnung. „Wer nicht arbeiten will, soll auch nicht essen", sagte er. „Aber Gertrud kann doch jetzt nicht arbeiten, denn sie
20 ist krank", erklärte die Mutter. Doch hier konnte Wilhelm die Schwester mit ihren eignen Worten schlagen. „Gertrud sagt immer, der[1] Mensch kann, was er will," antwortete er, „also soll sie doch wollen."

Lesson XXVIII

Jetzt wird Gertrud bald wieder ausgehen dürfen, und sie wird wohl im April ihre Prüfung machen wollen. Ihr alter Lehrer, der Gertruds Großvater gut gekannt hat, sagte neulich, sie sollte bis nächsten Herbst warten, aber das wird sie nicht wollen, wenn sie auch bis vor kurzem so schwach war, daß sie das Bett hüten mußte.

Wilhelm wird viel mehr arbeiten müssen, falls seine Schwester fortgeht und ihm nicht mehr hilft. Wenn Wilhelm seine Schularbeiten nicht gut macht, darf er nicht ausgehen. Wenn die anderen Knaben spielen dürfen, muß er zu Hause sitzen und arbeiten. Seine Eltern können ihm nicht helfen, denn sie können weder Spanisch noch Italienisch. Herr Weinhold konnte zwar früher etwas Italienisch, denn er ist vor Jahren einmal in Italien gewesen, doch gut war es nie, und er hat auch alles wieder vergessen. Aber Wilhelm wird schon noch arbeiten lernen. Wir müssen alle manches tun, was wir nicht mögen.

1. The definite article is used with nouns taken in a general sense. See the Appendix, page 443.

Merksätze

Du mußt jetzt gleich in die Schule.
Darf ich mit?

Fragen

1. Wohin will Karl Müller heute abend gehen?
2. Warum kann Wilhelm Weinhold nicht mitgehen?
3. Warum durfte Wilhelm auch gestern abend nicht ausgehen?
4. Warum mag er nicht gern mit seiner Schwester lernen?
5. Welche Sprachen kann Gertrud sehr gut?
6. Was weiß sie?

7. Wessen Werke kennt sie?
8. Ist Wilhelm klug oder dumm?
9. Welche Sprache mag er nicht?
10. Warum konnte Gertrud letzten Herbst ihre Lehrerinnen=prüfung nicht machen?
11. Was konnte sie lange Zeit nicht?
12. Was mochte sie nicht, als es damit besser wurde?
13. Was sagte Wilhelm dazu?
14. Wann wird Gertrud ihre Prüfung machen wollen?
15. Was wird Wilhelm tun müssen, falls die Schwester fortgeht?
16. Können seine Eltern Spanisch oder Italienisch?
17. Wird Wilhelm je arbeiten lernen?
18. Was müssen wir alle oft tun?

Vocabulary

der **Aufsatz** (–es, ⸚e) essay, composition

aus′|gehen (*str., aux.* sein) go out

außerdem *adv.* besides

der **Dichter** (–s, —) poet

doch however, nevertheless, anyway; really, you know, why

ein′|laden (*str.*) invite

ein′mal one time, once

erklä′ren (*wk.*) explain, declare

etwas some

falls *subord. conj.* in case (that)

fort′|gehen (*str., aux.* sein) go away

hüten (*wk.*) guard, tend; das Bett hüten müssen be confined to one's bed

Ita′lien (ie = i + e) (*neut.*) (–s) Italy

italie′nisch (ie = i + e) *adj.* Italian; **Italienisch** *indecl. neut.* Italian (language)

die **Katze** (—, –n) cat

die **Leh′rerinnenprü′fung** (—, –en) teachers' examination

manches many a thing, many things

die **Maus** (—, Mäuse) mouse

mit′|gehen (*str., aux.* sein) go along

die **Ordnung** (—, –en) order; er fand das ganz in der Ordnung

he thought it quite right *or*
natural *or* proper

die **Prüfung** (—, -en) test, examination; eine Prüfung machen take an examination

die **Regel** (—, -n) rule

schon already, all right, never fear

der **Schriftsteller** (-s, —) author, writer

schwach (⸚er, ⸚st) weak

spanisch *adj.* Spanish; **Spanisch** *indecl. neut.* Spanish (language)

die **Sprache** (—, -n) language

das **Werk** (-es, -e) work (of art *or* literature)

wiederho'len (*wk.*) repeat, review

Wilhelm (*masc.*) (-s) William

weder ... noch neither ... nor
wenn ... auch even if
in die Schule gehen go to school
mit ihren eignen Worten schlagen rout with her own words

B

1. Principal Parts of the Modals

dürfen, er darf, er durfte, er hat gedurft
können, er kann, er konnte, er hat gekonnt
mögen, er mag, er mochte, er hat gemocht
müssen, er muß, er mußte, er hat gemußt
sollen, er soll, er sollte, er hat gesollt
wollen, er will, er wollte, er hat gewollt

2. Conjugation of the Modals

PRESENT INDICATIVE

ich darf	kann	mag	muß	soll	will
du darfst	kannst	magst	mußt	sollst	willst
er darf	kann	mag	muß	soll	will
wir dürfen	können	mögen	müssen	sollen	wollen
ihr dürft	könnt	mögt	müßt	sollt	wollt
sie dürfen	können	mögen	müssen	sollen	wollen

The inflection of the past indicative is regular, being that of a weak verb. There is no imperative except in the case of wollen.

3. Meanings of the Modals

a. Dürfen means *be permitted to*. It is often rendered by *may* or, with a negative, by *must not*.

> Sie wird bald wieder ausgehen dürfen. *She will soon be permitted to go out again.*
> Darf ich mitgehen? *May I go along?*
> Das darfst du nicht sagen. *You must not say that.*

b. Können means *be able to*. It is frequently rendered by *can*.

> Er wird nicht mitgehen können. *He will not be able to go along.*
> Sie kann jetzt nicht arbeiten. *She cannot work now.*

c. Mögen means (1) *Like, like to, care to*; it is often accompanied by gern:

> Er mag Italienisch nicht. *He does not like Italian.*
> Sie mochte nicht essen. *She did not care to eat.*
> Ich mag nicht gern davon reden. *I do not like (or care) to talk about it.*

(2) *May*, conceding possibility:

> Das mag sein. *That may be.*

d. Müssen means *be obliged to*. It is commonly rendered by *must* or *have to*.

> Das müssen wir alle tun. *We must all do that.*
> Er muß einen spanischen Aufsatz schreiben. *He has to write a Spanish essay.*
> Er wird viel mehr arbeiten müssen. *He will be obliged to work much more.*

e. Sollen means (1) *Be to* (= *be expected to*):

> Er soll seine italienische Aufgabe wiederholen. *He is to review his Italian lesson.*

(2) *Ought to*. In this sense the past subjunctive is used:

> Sie sollte bis nächsten Herbst warten. *She ought to wait until next autumn.*

(3) *Be said to:*

> Er soll über hundert Jahre alt sein. *He is said to be over a hundred years old.*

(4) *Shall*, but not as auxiliary of the future tense:

> Wer nicht arbeitet, soll auch nicht essen. *Whoever does not work shall not eat, either.*

But
> Das werde ich nie vergessen. *I shall never forget that.*

f. Wollen means (1) *Want, want to:*

> Was will er? *What does he want?*
> Sie wollte letzten Herbst ihre Prüfung machen. *She wanted to take her examination last fall.*

(2) *Intend to:*

> Wann wollen Sie mit ihm darüber sprechen? *When do you intend to speak to him about it?*

(3) *Be about to*; in this meaning it is usually accompanied by eben:

> Wir wollten eben ausgehen, als es zu regnen anfing. *We were about to go out when it began to rain.*

(4) *Claim to:*

> Er will es selbst gesehen haben. *He claims to have seen it himself.*

(5) *Will*, but not as auxiliary of the future tense:

> Wollen Sie, bitte, die Tür zumachen? *Will you please close the door?*

But
> Wird er um vier Uhr zu Hause sein? *Will he be at home at four o'clock?*

4. Dependent Infinitive

An infinitive dependent upon a modal auxiliary does not take zu:

> Er will nicht arbeiten. *He does not want to work.*
> Ich mußte die Tür aufmachen. *I had to open the door.*

In the future tense the dependent infinitive precedes the modal:

> Sie wird im April ihre Prüfung machen wollen. *She will want to take her examination in April.*

5. Omission of Infinitive

With the modal auxiliaries a dependent infinitive is often omitted, especially one that expresses motion:

> Du mußt jetzt gleich in die Schule. *You must go to school now immediately.*
> Darf ich mit? *May I go along?*

6. Können Meaning *know*

Können frequently means *know* when expressing knowledge or mastery acquired by study or practice:

> Ich kann meine Aufgabe. *I know my lesson.*
> Können Sie Deutsch? *Do you know German?*

In this construction no infinitive is felt to be understood. Können has also the force of *know how to*:

> Können Sie Klavier spielen? *Do you know how to play the piano?*

C

1. Conjugate in the present, past, and future tenses:

1. Ich muß zu Hause bleiben. 2. Ich kann ihm helfen. 3. Ich darf nicht mitgehen. 4. Ich will es nicht tun.

2. Put into the third person singular and plural of the present and past tenses:

1. Ich mag nicht ins Kino gehen. 2. Ich darf nicht auf die Eisbahn gehen. 3. Ich muß meine italienische Aufgabe wiederholen. 4. Ich will nach Italien gehen. 5. Ich darf keinen Kaffee trinken. 6. Ich kann weder Italienisch noch Spanisch. 7. Ich muß um acht Uhr in die Schule. 8. Ich mag ihn nicht.

Lesson XXVIII

3. Replace the infinitives in parentheses by the correct finite forms —

a. In the present tense:

1. Sie (**können**) ihre Prüfung nicht machen, weil sie zu schwach ist. 2. Wenn ihr eure Schularbeiten nicht gut macht, (**dürfen**) ihr nicht ausgehen. 3. Wilhelm Weinhold (**müssen**) einen spanischen Aufsatz schreiben. 4. Außerdem (**mögen**) ich diese Sprache nicht. 5. Du (**sollen**) jetzt deine spanische Aufgabe wiederholen. 6. Das (**mögen**) wohl schuld daran sein. 7. Er (**wollen**) all sein Geld verloren haben. 8. Du (**sollen**) nicht stehlen. 9. Was (**wollen**) du? 10. Man (**können**) sie mit ihren eignen Worten schlagen.

b. In the past tense:

1. Sie war krank und (**mögen**) nicht essen. 2. Er (**müssen**) bis vor kurzem das Bett hüten. 3. Er (**wollen**) eben zu Bett gehen, als es an seine Tür klopfte. 4. Er (**können**) etwas Italienisch. 5. Die Kinder (**dürfen**) nicht mit. 6. Wir (**müssen**) nach Hause. 7. Seine Schwester (**können**) ihm nicht mehr helfen. 8. Katzen (**mögen**) er nicht.

c. In the future tense:

1. Du (**müssen**) viel mehr arbeiten, falls deine Schwester fortgeht. 2. Gertrud (**wollen**) wohl nächsten Monat ihre Lehrerinnenprüfung machen, wenn sie auch noch schwach ist. 3. Sie (**mögen**) wohl nicht länger bleiben. 4. Wilhelm (**können**) diesen Sommer nicht nach Italien gehen. 5. Ihr (**dürfen**) nicht mit Karl ins Theater gehen. 6. Wir (**müssen**) alle manches tun, was wir nicht mögen.

4. Translate the sentences in 1, 2, and 3, above, into English.

5. Translate into German:

1. We must wait for him. 2. That may be true. 3. What do they want? 4. She ought to help them. 5. May I go out this evening? 6. She does not like cats. 7. She is said to be very beautiful. 8. I intend to stay at home this evening. 9. You will not be able to find him. 10. You must not do that. 11. Will you please open the window? 12. You are to say nothing.

13. I was about to telephone when Fred stepped into the room.
14. He claims to have studied in Berlin. 15. You will have to write your German composition. 16. You will be obliged to invite him. 17. I do not care to go along. 18. He does not want to work. 19. He shall do it, anyway. 20. I shall never forget it. 21. Do you know Italian? — Only a little, but I know German very well. 22. He does not know how to swim. 23. I did not know that he was here. 24. I do not know these people at all.

6. Put into the past tense and the present perfect tense:

1. Sie erklärt uns die Regeln. 2. Sie kennt die Werke vieler spanischer Dichter und Schriftsteller. 3. Sie fürchtet sich vor einer kleinen Maus. 4. Sie finden das ganz in der Ordnung. 5. Ich lade ihn ein, mit mir ins Theater zu gehen. 6. Anna hütet die Gänse. 7. Er geht hinaus, ohne ein Wort zu sagen.

7. Give the meaning and the principal parts of

Katze	Schriftsteller	Bursche	schlagen	kennen
Maus	Sprache	Dame	ausgehen	lassen
Dichter	Prüfung	Wagen	wissen	hängen
Aufsatz	Huhn	Birne	wenden	halten
Werk	Ei	mitgehen	raten	wachsen
Regel	Ente	wiederho'len	fortgehen	treten

8. Translate into German:

1. William Weinhold could not go to the theater yesterday with his friend Charles Miller, because he had to write an Italian composition. 2. Charles has invited him to go with him to the movies this evening, but William is to review his Spanish lesson with his sister Gertrude. 3. Gertrude knows Spanish very well, and she has read the works of many Spanish poets and authors. 4. William is not stupid, but he does not want to work; besides he does not like languages. 5. Gertrude plays with him, like the cat with the mouse, and William becomes very angry. 6. But he will have to work much more in case his sister goes away. 7. Gertrude wants to take the teachers' examination next week. She could not take this examination last fall because she was

sick. 8. Up to a short while ago she was confined to her bed. She was so weak that she did not care to eat. 9. What will William do when his sister can no longer help him? His parents know neither Spanish nor Italian. 10. Poor William! But he will yet learn to work, all right. He will have to do many a thing that he does not like. 11. He will have to stay at home every evening and study diligently. He will not be able to go to the movies so often.

D [Optional]

Sprüche

Wer zwei Hasen zugleich will jagen,
Wird keinen davon nach Hause tragen.

Aus nichts wird nichts, das merke wohl,
Wenn aus dir etwas werden soll.

Nichts ist so elend, als ein Mann,
Der alles will, und der nichts kann.

Wer nicht kann, was er will,
Muß wollen, was er kann.

Sollen und Wollen

Ich will! Das Wort ist mächtig;
Ich soll! Das Wort wiegt schwer.
Das eine spricht der Diener,
Das andre spricht der Herr.
Laß beide eins dir werden
Im Herzen ohne Groll;
Es gibt kein Glück auf Erden
Als wollen, was man soll.

HAHN

Ein Rätsel

Ein jeder will es werden
Allhier auf dieser Erden,
Doch bricht die Zeit herein,[1]
Will es keiner sein.

[Alk]

1. Doch bricht die Zeit herein *But when the time approaches.*

Schiller

Friedrich Schiller (1759–1805) ist der größte deutsche Dramatiker. Seine ersten Dramen handeln alle von der Freiheit in irgend einer Form. Auch „Wilhelm Tell", sein letztes vollendetes Werk, verherrlicht die Freiheit. Sein
5 größtes Werk ist „Wallenstein", eine Trilogie,[1] d. h. ein Stück in drei Teilen. Schiller hat auch sehr schöne Balladen geschrieben, aber in seinen lyrischen Gedichten mangelt es an Gefühl. Goethe schrieb immer über seine eignen Erlebnisse und Gefühle, Schiller fast nur über Gedachtes. Seine Lyrik ist Gedanken=
10 lyrik; „Hoffnung" ist ein gutes Beispiel.

In diesem Gedicht betrachtet der Dichter das menschliche Leben und sucht dessen[2] Sinn zu begreifen. Die Menschen sind nicht zufrieden mit dem Leben und der Welt, wie sie sind. Sie wollen eine schönere und bessere Welt. Das war schon
15 immer so und wird auch so bleiben, solange es Menschen gibt, denn ohne Hoffnung kann die Menschheit nicht bestehen.

Wenn ein Kind zur Welt kommt, hoffen die Eltern, daß es aufwachsen und glücklich werden wird. Für den Knaben ist die Hoffnung noch ein reines Spiel; sie umgaukelt ihn, wie der
20 Schmetterling die Blume. Der Horizont[3] des Jünglings ist

groß und weit geworden, und oft sieht er keine Grenzen, die
Zukunft ist ihm ein Zauberland. Aber noch am Grabe hoffen
die Menschen, wenn auch nur auf ein Wiedersehen in einem
anderen und besseren Leben.

In der dritten Strophe erklärt der Dichter, daß dieser Glaube 25
kein Wahn ist, denn die innere Stimme täuscht uns nicht; sie
redet die Wahrheit. Schiller bekennt hier seinen Glauben an
die Unsterblichkeit der menschlichen Seele.

Hoffnung

Es reden und träumen die Menschen viel
Von bessern künftigen Tagen; 30
Nach einem glücklichen, goldenen Ziel
Sieht man sie rennen und jagen.
Die Welt wird alt und wird wieder jung,
Doch der Mensch hofft immer Verbesserung.

Die Hoffnung führt ihn ins Leben ein, 35
Sie umflattert den fröhlichen Knaben,
Den Jüngling locket ihr Zauberschein,
Sie wird mit dem Greis nicht begraben[4];
Denn beschließt er[5] im Grabe den müden Lauf,
Noch am Grabe pflanzt er — die Hoffnung auf. 40

Es ist kein leerer, schmeichelnder Wahn,
Erzeugt im Gehirne des Toren;
Im Herzen kündet es laut sich an:
Zu was Besserm[6] sind wir geboren.
Und was die innere Stimme spricht, 45
Das täuscht die hoffende Seele nicht.

In Schillers Werken finden wir oft allgemeine Ideen, einfache Wahrheiten, die Glaubensartikel[7] des Volkes, kurz, klar und treffend ausgedrückt, und so zitiert[8] man ihn häufig. 50 Wenn ein Deutscher ein Zitat[9] gebraucht, von dem er nicht weiß, woher es kommt, so fügt er gewöhnlich hinzu: „sagt Schiller", und meistens hat er recht.

Sein ganzes Leben lang mußte Schiller mit Armut und Krankheit kämpfen, doch er wurde nicht bitter; nie verlor er die 55 Hoffnung, nie den Glauben an den endlichen Sieg des Schönen, Guten und Wahren. Schiller war Ethiker[10] und Idealist.[11] Der großen Masse des Volkes ist dieser Dichter besser bekannt als Goethe, und er ist ihr auch leichter verständlich.

1. Trilogie' *trilogy*. 2. *its*. 3. Horizont' *horizon*. 4. wird . . . begraben *is buried*. 5. Denn beschließt er *For though he ends*. 6. Zu was Besserm *For something better*. 7. Nom. sg. der Glau'bensarti'kel *article of faith*. 8. Infin. zitie'ren *quote*. 9. Zitat' *quotation*. 10. E'thiker *moral philosopher*. 11. Idealist' *idealist*.

LESSON XXIX

Perfect Tenses of the Modal Auxiliaries

A

Bei den Großeltern

Die alte Frau Werner sitzt eines Abends spät mit ihrem Manne, dem Förster Werner, vor der Tür ihres Hauses und schaut den Weg nach dem Dorfe entlang. Sie erwartet ihre beiden Enkel, Gerhard und Kurt. Schon lange haben die Knaben den Großeltern einen Besuch machen sollen, doch die 5 Mutter hat immer keine Zeit zu der Reise finden können. Endlich hat sie die Kinder allein reisen lassen. „Du wirst doch nach dem Bahnhof gehen müssen", sagt Frau Werner nach längerem Schweigen zu ihrem Manne. „Ich fürchte, die Kinder haben den Weg durch den Wald nicht finden können." 10 Aber Förster Werner lacht nur. „Zwei solch[1] große Jungen! Habe keine Sorge! Sie werden bald kommen. Geh nur hinein und mache den Kaffee!"

Kurz darauf kommen die Knaben an, und nachdem die Großmutter ihre Enkel hat abküssen dürfen, setzt man sich zu 15 Tisch. Die Knaben sind sehr hungrig, finden aber kaum Zeit zum Essen, da sie so viel von der Reise zu erzählen haben. „Wir haben zweiter Klasse fahren dürfen," sagt Gerhard, „weil die dritte zu voll war. Die Fahrt auf der Eisenbahn war herrlich, doch nicht so schön wie die Wanderung durch den Wald." 20 „Ich habe einen Wolf heulen hören," behauptet Kurt, „und am Rande des Waldes habe ich einen Adler vorbeifliegen sehen." „Mutter, da werde ich wohl meine Stellung aufgeben müssen, wenn es mitten im Sommer in meinem Walde Wölfe und

25 Adler gibt", sagt Förster Werner mit ernstem Gesicht. Aber Gerhard, der drei Jahre älter ist als sein Bruder, ruft: „Bitte, tue das nicht, Großvater! Es war sicher nur ein Hund, der so schrecklich geheult hat. Und ein Adler war es auch nicht, denn der Vogel hat wie eine Eule geschrieen." „Nun, jedenfalls
30 müssen wir morgen alle drei in den Wald hinaus, um nach=
zusehen", antwortet der Großvater. „Also müßt ihr jetzt zu Bett."

1. Manch, solch, and welch (the last when used exclamatorily) may stand uninflected before an adjective, the latter then having strong endings. See the Appendix, page 435.

Merksätze

Er hat es nicht tun dürfen.

Er hat es nicht gedurft.

Hast du ihm wirklich helfen müssen?

Hast du es wirklich gemußt?

Fragen

1. Wo sitzt Frau Werner eines Abends?
2. Warum schaut sie den Weg entlang?
3. Wohin führt dieser Weg?
4. Warum sind die Enkel nicht schon früher einmal zu den Großeltern gekommen?
5. Ist die Mutter mit den Kindern gekommen?
6. Wohin soll Herr Werner gehen?
7. Was fürchtet Frau Werner?
8. Was sagt Herr Werner dazu?
9. Was soll Frau Werner machen?
10. Wie sind die Knaben, als sie ankommen?
11. Warum finden sie kaum Zeit zum Essen?

Lesson XXIX

12. Was war schöner, die Fahrt auf der Eisenbahn oder die Wanderung durch den Wald?

13. Was will Kurt gehört und gesehen haben?

14. Warum wird der Förster Werner seine Stellung aufgeben müssen?

15. Was sagt Gerhard zu seinem Großvater?

Vocabulary

ab'|küssen (*wk.*) kiss heartily *or* repeatedly
allein' alone
an'|kommen (*str., aux.* sein) arrive
der Bahnhof (-s, -̈e) (railway) station
behaup'ten (*wk.*) assert
die Eisenbahn (—, -en) railroad
der Enkel (-s, —) grandson
entlang' *adv.* along; den Weg nach dem Dorfe entlang schauen look along the way toward the village
ernst earnest, serious
erwar'ten (*wk.*) expect
die Eule (—, -n) owl
der Förster (-s, —) forester
Gerhard (*masc.*) (-s) Gerard
die Großeltern *pl.* grandparents
die Großmutter (—, -̈) grandmother
heulen (*wk.*) howl
jedenfalls *adv.* in any case, at any rate
mitten *adv.* amidst; mitten in *dat. or acc.* in the middle of
nach'|sehen (*str.*) look into it, investigate
der Rand (-es, -̈er) edge
die Reise (—, -n) trip, journey
reisen (*wk., aux.* sein) travel
das Schweigen (-s) silence; nach längerem Schweigen after a prolonged silence
die Sorge (—, -n) care, worry; habe keine Sorge don't worry
vorbei'|fliegen (*str., aux.* sein) fly by
die Wanderung (—, -en) wandering, walking

kurz darauf' shortly afterwards
vor der Tür outside the door
einen Besuch' machen pay a visit
sich zu Tisch setzen sit down to supper (dinner, etc.)
zweiter Klasse (*gen.*) fahren ride second class

B

1. Past Participles of the Modals

The modal auxiliaries have two past participles — (1) a newer, weak form: geburft, gefonnt, gemocht, gemußt, gefollt, and gewollt; (2) an older, strong form, which is without ge= and is identical with the infinitive: bürfen, fönnen, mögen, müffen, follen, and wollen.

The old, strong form is used when the modal auxiliary is accompanied by the infinitive of another verb:

>Er hat es nicht tun **bürfen**. *He was not permitted to do it.*
>Haft du ihm wirklich helfen **müffen**? *Did you really have to help him?*
>Schon lange haben sie den Großeltern einen Besuch machen **follen**. *For some time past they were to pay their grandparents a visit.*
>Sie hat immer keine Zeit zu der Reise finden **fönnen**. *She could never find time for the trip.*

It will be noted that in this construction, often called the double-infinitive construction, the dependent infinitive precedes the modal auxiliary.

This same construction also occurs regularly with the verbs heißen, helfen, hören, laffen, and fehen, and frequently with the verbs lehren and lernen:

>Sie hat die Kinder allein reisen **laffen**. *She let the children travel alone.*
>Ich habe einen Wolf heulen **hören**. *I heard a wolf howl* (or *howling*).

When there is no dependent infinitive, the weak participial form of the modal auxiliary is used:

>Er hat es nicht **geburft**. *He was not permitted to.*
>Haft du es wirklich **gemußt**? *Did you really have to?*
>Sie hatte es nie **gefonnt**. *She had never been able to.*
>Sie hat den Hut nicht **gewollt**. *She did not want the hat.*

Similarly, when there is no dependent infinitive, the regular participial forms of hören, lassen, etc. are employed:

Sie hat die Kinder zu Hause **gelassen**. *She left the children at home.*

Ich habe einen Wolf **gehört**. *I heard a wolf.*

2. Position of Tense Auxiliary

In a subordinate clause the double infinitive, whether apparent or real, is preceded by the tense auxiliary:

Nachdem die Großmutter ihre Enkel **hat** abküssen dürfen, setzt man sich zu Tisch. *After Grandmother has been permitted to kiss her grandsons heartily, they sit down to supper.*

Ich weiß, daß du nicht **hast** kommen können. *I know that you could not come.*

Ich weiß, daß er heute abend nicht **wird** kommen können. *I know that he will not be able to come this evening.*

C

1. Conjugate in the present perfect and past perfect tenses:

1. Ich kann keine Zeit zu der Reise finden. 2. Ich kann es nicht. 3. Ich will nicht dritter Klasse fahren. 4. Ich will es nicht. 5. Ich höre einen Wolf heulen. 6. Ich höre einen Wolf.

2. Put into the present perfect tense:

1. Die Großmutter darf ihre Enkel abküssen. 2. Der Förster muß nach dem Bahnhof gehen. 3. Die Knaben sollen den Großeltern einen Besuch machen. 4. Ich mag nicht in den Wald gehen. 5. Wir lassen die Kinder allein reisen. 6. Du siehst eine Eule vorbeifliegen. 7. Wir können ihm nicht helfen. 8. Wir können es nicht. 9. Was wollt ihr damit machen? 10. Was wollt ihr damit? 11. Am Rande des Waldes sieht Gerhard ein Reh. 12. Mitten im Walde hören wir einen Wolf heulen. 13. Er hilft dem Bruder. 14. Er hilft dem Bruder im Garten graben. 15. Er heißt den Mann auf ihn warten. 16. Sie mag ihn nicht. 17. Ich höre es regnen. 18. Ich höre es. 19. Sie dürfen es noch nicht anfangen. 20. Sie dürfen es noch nicht.

3. Put the verb of the subordinate clause in the present perfect tense:

1. Ich glaube, daß er seine Stellung aufgeben muß. 2. Ich glaube, daß er es muß. 3. Sie weiß, daß er nicht mitgehen kann. 4. Sie weiß, daß er es nicht kann. 5. Ich glaube nicht, daß er es kaufen will. 6. Ich glaube nicht, daß er es will.

4. Translate into German, using the present perfect tense whenever possible:

1. I had to stay at home. 2. Did you have to[1] or did you want to[1]? 3. I was not permitted to go out. 4. She wanted to wear her new dress. 5. He was to help me in the garden. 6. We did not care to stay longer. 7. He has not been able to study in Germany. 8. They will not be permitted to do it. 9. I had wanted to go to the country. 10. I have often heard her sing. 11. He helped his father in the business. 12. She helped her mother set the table. 13. I do not believe that he was able to work yesterday. 14. I saw that she did not care to go along. 15. You will have to write a Spanish essay. 16. He had never been permitted to travel alone.

1. Supply es.

5. Put into the past tense and the present perfect tense:

1. Sie kommen bald an. 2. Das behauptet er mit ernstem Gesicht. 3. Jedenfalls muß Herr Werner nachsehen. 4. Sie schaut den Weg nach dem Dorfe entlang. 5. Die Großeltern erwarten ihre beiden Enkel. 6. Nach längerem Schweigen sagt er: „Habe keine Sorge!" 7. Kurz darauf fliegt eine Eule vorbei. 8. Die Wanderung durch den Wald ist schöner als die Fahrt auf der Eisenbahn. 9. Dann setzt man sich zu Tisch. 10. Gerhard reist oft allein. 11. Der Wolf heult schrecklich. 12. Sie mag ihn gar nicht. 13. Er kann weder Spanisch noch Italienisch. 14. Sie darf im April ihre Prüfung machen.

6. Give the meaning and the principal parts of

Eule	Reise	Maus	Schriftsteller	sollen
Enkel	Sorge	Katze	Sprache	einladen
Förster	Großmutter	Regel	hüten	wollen
Eisenbahn	Dichter	Werk	erklären	fortgehen

Lesson XXIX 349

7. Translate into German:

1. Old Mrs. Werner was sitting outside the door of her house, looking[1] along[2] the way toward[3] the village. She was expecting her two grandsons, Gerard and Kurt. 2. They had been permitted to travel alone, because their mother had not been able to find time[4] for the trip. 3. "You must go to the station," said Mrs. Werner to her husband. "The children will not be able to find the way through the forest." 4. But Mr. Werner answered laughing: "Don't worry! They will find the way, all right." 5. Shortly afterwards the boys arrived, and, after their grandmother had been permitted to kiss them heartily, they sat down to supper. 6. Although the children were very hungry, they could scarcely eat, because they wanted to tell about the trip. 7. "We heard a wolf howl as we were going through the forest," Kurt asserted, "and we also saw an eagle fly by." 8. "What!" exclaimed their grandfather, with a serious face. "If there are wolves and eagles in my forest in the middle of summer,[2] I shall have to give up my position." 9. "Oh, no, Grandfather, don't do that, please!" Gerard said. "It was probably no wolf, but a dog, that howled so terribly. And the large bird that flew by was probably only an owl and not an eagle." 10. "Well, at any rate, I shall have to investigate tomorrow," Mr. Werner said, "and you may go along if you want to. But now you must go to bed immediately."

1. and was looking. word order.   2. See the German model in section *A* for word order.   3. nach.   4. *not . . . time* keine Zeit.

D [Optional]

Einſt und Jetzt

Vor ungefähr zehn Jahren, als ich noch Student war, wollte ich in den Ferien einen Freund beſuchen, der den Sommer bei ſeinen Eltern auf der Farm verbrachte. Die Farm war im weſtlichen Minneſota, ungefähr fünfzig Meilen von Fargo, gelegen. Ich kam abends auf der Farm an. Mein 5

Freund hatte nach Fargo gehen müssen und sollte erst am
nächsten Tage zurückkommen. So brachte ich den Abend mit
seinem alten Vater zu. Als wir nach dem Abendessen auf der
Veranda[1] des schönen, großen Hauses saßen, erzählte der alte
10 Mann: „Meine Frau und ich sind 1893 nach den Vereinigten
Staaten gekommen, nach Chikago. Wir waren vier Wochen
dort, dann mußten wir weiter. Wir hatten keine Arbeit finden
können, obschon wir alles versucht hatten; in Chikago wollte
uns niemand. Aber wohin?

15 „Da traf ich eines Tages einen Landsmann, an den ich in
meinem Leben oft hab' denken müssen. Petersen hieß er,
Christian Petersen. Er ist vor fünf Jahren gestorben. Er war
damals noch gar nicht alt, aber er war lahm und hatte auch die
rechte Hand verloren, so daß er nicht arbeiten konnte. Er hatte
20 eine kleine Pension, dreißig Dollars den Monat, davon hat er
leben müssen. Sie können sich denken, daß er nicht viel ausgeben
durfte. Petersen hatte eine Farm in Minnesota, die er verkau=
fen wollte, aber er hatte noch keinen Käufer finden können.
‚Wenn du willst,‘ sagte er, ‚kannst du auf meine Farm gehen.‘
25 Ich wollte schon, aber ich hab' nicht einmal dran denken dürfen,
denn wir waren ganz ohne Geld. Aber wir sind dann doch auf
die Farm gegangen, auf der wir heute noch sind. Meine Frau
hatte noch ein schweres, goldnes Kreuz von ihrer Mutter her[2];
das haben wir verkaufen müssen, um Geld für die Bahnfahrt
30 zu bekommen.

„Petersen hat auf das Kaufgeld gern warten wollen,[3] bis
wir etwas zahlen konnten. Der Preis war nicht hoch, und
meine Frau und ich sind froh, daß er sein Geld bald bekommen
hat. Schon nach zehn Jahren hab' ich alles abzahlen können.
35 Aber wie wir haben arbeiten müssen, meine Frau und ich, das

ist kaum zu glauben. Ein Haus war nicht auf der Farm, das war abgebrannt. Den großen Heuschuppen hatte der Wind umgeworfen, aber die Balken und Bretter waren noch zu gebrauchen. Jespersen, der damals unser nächster Nachbar war — es war freilich fünf Meilen bis zu seiner Farm — hat mir aus dem alten Holz ein kleines Haus bauen helfen. Es war wirklich ganz gut. Wir haben fünfundzwanzig Jahre darin gewohnt und drei Söhne und zwei Töchter darin aufziehen dürfen. Erst vor fünf Jahren hab' ich dieses Haus bauen lassen. Aber es ist schade um das alte. Die Kinder haben wir alle auf die Universität schicken können. Hoffentlich vergessen sie nie, wie klein ihre Eltern haben anfangen müssen."

1. Veran'da (v = w) *veranda* or *porch*. 2. von ihrer Mutter her *which had belonged to her mother*. 3. hat . . . gern warten wollen *was quite willing to wait*.

Freudvoll und leidvoll

Freudvoll
Und leidvoll,
Gedankenvoll sein;
Langen
Und bangen
In schwebender Pein;
Himmelhoch jauchzend,
Zum Tode betrübt;
Glücklich allein
Ist die Seele, die liebt.

GOETHE

Second-Class Compartment in a D-Zug

Deutsche Eisenbahnen

Auf den deutschen Eisenbahnen hat man vier Arten von Zügen, nämlich Durchgangs-, Schnell-, Eil- und Personenzüge. Die D-Züge halten nur in den größten Städten und fahren sehr schnell; die Personenzüge halten auf jeder Station[1]; die
5 Schnell- und Eilzüge liegen in der Mitte. Früher hatte man vier Klassen von Wagen, die vierte Klasse ist aber seit einigen Jahren aufgehoben. Die Wagen sind durch Querwände[2] in Abteile getrennt. Bei den alten Wagen hat jedes Abteil an beiden Seiten Türen. Man steigt direkt vom Bahnsteig ein.
10 Die neuen Wagen haben dieselbe Einteilung,[3] aber Türen nur an den beiden Enden. Die Abteile sind durch einen Gang verbunden, aber dieser ist an der Seite, nicht in der Mitte des Wagens, wie in Amerika.

1. Station' *station.*   2. *crosswise partitions.*   3. *partitioning.*

Wanderers Nachtlied I[1]

Der du[2] von dem Himmel bist,
Alles Leid und Schmerzen stillest,
Den, der doppelt elend ist,
Doppelt mit Erquickung füllest,
Ach, ich bin des Treibens müde!   5
Was soll[3] all der Schmerz und Lust?
Süßer Friede,
Komm, ach komm in meine Brust!

GOETHE

Longfellow hat auch dieses schöne Gedicht, wie „Wanderers Nachtlied II", übersetzt: 10

Thou that from the heavens art,
Every pain and sorrow stillest,
And the doubly wretched heart
Doubly with refreshment fillest,
I am weary with contending!   15
Why this rapture and unrest?
Peace descending
Come, ah, come into my breast!

1. Written several years before "Wanderers Nachtlied II" (see page 119).   2. Der du *Thou who*, referring to Friede in the next to the last line of the poem.   3. Supply bedeuten.

LESSON XXX

Passive Voice

A

„Die Räuber"

Donnerstag abend wurden in unsrem Stadttheater Schillers „Räuber" gegeben. Den Schülern der oberen Klassen war geraten worden, der Aufführung beizuwohnen, und sie waren natürlich fast alle dort. „Die Räuber" ist Schillers erstes
5 Drama. Es wurde von dem jungen Dichter geschrieben, als er noch auf der Karlsschule war.

Um halb acht Uhr war das Theater bis auf den letzten Platz gefüllt. Es waren viele Studenten da, welche alle die bunten Mützen und die breiten Bänder ihrer Verbindungen
10 trugen. Jetzt hob sich der Vorhang, und Schillers große Dichtung wurde vor unsren entzückten Augen zu neuem Leben erweckt. Es zeigte sich auch hier wieder, welch große Macht Schiller über die Jugend hat. Der schönste Teil des Abends kam, wenigstens für uns Knaben, als das berühmte „Räu=
15 berlied" von den Schauspielern auf der Bühne angestimmt wurde. Die Studenten erhoben sich wie e i n Mann und san= gen begeistert mit.

Die Aufführung dauerte lange, aber wir dachten gar nicht an die Zeit. Bis zum Schluß saßen wir alle wie im Fieber.
20 Plötzlich schlugen die Worte an unser Ohr: „Dem Manne kann geholfen werden", und der Vorhang fiel. Zuerst war das ganze große Haus still, dann aber brach der Sturm los, und es wurde laut und lange geklatscht. Es war gut gespielt worden, wie uns der Lehrer am nächsten Tage sagte, aber ich

Lesson XXX

weiß sehr gut, daß der Beifall mehr dem toten Dichter als den Schauspielern galt. Der Eindruck, den die Aufführung auf uns Knaben gemacht hat, läßt sich nicht beschreiben.

Merksätze

Das versteht sich.
Diese Waren verkaufen sich leicht.

Fragen

1. Wer hat das Stück geschrieben, das Donnerstag gegeben wurde?
2. Was war den Schülern geraten worden?
3. Wann hat Schiller „Die Räuber" geschrieben?
4. Wie war das Theater um halb acht?
5. Was trugen die Studenten?
6. Was wurde zu neuem Leben erweckt?
7. Über wen hat Schiller große Macht?
8. Wann kam der schönste Teil des Abends?
9. Was taten die Studenten, als „Das Räuberlied" auf der Bühne angestimmt wurde?
10. Wie waren die Schüler bis zum Schluß des Dramas?
11. Mit welchen Worten schließt das Stück?
12. Was tat man nach dem Schluß?
13. Wie war gespielt worden?
14. Galt der Beifall den Schauspielern oder dem Dichter?
15. Was läßt sich nicht beschreiben?
16. Wissen Sie, welches Schillers größtes Drama ist? (Sieh Seite 340!)
17. Welches war sein letztes Stück?
18. Warum hat Schiller große Macht über die Jugend?

Vocabulary

an'|ſtimmen (*wk.*) strike up, begin (a song)

die Aufführung (—, –en) performance

das Band (–es, ⁻er) ribbon

begei'ſtern (*wk.*) fill with enthusiasm, inspire

der Beifall (–s) applause

bei'|wohnen (*wk.*) *dat.* be present at, attend

berühmt' famous

beſchrei'ben (*str.*) describe

die Bühne (—, –n) stage

bunt variegated, gay-colored

die Dichtung (—, –en) (poetical) work, writing

das Drama (–s, Dramen) drama

der Eindruck (–s, ⁻e) impression

entzü'cken (*wk.*) enrapture

erhe'ben (*str.*) raise; *refl.* arise

erwe'cken (*wk.*) awaken; zu neuem Leben erwecken bring back to life

das Fieber (–s, —) fever; wie im Fieber spellbound

füllen (*wk.*) fill

gelten (er gilt, er galt, er hat gegolten) be worth, be of value; *dat. of person* be intended for

heben (er hebt, er hob, er hat gehoben) lift, raise; *refl.* rise (*of a curtain*)

die Jugend (—) youth (period *or* young people collectively)

klatſchen (*wk.*) applaud

leicht light, easy

los'|brechen (*str., aux.* ſein) break loose, burst forth

die Macht (—, ⁻e) power

mit'|ſingen (*str.*) join in singing

ober upper

das Ohr (–es, –en) ear

der Platz (–es, ⁻e) place, seat; bis auf den letzten Platz down to the last seat

der Räuber (–s, —) robber

„Das Räuberlied" (–s) "The Song of the Robbers"

der Schauſpieler (–s, —) actor

das Stadt'thea'ter (–s, —) municipal theater

der Student' (–en, –en) student

der Sturm (–es, ⁻e) storm

tot dead

die Verbin'dung (—, –en) club, fraternity

verkau'fen (*wk.*) sell

verſte'hen (*str.*) understand

der Vorhang (–s, ⁻e) curtain

wenigſtens at least

zuerſt' *adv.* at first, first

auf der Karlsſchule at the Karlsschule

Lesson XXX

B

1. Conjugation of the Passive Voice

The auxiliary of the passive voice in German is werden, the older participle worden being used for geworden in the perfect tenses. The following is an outline of the passive voice of hören *hear*:

PRESENT INDICATIVE

ich werde gehört *I am heard* or *I am being heard*
du wirst gehört *you are heard* or *you are being heard*
etc.

PAST INDICATIVE

ich wurde gehört *I was heard* or *I was being heard*
du wurdest gehört *you were heard* or *you were being heard*
etc.

PRESENT PERFECT INDICATIVE

ich bin gehört worden *I have been heard* or *I was heard*
du bist gehört worden *you have been heard* or *you were heard*
etc.

PAST PERFECT INDICATIVE

ich war gehört worden *I had been heard*
du warst gehört worden *you had been heard*
etc.

FUTURE INDICATIVE

ich werde gehört werden *I shall be heard*
du wirst gehört werden *you will be heard*
etc.

FUTURE PERFECT INDICATIVE

ich werde gehört worden sein *I shall have been heard*
du wirst gehört worden sein *you will have been heard*
etc.

IMPERATIVE: werde gehört, werdet gehört, werden Sie gehört *be heard*. (The passive imperative is of infrequent occurrence.)
PAST PARTICIPLE: gehört worden *been heard*
PRESENT INFINITIVE: gehört werden *to be heard*
PAST INFINITIVE: gehört worden sein *to have been heard*

2. The Agent

The agent in the passive construction is expressed by von with the dative:

„Das Räuberlied" wurde **von** den Schauspielern gesungen. *"The Song of the Robbers" was sung by the actors.*

3. True Passive and Apparent Passive

It is necessary to distinguish between the true passive, werden with the past participle, and the apparent passive, sein with the past participle. The difference between the two is inherent in the difference in meaning of werden and sein. Werden means *become, pass into the state of*. The true passive, therefore, represents the action of the verb as being exerted upon the subject at the time in question. The apparent passive does not denote an action at all, but represents the state, or condition, of the subject resulting from an action prior to the time in question.

Das Haus **wurde** gestern **verkauft**. *The house was sold yesterday* (that is, the act of selling took place yesterday).
Ich wollte das Haus gestern kaufen, aber es **war** schon **verkauft**. *I wanted to buy the house yesterday, but it was already sold.*
Die Flaschen **wurden** zuerst **gewaschen** und dann mit Kaffee **gefüllt**. *The bottles were first washed and then filled with coffee.*
Um halb acht **war** das Theater bis auf den letzten Platz **gefüllt**. *At half past seven the theater was filled down to the last seat.*

English passive forms with *being* — for example, *The letter is (was) being written* — are always true passives and should be rendered in German by the passive with werden: Der Brief wird (wurde) geschrieben.

4. Impersonal Passive

As a rule, only verbs that take a direct object can be used in the passive construction, the object of the active becoming subject in the passive:

Der Hund biß den Knaben.

Der Knabe wurde von dem Hunde gebissen.

With other verbs, however, an impersonal construction is frequently found, in which es is omitted in the inverted or transposed order. The impersonal passive occurs

a. With some verbs that take an object in the dative. Note that the dative is retained in the passive construction.

ACTIVE	IMPERSONAL PASSIVE
Ein Freund half ihm. *A friend helped him.*	Es wurde ihm (or, better, Ihm wurde) von einem Freunde geholfen. *He was helped by a friend.*
Man hatte den Schülern geraten, der Aufführung beizuwohnen. *They had advised the pupils to attend the performance.*	Den Schülern war geraten worden, der Aufführung beizuwohnen. *The pupils had been advised to attend the performance.*

b. With some verbs that have no object of any kind. In this construction the activity denoted by the verb is emphasized without reference to a definite person or thing as being acted on:

Es wurde laut und lange geklatscht. *There was loud and long applause.*

Es wurde viel telephoniert. *There was much telephoning.*

Nach dem Abendessen wurde fleißig studiert. *After supper they (or we) studied diligently.*

Bei uns wird oft in der Küche gegessen. *We often eat in the kitchen.*

5. Passive less Common in German

The passive is used less frequently in German than in English, especially when no agent is expressed. In place of the passive, German idiom often prefers

a. The active with man:

> Man teilt das Jahr in vier Jahreszeiten. *The year is divided into four seasons.*

Note that man disappears in case the passive construction is employed:

> Das Jahr wird in vier Jahreszeiten geteilt.

b. The reflexive construction:

> Das versteht sich. *That is understood.*
> Diese Waren verkaufen sich leicht. *These goods are easily sold.*

6. Lassen with Reflexive Infinitive

Lassen with a reflexive infinitive often corresponds to an English passive construction, particularly to *can* with a passive infinitive:

> Es läßt sich nicht beschreiben. *It cannot be described.*

7. Sein with Active Infinitive

Sein with an active infinitive is frequently the equivalent of English *be* with a passive infinitive:

> Auf diesem Markte war alles zu sehen, was auf dem Lande wächst. *At this market everything that grows in the country was to be seen.*

C

1. Give a sliding synopsis of

1. Ich schlage den Hund. 2. Ich werde vom Hunde gebissen. 3. Ich werde alt.

2. Give a synopsis of

1. „Das Räuberlied" wird von den Schauspielern angestimmt. 2. Bunte Mützen werden von den Studenten getragen. 3. Ihr werdet

Lesson XXX

von den Großeltern erwartet. 4. Ich werde vom Polizeidiener geschützt. 5. Du wirst von der Tante umarmt. 6. Wir werden vom Lehrer gesehen.

3. Change to the passive voice:

1. Schiller schrieb das Drama auf der Karlsschule. 2. Die Studenten tragen die breiten Bänder der Verbindung. 3. Hans wird die Flaschen füllen. 4. Man hat die große Dichtung vor unsren entzückten Augen zu neuem Leben erweckt. 5. Die Schauspieler hatten „Die Räuber" sehr gut gespielt. 6. Man hat das Stadttheater vor zwei Jahren gebaut. 7. Fräulein Müller zeichnete dieses Bild. 8. In dieser Schule lernt man fleißig. 9. Man hat laut und lange geklatscht. 10. Die Schwester hat ihm geholfen. 11. Man dankte ihm dafür. 12. In Amerika trinkt man viel Kaffee. 13. Das Dienstmädchen wird den Tisch decken. 14. Der Lehrer hatte die Fenster aufgemacht.

4. Change to the active voice:

1. Das Fleisch war vom Hunde gefressen worden. 2. Der Brief wurde von seinem Bruder geschrieben. 3. Der erste Preis ist von Hans Huber gewonnen worden. 4. Das Gebäude wird morgen von den Schülern mit Kränzen geschmückt werden. 5. Die Wörter werden vom Lehrer an die Tafel geschrieben. 6. Den Schülern der oberen Klassen wurde geraten, der Aufführung beizuwohnen. 7. Das Haus wird morgen verkauft werden. 8. Dieser spanische Aufsatz ist von Wilhelm geschrieben worden. 9. Alle Fenster und Türen waren geöffnet worden. 10. Auf der Bühne wird das berühmte „Räuberlied" gesungen.

5. In the following group of sentences explain the difference in meaning between the members of each pair:

1. Das Stadttheater wird aus rotem Stein gebaut.
   Das Stadttheater ist aus rotem Stein gebaut.
2. Die Wagen wurden schwer geladen.
   Die Wagen waren schwer geladen.
3. Die Turnhalle wird um sechs Uhr geschlossen.
   Die Turnhalle ist um sechs Uhr geschlossen.
4. Das Pferd wurde an einen Baum gebunden.
   Das Pferd war an einen Baum gebunden.

6. Translate into German:

1. "The Song of the Robbers" is being sung by the actors on the stage. 2. The municipal theater was just being built when I was there. 3. That is easily learned.[1] 4. This meat cannot be eaten.[2] 5. He was to be seen nowhere. 6. There was much singing and laughing[3] before we went to bed. 7. It is said[4] that he had to leave the city. 8. That is to be expected. 9. The letter is already written. 10. This house was built a hundred years ago.

1. Reflexive construction. 2. Use laſſen. 3. Impersonal passive.
4. Use man.

7. Translate into English:

1. Die Kinder werden müde. 2. Die Knaben werden hungrig werden. 3. Die Pferde werden nie geschlagen. 4. Die Häuser werden aus Stein gebaut werden. 5. Das läßt sich leicht erklären. 6. Die Hefte sind noch zu korrigieren. 7. Bei uns wird nie gespielt oder getrunken. 8. Diese Treppe steigt sich leicht. 9. Ihm ist nicht zu glauben. 10. Diese Bretter lassen sich noch gebrauchen. 11. Diese Briefe sind gleich zu beantworten.

8. Put into the past, present perfect, and future tenses:

1. Die Studenten erheben sich wie ein Mann und singen begeistert mit. 2. Das Drama macht einen großen Eindruck auf die Knaben. 3. Bis zum Schluß sitzen sie alle wie im Fieber. 4. Er kann es nicht beschreiben. 5. Der Beifall gilt dem toten Dichter. 6. Der Vorhang hebt sich langsam. 7. Dann bricht der Sturm los. 8. Die Aufführung dauert wenigstens drei Stunden. 9. Darf er der Aufführung beiwohnen? 10. Sie will den Hut nicht. 11. Die Studenten tragen die bunten Mützen ihrer Verbindungen.

9. Give the meaning and the principal parts of

Ohr	Macht	Rand	verstehen	ankommen
Student	Platz	Eisenbahn	beschreiben	reisen
Jugend	Sturm	Reise	füllen	nachsehen
Vorhang	Räuber	Sorge	verkaufen	heulen
Band	Enkel	Eule	behaupten	vorbeifliegen
Tasche	Wange	Tor	verlieren	eintreten

10. Translate into German:

1. Schiller's "Robbers" is being given [1] this evening in the municipal theater. 2. The theater is filled down to the last seat. 3. Slowly the curtain rises, and Schiller's great drama is brought back to life before our enraptured eyes. 4. We sit spellbound until the close. The curtain falls, and at first everything is still. 5. Then the storm bursts forth, and there is loud and long applause.[2] 6. Although it has been well played, I know that the applause is intended more for the dead poet than for the actors. 7. Schiller has great power over youth. He wrote "The Robbers," his first drama, at the Karlsschule.

1. Put the verb in the plural.   2. Use the impersonal passive.

D [Optional]

Köln

Eine der ältesten deutschen Städte ist Köln am Rhein. Schon um die Geburt Christi wurde hier von den Römern ein festes Lager gegründet. Agrippina, die jüngere Tochter des [1] Germanicus [2] und die Mutter Neros, wurde hier geboren. Im Jahre 50 erbaute sie an Stelle des Lagers eine befestigte Stadt, die nach ihr Colonia Agrippina genannt wurde. Der Name Köln ist aus Colonia entstanden. An der Zeughausstraße [3] in Köln steht noch heute der Römerturm, der von den Römern errichtet worden ist.

Schon früh wurde die Stadt der Sitz eines Bischofs, unter Karl dem Großen wurde dieser zum Erzbischof erhoben. Der Einfluß des Erzbischofs von Köln wurde bald ein sehr großer, und Köln wurde oft das deutsche Rom genannt. Wohl keine andere Stadt besitzt so viele, schöne, alte, im romanischen Stil erbaute Kirchen wie Köln. Einige davon sind über tausend Jahre alt, doch sind natürlich alle im Laufe der Zeit umgebaut und vergrößert worden.

Die berühmteste Kirche Kölns ist der Dom, ein mächtiger gotischer Bau. Der Grundstein war im Jahre 1248 gelegt worden, und fünfzig Jahre später konnte der erste Gottesdienst in dem bereits vollendeten Teil gehalten werden. Doch es hat mehr als sechshundert Jahre gedauert, bis das gewaltige Unternehmen glücklich zu Ende geführt worden ist. Erst im Jahre 1880 ist der Dom in Gegenwart des Kaisers und aller deutschen Fürsten feierlich eingeweiht worden. Das Bild der Stadt wird heute ganz von den Türmen des Domes beherrscht, die 160 m (rund 530 Fuß) in die Luft ragen.

1. The definite article is sometimes used with names of persons to indicate the case.   2. Celebrated Roman general.   3. *Arsenal Street.*

Die deutschen Wälder

Obschon Deutschland nur ein kleines Land ist, hat es viele und schöne Wälder. Ungefähr ein Viertel der gesamten Bodenfläche ist von Wald bedeckt. Davon sind beinahe vierzig Prozent[1] im Besitz des Staates. Zur Pflege und Verwaltung dieser Wälder bildet der Staat auf den Forstakademien[2] besondere Beamte aus. Es sind die Förster, Oberförster, Forstmeister usw. Aber auch in allen größeren Privatwäldern[3] finden wir geschulte Förster. Den Förster erkennt man auf den ersten Blick an seiner hübschen, graugrünen Uniform. Wenn er im Dienst ist, trägt er Flinte und Hirschfänger.

Er wohnt gewöhnlich in seinem Revier,[4] nur selten im nächsten Dorfe. Seine unversöhnlichen Feinde sind die Holz- und Wilddiebe, und deshalb ist sein Beruf gefährlich; schon mancher Förster ist von den Wilddieben erschossen worden. Das Wildern ist besonders in den Gebirgsgegenden sehr beliebt. Mancher Wilddieb handelt aus Not, aber auch reiche

Cologne Cathedral

Bauern werden von ihrer Jagdluſt in den Wald getrieben,
obſchon ihnen ſchwere Strafe droht, wenn ſie ertappt werden.
Die Jagd iſt in Deutſchland nicht frei, nur wohlhabende oder
20 gar reiche Leute können ſich dieſes Vergnügen gönnen.

Aber die Pflichten des Förſters beſtehen nicht nur in der
Pflege und dem Schutz des Waldes und des Wildes. Er
beaufſichtigt das Fällen der Bäume und das Anpflanzen der
Schläge. Wenn ein größeres Stück Wald gefällt wird, nennt
25 man dieſes Stück einen Schlag. Ein Schlag wird immer wieder
mit jungen Bäumen bepflanzt. Oft werden vorher die Baum=
ſtümpfe ausgegraben. Die Waldwirtſchaft iſt in Deutſchland
durch die Geſetze ſtreng geregelt. Auch die Beſitzer der Privat=
wälder haben nicht freie Hand. Die Wälder werden ſehr
30 ſauber gehalten, nirgends ſieht man umgeſtürzte, halb ver=
faulte Baumſtämme, noch die Äſte und Zweige der gefällten
Bäume.

Öſtlich der Elbe[5] finden wir meiſtens Kiefernwälder, aber
auch prächtige Buchenwälder, beſonders an der Oſtſee. Auf den
35 Gebirgen am rechten Rheinufer und in Weſtfalen herrſcht die
Eiche vor. Am wichtigſten für die deutſche Waldwirtſchaft
ſind aber die herrlichen Fichten= und Tannenwälder auf dem
Schwarzwald, den Alpen, dem Bayriſchen und Thüringer
Wald und dem Rieſengebirge. Die bewaldeten Teile des
40 Landes ſind meiſtens nicht zum Ackerbau geeignet, und da man
die Wälder ſorgſam hegt und pflegt, werden ſie noch lange eine
Zierde der deutſchen Erde bilden.

1. das Prozent' *per cent.*   2. Forſt'akademi'en *schools of forestry.*
3. Privat'wäldern (v = w) *private forests.*   4. das Revier' (v = w) *district.*
5. Gen. depending upon Öſtlich.

Harfenspieler

Wer nie sein Brot mit Tränen aß,
Wer nie die kummervollen Nächte
Auf seinem Bette weinend saß,
Der kennt euch nicht, ihr himmlischen Mächte!

Ihr führt ins Leben uns hinein,
Ihr laßt den Armen schuldig werden,
Dann überlaßt ihr ihn der Pein:
Denn alle Schuld rächt sich auf Erden.

GOETHE

LESSON XXXI

The Subjunctive · Conditional Sentences

A

Die liebe Jugend

Am zweiten Montag im Mai war keine Schule. Kurz nach sieben kam Fritz Eiks zu seinem Freunde Adam Bauer, der ziemlich weit von der Stadt wohnt. Adam war mit seinen Eltern im Garten. "Hurra! Adam, heute gehen wir fischen",
5 rief Fritz. "Daraus wird nichts", erklärte Herr Bauer. "Wäre Adam mit seinen Schularbeiten fertig, so dürfte er gehen." "Wenn ich gestern nicht zu Onkel Karl hätte mitgehen müssen, so würde ich sie gestern gemacht haben", behauptete Adam. "Aber ich kann sie ja heute abend machen." Doch der
10 Vater antwortete: "Das kenne ich! Wenn du vom Fischen nach Hause kommst, magst du kaum essen, so müde bist du, vom Arbeiten gar nicht zu reden." "Nun, die Schularbeiten laufen ihm nicht weg," bemerkte Fritz, "er kann sie später machen, denn wir haben auch morgen keine Schule. Während der Nacht
15 hat es nämlich in der Schule gebrannt. Das ganze Gebäude ist ausgebrannt." "Das ist nicht möglich", sagte Herr Bauer. "Wenn ein Feuer gewesen wäre, würden wir den Alarm gehört haben." "Nein, lieber Mann", unterbrach ihn Frau Bauer. "Wenn wir Südwind haben, hören wir den Alarm nie." Herr
20 Bauer war noch nicht überzeugt und ging ins Haus, um zu telephonieren. Als er wieder in den Garten kam, sagte er nur: "Der Bengel hat wirklich recht. Meinetwegen dürft ihr fischen gehen."

Bald waren die Knaben am Flusse. Die Sonne schien hell, und es war keine einzige Wolke zu sehen. "Wenn der Himmel nicht so klar wäre, würden die Fische besser beißen", erklärte Fritz. "Wie wäre es, wenn wir an den Mühlbach gingen?" fragte Adam. "Es ist zwar etwas weit, doch dort werden wir wenigstens Schatten haben." Die Knaben gingen also an den Mühlbach, aber als sie kaum dort angekommen waren, wurde der Himmel trübe, und bald fing es zu regnen an. "Es sieht wirklich aus, als ob der Regen bloß gewartet hätte, bis wir hier waren. Ich glaube nicht, daß es geregnet hätte, wenn wir am Flusse geblieben wären", sagte Fritz lachend. "Es scheint, als sollten wir heute kein Glück haben." Doch damit hatte er unrecht. Der Himmel blieb trübe, es regnete hin und wieder ein bißchen, aber es war warm, und die Fische bissen gut. Als die Sonne gegen Abend herauskam, waren die Knaben schon auf dem Heimweg, und jeder hatte mehr als ein Dutzend schöne Fische in seinem Korbe.

Fragen

1. Wann war keine Schule?
2. Wohin ging Fritz Eiks früh morgens?
3. Wo wohnt Adam Bauer?
4. Wo war er, als Fritz ankam?
5. War er allein im Garten?
6. Wohin wollte Fritz mit Adam gehen?
7. Warum durfte Adam nicht fischen gehen?
8. Was sagte Fritz von den Schularbeiten?
9. Warum ist morgen keine Schule?
10. Warum will Herr Bauer nicht glauben, daß es in der Stadt gebrannt hat?
11. Was sagt Frau Bauer von dem Alarm?
12. Warum ging Herr Bauer in das Haus?

13. Hatte Fritz recht oder unrecht?

14. Wohin gingen die Knaben zuerst?

15. Warum wollten die Fische nicht beißen?

16. Wohin gingen die Knaben dann? Warum?

17. Was geschah bald, nachdem sie am Mühlbach angekommen waren?

18. Wie war das Wetter bis gegen Abend?

19. Haben die Knaben Glück gehabt oder nicht?

20. Was hatte jeder in seinem Korbe, als er nach Hause ging?

Vocabulary

der Alarm' (-s, -e) alarm
ausgebrannt gutted
aus'|sehen (*str.*) look, appear
bemer'ken (*wk.*) remark
der Bengel (-s, —) (little) rascal
bloß merely
das Feuer (-s, —) fire
der Fisch (-es, -e) fish
fischen (*wk.*) fish; fischen gehen go fishing
der Mühlbach (-s) Mill Brook
der Regen (-s, —) rain

der Schatten (-s, —) shade, shadow
so *introducing the conclusion of a conditional sentence* then
der Südwind (-s, -e) south wind; Südwind haben have a south wind
trübe cloudy, overcast
überzeu'gen (*wk.*) convince
weg'|laufen (*str., aux.* sein) run away; *w. dat.* run away from
die Wolke (—, -n) cloud
ziemlich tolerably

ein bißchen a little, a bit
hin und wieder now and then
recht haben be right
unrecht haben be wrong; damit hatte er unrecht he was wrong about that
seine Schularbeiten machen do one's lessons
vom Arbeiten gar nicht zu reden not to mention work, let alone work
dar'aus wird nichts nothing will come of that, "nothing doing"
es hat gebrannt there was a fire

Lesson XXXI

B

1. Past Subjunctive

a. Weak verbs. The past subjunctive of nearly all weak verbs is identical with the past indicative. The forms ich sagte, du sagtest, etc., ich arbeitete, du arbeitetest, etc., may be either indicative or subjunctive forms. The exceptions are

PAST INDICATIVE	PAST SUBJUNCTIVE
hatte	hätte
wurde *	würde
brachte	brächte
dachte	dächte
wußte	wüßte
durfte	dürfte
konnte	könnte
mochte	möchte
mußte	müßte
brannte	brennte
kannte	kennte
nannte	nennte
rannte	rennte
sandte	sendete
wandte	wendete

b. Strong verbs. The past subjunctive of strong verbs is formed by adding to the past indicative stem the endings ≈e, ≈est, ≈e, ≈en, ≈et, ≈en, and by modifying the stem vowel if possible: indicative schrieb, subjunctive schriebe; indicative trug, subjunctive trüge.

PAST SUBJUNCTIVE

ich schriebe	ich trüge
du schriebest	du trügest
er schriebe	er trüge
wir schrieben	wir trügen
ihr schriebet	ihr trüget
sie schrieben	sie trügen

* Werden is treated as a strong verb, but is weak in the past tense.

The past subjunctive of a few strong verbs is irregular:

PAST INDICATIVE	PAST SUBJUNCTIVE
begann	begönne
half	hülfe
schwamm	schwömme
starb	stürbe
warf	würfe

For a fuller list consult the strong and irregular verbs in the Appendix (pages 459–465).

2. Past Perfect Subjunctive

The past perfect subjunctive is composed of the past subjunctive of the auxiliary, haben or sein, and the past participle of the verb that is being conjugated:

ich hätte gesagt
du hättest gesagt
er hätte gesagt
wir hätten gesagt
ihr hättet gesagt
sie hätten gesagt

ich wäre gekommen
du wärest gekommen
er wäre gekommen
wir wären gekommen
ihr wäret gekommen
sie wären gekommen

3. The Conditionals

a. First conditional. The first conditional is composed of the past subjunctive of werden and the present infinitive of the verb that is being conjugated:

ich würde sagen *I should say*
du würdest sagen *you would say*
er würde sagen *he would say*
wir würden sagen *we should say*
ihr würdet sagen *you would say*
sie würden sagen *they would say*

b. Second conditional. The second conditional is composed of the past subjunctive of werden and the past infinitive of the verb that is being conjugated:

ich würde gesagt haben *I should have said*
du würdest gesagt haben *you would have said*
etc.

ich würde gekommen sein *I should have come*
du würdest gekommen sein *you would have come*
etc.

4. Mood in Conditional Sentences

The subjunctive mood is used in two kinds of conditional sentences: (*a*) those containing a condition contrary to fact; (*b*) those containing a less vivid future condition.

a. Condition contrary to fact. In conditional sentences containing a condition contrary to fact, if reference is to present time, the past subjunctive is used in the condition, while either the past subjunctive or the first conditional may be used in the conclusion:

> Wenn Adam mit seinen Schularbeiten fertig wäre, { dürfte er gehen. / würde er gehen dürfen. }
> *If Adam were through with his lessons, he would be permitted to go.*

However, the first conditional is preferable to the past subjunctive in the conclusion when the past subjunctive is identical in form with the past indicative:

> Wenn der Himmel nicht so klar wäre, würden die Fische besser beißen. *If the sky were not so clear, the fish would bite better.*

If reference is to past time, the past perfect subjunctive is used in the condition, while either the past perfect subjunctive or the second conditional may be used in the conclusion:

> Wenn wir am Flusse geblieben wären, { hätte es nicht geregnet. / würde es nicht geregnet haben. }
> *If we had stayed at the river, it would not have rained.*

b. Less vivid future condition. In conditional sentences containing a less vivid future condition the past subjunctive is used in the condition, while either the past subjunctive or the first conditional may be used in the conclusion:

Wenn er morgen käme, { wäre es noch Zeit. / würde es noch Zeit sein. } *If he came tomorrow, it would still be time.*

Here, again, the first conditional is preferable to the past subjunctive in the conclusion when the past subjunctive does not differ in form from the past indicative:

Wenn er mich fragte, so würde ich es ihm nicht sagen. *If he asked me, I should not tell him.*

Conditional sentences other than those containing a condition contrary to fact or a less vivid future condition take the indicative and imperative moods:

Wenn du keinen Hut trägst, wirst du dich erkälten. *If you do not wear a hat, you will catch cold.*

Wenn er will, darf er bleiben. *If he wishes, he may stay.*

Wenn sie wirklich böse war, so hat sie es nicht gezeigt. *If she was really angry, she did not show it.*

Sage es mir nur, wenn du heute abend nicht mitgehen willst. *Just tell me if you do not want to go along this evening.*

5. Structure of Conditional Sentences

a. The conclusion may stand first:

Er würde mir helfen, wenn er mehr Zeit hätte. *He would help me if he had more time.*

b. The condition may stand first:

Wenn ein Feuer gewesen wäre, (so) hätten wir den Alarm gehört. *If there had been a fire, (then) we should have heard the alarm.*

The use of so *then* in sentences of this type is optional.

Lesson XXXI

c. Wenn may be omitted, in which case the personal verb stands in its place:

> Wäre er hier, so täte er es. *If he were here, he would do it.*
> Hätten wir das gewußt, so wären wir früher gekommen. *If we had known that, we should have come earlier.*

In sentences of this type so should not be omitted.

6. Als ob

The subjunctive is usually used after als ob *as if*:

> Er sieht aus, als ob er krank wäre. *He looks as if he were sick.*
> Ich tat, als ob ich ihn nicht gesehen hätte. *I acted as if I had not seen him.*

Ob may be omitted, in which case the personal verb immediately follows als:

> Er sieht aus, als wäre er krank.
> Ich tat, als hätte ich ihn nicht gesehen.

C

1. *a.* Conjugate in the past and past perfect subjunctive:

machen   tragen   fallen

b. Conjugate in the first and the second conditional:

warten   finden   gehen

c. Give the third person singular of the past indicative and past subjunctive of

schreiben	essen	bitten	wissen	sollen
schneiden	lesen	bieten	mögen	dürfen
holen	sehen	singen	werfen	wenden
arbeiten	helfen	bringen	brennen	denken

2. *a.* Put into past time:

1. Wenn er hungrig wäre, würde er es essen. 2. Wenn ich nicht so viel zu tun hätte, würde ich fischen gehen. 3. Wenn ich es wüßte,

würde ich es ihm schreiben. 4. Wenn du mich riefest, würde ich kommen.
5. Wenn ihr mir die Bücher brächtet, würde ich euch sehr dankbar sein.
6. Wenn sie hier wäre, würde sie mitgehen.

b. Put into present time:

1. Wenn ihr es mir geraten hättet, würde ich es getan haben.
2. Wenn sie es gehabt hätte, würde sie es dir gegeben haben. 3. Wenn es nicht so früh dunkel geworden wäre, würde ich länger geblieben sein. 4. Wenn du ein bißchen früher gekommen wärest, würdest du ihn noch zu Hause getroffen haben. 5. Wenn es nicht so kalt gewesen wäre, würden wir im Garten gesessen haben. 6. Wenn es nicht geregnet hätte, würde ich mein neues Kleid angezogen haben.

3. Translate into English the sentences in 2, above.

4. Rewrite the sentences in 2, above, as follows:

a. Omit wenn.

b. Place the conclusion first.

c. Use the subjunctive in place of the conditional in the conclusion.

d. Omit wenn and use the subjunctive in the conclusion.

e. Use the subjunctive in the conclusion and place the conclusion first.

5. Write the following sentences without ob:

1. Es scheint, als ob wir heute kein Glück haben sollten. 2. Es sieht aus, als ob der Regen bloß gewartet hätte, bis wir hier waren. 3. Sie tat, als ob sie böse wäre. 4. Du siehst aus, als ob du die ganze Nacht gar nicht geschlafen hättest. 5. Es scheint, als ob er recht hätte. 6. Sie sprach, als ob er schon angekommen wäre.

6. Translate into German:

1. If I were through with my lessons, I should go fishing.
2. The fish would have bitten better if the sky had not been so clear. 3. If we went to the Mill Brook, we should at least have shade. 4. They would have heard the alarm if there had been a fire. 5. If they have a south wind, they will not be able to hear the alarm. 6. If you did your lessons this evening, we could go

Lesson XXXI

fishing tomorrow. 7. If it rains, I shall stay at home. 8. Not a cloud was to be seen. 9. Show it to him if he wants to see it. 10. You look as if you had lost your best friend.

7. Put into the past, present perfect, and future tenses:

1. Daraus wird nichts. 2. Er hat unrecht. 3. Es regnet hin und wieder ein bißchen. 4. Du überzeugst mich nicht. 5. Sie laufen nicht weg. 6. Die Fische werden von der Katze gefressen. 7. Es wird laut und lange geklatscht.

8. Give the meaning and the principal parts of

Wolke	Regen	Fieber	Vorhang	sich erheben
Bengel	Band	Macht	aussehen	gelten
Schatten	Platz	Jugend	bemerken	verstehen
Feuer	Ohr	Sturm	ausbrennen	füllen
Fisch	Bühne	Student	beschreiben	verkaufen

9. Translate into German:

1. Fred Eiks and Adam Bauer wanted to go fishing. 2. But Mr. Bauer said: "No, Adam, you may not go along, because you have not yet done your lessons. 3. If you go fishing, you will be too tired to do them this evening. You will hardly care to eat, let alone work." 4. "I should have done them Saturday if I had not had to help you," Adam answered. "But I will do them this evening, all right." 5. "Adam need not do his lessons today," remarked Fred. "They will not run away from him. 6. There was a fire at school this morning at five o'clock. The whole building is gutted." 7. "I don't believe it,"[1] exclaimed Mr. Bauer. "We should have heard the alarm if there had been a fire." 8. But he went into the house in order to telephone. When he came out, he said, "You are right, you little rascal." 9. The boys went to the Mill Brook, although it was a little far. Soon after they had arrived there, the sky became overcast, and it began to rain tolerably hard. 10. However, it was warm; and when the sun came out toward evening, each boy had a dozen fine fish in his basket.

---

1. Das, placed at the beginning of the sentence.

D [Optional]

Ein Volkslied

Wenn ich ein Vöglein wär'
Und auch zwei Flüglein hätt',
Flög' ich zu dir;
Weil's aber nicht kann sein,
5   Bleib' ich allhier.

Bin ich gleich[1] weit von dir,
Bin ich doch im Schlaf bei dir
Und red' mit dir;
Wenn ich erwachen tu',[2]
10   Bin ich allein.

Es vergeht keine Stund' in der Nacht,
Da mein Herze nicht erwacht
Und an dich gedenkt,
Daß du mir vieltausendmal
15   Dein Herz geschenkt.

1. Bin ich gleich *Although I am.*   2. erwachen tu' = erwache.

Maikönig und Maikönigin

Das deutsche Volk kennt sowohl einen Maikönig als auch eine Maikönigin. Während die[1] mit der Feier des Maikönigs verbundenen Sitten meistens ziemlich wild sind, spricht aus den Umzügen der Maikönigin die zarte Poesie des Volkes. Die
5 Mädchen wählen aus ihrer Mitte die Schönste zur Königin, zieren sie mit Blumen und führen sie dann unter Gesang durch die Straßen des Dorfes. Vor jedem Hause macht man halt, die Mädchen schließen um die Königin einen Kreis, singen alte Volkslieder und empfangen Gaben. So vergeht unter Gesang
10 und Musik der ganze Tag.

Festival at Tegernsee (a Village in Bavaria)

In anderen Gegenden treten Maikönig und Maikönigin nebeneinander auf. Sie heißen dann das Brautpaar und werden gleichfalls in feierlichem Umzuge durch das ganze Dorf geführt. Der Maikönig, der von den jungen Männern gewählt wird, wählt sich selbst eine Maikönigin, der er sich ein ganzes Jahr widmen muß. Dann werden in feierlicher Sitzung die anderen heiratsfähigen Mädchen an ehrenhafte junge Männer vergeben. Jeder muß für sein Mädchen das ganze Jahr sorgen; er muß sie zu allen Festlichkeiten abholen und abends wieder nach Hause begleiten. Es ist der Mann, der wählt, aber das Mädchen hat das Recht ihn abzulehnen; wenn sie ihm aber eine Blume an den Hut steckt, so erkennt sie ihn dadurch an. Oft endet ein solches Verhältnis mit einer Heirat.

1. Modifies Sitten.

Im wunderschönen Monat Mai

Im wunderschönen Monat Mai,
Als alle Knospen sprangen,
Da ist in meinem Herzen
Die Liebe aufgegangen.

5 Im wunderschönen Monat Mai,
Als alle Vögel sangen,
Da hab' ich ihr gestanden
Mein Sehnen und Verlangen.

HEINE

Deutsche Wissenschaftler

Die Kulturvölker der Erde sind heute eine große Einheit. Eines hängt von dem anderen ab; was dem einen schadet, bringt auch allen anderen Nachteil, und die Wohlfahrt und das Gedeihen einer Nation bringen auch allen übrigen Nutzen.
5 Heute ist man sich darüber klar geworden. Wenn die Menschen diese Wahrheit fünfzig Jahre früher begriffen hätten, so hätte man vielleicht großes Unheil verhüten können. Am besten erkennt man dieses Verbundensein im Reiche des Wissens. Hier finden wir auch am frühesten harmonische Zusammenar=
10 beit, die der Menschheit als Ganzem zugute kommt. Auch das deutsche Volk hat reichen Anteil an dieser Arbeit und an dem Fortschritt, zu dem sie führt.

Ein gutes Beispiel ist Robert Koch (1843–1910), ein deut= scher Arzt und später Professor an der Universität Berlin.
15 Koch ist der Begründer der modernen Bakteriologie[1] und entwickelte die heutigen Methoden zur Bekämpfung aller In= fektionskrankheiten.[2] Seine wichtigste Leistung war wohl die Entdeckung der Tuberkelbazillen.[3] Im Jahre 1884 entdeckte

er als Leiter der deutschen Cholerakommission[4] in Kalkutta den Kommabazillus,[5] den Erreger der Cholera. Zwölf Jahre später berief ihn die Kapregierung[6] nach Südafrika, wo die Rinderpest wütete, und in wenigen Monaten fand Koch ein Mittel gegen diese Krankheit. Das sind nur einige von seinen Erfolgen.

Es war Hermann Helmholtz (1821–1894), ein Physiologe[7] und Physiker,[8] der den Augenspiegel, oder das Ophthalmoskop,[9] erfand, ein Instrument, das in der Diagnose[10] von Augenleiden so nützlich ist.

Besser bekannt ist Wilhelm Conrad Röntgen (1845–1923), auch ein Physiker, der 1895 die Röntgenstrahlen, oder X=Strahlen, entdeckte. Er erhielt im Jahre 1901 den Nobelpreis. Wir können uns kaum vorstellen, was unsre Ärzte tun sollten, wenn sie in schwierigen Fällen ohne X=Strahlen fertig werden müßten.

Wilhelm Ostwald (1853–1932), ein Chemiker,[11] der sich besonders in der physikalischen Chemie[12] und der Elektrochemie[13] ausgezeichnet,[14] erhielt im Jahre 1909 gleichfalls den Nobelpreis.

Zum Schluß wollen wir noch an einen Praktiker[15] erinnern, dessen Name bekannt genug ist, wenn auch die meisten sonst nichts von ihm wissen, das ist der Ingenieur[16] Rudolf Diesel (1858–1913), der Erfinder des Motors,[17] der unter seinem Namen bekannt ist. Vorzüge dieses Motors sind die Billigkeit und hohe Wirksamkeit des Brennstoffs, der außerdem nicht explosiv[18] ist. Man benutzt den Dieselmotor[19] heute auf Schiffen, Lokomotiven, Flugzeugen und Luftschiffen, ja sogar für Kraftwagen.

1. Bakteriologie' *bacteriology*. 2. Infektions'krank'heiten *contagious diseases*. 3. Tuber'kelbazil'len *tubercle bacilli*. 4. Cho'lerakommission' *cholera commission*. 5. Kom'mabazil'lus *comma bacillus*. 6. Kap=

Hydroplane and Zeppelin. Start of a Four-Motor Hydroplane after Receiving a Load of Goods from the Zeppelin

regie′rung *government of Cape Colony.*   7. Physiolo′ge *physiologist.*
8. Phy′siker *physicist.*   9. Ophthal′moskop′ *ophthalmoscope.*   10. Diagno′se *diagnosis.*   11. Che′miker *chemist.*   12. Chemie′ *chemistry.*   13. Elek′trochemie′ *electrochemistry.*   14. Supply hat. See the Appendix, page 444.
15. Prak′tiker *practical scientist* (one who applies science).   16. Ingenieur′ (=genieur as in French) *engineer.*   17. der Motor *motor.*   18. explosiv′ *explosive.*   19. *Diesel motor,* or *engine.*

Die Luftschiffahrt

Die griechische Sage von Ikarus[1] zeigt uns, daß die Menschen schon früh davon geträumt haben, die Luft zu erobern.[2] Dies ist erst der modernen Technik[3] gelungen, aber der Gedanke lebte mehr oder weniger im Verborgenen durch die Jahrhun-
5 derte und führte auch von Zeit zu Zeit zu Versuchen. Leonardo da Vinci[4] z. B. entwarf um das Jahr 1500 das Modell[5] eines Luftschiffs, das nur den einen Fehler hatte, daß es nicht flog.

Lesson XXXI

In Deutschland hat man einen hochentwickelten, billigen und sicheren Luftverkehr. Schon im Jahre 1929 flogen deutsche Luftschiffe zehn und eine halbe Million Kilometer, beförderten fast 100 000 Passagiere,[6] 385 000 Kilogramm Postsachen und sechs mal soviel andere Fracht. Die Amerikafahrten und Weltfahrten der Zeppeline[7] sind zu allgemein bekannt, um näher erwähnt zu werden.

1. J'farus *Icarus*. 2. davon ... zu erobern *of conquering*. 3. Tech'nik *technics*. 4. Leonar'do da Vin'ci (wientschi) Italian artist. 5. Modell' *model*. 6. Nom. sg. der Passagier' (g as English *z* in *azure*) *passenger*. 7. Nom. sg. der Zep'pelin *Zeppelin (airship)*.

LESSON XXXII

Subjunctive of Wish and of Volition · Subjunctive of Ideal Certainty

A

Einiges über den Konjunktiv

Auf alten Grabsteinen liest man oft: „Er ruhe in Frieden!" Auch: „Er ruhe sanft!" Schillers berühmtes Gedicht „Der Taucher" enthält die folgenden Zeilen:

> Lang lebe der König! Es freue sich,
> 5 Wer da atmet im rosichten Licht!
> Da unten aber ist's fürchterlich,
> Und der Mensch versuche die Götter nicht
> Und begehre nimmer und nimmer zu schauen,
> Was sie gnädig bedecken mit Nacht und Grauen!

10 Ein schönes, altes Studentenlied beginnt:

> Alles schweige! Jeder neige
> Ernsten Tönen nun sein Ohr!

Obgleich sich der Dichter oft so ausdrückt, wird der Konjunktiv fast nie in der Umgangssprache auf diese Weise ge-
15 braucht. Man sagt zum Beispiel nicht: „Er verlasse sofort mein Haus! Sie warte unten!" sondern: „Er soll sofort mein Haus verlassen! Sie soll unten warten!"

Dagegen hört man täglich: „Gehen wir jetzt! Seien wir dankbar! Sprechen wir nur Deutsch!" usw. Man kann dafür
20 aber auch sagen: „Laß (Laßt, Lassen Sie) uns jetzt gehen! Laß (Laßt, Lassen Sie) uns dankbar sein! Laß (Laßt, Lassen Sie) uns nur Deutsch sprechen!"

Lesson XXXII

Man gebraucht den Konjunktiv auch häufig in Sätzen dieser Art:

  Wäre er nur hier!
  Hätten Sie es mir nur gesagt!
  Käme sie doch vor morgen abend!
  Das wäre viel zu teuer!
  Du hättest es doch nicht geglaubt!

Besonders die folgenden Sätze sollte man sich genau merken:

  Dürfte ich Sie um ein Glas Wasser bitten?
  Ich könnte heute abend mitgehen.
  Ich hätte Ihnen gestern helfen können.
  Er möchte gern nach Deutschland gehen.
  Du solltest nicht so viel rauchen.
  Er hätte den Hund nicht schlagen sollen.
  Ich wollte, es wäre wahr.

Fragen

1. Was liest man oft auf alten Grabsteinen?
2. Übersetzen Sie: „Er ruhe in Frieden!"
3. Wer hat das Gedicht „Der Taucher" geschrieben?
4. Wen soll der Mensch nie versuchen und was soll er nicht begehren?
5. Was für ein Lied beginnt mit den Worten: „Alles schweige!" usw.?
6. Wie würde man den Satz: „Er verlasse sofort mein Haus!" in der Umgangssprache ausdrücken?
7. Was kann man statt „Seien wir dankbar!" sagen?
8. Nennen Sie andere Beispiele des Konjunktivs, welche man häufig gebraucht!
9. Welche Sätze sollte man sich genau merken?
10. Übersetzen Sie: „Ich hätte Ihnen gestern helfen können" und „Er hätte den Hund nicht schlagen sollen"!

Vocabulary

die Art (—, -en) kind, sort
atmen (*wk.*) breathe
aus'|drücken (*wk.*) express
bedecken (*wk.*) cover
begeh'ren (*wk.*) desire
das Beispiel (-s, -e) example; zum Beispiel (*abbrev.* z. B.) for example
beson'ders especially
dage'gen on the other hand
doch *w. subj. of wish* only
einiges something; einiges über den Konjunktiv something (*or* some remarks) about the subjunctive
enthal'ten (*str.*) contain
der Frieden (-s) peace
fürchterlich frightful, terrible
das Gedicht' (-s, -e) poem
gnädig gracious, merciful
der Grabstein (-s, -e) tombstone
das Grauen (-s) horror, terror
häufig frequent
der Konjunktiv' (-s, -e) subjunctive

leben (*wk.*) live
das Licht (-es) light
merken (*wk.*) note; sich (*dat.*) etwas merken note something carefully
die Nacht (—, ⸚e) night, darkness
neigen (*wk.*) incline
nimmer never
rauchen (*wk.*) smoke
rosicht rosy
ruhen (*wk.*) rest
sanft soft, gentle, peaceful
schauen (*wk.*) look, behold
sofort' at once, immediately
das Studen'tenlied (-s, -er) student song
täglich daily
der Taucher (-s, —) diver
der Ton (-es, ⸚e) tone, sound
die Umgangssprache (—, -n) colloquial speech
versu'chen (*wk.*) try, attempt; tempt
die Zeile (—, -n) line

da unten down there
wer da whoever, whosoever

B

1. Present Subjunctive

The present subjunctive is formed by adding to the stem of the present infinitive the endings ⸗e, ⸗est, ⸗e, ⸗en, ⸗et, ⸗en. One verb, sein *be*, has no ending in the first and third person singular. The present subjunctive of helfen and sein follow:

PRESENT SUBJUNCTIVE

ich helfe	wir helfen	ich sei	wir seien
bu helfest	ihr helfet	bu seiest	ihr seiet
er helfe	sie helfen	er sei	sie seien

2. Subjunctive of Wish

The subjunctive of wish occurs in the present, past, and past perfect tenses.

In the present tense it is used chiefly in certain formal expressions and is rendered in English by the subjunctive or by *may* with the infinitive:

> Lang lebe der König! *Long live the king!*
> Er ruhe in Frieden! *May he rest in peace!*

This construction is frequently replaced by the present subjunctive of mögen with the infinitive of the accompanying verb:

> Möge er sanft ruhen! *May he rest peacefully!*

In the past and past perfect tenses the subjunctive of wish is usually accompanied by nur or doch and may be construed as in a condition contrary to fact or a less vivid future condition, the conclusion being understood:

> Wenn er nur hier wäre! or Wäre er nur hier! *If he were only here!*
> Wenn sie doch vor morgen abend käme! or Käme sie doch vor morgen abend! *If she would only come before tomorrow evening!*
> Wenn Sie es mir nur gesagt hätten! or Hätten Sie es mir nur gesagt! *If you had only told me!*
> Wenn der Arzt nur etwas früher gekommen wäre! or Wäre der Arzt nur etwas früher gekommen! *If the doctor had only come a little earlier!*

3. Subjunctive of Volition

The subjunctive of volition occurs in the present tense. It replaces the missing forms of the imperative mood in the first and third persons, and is rendered in English by *let* with the infinitive.

> Der Mensch versuche die Götter nicht! *Let man not tempt the gods!*
> Er verlasse sofort mein Haus! *Let him leave my house at once!*
>
> Seien wir dankbar! *Let us be thankful!*
> Sprechen wir nur Deutsch! *Let us speak only German!*

The type represented by the first two sentences, above, is not of common occurrence in everyday language, the subjunctive being replaced by soll with the infinitive of the accompanying verb:

> Der Mensch soll die Götter nicht versuchen!
> Er soll sofort mein Haus verlassen!

The second type (Seien wir dankbar!), on the other hand, is in daily use, but in place of the subjunctive one may use equally well the imperative of lassen with the infinitive of the accompanying verb:

> Laß (Laßt, Lassen Sie) uns dankbar sein!
> Laß (Laßt, Lassen Sie) uns nur Deutsch sprechen!

4. Subjunctive of Ideal Certainty

The subjunctive of ideal certainty, that is, certainty in a purely imaginary case, occurs in the past and past perfect tenses or in the first and second conditional. It may be construed as in the conclusion of a conditional sentence, the condition, contrary to fact or less vivid future, being implied.

> Das wäre viel zu teuer! or Das würde viel zu teuer sein! *That would be much too expensive.*
> Du hättest es doch nicht geglaubt! or Du würdest es doch nicht geglaubt haben! *You would not have believed it anyway.*

5. Some Subjunctive Forms of the Modals

Note carefully the following very common subjunctive forms of the modal auxiliaries

Dürfte ich Sie um ein Glas Wasser bitten? *Might I ask you for a glass of water?*

Ich könnte heute abend mitgehen. *I could go along this evening.*

Ich hätte Ihnen gestern helfen können. *I could have helped you yesterday.*

Er möchte gern[1] nach Deutschland gehen. *He would like to go to Germany.*

Du solltest nicht so viel rauchen. *You ought not to smoke so much.*

Er hätte den Hund nicht schlagen sollen. *He ought not to have struck the dog.*

Ich wollte, es wäre wahr. *I wish it were true.*

1. The use of gern is optional.

Distinguish between konnte *could, was able to*, and könnte *could, would be able to*:

Er konnte es nicht finden. *He could not (or was not able to) find it.*

Er könnte dir morgen helfen. *He could (or would be able to) help you tomorrow.*

C

1. Conjugate in the present indicative and present subjunctive:

leben   warten   sehen   essen   tragen   dürfen

2. Translate into English:

1. Gott sei uns gnädig! 2. Der Himmel schütze euch! 3. Bleiben wir heute zu Hause! 4. Machen wir die Fenster auf! 5. Laßt uns Schillers „Taucher" lesen! 6. Lassen Sie uns mitgehen! 7. Wer Ohren hat zu hören, der höre! 8. Er soll zufrieden sein! 9. Wenn er morgen nur länger bliebe! 10. Wäre ich nur fertig! 11. Hättest du es doch nicht verkauft! 12. Wenn wir nur nicht hingegangen wären!

13. Das wäre besonders schön! 14. Er täte es doch nicht! 15. Das würde furchtbar sein! 16. Ich hätte das nicht getan! 17. Sonst wären wir nicht gekommen! 18. Ich würde ihm sofort geholfen haben! 19. Du solltest das Gedicht lesen. 20. Er hätte nicht so viel rauchen sollen. 21. Er konnte nicht atmen. 22. Du könntest dich besser ausdrücken. 23. Sie hätten es wenigstens versuchen können. 24. Ich möchte gern wissen, was die Flasche enthält.

25. Dürfte ich Sie bitten, mir einiges über den Konjunktiv zu erklären? 26. Da müßten Sie sofort anfangen. 27. Ich wollte, du hättest das nicht begehrt. 28. Du solltest täglich einen langen Spaziergang machen. 29. Sie hätten mir ein paar Zeilen schreiben können. 30. Wir hätten ihn häufiger besuchen sollen. 31. Ich wollte, du würdest dir das genau merken. 32. Das hättest du nicht sagen sollen. 33. Es freue sich, wer da im rosichten Licht atmet! 34. Der Mensch soll nimmer schauen wollen, was die Götter mit Nacht und Grauen bedecken! 35. Es neige jeder ernsten Tönen nun sein Ohr! 36. „Er ruhe sanft!" liest man oft auf alten Grabsteinen. 37. Möge das neue Jahr Ihnen nur Gutes bringen!

3. Classify, or explain, the subjunctive in sentences 1, 2, 3, 4, 7, 9, 10, 11, 12, 13, 14, 16, 17.

4. Read aloud and translate:

1. Gehen wir heute abend ins Kino!
   Gehen wir heute abend ins Kino?
2. Bleiben wir den ganzen Tag auf dem Lande!
   Bleiben wir den ganzen Tag auf dem Lande?
3. Machen wir alle Fenster auf!
   Machen wir alle Fenster auf?

5. Translate into German:

1. If I only had more time! 2. If they would only come tomorrow! 3. If I had only thought of it! 4. That would not be so pleasant. 5. Otherwise he would not be doing it. 6. They would not believe me anyway. 7. He would never have attempted it alone. 8. Then she would not have gone along. 9. God be with you, my children! 10. May he rest in peace! 11. Let him not become angry so easily!

12. Let us begin at once. 13. Let us not go out this evening!
14. Might I play the piano a little? 15. I should like to see him.
16. I could not go to the country yesterday. 17. I could send them to you next week. 18. He could have waited for us. 19. We ought to sing some student songs. 20. You ought not to have eaten so much. 21. I wish I had stayed at home. 22. Then we should have to sell everything.

6. *a.* Put into the past tense and the present perfect tense:

1. Da unten ist es fürchterlich. 2. In der Umgangssprache wird der Konjunktiv fast nie auf diese Weise gebraucht. 3. Dagegen hört man täglich Sätze dieser Art. 4. Was zum Beispiel enthält diese Flasche?

b. Give the meaning and the principal parts of

Gedicht	Wolke	rauchen	begehren	überzeugen
Zeile	Schatten	merken	bedecken	weglaufen
Ton	Fisch	versuchen	atmen	ausdrücken
Licht	Regen	ruhen	bemerken	schauen
Beispiel	leben	neigen	aussehen	verstehen

c. Put into past time:

1. Wenn er nicht so viel rauchte, könnte er besser lernen. 2. Wäre das Gedicht nicht so lang, so würde ich es lesen. 3. Ich würde ihn häufiger besuchen, wenn er nicht so weit wohnte.

d. Put into present time:

1. Wenn Fritz hier gewesen wäre, hätte ich es gleich angefangen. 2. Hätte er das gewußt, so würde er zu Hause geblieben sein. 3. Sie würden Schatten gehabt haben, wenn sie an den Mühlbach gegangen wären.

D [Optional]

Mörike

Eduard Mörike (1804–1875) steht unter den deutschen Lyrikern in seinem Wesen Goethe am nächsten. Seine Gedichte sind voll tiefer und echter Gefühle. Die Form ist vollkommen und die Sprache ist oft die des Volkslieds. Bitterkeit, Satire[1]

und Ironie[2] finden wir bei Mörike nicht, wohl aber einen
feinen Humor. Das kann man auch von Goethes Lyrik sagen,
nur ist das idyllische Element[3] bei ihm weniger betont als
bei Mörike. Goethe stand mitten im tätigen Leben, während
Mörike ein idyllisches Dasein und die Einsamkeit liebte. Dem
Treiben der Gesellschaft, den heftigen sozialen[4] und politischen
Bestrebungen seiner Zeit blieb er ganz fern. Er ist auch fast nie
über die Grenzen seines Heimatlands Württemberg hinaus=
gekommen. Die folgenden Verse kamen dem Dichter in der
Tat vom Herzen:

        Laß, o Welt, o laß mich sein!
        Locket nicht mit Liebesgaben!
        Laßt dies Herz alleine haben
        Seine Wonne, seine Pein!

Wie gut Mörike den Ton des Volkslieds oft traf, sehen wir
an der Ballade „Schön=Rohtraut". Den Stoff hat er frei er=
funden, inspiriert[5] durch den Namen Rohtraut, den er zufällig
in einem alten Wörterbuch entdeckte. Sofort kam ihm die
Idee zu seinem Gedicht; er sah die Königstochter vor sich in all
ihrer Schönheit, und die Rolle des jungen Jägers ergab sich
von selbst.

Der Name Rohtraut ist altdeutsch. Eginhard, der Bio=
graph[6] Karls des Großen, berichtet, daß eine von den Töch=
tern des Kaisers so hieß. Die Ballade „Schön=Rohtraut" ist
Mörikes beste. Die Handlung ist nur angedeutet, und doch ist
alles klar. Die schöne Tochter des Königs liebt das freie Leben
in Wald und Feld, sie jagt und fischt gern. Der „Knabe" will
zuerst nur ihr Jäger sein, und bald sieht er seinen Wunsch
erfüllt. Wie er an den Hof des Königs gekommen ist, wird
uns nicht gesagt. Genug, er ist jetzt dort. Nun aber wächst

seine Liebe, und er beklagt, daß er kein Königssohn ist, denn nur 35
ein solcher kann Rohtrauts Hand gewinnen. Die Prinzessin ist
nicht blind, sie versteht die Sprache, welche die Augen ihres
Jägers reden. Der kecke junge Bursche gefällt ihr, warum soll sie
ihm nicht einen Kuß schenken? Wird er aber den Mut haben,
sie zu küssen? Der Jäger erschrickt wohl, doch ein solches 40
Glück muß er festhalten.— Schweigend reiten die beiden heim.
Niemand darf erfahren, was draußen im Walde geschehen ist.
Sie brauchen einander nichts zu sagen; Worte können auch
ihre Lage nicht ändern. Im Herzen des „Knaben" ist mehr
Freude als Leid; er hat ein großes Glück genossen. „Schweig 45
stille, mein Herze!" Schweigen ist ihm jetzt doppelte Pflicht.

Schön=Rohtraut

Wie heißt König Ringangs Töchterlein?
   Rohtraut, Schön=Rohtraut.
Was tut sie denn den ganzen Tag,
Da sie wohl [7] nicht spinnen und nähen mag?   50
   Tut fischen und jagen.[8]
O daß ich doch ihr Jäger wär'!
Fischen und Jagen freute [9] mich sehr.
  — Schweig stille, mein Herze!

Und über [10] eine kleine Weil',   55
   Rohtraut, Schön=Rohtraut,
So dient der Knab' auf Ringangs Schloß
In Jägertracht und hat ein Roß,
   Mit Rohtraut zu jagen.
O daß ich doch ein Königssohn wär'!   60
Rohtraut, Schön=Rohtraut lieb' ich so sehr.
  — Schweig stille, mein Herze!

Einsmals [11] sie ruhten am Eichenbaum,
    Da lacht Schön-Rohtraut:
"Was [12] siehst [13] mich an so wunniglich [14]?
Wenn du das Herz hast, küsse mich!"
    Ach, erschrak der Knabe!
Doch denket er: mir ist's vergunnt,[15]
Und küsset Schön-Rohtraut auf den Mund.
    — Schweig stille, mein Herze!

Darauf sie ritten schweigend heim,
    Rohtraut, Schön-Rohtraut;
Es jauchzt der Knab' in seinem Sinn:
Und würd'st du heute Kaiserin,
    Mich sollt's [16] nicht kränken!
Ihr tausend Blätter im Walde wißt,
Ich hab' Schön-Rohtrauts Mund geküßt!
    — Schweig stille, mein Herze!

Diese schöne Ballade hat George Meredith sehr gut ins Englische übertragen. Die erste Strophe seiner Übersetzung folgt:

What is the name of King Ringang's daughter?
    Rohtraut, Beauty Rohtraut!
And what does she do the livelong day,
Since she dare not knit and spin alway?
    O hunting and fishing is ever her play!
And, heigh! that her huntsman I might be!
I'd hunt and fish right merrily!
    Be silent, heart!

1. Sati're *satire*. 2. Ironie' *irony*. 3. Element' *element*. 4. sozia'len *social*. 5. Infin. inspirie'ren *inspire*. 6. Biograph' *biographer*. 7. *probably*. 8. Tut fischen und jagen = fischt und jagt. 9. Subj. 10. *in*. 11. *Once*, or *One day*. 12. *Why*. 13. Supply du. 14. Archaic for wonniglich *blissfully*. 15. Archaic for vergönnt. 16. sollte es. Translate the line: *I should not grieve* (literally, *It should not grieve me*).

Lesson XXXII

Er lebe hoch!
(Sieh Seite 430!)

Hoch soll er leben!
(Sieh Seite 430!)

Eine kalte Sonne

„Mein Fräulein, möchten Sie nicht die Sonne meines Lebens sein?"

„O gewiß! Wie glücklich wäre ich, zwanzig Millionen Meilen von Ihnen entfernt zu sein!"

Sprichwort

Jeder kehre vor seiner Tür!

Trost

So komme, was da kommen mag!
Solang du [1] lebest, ist es Tag.

Und geht es in die Welt hinaus,
Wo du mir bist, bin ich zu Haus.

Ich seh' dein liebes Angesicht, 5
Ich sehe die Schatten der Zukunft nicht.
STORM

1. The Beloved One.

LESSON XXXIII

Subjunctive of Indirect Discourse

A

Ein Brief an die Mutter

Berlin, den 21. November 1934.

Liebe, teure Mutter!

Als ich vorgestern von der Bibliothek nach Hause ging, traf ich Herrn Kurt Almers. Er fragte mich, ob ich ihn auf den
5 Flugplatz begleiten wolle. Er mußte nämlich sofort nach Hamburg und sagte, daß er fast immer mit dem Flugzeug reise. Da ich noch nicht auf dem Flugplatz gewesen war, ging ich gern mit, und dort lernte ich einen jungen Mechaniker kennen, mit dem ich mich ziemlich lange unterhalten habe.

10 Er erzählte, daß er fünfundzwanzig Jahre alt sei und die technische Hochschule in Hannover besucht habe. Jetzt sei er seit sechs Monaten bei der Lufthansa, wisse aber nicht, wie lange er da bleiben werde. Letzten Winter sei er zwei Monate ohne Arbeit gewesen. Er bedauerte, daß ihn sein Vater gerade im
15 Winter nicht gebrauchen könne. Im Sommer, wenn er selber viel zu tun habe, würde er dem Vater sehr willkommen sein.

Sein Vater sei Offizier, und vor dem Kriege sehr reich gewesen. Eigentlich habe das Geld der Mutter gehört, wie das in Offizierskreisen sehr oft der Fall gewesen sei. Durch den Krieg
20 aber hätten seine Eltern alles verloren; nur ein kleines Gut hätten sie gerettet, und davon müßten sie nun leben. Die Pension, die der Vater bekomme, sei zum Leben zu wenig und zum Sterben zu viel.

Den Gedanken, nach den Vereinigten Staaten zu gehen,

hatte der junge Mann aufgegeben, weil seine Mutter so sehr dagegen war. Er sagte mir, daß er jetzt das einzige Kind sei. Sie seien drei Söhne gewesen, aber die beiden älteren seien im Kriege gefallen. Er müsse also in Deutschland bleiben, denn seine Eltern täten ihm sehr leid, besonders da sie sich in die neue Ordnung gar nicht finden könnten.

Doch Du wirst sagen, liebe Mutter: „Was schreibt mir denn da der Junge für einen Brief!" Wenn ich nicht wüßte, daß Du an allen meinen Gedanken und Erfahrungen den größten Anteil nimmst, so würde ich ihn gar nicht abschicken. In meinem nächsten Briefe aber werde ich von etwas anderem schreiben.

Mit den herzlichsten Grüßen verbleibe ich in getreuer Liebe

Dein dankbarer Sohn

Franz Schaffer.

Fragen

1. An wen schreibt Franz Schaffer diesen Brief?
2. Wen hat er neulich getroffen?
3. Wohin mußte Herr Almers sofort gehen?
4. Womit reist er fast immer?
5. Was fragte er Franz?
6. Mit wem hat sich Franz auf dem Flugplatz ziemlich lange unterhalten?
7. Was erzählte der junge Mechaniker?
8. Wie lange war er letzten Winter ohne Arbeit?
9. Was bedauerte er sehr?
10. Wem gehörte das Geld, das die Eltern vor dem Kriege hatten?
11. Warum ist der Mechaniker nicht nach den Vereinigten Staaten gegangen?
12. Was ist aus seinen Brüdern geworden?

Vocabulary

ab'|schicken (*wk.*) send off, send
der Anteil (-s) interest; Anteil nehmen an (*dat.*) take an interest in
bedau'ern (*wk.*) regret
beglei'ten (*wk.*) accompany
die Bibliothek' (—, -en) library
dage'gen against it
denn *adv.* then (*not temporal*); *in questions* pray, I wonder
eigentlich really
die Erfah'rung (—, -en) experience
der Fall (-es, ⸗e) case
der Flugplatz (-es, ⸗e) airport; auf den Flugplatz gehen go to the airport
das Flugzeug (-s, -e) airplane; mit dem Flugzeug reisen travel by airplane
der Gedan'ke (-ns,* -n) thought

gehö'ren (*wk.*) *dat.* belong to
das Gut (-es, ⸗er) estate, farm
Hanno'ver (v = w) (*neut.*) (-s) Hanover
der Krieg (-es, -e) war
die Liebe (—) love
die Lufthansa (—) Airway Corporation
der Mecha'niker (-s, —) mechanic
der Offizier' (-s, -e) officer
der Offiziers'kreis (-kreises, -kreise) officers' class; in Offizierskreisen in the officers' class
die Pension' (en *nasal as in French*) (—, -en) pension
reich rich
retten (*wk.*) save, rescue
verblei'ben (*str., aux.* sein) remain
vorgestern day before yesterday

so sehr so very much
die technische Hochschule engineering school
die Verei'nigten Staaten United States
von etwas anderem about something else *or* something different
kennen lernen become acquainted with
leben von live on
werden aus become of
sich in etwas (*acc.*) finden reconcile (*or* adapt) oneself to something
er tut mir leid I feel sorry for him

* For the declension see the Appendix, page 435.

Lesson XXXIII

B

1. Present Perfect Subjunctive

The present perfect subjunctive is composed of the present subjunctive of the auxiliary, haben or sein, and the past participle of the verb that is being conjugated:

ich habe geliebt	ich sei gefallen
du habest geliebt	du seiest gefallen
er habe geliebt	er sei gefallen
wir haben geliebt	wir seien gefallen
ihr habet geliebt	ihr seiet gefallen
sie haben geliebt	sie seien gefallen

2. Future and Future Perfect Subjunctive

The future subjunctive is composed of the present subjunctive of werden and the present infinitive of the verb that is being conjugated:

ich werde lieben	wir werden lieben
du werdest lieben	ihr werdet lieben
er werde lieben	sie werden lieben

The future perfect subjunctive is composed of the present subjunctive of werden and the past infinitive of the verb that is being conjugated:

ich werde geliebt haben	ich werde gefallen sein
du werdest geliebt haben	du werdest gefallen sein
etc.	etc.

3. Subjunctive of Indirect Discourse

The subjunctive of indirect discourse is used in the object clause after words meaning *say* or *think*:

> Er erzählte mir, daß er fünfundzwanzig Jahre alt **sei** und die technische Hochschule in Hannover **besucht habe**. *He told me that he was twenty-five years old and had attended the engineering school in Hanover.*

Er bedauerte, daß ihn sein Vater nicht gebrauchen **könne**. *He regretted that his father could not use him.*

Er sagte, daß seine Eltern durch den Krieg alles **verloren hätten**. *He said that his parents had lost everything by the war.*

The subjunctive, as used in these sentences, indicates and stresses the fact that the speaker is reporting what somebody else has said.

Indirect questions are a form of indirect discourse and take the subjunctive in the object clause:

Er fragte mich, ob ich ihn auf den Flugplatz begleiten **wolle**. *He asked me whether I wanted to accompany him to the airport.*

4. Tense

Observe carefully the tense of the subjunctive in indirect discourse. Memorize the following table:

DIRECT DISCOURSE	INDIRECT DISCOURSE	
	I	II
Pres. indic. becomes	*pres.*	or *past subj.*
Past indic. ⎱		
Pres. perf. indic. ⎬ becomes	*pres. perf.*	or *past perf. subj.*
Past perf. indic. ⎰		
Fut. indic. becomes	*fut. subj.*	or *first cond.*
Fut. perf. indic. becomes	*fut. perf. subj.*	or *second cond.*

Rule. Use the subjunctive forms in column I if they are distinct from indicative forms; otherwise use the forms in column II:

DIRECT DISCOURSE	INDIRECT DISCOURSE
Er sagte: „Ich habe keine Kreide."	Er sagte, daß er keine Kreide **habe**.
Sie sagten: „Wir haben keine Kreide."	Sie sagten, daß sie keine Kreide **hätten**.
Er sagte: „Ich werde es kaufen."	Er sagte, daß er es **kaufen werde**.
Sie sagten: „Wir werden es kaufen."	Sie sagten, daß sie es **kaufen würden**.
Er fragte: „War Hans nicht in der Schule?"	Er fragte, ob Hans nicht in der Schule **gewesen sei**.

Lesson XXXIII

The rule, as stated above, represents the usage of many careful writers. The fact is, however, that uniformity does not exist, since usage varies with the locality, the forms in column II being used sometimes contrary to the rule. This is especially true of the spoken language:

> Er sagte, daß er kein Geld **hätte** (instead of **habe**). *He said that he had no money.*

5. Indicative in Indirect Discourse

The indicative mood is also used in indirect discourse as follows —

a. If the verb of the principal clause is in the first person of the present tense, the indicative is regularly used in the object clause:

> Ich sage, daß er dumm **ist**.

The indicative occurs frequently also after the other forms of the present tense:

> Fritz sagt, daß sein Vater nicht zu Hause **ist** (or **sei**).

In indirect questions the indicative is regularly used after all persons of the present tense:

> Er fragt mich jeden Tag, ob Hans hier **ist**.

b. The indicative is used after all tenses of verbs implying certainty, such as *know*, *see*, *show*, and the like:

> Er wußte, daß Paul es **hatte**.

6. Indirect Imperative

An imperative of direct discourse is expressed in indirect discourse by the present or past subjunctive of sollen with the infinitive of the accompanying verb:

Er sagte: „Wilhelm, mache alle Fenster zu!"	Er sagte, daß Wilhelm alle Fenster zumachen **solle** (or **sollte**).

German does not have an infinitive construction with
fagen, corresponding to the English use of the infinitive
after *tell*. The two English sentences *He told Henry to wait
for him* and *He said that Henry should wait for him* are
rendered alike by Er sagte, daß Heinrich auf ihn warten solle
(or sollte).

7. Omission of daß

Daß may be used to introduce the object clause or may
be omitted. If daß is omitted, the object clause takes the
independent instead of the dependent order:

> Er sagte, daß er den Aufsatz am nächsten Tage schreiben werde; or
> Er sagte, er werde den Aufsatz am nächsten Tage schreiben; or
> Er sagte, am nächsten Tage werde er den Aufsatz schreiben.
>
> Er sagte, daß Georg den Satz vorlesen solle; or
> Er sagte, Georg solle den Satz vorlesen.

C

1. *a.* Conjugate in the present perfect, the future, and
the future perfect subjunctive: warten, gehen.

b. Give the subjunctive forms corresponding in tense to
the following indicative forms:

1. Er tat. 2. Wir wurden. 3. Sie gibt. 4. Er verbleibt. 5. Er
kaufte. 6. Du spielst. 7. Er begleitet. 8. Ich mußte. 9. Ihr brachtet.
10. Es gehört. 11. Sie kannten. 12. Er trug. 13. Sie schrieb.
14. Er half. 15. Sie weiß. 16. Du bist gelaufen. 17. Wir hatten
gerettet. 18. Er hat bedauert. 19. Sie waren geblieben. 20. Du wirst
singen. 21. Er wird geschlafen haben. 22. Ihr habt gelacht. 23. Wir
waren gekommen. 24. Ich hatte abgeschickt. 25. Du hast versucht.

2. Change the following sentences into subordinate
clauses after Er sagte (*a*) with daß; (*b*) without daß:

1. Franz hat vorgestern Herrn Almers auf den Flugplatz begleitet.
2. Fritz und Kurt haben die technische Hochschule in Hannover besucht.

Lesson XXXIII

3. Der Offizier tut mir leid. 4. Die Mechaniker haben keine Arbeit. 5. Ich werde mit dem Flugzeug reisen. 6. Die Eltern werden es sehr bedauern. 7. Dieses Flugzeug gehört der Lufthansa. 8. Das war in Offizierskreisen sehr oft der Fall. 9. Ich lernte einen jungen Mechaniker kennen. 10. Die Studenten wollten nach den Vereinigten Staaten gehen.

11. Sie konnten sich nicht in die neue Ordnung finden. 12. Sie wird in ihrem nächsten Briefe von etwas anderem schreiben. 13. Das Geld hat eigentlich der Mutter gehört. 14. Die Mutter nimmt an allen meinen Gedanken und Erfahrungen den größten Anteil. 15. Sie waren vor dem Kriege sehr reich. 16. Er wird wohl nichts gerettet haben. 17. Hans, setze dich auf die Bank! 18. Kinder, macht keinen solchen Lärm! 19. Herr Braun, schreiben Sie die Sätze an die Tafel! 20. Vergiß es nicht, Anna!

3. Change the following direct questions into indirect questions after Er fragte:

1. Was ist aus seinen Brüdern geworden? 2. Muß er von dieser kleinen Pension leben? 3. Ist das kleine Gut alles, was er gerettet hat? 4. Auf welche Weise haben sie es angefangen? 5. Was haben sie dagegen? 6. Wem gehört das Buch? 7. Wie sah Frau Müller aus? 8. Wann werden sie ankommen? 9. Hat sie denn keine Liebe zu ihren Geschwistern? 10. Wer saß im Garten? 11. Haben die Kinder auf der Wiese gespielt? 12. Was für einen Hut wirst du tragen, Marie?

4. Put into indirect discourse:

1. Max sagte: „Ich ging gern mit, da ich noch nicht auf dem Flugplatz gewesen war." 2. Franz schrieb: „Der arme Mann hat durch den Krieg alles verloren und muß von einer kleinen Pension leben." 3. Gertrud antwortete: „Ich traf Herrn Almers, als ich von der Bibliothek nach Hause ging." 4. Fritz bemerkte: „Die Schularbeiten werden ihm nicht weglaufen." 5. Heinz dachte: „Die Kinder haben sich vor dem Hunde gefürchtet." 6. „Ich reise fast immer mit dem Flugzeug," erklärte Herr Almers, „besonders wenn ich nach Hamburg gehen muß." 7. „Die Pension, die ich bekomme, ist zum Leben zu wenig", behauptete Herr Bauer, „und zum Sterben zu viel." 8. Hans dachte: „Nun ist es zu spät."

First Book in German

5. Translate into German:

1. I say that he is not here. 2. Fred says that he will do it. 3. She thought that he had her book. 4. She knew that he had her pen. 5. He wants to know what time it is. 6. They asked me where I had found it. 7. We feared that he had forgotten it. 8. He regretted that he had not thought[1] of it. 9. He convinced me that I was[1] wrong. 10. He told John to wait for him. 11. They wanted to know whether we should be at home this evening. 12. They answered that they had already done their lessons. 13. He said they should help us. 14. I told you not to send[2] the letter yet. 15. He told me that his parents had lost everything by[3] the war. 16. I believe this pen belongs to the teacher.

    1. Use the indic. Why?   2. abschicken.   3. durch.

6. Change into indirect discourse, using the conjunction daß only with the first subordinate clause:

Franz schrieb seiner Mutter: „Ich bin vor zehn Tagen mit meinem Freunde Karl Weber in Berlin angekommen. Wir haben zwei hübsche Zimmer bei einem Herrn Heinrich Werner, einem Kaufmann, in der Gartenstraße gefunden. Berlin gefällt mir sehr, aber ich werde nicht versuchen, Dir zu erzählen, was ich alles gesehen habe. Du mußt selber im Sommer nach Deutschland kommen.

„Letzten Dienstag habe ich einer Aufführung von Schillers ‚Räuber‘ beigewohnt. Es waren viele Studenten da, welche alle die bunten Mützen ihrer Verbindungen trugen. Der Eindruck, den die Aufführung auf mich gemacht hat, läßt sich nicht beschreiben.

„Herr und Frau Nagel hatten Berlin schon verlassen, ehe ich ankam. Sie sind jetzt in Hamburg, aber sie werden in einigen Tagen wieder nach Berlin kommen."

7. *a.* Give the meaning and the principal parts of

Liebe	Offizier	Art	abschicken	enthalten
Krieg	Zeile	Beispiel	begleiten	merken
Gut	Bibliothek	Frieden	atmen	leben
Gedanke	Licht	gehören	ausdrücken	rauchen
Fall	Gedicht	bedauern	bedecken	versuchen

Lesson XXXIII

b. Translate into English:

1. Er ruhe in Frieden! 2. Reisen wir mit dem Flugzeug! 3. Wäre ich nur nach den Vereinigten Staaten gegangen! 4. In jenem Falle hätte ich ihn begleitet. 5. Du hättest ihn retten können. 6. Sie hätten den Brief nicht abschicken sollen. 7. Ich wollte, ich wäre mit ihm auf den Flugplatz gegangen. 8. Du solltest es morgen anfangen. 9. Er möchte gern die technische Hochschule in Hannover besuchen.

8. Translate into German:

1. Day before yesterday Frank Schaffer accompanied Mr. Kurt Almers to the airport. Mr. Almers travels very often by airplane. 2. Frank became acquainted with a young mechanic who has been with the Airway Corporation for six months. He is twenty-five years old and has attended the engineering school in Hanover. 3. The young man told Frank that he had given up the thought of going to the United States because his mother was so very much against it. 4. "I am now the only child," he said. "I had two older brothers, but they both fell in the war. I feel sorry for my parents because they cannot adapt themselves to the new order. 5. My father is an officer and was formerly very rich. But he lost everything by [1] the war except a small farm."

1. durch.

D [Optional]

Lessing

Die zweite Hälfte des achtzehnten Jahrhunderts ist die klassische Periode der deutschen Literatur. Zwei der großen Klassiker, Goethe und Schiller, haben wir bereits kennen gelernt. Der dritte ist Gotthold Ephraim Lessing (1729–1781). Er hat besonders durch seine kritischen Schriften großen Einfluß auf die Entwicklung des Dramas ausgeübt; doch waren auch die wenigen Dramen, die er geschrieben hat, wichtige Muster für die jüngeren Dichter jener Zeit. „Minna von Barnhelm" ist noch heute eins der besten Lustspiele der deutschen

Literatur. Lessings letztes Drama, „Nathan der Weise", zeigte neue Wege durch die Form; es ist in Blankvers[1] geschrieben. Doch wichtiger als die Form war die Idee des Stückes. Der Dichter forderte in diesem Werke Toleranz[2] in Fragen der Religion.[3] Die Lehre des Stückes findet knappen Ausdruck in der Parabel[4] von den drei Ringen, die Nathan dem Sultan Saladin[5] erzählt. Der Inhalt ist folgender:

Vor alten Zeiten lebte ein Mann im Osten, der einen Ring von unschätzbarem Wert besaß; dieser Ring machte den Besitzer vor Gott und Menschen angenehm, aber nur, wenn er an die Kraft des Ringes glaubte. Der glückliche Besitzer bestimmte, daß dieser Ring immer vom Vater auf den Sohn übergehen sollte. Doch nicht der Älteste,[6] sondern derjenige, welchen der Vater am meisten liebte, sollte stets der Erbe des Ringes und das Haupt der Familie sein. Zuletzt war der Ring im Besitz eines Vaters von drei Söhnen, die er alle gleich liebte.[7]

Er habe keinem weh tun wollen und jedem heimlich, ohne daß die anderen davon gewußt hätten, den Ring versprochen. Als er aber immer älter geworden und dem Tode immer näher gekommen sei, habe er in seiner Not einen Künstler rufen lassen. Diesem habe er befohlen, er solle nach dem Muster seines Ringes zwei andere machen, die dem seinen[8] vollkommen gleichen würden. Dies sei dem Künstler so gut gelungen, daß der Vater selbst den echten Ring nicht habe erkennen können. Vor seinem Ende habe er jeden Sohn allein rufen lassen und ihm seinen Segen und einen der Ringe gegeben.

Nach des Vaters Tode hätten die Brüder miteinander gestritten, und jeder habe behauptet, sein Ring sei der wahre. Schließlich seien sie zum Richter gegangen, der aber habe die Sache nicht entscheiden können. Statt eines Urteils habe er den Brüdern

Lessing *Goethe*

Schiller *Heine*

Mörike *Scheffel*

40 einen Rat gegeben. Jeder solle glauben, daß sein Ring echt
sei, aber auch so leben und handeln, daß ihn Gott und Men=
schen lieben müßten. Am Ende der Zeiten werde ein weiserer
Richter das Urteil sprechen.

Die drei Ringe sind die Symbole [9] der drei großen Re=
45 ligionen, des Judaismus,[10] des Christentums [11] und des
Islams.[12] Diese kommen alle drei vom Vater, d. h. von Gott,
sind also alle drei gut, doch sie haben nur Wert, wenn die
Bekenner einen starken, lebendigen Glauben besitzen und nach
diesem leben und handeln.

1. der Blankvers *blank verse*.   2. die Toleranz' *tolerance*.   3. Religion'
religion.   4. Para'bel *parable*.   5. Sa'ladin (1137–1193), Sultan of
Egypt and Mohammedan hero of the Third Crusade.   6. *first-born*.
7. The introductory paragraph of the parable is told in the indicative;
the actual parable, beginning with the next paragraph, is told in the
subjunctive of indirect discourse.   8. dem seinen *his*. See the Appendix, page 438.   9. Nom. sg. das Symbol' *symbol*.   10. Judais'mus
(ai = a + i) *Judaism*.   11. *Christianity*.   12. *Mohammedanism*.

Das verlassene Mägdlein

Früh, wann [1] die Hähne krähn,
Eh die Sternlein verschwinden,
Muß ich am Herde stehn,
Muß Feuer zünden.

5 Schön ist der Flammen Schein,
Es springen die Funken;
Ich schaue so drein,[2]
In Leid versunken.

Plötzlich, da kommt es mir,
10 Treuloser Knabe,
Daß ich die Nacht von dir
Geträumet habe.

Lesson XXXIII

Träne auf Träne dann
Stürzet hernieder;
So kommt der Tag heran — 15
O ging' er wieder!
MÖRIKE

Mörike hat den Ton des echten Volkslieds wohl nie besser getroffen, als in diesem einfachen Gedicht. Die Einzelheiten muß sich die Phantasie[3] des Lesers selbst ausmalen, doch die Situation[4] ist klar. Der Dichter gibt uns ein anschauliches Bild von der armen Magd, die lange vor Tagesanbruch schon am Herde steht, um das Feuer anzuzünden. In ihre traurigen Gedanken versunken, schaut sie in die Flammen, dunkel fühlt sie die Schönheit des Anblicks. Plötzlich wird das Leid ihrer Seele wach. Nicht ihre Armut, oder die Mühe und Arbeit ihres Standes bedrücken sie; nur die Untreue des Mannes, dem sie ihr Herz geschenkt hat, raubt ihr den Mut und die Hoffnung.

Als der Morgen anbricht, findet er die Arme in bittern Tränen. Aus ihrem Munde kommt keine Anklage, keine Verwünschung gegen den Treulosen. Sie hat nur einen Wunsch: daß der freudlose Tag erst wieder zu Ende wäre.

In wenigen Strichen haben wir hier, ohne alle Sentimentalität,[5] ein Bild des Seelenlebens der Verlassenen, der Tragik eines schlichten, vertrauenden jungen Menschenkindes. Kein Wunder, daß mehrere von den besten deutschen Komponisten ihre Kunst an dem Liedchen versucht haben.

1. wenn. 2. Ich schaue so drein *I stare listlessly into the flames.* 3. Phantasie' *imagination.* 4. Situation' *situation.* 5. Sentimentalität' *sentimentality.*

Waldgespräch

„Es ist schon spät, es wird schon kalt,
Was reitst du einsam durch den Wald?
Der Wald ist lang, du bist allein,
Du schöne Braut! Ich führ' dich heim!"

„Groß ist der Männer Trug und List,
Vor Schmerz mein Herz gebrochen ist,
Wohl irrt das Waldhorn her und hin,[1]
O flieh! du weißt nicht, wer ich bin."

„So reich geschmückt ist Roß und Weib,
So wunderschön der junge Leib,
Jetzt kenn' ich dich — Gott steh' mir bei!
Du bist die Hexe Lorelei."

„Du kennst mich wohl — von hohem Stein
Schaut still mein Schloß tief in den Rhein.
Es ist schon spät, es wird schon kalt,
Kommst nimmermehr aus diesem Wald."

EICHENDORFF

1. Wohl irrt das Waldhorn her und hin *The (lost) hunter's call now rings here, now there.* We must assume that the hunter has been blowing his horn in order to attract the attention of someone who might guide him out of the forest.

Schöne Junitage

Mitternacht, die Gärten lauschen,
Flüsterwort und Liebeskuß,
Bis der letzte Klang verklungen,[1]
Weil nun alles schlafen muß —
     Flußüberwärts[2] singt eine Nachtigall.

Sonnengrüner³ Rosengarten,
Sonnenweiße³ Stromesflut,
Sonnenstiller⁴ Morgenfriede,
Der auf Baum und Beeten ruht —
    Flußüberwärts singt eine Nachtigall.   10

Straßentreiben, fern, verworren,
Reicher Mann und Bettelkind,
Myrtenkränze, Leichenzüge,
Tausendfältig Leben rinnt —
    Flußüberwärts singt eine Nachtigall.   15

Langsam graut der Abend nieder,⁵
Milde wird die harte Welt,
Und das Herz macht seinen Frieden,
Und zum⁶ Kinde wird der Held —
    Flußüberwärts singt eine Nachtigall.   20

LILIENCRON

1. Supply ist.   2. *Across the river.*   3. Sonnengrüner, Sonnenweiße: these compounds suggest the effect of the sunlight on garden and river. 4. *Sunny and quiet.*   5. Langsam graut der Abend nieder *Slowly evening's dusk descends.*   6. *a.*

Ein kleines Lied

Ein kleines Lied! Wie geht's nur an,
Daß man so lieb es haben kann,
    Was liegt darin? Erzähle! —

Es liegt darin ein wenig Klang,
Ein wenig Wohllaut und Gesang,   5
    Und eine ganze Seele.

MARIE VON EBNER-ESCHENBACH

REVIEW OF LESSONS XXVIII–XXXIII

1. Give the principal parts of the modal auxiliaries.

2. Conjugate in the present indicative: mögen, dürfen, wollen.

3. Put into the past, the present perfect, and the future tense of the indicative:

1. Er muß einen italienischen Aufsatz schreiben. 2. Er muß es sofort. 3. Sie mag nicht gern singen. 4. Sie mag es nicht gern. 5. Ich kann nicht mitgehen. 6. Ich kann es nicht. 7. Wir dürfen nicht ausgehen. 8. Wir dürfen es nicht. 9. Er will gleich nach Hause. 10. Ich sehe die Kinder auf der Wiese spielen. 11. Ich sehe die Kinder. 12. Er hört sie Klavier spielen. 13. Er hört sie. 14. Ich lasse meine Bücher in der Bibliothek. 15. Ich lasse meine Bücher auf dem Boden liegen.

4. Put the verb of the subordinate clause in the present perfect tense:

1. Es tut mir leid, daß sie nicht mitgehen darf. 2. Es tut mir leid, daß sie es nicht darf. 3. Glaubst du, daß er es machen kann? 4. Glaubst du, daß er es kann? 5. Ich sage, daß ich nicht singen will. 6. Ich sage, daß ich es nicht will.

5. Translate into English:

1. Du solltest nicht immer gleich böse werden. 2. Ich wollte, du hättest ihn gesehen. 3. Er hätte nicht so lange bleiben sollen. 4. Ich konnte meine Füllfeder nicht finden. 5. Ich könnte sie morgen auf den Flugplatz begleiten. 6. Er hätte mitgehen können, wenn er es nur gewollt hätte. 7. Dürfte ich Sie um ein Glas Milch bitten? 8. In jenem Falle müßte ich zu Hause bleiben. 9. Er will die technische Hochschule zwei Jahre besucht haben. 10. Sie soll sehr hübsch sein. 11. Er mußte das Fenster zumachen. 12. Hier dürfen Sie nicht rauchen, es ist gefährlich. 13. Ich möchte ihn sehen, wenn er den Brief bekommt. 14. Sie hätten es ihm nicht sagen sollen. 15. Ich hätte ihm zwar hundert Mark schicken können, aber ich habe es nicht gewollt. 16. Er kann weder Spanisch noch Italienisch.

Review of Lessons XXVIII–XXXIII

6. Translate into German:

1. May I go along? 2. You must not say that. 3. They were not permitted to see him. 4. That may be the case. 5. I do not care to stay longer. 6. I should like to study in Germany a year. 7. She does not like him. 8. We were not able to come. 9. I could not help him yesterday. 10. I could help him tomorrow. 11. I could have helped him last week. 12. They have been obliged to sell their house. 13. Why did you do that? — I had to.

14. I had to wait half an hour for him. 15. I must go to school now. 16. You are to begin immediately. 17. He is said to be very rich. 18. He shall do it whether he wants to or not. 19. You ought to write to him. 20. You ought to have received my letter last week. 21. I do not want the hat. 22. I intend to stay at home this evening. 23. I was about to go to bed when you telephoned. 24. He claims to have done it himself. 25. Will you please bring me a glass of water? 26. Paul knows neither German nor French. 27. I had seen her standing at the window as I was going up the steps. 28. We have never heard you sing.

7. Give a sliding synopsis of

1. Ich sehe die Eltern. 2. Ich werde von den Eltern gesehen. 3. Ich werde reich.

8. Give a synopsis of

1. Die Maus wird von der Katze gefressen. 2. Die Fenster werden von den Schülern aufgemacht. 3. Ihr werdet von der Mutter gerufen. 4. Ich werde von vielen Leuten gehört. 5. Du wirst von den Kindern sehr geliebt. 6. Wir werden von dem Hunde gebissen.

9. Change the following sentences to the passive:

1. Die Schauspieler stimmten das berühmte „Räuberlied" an. 2. Die Studenten haben bunte Mützen und breite Bänder ~~gen.~~ 3. Der Förster wird die Eule schießen. 4. Die Schüler Aufsätze schon geschrieben. 5. In Italien spricht man 6. Hans Huber hat den ersten Preis gewonnen. 7. Das P putzt den Spiegel jeden Tag. 8. Der alte Pastor ha' gekauft. 9. Marie fand den Mantel.

10. Change the following sentences into the active:

1. Das Drama wurde von Schiller vor hundertundfünfzig Jahren geschrieben. 2. Das Gebäude war von den Schülern mit Kränzen geschmückt worden. 3. Der schöne Stein mit den gelben Punkten ist von Franz Weber gefunden worden. 4. Die Hefte werden von der Lehrerin korrigiert. 5. Das Haus wird morgen um vier Uhr verkauft werden. 6. Die Sätze wurden vom Lehrer an die Tafel geschrieben.

11. In the following group of sentences explain the difference in meaning between the members of each pair:

1. Die Tür wurde um vier Uhr geschlossen.
   Die Tür war um vier Uhr schon geschlossen.
2. Das Pferd wird an einen Baum gebunden.
   Das Pferd ist an einen Baum gebunden.
3. Der Tisch wurde eben gedeckt, als ich nach Hause kam.
   Der Tisch war schon gedeckt, als ich nach Hause kam.

12. Translate into German:

1. This house is being built by my grandfather. 2. The building was being decorated with wreaths when I was there this morning. 3. He was advised by his friends not to go to the United States. 4. He was helped by his sister. 5. There is much smoking [1] among the students. 6. There was so much talking and laughing [1] that I could not understand anything. 7. It is believed [2] that he knows where his son is. 8. It is said [2] that he has lost everything. 9. These flowers are easily sold.[3] 10. The knife has been found.[3] 11. These sentences can be corrected [4] easily. 12. It cannot be done.[4] 13. It is to be feared. 14. Nothing was to be seen.

1. Impersonal passive. 2. Use man. 3. Reflexive construction. 4. Use lassen.

13. *a.* Conjugate in the present indicative and subjunctive:

legen   retten   lesen   helfen   schlagen   wissen   können

b. Conjugate in the past indicative and subjunctive:

spielen   warten   gehen   tragen

Review of Lessons XXVIII–XXXIII

c. Conjugate in the present perfect and the past perfect indicative and subjunctive:

    leben   kommen

d. Conjugate in the future and the future perfect indicative and subjunctive:

    gießen   fallen

e. Conjugate in the first and the second conditional:

    versuchen   mitgehen

14. Give the subjunctive forms corresponding in tense to the following indicative forms:

1. Er beschrieb. 2. Er gilt. 3. Wir schlugen. 4. Sie ruhte. 5. Sie dachten. 6. Er half. 7. Ihr tatet. 8. Er schläft. 9. Du mochtest. 10. Er behauptete. 11. Er atmet. 12. Wir wußten. 13. Sie kauft. 14. Er läuft. 15. Es enthält. 16. Sie saßen. 17. Er kannte. 18. Er wird verstehen. 19. Ich hatte verkauft. 20. Ich bin angekommen. 21. Er wird gedeckt haben. 22. Sie hat gepfiffen. 23. Sie waren gefallen. 24. Du bist weggelaufen.

15. *a.* Put into past time:

1. Wenn ich hinginge, würde ich ihn nicht zu Hause finden. 2. Wenn er mehr Zeit hätte, würde er das Buch lesen. 3. Wenn es nicht so stark regnete, würde ich aufs Land gehen. 4. Wenn ich mit meinen Schularbeiten fertig wäre, würde ich ihnen helfen. 5. Wenn er das wüßte, würde er sehr böse sein.

b. Put into present time:

1. Wenn wir kein Automobil gehabt hätten, würden wir nicht so viel ausgegangen sein. 2. Wenn du nicht so viel geraucht hättest, würdest du besser geschlafen haben. 3. Wenn er nicht so faul gewesen wäre, würde er seinen deutschen Aufsatz geschrieben haben. 4. Wenn er nicht so viel von sich selbst gesprochen hätte, würde er einen besseren Eindruck auf uns gemacht haben. 5. Wenn mich Hans begleitet hätte, würde ich länger geblieben sein.

16. Translate the sentences in 15, above, into English.

17. Rewrite the sentences in 15, above, as follows:

a. Omit wenn.

b. Place the conclusion first.

c. Use the subjunctive in place of the conditional in the conclusion.

d. Omit wenn and use the subjunctive in the conclusion.

e. Use the subjunctive in the conclusion and place the conclusion first.

18. Translate into English:

1. Er ruhe sanft! 2. Gott helfe dir! 3. Das wolle Gott nicht! 4. Möge er immer glücklich sein! 5. Möge das kommende Jahr euch viel Glück und Freude bringen! 6. Der Mensch versuche die Götter nicht! 7. Alles schweige! 8. Er soll nicht so faul sein! 9. Machen wir morgen einen Ausflug in den Wald! 10. Lassen Sie uns ihm alles sagen! 11. Vergessen wir nicht, den Brief abzuschicken! 12. Hätten wir doch morgen keine Schule! 13. Wäre es nur nicht so teuer! 14. Hätte ich das nur gewußt! 15. Könnte ich nur mit dem Flugzeug reisen! 16. Das täte er nie. 17. Da hätte ich es nicht gekauft. 18. Sie weinte, als ob ihr das Herz bräche. 19. Er spricht, als hätte er alles verloren. 20. Sie sieht aus, als wäre sie krank gewesen.

19. Read aloud and translate:

1. Gehen wir an den Mühlbach!
   Gehen wir an den Mühlbach?
2. Bleiben wir bis zwölf Uhr da!
   Bleiben wir bis zwölf Uhr da?
3. Wiederholen wir die Aufgabe!
   Wiederholen wir die Aufgabe?

20. Translate into German:

1. Even if I told him,[1] he would not believe me. 2. She would cry if she tore her new dress. 3. It would look better if we did not go to the movies this evening. 4. He would have gone to the United States if his mother had not been so very much against it. 5. If he does not come this evening, I shall go to bed early. 6. If

you knew it, why did you say nothing? 7. Give him this picture, please, if you see him. 8. God be with you! 9. May he rest in peace! 10. Let him never do that again!

11. Let us send him these pictures! 12. Let us not attempt it! 13. If she only came before tomorrow evening! 14. If I only knew where he lives! 15. If we had only stayed at home! 16. That would be dangerous. 17. He would not have understood me anyway. 18. You look as if you were tired. 19. He acted [2] as if nothing had happened. 20. She spoke as if she had already sold it.

1. *tell him* = es ihm sagen. 2. tun.

21. Change the following sentences into subordinate clauses after Er sagte (*a*) with daß; (*b*) without daß:

1. Franz ist von der Bibliothek nach Hause gegangen. 2. Ich traf Herrn Almers in der Gartenstraße. 3. Wir haben ihn auf den Flugplatz begleitet. 4. Ich reise fast immer mit dem Flugzeug. 5. Die Knaben unterhielten sich lange mit dem jungen Mechaniker. 6. Die jungen Männer haben keine Arbeit. 7. Ich werde sehr viel zu tun haben. 8. Die Eltern werden davon leben müssen. 9. Das Geld hatte der Mutter gehört. 10. Fritz, hilf deinem Bruder! 11. Kinder, lernt fleißig! 12. Herr Müller, lesen Sie die Aufgabe vor!

22. Change the following direct questions into indirect questions after Er fragte:

1. Um wieviel Uhr ist Leo nach Hause gegangen? 2. Was haben sie gefunden? 3. Ist Herr Bauer zu Hause? 4. Haben die Schüler genug Papier? 5. Wer war im Garten? 6. Wo saßen die Kinder? 7. Wirst du mitgehen, Anna? 8. Werden die Vorhänge groß genug sein? 9. Wem hast du es gegeben, Fritz? 10. Warum weint das Kind?

23. Put into indirect discourse:

1. Herr Weinhold sagte: „Mein Sohn besucht die technische Hochschule in Hannover." 2. Der junge Mechaniker antwortete: „Meine Eltern haben durch den Krieg alles verloren." 3. Wilhelm behauptete: „Ich habe das nicht gesagt." 4. Martha schrieb: „Wir haben jetzt zwei Hunde." 5. Peter dachte: „Der Beifall galt dem toten

Dichter mehr als den Schauspielern." 6. „Ich werde meine Stellung aufgeben müssen," erklärte der Großvater, „wenn es in meinem Walde Wölfe und Adler gibt."

24. Translate into German:

1. I say that he has already done it. 2. Paul says that he will buy it. 3. He thought that you had forgotten it. 4. Mary knew that he had sold it. 5. He wants to know whether you will be at home this evening. 6. The teacher wanted to know who had written the composition. 7. Henry asked him what he had bought. 8. We feared that they had lost it. 9. He convinced us that he had not stolen it. 10. I told Fred to wait for me. 11. Mrs. Smith said Anna should set the table. 12. He regretted that he had not gone to America.

25. Give the meaning and the principal parts of

Katze	Jugend	Fall	gelten	leben
Maus	Macht	Gedanke	sich erheben	neigen
Sprache	Ohr	Krieg	verkaufen	vergessen
Werk	Platz	Liebe	verstehen	ruhen
Enkel	Student	einladen	aussehen	versuchen
Reise	Sturm	hüten	bemerken	begleiten
Sorge	Fisch	erwarten	befehlen	bedauern
Band	Wolke	heulen	ausdrücken	gehören
Rand	Licht	beiwohnen	bedecken	retten
Fieber	Zeile	zerreißen	aufhören	riechen

26. Translate into English:

1. Gertrud wollte letzten Herbst ihre Lehrerinnenprüfung machen. 2. Bis vor kurzem mußte sie das Bett hüten. 3. Wir müssen alle manches tun, was wir nicht mögen. 4. Habe keine Sorge! 5. Nachdem die Großmutter ihre Enkel abgeküßt hat, setzt man sich zu Tisch. 6. Sie sind zweiter Klasse gefahren. 7. Jedenfalls müssen wir morgen in den Wald hinaus, um nachzusehen. 8. Den Schülern war geraten worden, der Aufführung beizuwohnen. 9. Schillers große Dichtung wurde vor unsren entzückten Augen zu neuem Leben erweckt. 10. Bis zum Schluß saßen wir alle wie im Fieber. 11. Es wurde laut und

lange geklatscht. 12. Der Eindruck, den die Aufführung auf uns Knaben gemacht hat, läßt sich nicht beschreiben. 13. „Daraus wird nichts", erklärte Herr Bauer.

14. Wenn du vom Fischen nach Hause kommst, magst du kaum essen, so müde bist du, vom Arbeiten gar nicht zu reden. 15. Während der Nacht hat es in der Schule gebrannt. Das ganze Gebäude ist ausgebrannt. 16. Wenn ein Feuer gewesen wäre, hätten wir den Alarm gehört. 17. „Der Bengel hat recht", sagte Herr Bauer. 18. Es scheint, als sollten wir heute kein Glück haben. 19. Doch damit hatte er unrecht. 20. Der Konjunktiv wird fast nie in der Umgangssprache auf diese Weise gebraucht. 21. Auf dem Flugplatz lernte ich einen jungen Mechaniker kennen. 22. Sein Vater ist Offizier und vor dem Kriege sehr reich gewesen. 23. Die Pension, die sein Vater bekommt, ist zum Leben zu wenig und zum Sterben zu viel. 24. Seine Eltern tun ihm sehr leid, besonders da sie sich in die neue Ordnung gar nicht finden können. 25. Wenn ich nicht wüßte, daß Du an allen meinen Gedanken und Erfahrungen den größten Anteil nimmst, würde ich diesen Brief gar nicht abschicken.

SONGS

O Tannenbaum

Ernst Anschütz, um 1824 — Volksweise

Mässig

1. O Tan=nen=baum, o Tan=nen=baum, Wie treu sind dei=ne Blät=ter! Du grünst nicht nur zur[1] Som=mer=zeit, Nein, auch im Win=ter, wenn es schneit. O Tan=nen=baum, o Tan=nen=baum, Wie treu sind dei=ne Blät=ter!

2. O Tan=nen=baum, o Tan=nen=baum, Du kannst mir sehr ge=fal=len![2] Wie oft hat nicht zur[3] Weih=nachts=zeit Ein Baum von dir[4] mich hoch er=freut![5] O Tan=nen=baum, o Tan=nen=baum, Du kannst mir sehr ge=fal=len!

3. O Tannenbaum, o Tannenbaum,
   Dein Kleid will mich was lehren[6]:
   Die Hoffnung und Beständigkeit
   Gibt Trost und Kraft zu jeder Zeit.
   O Tannenbaum, o Tannenbaum,
   Dein Kleid will mich was lehren.

1. *in.*   2. *kannst mir ... gefallen can be pleasing to me.*   3. *at.*   4. *Ein Baum von dir A tree of your kind.*   5. *hat ... mich ... erfreut has gladdened me.*   6. *will mich was lehren would fain teach me something.*

Stille Nacht, heilige Nacht

Joseph Mohr, 1818 — Franz Gruber, 1818

1. Stil=le Nacht, hei=li=ge Nacht! Al=les schläft, ein=sam wacht Nur das trau=te, hoch=hei=li=ge[1] Paar. Hol=der Kna=be im lok=ki=gen Haar, Schlaf[2] in himm=li=scher Ruh'! Schlaf in himm=li=scher Ruh'!

2. Stille Nacht, heilige Nacht!
   Hirten[3] erst kundgemacht[4]
   Durch der Engel Halleluja,[5]
   Tönt es laut von fern und nah:
   Christ der Retter ist da.

3. Stille Nacht, heilige Nacht!
   Gottes Sohn, o wie lacht
   Lieb' aus deinem göttlichen Mund,
   Da uns schlägt die rettende Stund',[6]
   Christ, in deiner Geburt.

1. *most holy.*   2. *May you sleep.*   3. Dat. pl.   4. *made known.*
5. Hallelu'ja *hallelujah.*   6. Da uns schlägt die rettende Stund' *As the hour of redemption strikes for us.*

O du fröhliche

Johannes Falk, 1816 — Sizilianische[1] Volksweise

Langsam, mit innigem[2] Ausdruck

1. O du fröh=li=che, O du se=li=ge,
Gna=den=brin=gen=de[3] Weih=nachts=zeit!
Welt ging ver=lo=ren,[4] Christ ward ge=bo=ren.[5]
Freu=e, freu=e dich,[6] o Chri=sten=heit!

2. O du fröhliche,
O du selige,
Gnadenbringende Weihnachtszeit!
Christ ist erschienen,
Uns zu versühnen.[7]
Freue, freue dich, o Christenheit!

3. O du fröhliche,
O du selige,
Gnadenbringende Weihnachtszeit!
Himmlische Heere[8]
Jauchzen dir Ehre.[9]
Freue, freue dich, o Christenheit!

Songs

1. Sizilia'nische *Sicilian.*   2. *sincere.*   3. *Bringing assurance of grace.*   4. ging verloren *was lost.*   5. ward geboren *was born.*   6. freue dich *rejoice.*   7. Uns zu versühnen *To atone for our sins.*   8. *hosts.*
9. Jauchzen dir Ehre *Shout exultingly thy glory.*

O du lieber Augustin

Volkslied, 1799 — Volksweise

Leicht

O du lie=ber Au=gu=stin, Au=gu=stin, Au=gu=stin,

O du lie=ber Au=gu=stin, al=les ist hin[1]!

Geld ist weg,[1] Mäd'l[2] ist weg, al=les weg, al=les weg!

O du lie=ber Au=gu=stin, al=les ist hin!

1. *gone.*   2. Dialectic for Mädchen.

Abschied

Nach Ferdinand Raimund, 1828 — Wenzel Müller, 1828

Ausdrucksvoll[1]

1. So leb' denn wohl, du stilles Haus! Ich zieh' betrübt von dir hinaus[2]; Ich zieh' betrübt und traurig fort,[3] Leb' wohl, leb' wohl, du trauter Ort!

2. So leb' denn wohl, du schönes Land,
In dem ja meine Wiege stand!
Du zogst mich groß,[4] du pflegtest mein,[5]
Und nie will ich vergessen dein.[6]

3. So lebt denn, all ihr Lieben, wohl,
Von denen ich jetzt scheiden soll[7]!
Und find' ich draußen auch[8] mein Glück,
Denk' ich doch stets an euch zurück.[9]

1. *With expression.* 2. zieh' ... hinaus *am going out.* 3. zieh' ... fort *am going away.* 4. zogst mich groß *brought me up.* 5. Poetic gen. form of ich, object of pflegtest. 6. Poetic gen. form of du, object of vergessen. 7. *am to.* 8. Und find' ich ... auch *And even if I find.* 9. Denk' ich ... an euch zurück *I shall think back on you.*

Doktor Eisenbart

Volkslied — *Volksweise*

Allegro

1. Ich bin der Doktor Eisenbart, zwil-li-wil-li-wick, bum, bum! Kurier' die Leut' nach meiner Art, zwil-li-wil-li-wick, bum, bum! Kann machen, daß die Blinden gehn, Und daß die Lahmen wieder sehn, zwil-li-wil-li-wick, bum, zwil-li-wil-li-wick, bum, zwil-li-wil-li-wick, bum, bum!

2. Ein alter Bau'r mich zu sich rief, zwil-li-wil-li-wick, bum, bum! Der seit zwölf Jahren nicht mehr schlief,[1] zwil-li-wil-li-wick, bum, bum! Ich hab' ihn gleich zur Ruh' gebracht, Er ist bis heute nicht erwacht, zwil-li-wil-li-wick, bum, zwil-li-wil-li-wick, bum, zwil-li-wil-li-wick, bum, bum!

[1] Der seit zwölf Jahren nicht mehr schlief *Who had not been able to sleep for twelve years.*

Die Lorelei

Heinrich Heine, 1823 Friedrich Silcher, 1838

1. Ich weiß nicht, was soll es bedeuten,[1] Daß ich so traurig bin; Ein Märchen aus alten Zeiten, Das kommt mir nicht aus dem Sinn.[2] Die Luft ist kühl und es dunkelt, Und ruhig fließt der Rhein; Der Gipfel des Berges funkelt Im Abendsonnenschein.

2. Die schönste Jungfrau sitzet
   Dort oben wunderbar,
   Ihr goldnes Geschmeide blitzet,
   Sie kämmt ihr goldenes Haar.
   Sie kämmt es mit goldenem Kamme,
   Und singt ein Lied dabei;
   Das hat eine wundersame,
   Gewaltige Melodei.[3]

3. Den Schiffer im kleinen Schiffe
   Ergreift es mit wildem Weh;
   Er schaut nicht die Felsenriffe,
   Er schaut nur hinauf in die Höh'.
   Ich glaube, die Wellen verschlingen
   Am Ende Schiffer und Kahn;
   Und das hat mit ihrem Singen
   Die Lorelei getan.

1. was soll es bedeuten *what it means.*   2. Das kommt mir nicht aus dem Sinn *Keeps lingering in my mind.*   3. Poetic for Melodie'.

Alt Heidelberg

Joseph Viktor von Scheffel, 1853   Zimmermann, 1861

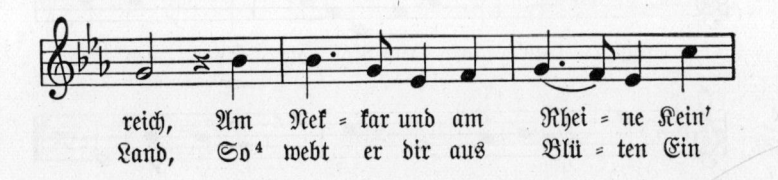

1. Alt Hei=del=berg, du fei=ne, Du Stadt an Eh=ren reich, Am Nek=kar und am Rhei=ne Kein' an=dre kommt dir gleich. Stadt fröh=li=cher Ge=

2. Und kommt aus lin=dem Sü=den Der Früh=ling[3] ü=bers Land, So[4] webt er dir aus Blü=ten Ein schim=mernd Braut=ge=wand. Auch mir stehst du ge=

sel = len,[1] An Weisheit schwer und Wein, Klar
schrie = ben Ins Herz gleich ei = ner Braut, Es

ziehn des Stro = mes Wel = len, Blauäuglein blit = zen
klingt wie jun = ges Lie = ben[5] Dein Na = me mir so

drein,[2] Blau = äug = lein blit = zen drein.
traut, Dein Na = me mir so traut.

3. Und ste = chen mich die Dor = nen,[6] Und wird mir's drauß zu

kahl,[7] Geb' ich dem Roß die Spor = nen Und

reit' ins Neckar = tal, Und reit' ins Neckar = tal.

1. *fellows,* that is, *students.*   2. Blauäuglein blitzen drein *Maidens with sparkling blue eyes look upon them.*   3. kommt ... Der Frühling *when spring comes.*   4. *Then.*   5. *love.*   6. stechen mich die Dornen *if the thorns prick me.*   7. wird mir's drauß zu kahl *if it becomes too bleak for me out in the world.*

Du, du liegst mir im Herzen

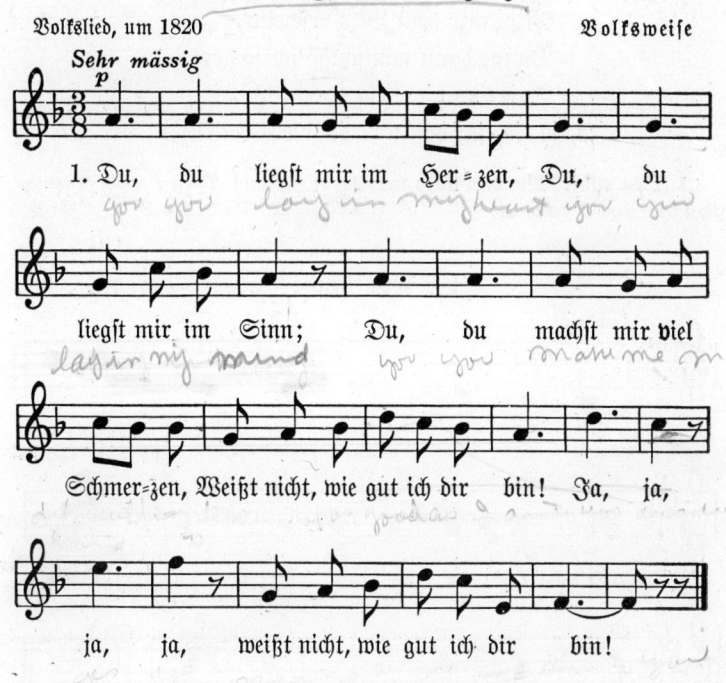

Volkslied, um 1820 — Volksweise

Sehr mässig

1. Du, du liegst mir im Herzen, Du, du liegst mir im Sinn; Du, du machst mir viel Schmerzen, Weißt nicht, wie gut ich dir bin! Ja, ja, ja, ja, weißt nicht, wie gut ich dir bin!

2. So, so wie ich dich liebe,
So, so liebe auch mich!
Die, die zärtlichsten Triebe
Fühl' ich allein nur für dich!
Ja, ja, ja, ja, fühl' ich allein nur für dich!

3. Doch, doch darf ich dir trauen,
Dir, dir mit leichtem Sinn?
Du, du darfst auf mich bauen,
Weißt ja, wie gut ich dir bin!
Ja, ja, ja, ja, weißt ja, wie gut ich dir bin!

4. Und, und wenn in der Ferne
   Mir, mir dein Bild erscheint,
   Dann, dann wünscht'[1] ich so gerne,
   Daß uns die Liebe vereint'![1]

   Ja, ja, ja, ja, daß uns die Liebe vereint'!

1. Past subj. The two lines may be rendered: *Then I wish ardently that love would unite us.*

Er lebe hoch![1]

Er le=be hoch, er le=be hoch! Er le=be hoch, er le=be hoch! Hoch, hoch, hoch, hoch! Er le=be hoch!

To be repeated twice, each time with increased volume.

1. Er lebe hoch! *Long may he Live!* Used as an ovation.

Hoch soll er leben![1]

Hoch soll er le=ben! Hoch soll er le=ben! Drei=mal hoch!

1. Hoch soll er leben! *Long may he Live!* Used as an ovation.

APPENDIX

ADDITIONAL GRAMMATICAL MATERIAL

1. The Gender of Nouns (Lesson I)

Names of males are masculine, names of females feminine: der Mann *man*, die Frau *woman*, der Hahn *rooster*, die Henne *hen*. Exceptions: das Weib *woman*, and the diminutives in -chen and -lein, as das Mädchen *girl*, das Fräulein *unmarried woman*, das Brüderchen *little brother*.

In the case of other nouns, gender can sometimes be determined from the meaning or from the form:

Masculine

1. Days, months, seasons, points of the compass: der Sonntag, der Juni, der Winter, der Norden *north*.

2. Nouns ending in -ich, -ig, -ling: der Teppich *carpet*, der Käfig *cage*, der Jüngling *youth*.

3. Nouns in -er denoting the agent: der Jäger *hunter*.

4. Most nouns in -en: der Ofen *stove*. Exceptions: infinitives used as nouns, which are always neuter, as das Schreiben *writing*, and a few others, as das Kissen *cushion*.

5. Most nouns formed from a verbal stem without a suffix: der Rat *advice*, from raten *advise*.

Feminine

1. Most flowers, fruits, and trees: die Nelke *pink*, die Pflaume *plum*, die Eiche *oak*.

2. Most German rivers: die Elbe, die Donau *Danube*. Exceptions: der Rhein, der Main, der Neckar.

3. Numbers: die Sieben *seven*, die Null *zero*.

4. Most abstract nouns: die Jugend *youth*, die Macht *might*.

5. All nouns in =ei, =in, =heit, =keit, =schaft, =ung, =ie, =ik, =ion, =tät: die Malerei *painting*, die Freiheit *freedom*, die Nation *nation*.

6. Most nouns in =e: die Tinte *ink*, die Kreide *chalk*. Exceptions: (1) those denoting male beings, as der Knabe *boy*; (2) the irregular masculines in =e, as der Name, a list of which will be found on page 435; (3) most nouns with the prefix Ge= and the suffix =e, which are neuter, as das Gebäude *building*.

NEUTER

1. Names of cities and most names of countries: das alte Rom, das neue Deutschland. Exceptions: die Schweiz *Switzerland*, die Türkei *Turkey*, die Tschechoslowakei *Czechoslovakia*.

2. Names of minerals: das Eisen *iron*, das Gold *gold*. Exception: der Stahl *steel*.

3. Letters of the alphabet: stummes e *silent e*.

4. Infinitives used as nouns: das Singen *singing*.

5. Diminutives in =chen and =lein: das Brüderchen *little brother*, das Entlein *duckling*.

6. Most nouns in =nis, =sal, =tum: das Hindernis *hindrance*, das Schicksal *fate*, das Fürstentum *principality*.

7. Most nouns with the prefix Ge=: das Geräusch *noise*, das Gefolge *retinue*.

COMPOUND NOUNS

Compound nouns usually have the gender of their last component: der Bienenkorb *beehive*, from die Biene *bee* and der Korb *basket*.

NOUNS WITH DIFFERENT GENDERS

In a number of instances the same noun has different genders with different meanings: der Band *volume* and das Band *band* or *bond*, der Erbe *heir* and das Erbe *inheritance*, der See *lake* and die See *sea*.

2. Du and ihr (Lesson II)

Du and ihr are used in addressing animals and, in rural communities, the servants. Du is furthermore used when invoking the Deity.

3. Repetition of Articles and Possessives (Lesson V)

The articles and the possessive adjectives should be repeated before each noun they limit:

The father and mother of these little children are both sick. Der Vater und die Mutter dieser kleinen Kinder sind beide krank.

My brother and sister both go to the university. Mein Bruder und meine Schwester gehen beide auf die Universität; or Der Bruder und die Schwester gehen beide auf die Universität.

4. Proper Names (Lesson V)

Genitive Singular

Feminines in =e may add =ns: Mari'ens Hut. But the ending =s is more common.

Names of places ending in a sibilant use the construction with von instead of a genitive form:

die Straßen von Paris *the streets of Paris*

Plural

Usage is not uniform with respect to the formation of the plural of proper names. However, with names of persons, a plural in =s is very commonly used:

Schmidts haben ein neues Automobil. *The Smiths have a new automobile.*

If the name ends in a sibilant, the plural is indicated by means of an apostrophe or is formed by adding =ens:

Ich bin bei Buchholzens eingeladen. *I am invited to the Buchholzes'.*

Titles

Titles standing before the names of persons are usually not inflected, except the title Herr *Mr.*, which is regularly declined:

Fräulein Brauns Schwester, Herrn Meyers Sohn

5. Expressions of Measure (Lesson VII)

When the noun denoting the object measured is modified by an adjective, either the appositional construction or the genitive construction may be used: eine Tasse heißes Wasser or eine Tasse heißen Wassers.

6. Genitive Ending –(e)s (Lessons VI and VIII)

No ironclad rules can be formulated as to the use of ≠es or ≠s in the genitive singular of Classes II and III of the strong declension of nouns. After a sibilant ≠es must be used. With other nouns it may be said that monosyllables usually add ≠es and polysyllables add ≠s. But much depends upon style and euphony. In conversational style, especially, ≠s is often added to a monosyllable, whereas in dignified or serious style ≠es is at times added to a polysyllable. In poetry considerations of meter naturally prevail. For these reasons, very often in vocabularies the genitive ending of both monosyllables and polysyllables of these two classes is given as ≠(e)s, except for nouns ending in a sibilant.*

Much the same remarks apply to the omission or retention of ≠e in the dative singular of Classes II and III of the strong declension. Polysyllables regularly omit it; monosyllables usually retain it, although there are many exceptions.

* It will have been noted that in the vocabularies of this book the genitive ending is regularly given as ≠es for monosyllables and ≠s for polysyllables.

Appendix

7. Mixed Declension of Nouns (Lesson IX)

To the mixed declension belong der Bauer *peasant*, der Nachbar *neighbor*, der Schmerz *pain*, der See *lake*, der Sporn (pl. Sporen) *spur*, der Staat *state*, der Strahl *ray*, der Untertan *subject* (of a ruler), der Vetter *cousin*, das Auge *eye*, das Bett *bed*, das Ende *end*, das Hemd *shirt*, das Ohr *ear*, and nouns in unaccented =or, as der Doktor *doctor*, der Professor *professor*, etc.

Der Bauer, der Nachbar, and der Untertan are sometimes declined weak in the singular, as well as in the plural.

8. Irregular Nouns (Lesson IX)

	SINGULAR	PLURAL
Nom.	der Gedanke	die Gedanken
Gen.	des Gedankens	der Gedanken
Dat.	dem Gedanken	den Gedanken
Acc.	den Gedanken	die Gedanken

Like der Gedanke *thought* are declined eight other nouns. These nouns have two nominative singular forms, one in =e and one in =en; in the latter case they are quite regular, belonging to Class I of the strong declension. With some the nominative in =e is more common, with others the nominative in =en. This is indicated in the list that follows: der Frieden *peace*, der Gefallen *favor*, der Glaube *faith*, der Haufen *heap*, der Name *name*, der Same *seed*, der Schaden *injury*, der Wille *will*.

9. Declension of Adjectives (Lesson XI)

Manch, solch, and welch (the last when used exclamatorily) may stand uninflected before an adjective, in which case the adjective is inflected strong: manch böses Wort or manches böse Wort, solch kleine Knaben or solche kleinen Knaben, welch schöne Hüte or welche schönen Hüte. Note, furthermore, the equivalent of *such a* and *what a*: solch ein schönes Kleid, solch schönes Kleid, solches schöne Kleid; welch ein schönes Kleid, welch schönes Kleid.

After the indefinite numerals einige *some*, mehrere *several*, viele *many*, and wenige *few* the adjective generally has, in the nominative and accusative plural, the strong endings; in the other cases, either the strong or the weak endings: einige (mehrere, viele, wenige) neue Bücher. To this list is often added manche *some*. But after alle *all*, the weak endings are used in all cases: alle neuen Bücher.

Indeclinable adjectives in =er are formed from names of towns and cities: die Berliner Universität, das Marburger Schloß.

An adjective usually has weak inflection after a personal pronoun, except in the nominative and accusative singular:

> ihr himmlischen Mächte *ye heavenly powers*
> du armes Kind *you poor child*

But usage is not settled. Compare Bismarck's words:

> Wir Deutsche fürchten Gott, aber sonst nichts in der Welt. *We Germans fear God, but nothing else in the world.*

10. Genitive of the Personal Pronoun (Lesson XIII)

In the genitive singular of the personal pronoun the short forms mein, dein, sein are sometimes found in poetry in place of the more common longer forms meiner, deiner, seiner, respectively:

> Dort harren mein (*gen.*) verhaßter Ehe Ketten. *The bonds of odious wedlock await me there.*

11. Formation of Comparative and Superlative Degrees (Lesson XIV)

Participial adjectives in =end add =st, instead of =est, to form the superlative: reizend *charming*, superlative reizendst.

Appendix

Adjectives ending in a diphthong sometimes add ≠eſt, instead of ≠ſt, in the superlative: neu *new*, superlative neuſt or neueſt.

Adjectives in ≠e drop this e in the comparative; in the superlative the e is either dropped or retained according to whether or not the combination of consonants may be pronounced easily: träge *lazy*, comparative träger, superlative trägſt; müde *tired*, comparative müder, superlative müdeſt.

The following is a list of the more common monosyllabic adjectives with the stem vowel a, o, or u that do not show vowel modification in the comparative and superlative degrees: flach *flat*, froh *glad*, kahl *bare*, klar *clear*, lahm *lame*, ſtolz *proud*, ſtumpf *blunt*, toll *mad*, zart *tender*. Geſund *healthy*, glatt *smooth*, krumm *crooked*, and ſchmal *narrow* are compared both with and without vowel modification.

12. Absolute Superlative (Lesson XIV)

The absolute superlative — that is, one which does not denote a comparison, but indicates a very high degree — is expressed in German by means of (1) aufs + the superlative; (2) höchſt, äußerſt, ſehr + the positive:

Wir lernen immer aufs fleißigſte. *We always study most industriously* (that is, *very industriously*).

Das iſt höchſt intereſſant. *That is most* (or *exceedingly*) *interesting.*

13. Definite Article with Names of Persons (Lesson XIV)

The definite article is sometimes used before names of persons to indicate the case:

Dem Fritz gebe ich ein braunes Pferdchen mit einem langen Schwanz, dem Konrad ein dickes Buch mit vielen Bildern. *To Fred I am going to give a brown hobbyhorse with a long tail, to Conrad a thick book with many pictures.*

14. Position of Dependent Infinitive (Lesson XV)

When the dependent infinitive with zu has modifiers, it stands outside its clause:

> Es fing an, sehr stark zu regnen. *It began to rain very hard.*
> Als es anfing, sehr stark zu regnen, gingen wir nach Hause. *When it began to rain very hard, we went home.*

When the infinitive has no modifiers, it may stand within its clause:

> Es fing zu regnen an; or Es fing an zu regnen.
> Als es zu regnen anfing, gingen wir nach Hause; or Als es anfing zu regnen, gingen wir nach Hause.

15. Possessive Pronouns (Lesson XVI)

In the predicate an uninflected form of the possessive pronoun is used to express mere ownership when the subject is a noun: Das Buch ist mein. But ihr and Ihr may not be thus used: Das Buch ist ihres.

In addition to the forms used in Lesson XVI German has the two following types of possessive pronouns: (1) definite article + stem of the possessive + weak endings of the adjective, as der meine, der deine, der seine, der ihre, der unsre, der eure, der Ihre; (2) definite article + stem of the possessive + ig + weak endings of the adjective, as der meinige, der deinige, der seinige, der ihrige, der unsrige, der eurige, der Ihrige. The three types are used without any difference in meaning: Hier ist dein Hut; wo ist meiner (or der meine or der meinige)? *Here is your hat; where is mine?* However, the forms without the definite article are the usual ones.

16. Repetition of Personal Pronoun after the Relative der (Lesson XVII)

When a personal pronoun of the first or second person is the antecedent of the relative der, it is commonly repeated after the relative if the latter is the subject of its clause. The verb of the relative clause then agrees with the antecedent in person.

> Ich, der ich sehr arm bin, gab ihm zehn Mark. *I, who am very poor, gave him ten marks.*
>
> Kannst du, der du ihn so gut kennst, mir nicht sagen, wo er wohnt? *Cannot you, who know him so well, tell me where he lives?*

17. Word Order in Exclamatory Sentences (Lesson XVII)

In exclamatory sentences either the inverted or the transposed order may be used:

> Was haben wir gelacht! *How we did laugh!*
>
> Wie schnell du das gemacht hast! *How quickly you made that!*

18. Coördinating Conjunctions (Lesson XVIII)

To the list of coördinating conjunctions given in Lesson XVIII may be added the following: allein' *but*, entwe'der ... oder *either ... or*, sowohl' ... als (auch) *both ... and*, weder ... noch *neither ... nor*.

Allein has about the same meaning as aber, but is much less used; it always stands at the beginning of its clause:

> Ich bat ihn dringend, zum Arzt zu gehen, allein er wollte nicht. *I begged him earnestly to see a doctor, but he wouldn't do it.*

Entweder may cause inversion:

> Entweder tun Sie Ihre Arbeit pünktlich, oder Sie verlieren Ihre Stellung. *You will either do your work punctually or lose your position.*

19. Meanings of the Inseparable Prefixes (Lesson XIX)

The following are some of the most obvious meanings and uses of the inseparable prefixes:

a. be= forms transitive verbs from intransitives, adjectives, and nouns: besteigen *mount*, betreten *enter*, befreien *free*, beseelen *animate*.

b. ent= denotes separation, that is, getting away or taking away: entkommen *escape*, entlaufen *run away*, entreißen *snatch away*, entthronen *dethrone*.

c. er= means (1) To obtain something by the force of the simple verb: erkämpfen *get by fighting*, erlügen *obtain by lying*.

(2) To come into, or to cause to come into, a state or condition: erbleichen *turn pale*, erkranken *get sick*, ermuntern *make cheerful*, erwärmen *make warm*.

d. ge= has no longer an obvious meaning.

e. ver= conveys the idea of (1) Away, forth: verreisen *go away on a journey*, vergehen *pass away* (of time), verjagen *chase away*.

(2) Using up, exhausting, often in a wasteful manner: verschießen *use up* (or *exhaust*) *in shooting*, verrauchen *consume in smoking*, vertrinken *squander in drinking*.

(3) Doing in the wrong way, committing an error, spoiling: verbiegen *bend the wrong way*, sich versprechen *make a mistake in speaking*, verpfeffern *spoil by putting in too much pepper*.

(4) Coming into, or causing to come into, a state or condition: verrosten *become rusty*, vereinfachen *simplify*. In this meaning ver= is closely related to er=, some verbs taking ver=, others er=: verdunkeln *darken*, but erhellen *light up, brighten*.

f. zer= means in pieces, asunder, or it conveys the idea of injury, damage, destruction: zerhacken *chop to pieces*, zerfallen *fall to pieces*, zerspringen *burst asunder*, zerkratzen *injure* (or *damage*) *by scratching*.

These are only some of the more apparent functions of the inseparable prefixes. In many instances and with some of the most common verbs, the force of the prefix cannot easily be defined.

20. Participial Construction (Lesson XX)

In German a participle, used as an attributive adjective and having modifiers of its own, precedes the noun it limits and is in turn preceded by its own modifiers, whereas in English the participle succeeds its noun and is followed by its own modifiers:

> die mit ewigem Schnee bedeckten Berge (literally, *the with-eternal-snow-covered mountains*) *the mountains covered with eternal snow*
>
> die mit der Feier des Maikönigs verbundenen Sitten (literally, *the with-the-celebration-of-the-May-King-connected customs*) *the customs connected with the celebration of the King of May*
>
> ein von Schlangen und Kröten wimmelndes Burgverließ (literally, *a with-snakes-and-toads-teeming dungeon*) *a dungeon teeming with snakes and toads*

This participial construction is one of the most important in the language and must be mastered if one is to read German readily.

21. Variable Prefixes (Lesson XX)

In the list of variable prefixes may be included hinter, miß, wider, and voll. These are, however, so seldom separable that they may well be treated as inseparable, particularly hinter, miß, and wider.

22. Impersonal and Reflexive Verbs (Lesson XXI)

A numerous group of impersonal verbs and verb phrases, describing states of the body or mind, take an accusative or a dative of the person. With many of these it is more customary to begin the sentence with the personal object and omit the es.

> Mich dürstet. *I am thirsty.*
> Mir wurde übel. *I became sick at the stomach.*
> Mir graute vor dem Anblick. *I shuddered at the sight.*

The intensive pronouns selbst, selber, may accompany the reflexive pronouns for the sake of emphasis:

> Er betrügt nur sich selbst. *He deceives only himself.*

23. Was as a Relative (Lesson XXII)

Was is used as a simple relative when the antecedent is a sentence:

> Er sagte, ich sollte unten warten, was ich auch tat. *He said I should wait downstairs, and I did so.*

24. Singular Noun Used Distributively (Lesson XXIII)

German often uses the singular where English uses the plural, in referring to something that is common to two or more persons:

> Sie lagen auf dem Rücken und schauten in den Himmel. *They lay on their backs and gazed into the sky.*
>
> Sie hoben alle die rechte Hand auf. *They all raised their right hands.*
>
> Hunderte von Menschen haben da ihr Leben verloren. *Hundreds of people have lost their lives there.*

25. Genitive of the Demonstrative Pronoun der (Lesson XXIII)

The demonstrative pronoun der has in the genitive plural, besides the usual form deren, a second form derer, which is used only before a relative pronoun:

> das Schicksal derer, die dem König trotzen *the fate of those who defy the king*

26. Omission of Indefinite Article (Lesson XXV)

Where English has preposition + indefinite article + adjective + noun the German equivalent is often without the article:

> Sie kam mit roter, geschwollener Wange nach Hause. *She came home with a red, swollen cheek.*
>
> nach längerem Schweigen *after a prolonged silence*

Appendix

27. The General Noun (Lesson XXVIII)

The definite article is used with nouns taken in a general sense:

> Die Liebe ist blind. *Love is blind.*
> Der Mensch ist sterblich. *Man is mortal.*
> Das Leben ist kurz. *Life is short.*
> Die Zeit heilt alle Wunden. *Time heals all wounds.*
> Es lebe die Freiheit. *Long live freedom!*

28. Position of haben (Lessons XXIX and XXXII)

Note the varying position of haben in the future perfect tense and in the second conditional of the modal auxiliaries when with and when without a dependent infinitive:

> Er wird wohl nicht haben gehen dürfen. *He probably has not been permitted to go.*
> Er wird es wohl nicht gedurft haben. *He probably has not been permitted to.*
> Er würde nicht haben gehen können. *He would not have been able to go.*
> Er würde es nicht gekonnt haben. *He would not have been able to.*

However, in the place of the second conditional in these types of sentences, we usually find the past perfect subjunctive:

> Er hätte doch nicht gehen können. *He couldn't have gone anyway.*
> Er hätte es doch nicht gekonnt. *He wouldn't have been able to anyway.*

29. Means and Instrument (Lesson XXX)

The means in the passive construction is expressed by durch with the accusative; the instrument, by mit with the dative:

> Dieses Geld ist **durch** schwere Arbeit verdient worden. *This money has been earned by hard work.*
> Er wurde **mit** einem Stock geschlagen. *He was beaten with a stick.*

30. Omission of Auxiliary (Lesson XXXI)

The auxiliaries haben and sein of the perfect tenses are often omitted in subordinate clauses:

> Wilhelm Ostwald, der sich besonders in der Elektrochemie aus=
> gezeichnet, erhielt im Jahre 1909 den Nobelpreis. *William Ostwald, who distinguished himself especially in electrochemistry, received the Nobel prize in 1909.*

31. Subjunctive of Mild Assertion (Lesson XXXII)

The subjunctive of mild assertion is used in modest or polite statements and questions. It occurs in the past and past perfect tenses:

> Nun, hier wären wir denn endlich. *Well, here we are at last.*
> Beinahe hätte ich es ihr gesagt. *I almost told her* or *I came near telling her.*

32. Dubitative Subjunctive (Lesson XXXII)

The dubitative subjunctive is used in exclamations and questions to express doubt, surprise, or dissent. It occurs in the past and past perfect tenses:

> Das wäre echtes Gold? Es sieht nicht danach aus. *Do you mean to say that is genuine gold? It doesn't look like it.*
> Ich hätte so etwas gesagt? Was fällt Ihnen nur ein? *Do you mean to say that I said such a thing? What are you thinking of?*

33. Subjunctive after damit (Lesson XXXII)

After damit' *in order that* the subjunctive is commonly used if the governing verb is in the past tense:

> Die Mutter band ihm einen Faden um den Finger, damit er es nicht vergäße (or vergesse). *His mother tied a string around his finger in order that he might not forget it.*

After a present tense the indicative is more common:

> Er schreibt jeden Tag an seine Mutter, damit sie sich nicht um ihn ängstigt (or ängstige). *He writes to his mother every day in order that she may not feel anxious about him.*

34. Indicative in Indirect Discourse (Lesson XXXIII)

a. The indicative is used after any tense of the governing verb if the content of the object clause is endorsed by the speaker as a fact:

> Die Alten haben nicht geglaubt, daß die Erde rund ist. *The ancients did not believe that the earth was round.*

b. On the whole, it may be said that the average German, in everyday usage, pays little attention to the subjunctive of indirect discourse, using the indicative where literary usage requires the subjunctive.

35. Indirect Imperative (Lesson XXXIII)

An imperative of direct discourse may be expressed in indirect discourse by the present or past subjunctive of mögen with the infinitive of the accompanying verb:

> Sie sagte: „Bitte, warten Sie an der Ecke auf mich!"   Sie sagte, er möge (or möchte) an der Ecke auf sie warten.

However, the imperative force is not so strong in the mögen construction as in the sollen construction:

> Sie sagte, er solle (or sollte) an der Ecke auf sie warten.

36. Subjunctive of Direct Discourse (Lesson XXXIII)

A subjunctive of direct discourse is retained in indirect discourse:

> Er sagte: „Ich möchte gern mit= gehen."   Er sagte, daß er gern mitgehen möchte.

37. Past Participle with kommen

With kommen German uses the past participle where English uses the present:

> Eine Kugel kam geflogen. *A bullet came flying.*

38. Endings and Paradigms of Noun Declension

ENDINGS

	Strong I	**Strong II**	**Strong III**	**Weak**
	Sg.	Sg.	Sg.	Sg.
	M.N.　F.	M.N.　F.	M.N.	M.　F.
Nom.	—　—	—　—	—	—　—
Gen.	–ẽ　—	–(e)ẽ　—	–(e)ẽ	–(e)n　—
Dat.	—　—	(–e)　—	(–e)	–(e)n　—
Acc.	—　—	—　—	—	–(e)n　—
	Pl.	Pl.	Pl.	Pl.
	M.F.N.	M.F.N.	M.N.	M.F.
Nom.	—	–e	–er	–(e)n
Gen.	—	–e	–er	–(e)n
Dat.	(–n)	–en	–ern	–(e)n
Acc.	—	–e	–er	–(e)n

Vowel Modification in Plural

Strong I: about two dozen.

Strong II: most masculines and all feminines, if possible; no neuters.

Strong III: all, if possible.

Weak: none.

Paradigms

Strong Declension, Class I

Singular

Nom.	der Lehrer	der Garten	die Mutter	das Fenster
Gen.	des Lehrers	des Gartens	der Mutter	des Fensters
Dat.	dem Lehrer	dem Garten	der Mutter	dem Fenster
Acc.	den Lehrer	den Garten	die Mutter	das Fenster

Plural

Nom.	die Lehrer	die Gärten	die Mütter	die Fenster
Gen.	der Lehrer	der Gärten	der Mütter	der Fenster
Dat.	den Lehrern	den Gärten	den Müttern	den Fenstern
Acc.	die Lehrer	die Gärten	die Mütter	die Fenster

Appendix

STRONG DECLENSION, CLASS II

Singular

Nom.	der Baum	der Tag	die Bank	das Pult	der König
Gen.	des Baumes	des Tages	der Bank	des Pultes	des Königs
Dat.	dem Baume	dem Tage	der Bank	dem Pulte	dem König
Acc.	den Baum	den Tag	die Bank	das Pult	den König

Plural

Nom.	die Bäume	die Tage	die Bänke	die Pulte	die Könige
Gen.	der Bäume	der Tage	der Bänke	der Pulte	der Könige
Dat.	den Bäumen	den Tagen	den Bänken	den Pulten	den Königen
Acc.	die Bäume	die Tage	die Bänke	die Pulte	die Könige

STRONG DECLENSION, CLASS III

Singular

Nom.	das Buch	der Mann	der Reichtum
Gen.	des Buches	des Mannes	des Reichtums
Dat.	dem Buche	dem Manne	dem Reichtum
Acc.	das Buch	den Mann	den Reichtum

Plural

Nom.	die Bücher	die Männer	die Reichtümer
Gen.	der Bücher	der Männer	der Reichtümer
Dat.	den Büchern	den Männern	den Reichtümern
Acc.	die Bücher	die Männer	die Reichtümer

WEAK DECLENSION

Singular

Nom.	die Uhr	die Blume	die Lehrerin	der Mensch
Gen.	der Uhr	der Blume	der Lehrerin	des Menschen
Dat.	der Uhr	der Blume	der Lehrerin	dem Menschen
Acc.	die Uhr	die Blume	die Lehrerin	den Menschen

Plural

Nom.	die Uhren	die Blumen	die Lehrerinnen	die Menschen
Gen.	der Uhren	der Blumen	der Lehrerinnen	der Menschen
Dat.	den Uhren	den Blumen	den Lehrerinnen	den Menschen
Acc.	die Uhren	die Blumen	die Lehrerinnen	die Menschen

	Singular	Plural
Nom.	der Knabe	die Knaben
Gen.	des Knaben	der Knaben
Dat.	dem Knaben	den Knaben
Acc.	den Knaben	die Knaben

MIXED DECLENSION

Singular

Nom.	der Vetter	das Auge	das Bett	der Doktor
Gen.	des Vetters	des Auges	des Bettes	des Doktors
Dat.	dem Vetter	dem Auge	dem Bette	dem Doktor
Acc.	den Vetter	das Auge	das Bett	den Doktor

Plural

Nom.	die Vettern	die Augen	die Betten	die Dokto'ren
Gen.	der Vettern	der Augen	der Betten	der Dokto'ren
Dat.	den Vettern	den Augen	den Betten	den Dokto'ren
Acc.	die Vettern	die Augen	die Betten	die Dokto'ren

39. Endings and Paradigms of Adjective Declension

STRONG ENDINGS

	Singular			Plural
	Masc.	Fem.	Neut.	M.F.N.
Nom.	–er	–e	–es	–e
Gen.	–en	–er	–en	–er
Dat.	–em	–er	–em	–en
Acc.	–en	–e	–es	–e

WEAK ENDINGS

	Singular			Plural
	Masc.	Fem.	Neut.	M.F.N.
Nom.	–e	–e	–e	–en
Gen.	–en	–en	–en	–en
Dat.	–en	–en	–en	–en
Acc.	–en	–e	–e	–en

PARADIGMS

STRONG DECLENSION

Singular

Nom.	alter Mann	alte Frau	altes Haus
Gen.	alten Mannes	alter Frau	alten Hauses
Dat.	altem Manne	alter Frau	altem Hause
Acc.	alten Mann	alte Frau	altes Haus

Appendix

Plural

Nom.	alte Männer	alte Frauen	alte Häuser
Gen.	alter Männer	alter Frauen	alter Häuser
Dat.	alten Männern	alten Frauen	alten Häusern
Acc.	alte Männer	alte Frauen	alte Häuser

WEAK DECLENSION

Singular

Nom.	der große Stuhl	die große Tür	das große Fenster
Gen.	des großen Stuhles	der großen Tür	des großen Fensters
Dat.	dem großen Stuhle	der großen Tür	dem großen Fenster
Acc.	den großen Stuhl	die große Tür	das große Fenster

Plural

Nom.	die großen Stühle	die großen Türen	die großen Fenster
Gen.	der großen Stühle	der großen Türen	der großen Fenster
Dat.	den großen Stühlen	den großen Türen	den großen Fenstern
Acc.	die großen Stühle	die großen Türen	die großen Fenster

DECLENSION AFTER A kein-WORD

Singular

Nom.	mein neuer Hut	meine neue Feder	mein neues Kleid
Gen.	meines neuen Hutes	meiner neuen Feder	meines neuen Kleides
Dat.	meinem neuen Hute	meiner neuen Feder	meinem neuen Kleide
Acc.	meinen neuen Hut	meine neue Feder	mein neues Kleid

Plural

Nom.	meine neuen Hüte	meine neuen Federn	meine neuen Kleider
Gen.	meiner neuen Hüte	meiner neuen Federn	meiner neuen Kleider
Dat.	meinen neuen Hüten	meinen neuen Federn	meinen neuen Kleidern
Acc.	meine neuen Hüte	meine neuen Federn	meine neuen Kleider

40. Conjugation of haben *have*

INDICATIVE		SUBJUNCTIVE
	Present	
ich habe		ich habe
du hast		du habest
er hat		er habe
wir haben		wir haben
ihr habt		ihr habet
sie haben		sie haben

INDICATIVE		SUBJUNCTIVE
	Past	
ich hatte		ich hätte
du hatteſt		du hätteſt
er hatte		er hätte
wir hatten		wir hätten
ihr hattet		ihr hättet
ſie hatten		ſie hätten

Present Perfect

ich habe gehabt	ich habe gehabt
du haſt gehabt	du habeſt gehabt
er hat gehabt	er habe gehabt
wir haben gehabt	wir haben gehabt
ihr habt gehabt	ihr habet gehabt
ſie haben gehabt	ſie haben gehabt

Past Perfect

ich hatte gehabt	ich hätte gehabt
du hatteſt gehabt	du hätteſt gehabt
er hatte gehabt	er hätte gehabt
wir hatten gehabt	wir hätten gehabt
ihr hattet gehabt	ihr hättet gehabt
ſie hatten gehabt	ſie hätten gehabt

Future

ich werde haben	ich werde haben
du wirſt haben	du werdeſt haben
er wird haben	er werde haben
wir werden haben	wir werden haben
ihr werdet haben	ihr werdet haben
ſie werden haben	ſie werden haben

Future Perfect

ich werde gehabt haben	ich werde gehabt haben
du wirſt gehabt haben	du werdeſt gehabt haben
er wird gehabt haben	er werde gehabt haben
wir werden gehabt haben	wir werden gehabt haben
ihr werdet gehabt haben	ihr werdet gehabt haben
ſie werden gehabt haben	ſie werden gehabt haben

FIRST CONDITIONAL	SECOND CONDITIONAL
ich würde haben	ich würde gehabt haben
du würdeſt haben	du würdeſt gehabt haben
er würde haben	er würde gehabt haben

wir würden haben   wir würden gehabt haben
ihr würdet haben   ihr würdet gehabt haben
sie würden haben   sie würden gehabt haben

IMPERATIVE	PARTICIPLES		INFINITIVES	
habe	*Present:*	habend	*Present:*	haben
habt	*Past:*	gehabt	*Past:*	gehabt haben
haben Sie				

41. Conjugation of sein *be*

INDICATIVE   *Present*   SUBJUNCTIVE

ich bin   ich sei
du bist   du seiest
er ist   er sei

wir sind   wir seien
ihr seid   ihr seiet
sie sind   sie seien

Past

ich war   ich wäre
du warst   du wärest
er war   er wäre

wir waren   wir wären
ihr wart   ihr wäret
sie waren   sie wären

Present Perfect

ich bin gewesen   ich sei gewesen
du bist gewesen   du seiest gewesen
er ist gewesen   er sei gewesen

wir sind gewesen   wir seien gewesen
ihr seid gewesen   ihr seiet gewesen
sie sind gewesen   sie seien gewesen

Past Perfect

ich war gewesen   ich wäre gewesen
du warst gewesen   du wärest gewesen
er war gewesen   er wäre gewesen

wir waren gewesen   wir wären gewesen
ihr wart gewesen   ihr wäret gewesen
sie waren gewesen   sie wären gewesen

INDICATIVE		SUBJUNCTIVE
	Future	

ich werde sein / bu wirst sein / er wird sein / wir werden sein / ihr werdet sein / sie werden sein

ich werde sein / bu werdest sein / er werde sein / wir werden sein / ihr werdet sein / sie werden sein

Future Perfect

ich werde gewesen sein / bu wirst gewesen sein / er wird gewesen sein / wir werden gewesen sein / ihr werdet gewesen sein / sie werden gewesen sein

ich werde gewesen sein / bu werdest gewesen sein / er werde gewesen sein / wir werden gewesen sein / ihr werdet gewesen sein / sie werden gewesen sein

FIRST CONDITIONAL

ich würde sein / bu würdest sein / er würde sein / wir würden sein / ihr würdet sein / sie würden sein

SECOND CONDITIONAL

ich würde gewesen sein / bu würdest gewesen sein / er würde gewesen sein / wir würden gewesen sein / ihr würdet gewesen sein / sie würden gewesen sein

IMPERATIVE	PARTICIPLES	INFINITIVES
sei	*Present:* seiend	*Present:* sein
seid	*Past:* gewesen	*Past:* gewesen sein
seien Sie		

42. Conjugation of werden *become*

INDICATIVE		SUBJUNCTIVE
	Present	

ich werde / bu wirst / er wird / wir werden / ihr werdet / sie werden

ich werde / bu werdest / er werde / wir werden / ihr werdet / sie werden

INDICATIVE		SUBJUNCTIVE
	Past	
ich wurde		ich würde
du wurdeſt		du würdeſt
er wurde		er würde
wir wurden		wir würden
ihr wurdet		ihr würdet
ſie wurden		ſie würden

Present Perfect

ich bin geworden		ich ſei geworden
du biſt geworden		du ſeieſt geworden
etc.		etc.

Past Perfect

ich war geworden		ich wäre geworden
du warſt geworden		du wäreſt geworden
etc.		etc.

Future

ich werde werden		ich werde werden
du wirſt werden		du werdeſt werden
etc.		etc.

Future Perfect

ich werde geworden ſein		ich werde geworden ſein
du wirſt geworden ſein		du werdeſt geworden ſein
etc.		etc.

FIRST CONDITIONAL	SECOND CONDITIONAL
ich würde werden	ich würde geworden ſein
du würdeſt werden	du würdeſt geworden ſein
etc.	etc.

IMPERATIVE	PARTICIPLES		INFINITIVES	
werde	*Present:*	werdend	*Present:*	werden
werdet	*Past:*	geworden	*Past:*	geworden ſein
werden Sie				

The following old past-indicative forms will be met with occasionally in reading: ich ward, du wardſt, er ward.

43. The Weak Conjugation: Type I, sagen; Type II, warten; Type III, lächeln

Type I. sagen *say* (STEM: sag-)

PRINCIPAL PARTS: sagen, er sagt, er sagte, er hat gesagt

INDICATIVE	SUBJUNCTIVE

Present

ich sage	ich sage
du sagst	du sagest
er sagt	er sage
wir sagen	wir sagen
ihr sagt	ihr saget
sie sagen	sie sagen

Past

ich sagte	ich sagte
du sagtest	du sagtest
er sagte	er sagte
wir sagten	wir sagten
ihr sagtet	ihr sagtet
sie sagten	sie sagten

Present Perfect

ich habe gesagt	ich habe gesagt
du hast gesagt	du habest gesagt
etc.	etc.

Past Perfect

ich hatte gesagt	ich hätte gesagt
du hattest gesagt	du hättest gesagt
etc.	etc.

Future

ich werde sagen	ich werde sagen
du wirst sagen	du werdest sagen
etc.	etc.

Future Perfect

ich werde gesagt haben	ich werde gesagt haben
du wirst gesagt haben	du werdest gesagt haben
etc.	etc.

Appendix

FIRST CONDITIONAL	SECOND CONDITIONAL
ich würde sagen	ich würde gesagt haben
du würdest sagen	du würdest gesagt haben
etc.	etc.

IMPERATIVE	PARTICIPLES		INFINITIVES	
sage	*Present:* sagend		*Present:*	sagen
sagt	*Past:* gesagt		*Past:*	gesagt haben
sagen Sie				

Verbs whose stems end in a sibilant (s, ss, ß, sch, tz, x, z) add =t, instead of =st, in the second person singular of the present indicative: grüßen, du grüßt.

Type II. warten *wait* (STEM: wart=)

PRINCIPAL PARTS: warten, er wartet, er wartete, er hat gewartet

Verbs of this type insert an e before all endings beginning with a consonant; that is, instead of the endings =st, =t, =te, etc., they have =est, =et, =ete, etc.

PRESENT INDICATIVE	PAST INDICATIVE AND SUBJUNCTIVE
ich warte	ich wartete
du wartest	du wartetest
er wartet	er wartete
wir warten	wir warteten
ihr wartet	ihr wartetet
sie warten	sie warteten

IMPERATIVE	PARTICIPLES		INFINITIVES	
warte	*Present:* wartend		*Present:*	warten
wartet	*Past:* gewartet		*Past:*	gewartet haben
warten Sie				

To this class belong those verbs whose stems end in =d or =t, or in =m or =n preceded by a consonant other than h, l, m, n, r.

Type III

Verbs whose stems end in ‑el or ‑er show certain deviations from Type I, which may be seen from the following paradigms:

lächeln *smile* (STEM: lächel‑)

PRESENT INDICATIVE	PRESENT SUBJUNCTIVE	IMPERATIVE
ich läch(e)le	ich läch(e)le	läch(e)le
du lächelst	du läch(e)lest	lächelt
er lächelt	er läch(e)le	lächeln Sie
wir lächeln	wir läch(e)len	PRESENT PARTICIPLE
ihr lächelt	ihr läch(e)let	lächelnd
sie lächeln	sie läch(e)len	

rudern *row* (STEM: ruder‑)

PRESENT INDICATIVE	PRESENT SUBJUNCTIVE	IMPERATIVE
ich rud(e)re	ich rud(e)re	rud(e)re
du ruderst	du rud(e)rest	rudert
er rudert	er rud(e)re	rudern Sie
wir rudern	wir rud(e)ren	PRESENT PARTICIPLE
ihr rudert	ihr rud(e)ret	rudernd
sie rudern	sie rud(e)ren	

As to the optional forms, indicated by e in parentheses, it may be said that the full forms are more common, especially in the case of verbs in ‑ern.

The other tenses present no deviation from Type I.

44. The Strong Conjugation

trinken *drink* (STEM: trink‑)

PRINCIPAL PARTS: trinken, er trinkt, er trank, er hat getrunken

INDICATIVE		SUBJUNCTIVE
	Present	
ich trinke		ich trinke
du trinkst		du trinkest
er trinkt		er trinke
wir trinken		wir trinken
ihr trinkt		ihr trinket
sie trinken		sie trinken

Appendix

INDICATIVE		SUBJUNCTIVE
	Past	
ich trank		ich tränke
du trankſt		du tränkeſt
er trank		er tränke
wir tranken		wir tränken
ihr trankt		ihr tränket
ſie tranken		ſie tränken

Present Perfect

ich habe getrunken		ich habe getrunken
du haſt getrunken		du habeſt getrunken
etc.		etc.

Past Perfect

ich hatte getrunken		ich hätte getrunken
du hatteſt getrunken		du hätteſt getrunken
etc.		etc.

Future

ich werde trinken		ich werde trinken
du wirſt trinken		du werdeſt trinken
etc.		etc.

Future Perfect

ich werde getrunken haben		ich werde getrunken haben
du wirſt getrunken haben		du werdeſt getrunken haben
etc.		etc.

FIRST CONDITIONAL		SECOND CONDITIONAL
ich würde trinken		ich würde getrunken haben
du würdeſt trinken		du würdeſt getrunken haben
etc.		etc.

IMPERATIVE	PARTICIPLES	INFINITIVES
trink(e)	*Present:* trinkend	*Present:* trinken
trinkt	*Past:* getrunken	*Past:* getrunken haben
trinken Sie		

Verbs whose stems end in a sibilant (s, ſſ, ß, ſch, tz, x, z) add ‑t, instead of ‑ſt, in the second person singular of the present indicative: heißen, du heißt; and ‑eſt, instead of ‑ſt, in the second person singular of the past indicative: du hießeſt.

Verbs whose stems end in =b or =t insert an e before the inflectional endings =ft and =t: finden, present indicative: du findeſt, er findet, ihr findet; past indicative: du fandeſt, ihr fandet; imperative plural: findet.

But verbs that undergo vowel change in the second and third person singular of the present indicative do not follow the rule for the use of the connecting =e= in these forms: laden, du lädſt, er lädt; halten, du hältſt, er hält; gelten, du giltſt, er gilt. (Compare Lesson XXVII, section 3.)

45. The Passive Voice

The auxiliary of the passive voice in German is werden, the form geworden being shortened to worden. The following is an outline of the passive of loben *praise*:

INDICATIVE	SUBJUNCTIVE

Present

ich werde gelobt	ich werde gelobt
du wirſt gelobt	du werdeſt gelobt
etc.	etc.

Past

ich wurde gelobt	ich würde gelobt
du wurdeſt gelobt	du würdeſt gelobt
etc.	etc.

Present Perfect

ich bin gelobt worden	ich ſei gelobt worden
du biſt gelobt worden	du ſeieſt gelobt worden
etc.	etc.

Past Perfect

ich war gelobt worden	ich wäre gelobt worden
du warſt gelobt worden	du wäreſt gelobt worden
etc.	etc.

Future

ich werde gelobt werden	ich werde gelobt werden
du wirſt gelobt werden	du werdeſt gelobt werden
etc.	etc.

Appendix

Future Perfect

INDICATIVE	SUBJUNCTIVE
ich werde gelobt worden sein	ich werde gelobt worden sein
du wirst gelobt worden sein	du werdest gelobt worden sein
etc.	etc.

FIRST CONDITIONAL	SECOND CONDITIONAL
ich würde gelobt werden	ich würde gelobt worden sein
du würdest gelobt werden	du würdest gelobt worden sein
etc.	etc.

IMPERATIVE	PARTICIPLE	INFINITIVES
werde gelobt	*Past:* gelobt worden	*Present:* gelobt werden
werdet gelobt		*Past:* gelobt worden sein
werden Sie gelobt		

The present participle with zu, as zu lobend, has the force of a present or future passive participle. It is sometimes called the gerundive and is used as an adjective only:

    eine zu lobende Tat *a deed to be praised*
    ein nie zu vergessender Tag *a never-to-be-forgotten day*
    eine sehr zu tadelnde Maßnahme *a measure open to severe criticism* (literally, *a very-much-to-be-criticized measure*)
    Ende Mai soll der neue Rektor an einem noch zu bestimmenden Tage in sein Amt eingeführt werden. *The new rector is to be inducted into office the end of May, on a day that will be determined later.*

46. Alphabetical List of Strong and Irregular Verbs

Compounds are given only in case the simple verb is not in use or is weak.

The second and third person singular of the present indicative and the second person singular of the imperative are given when their stem differs from the stem of the present infinitive.

Strong Verbs

Infinitive	Pres. Ind. 2d and 3d Sg.	Imper. 2d Sg.	Past Ind. 3d Sg.	Past Subj. 3d Sg.	Past Part.	
backen	bäckst, bäckt		buk	büke	gebacken	bake
befehlen	befiehlst, befiehlt	befiehl	befahl	beföhle	befohlen	command
beginnen			begann	begönne or begänne	begonnen	begin
beißen			biß	bisse	gebissen	bite
bergen	birgst, birgt	birg	barg	bürge or bärge!	geborgen	hide
bersten	birst, birst	birst	barst	bärste or börste	geborsten	burst
biegen			bog	böge	gebogen	bend
bieten			bot	böte	geboten	offer
binden			band	bände	gebunden	bind
bitten			bat	bäte	gebeten	ask
blasen	bläst, bläst		blies	bliese	geblasen	blow
bleiben			blieb	bliebe	geblieben	remain
braten	brätst, brät		briet	briete	gebraten	roast
brechen	brichst, bricht	brich	brach	bräche	gebrochen	break
dreschen	drischt, drischt	drisch	drosch	drösche	gedroschen	thresh
dringen			drang	dränge	gedrungen	press
empfehlen	empfiehlst, empfiehlt	empfiehl	empfahl	empföhle	empfohlen	recommend
erlöschen	erlischt, erlischt	erlisch	erlosch	erlösche	erloschen	go out
erschrecken	erschrickst, erschrickt	erschrick	erschrak	erschräke	erschrocken	be frightened
essen	ißt, ißt	iß	aß	äße	gegessen	eat
fahren	fährst, fährt		fuhr	führe	gefahren	drive
fallen	fällst, fällt		fiel	fiele	gefallen	fall
fangen	fängst, fängt		fing	finge	gefangen	catch
fechten	fichtst, ficht	ficht	focht	föchte	gefochten	fight
finden			fand	fände	gefunden	find
flechten	flichtst, flicht	flicht	flocht	flöchte	geflochten	braid
fliegen			flog	flöge	geflogen	fly
fliehen			floh	flöhe	geflohen	flee
fließen			floß	flösse	geflossen	flow
fressen	frißt, frißt	friß	fraß	fräße	gefressen	eat

Appendix

Infinitive	Pres. Ind. 2d and 3d Sg.	Imper. 2d Sg.	Past Ind. 3d Sg.	Past Subj. 3d Sg.	Past Part.	
frieren			fror	fröre	gefroren	freeze
gebären	gebierst, gebiert	gebier	gebar	gebäre	geboren	bear
geben	gibst, gibt	gib	gab	gäbe	gegeben	give
gedeihen			gedieh	gediehe	gediehen	thrive
gehen			ging	ginge	gegangen	go
gelingen			gelang	gelänge	gelungen	succeed
gelten	giltst, gilt	gilt	galt	gölte	gegolten	be worth
genesen			genas	genäse	genesen	recover
genießen			genoß	genösse	genossen	enjoy
geschehen	geschieht		geschah	geschähe	geschehen	happen
gewinnen			gewann	gewönne	gewonnen	win
gießen			goß	gösse	gegossen	pour
gleichen			glich	gliche	geglichen	resemble
gleiten			glitt	glitte	geglitten	glide
graben	gräbst, gräbt		grub	grübe	gegraben	dig
greifen			griff	griffe	gegriffen	seize
halten	hältst, hält		hielt	hielte	gehalten	hold
hangen or hängen	hängst, hängt		hing	hinge	gehangen	hang
hauen			hieb	hiebe	gehauen	hew
heben			hob	höbe or hübe	gehoben	lift
heißen			hieß	hieße	geheißen	be called
helfen	hilfst, hilft	hilf	half	hülfe	geholfen	help
klimmen			klomm	klömme	geklommen	climb
klingen			klang	klänge	geklungen	sound
kneifen			kniff	kniffe	gekniffen	pinch
kommen			kam	käme	gekommen	come
kriechen			kroch	kröche	gekrochen	creep
laden	lädst, lädt		lud	lüde	geladen	load

Einladen (*invite*) is also weak except in the past participle.

lassen	läßt, läßt		ließ	ließe	gelassen	let
laufen	läufst, läuft		lief	liefe	gelaufen	run
leiden			litt	litte	gelitten	suffer
leihen			lieh	liehe	geliehen	lend
lesen	liest, liest	lies	las	läse	gelesen	read

Infinitive	Pres. Ind. 2d and 3d Sg.	Imper. 2d Sg.	Past Ind. 3d Sg.	Past Subj. 3d Sg.	Past Part.	
liegen			lag	läge	gelegen	*lie*
lügen			log	löge	gelogen	*lie*
meiden			mied	miede	gemieden	*avoid*
melken	milkst, milkt	milk	molk	mölke	gemolken	*milk*

Melken is more commonly weak except in the past participle.

messen	mißt, mißt	miß	maß	mäße	gemessen	*measure*
nehmen	nimmst, nimmt	nimm	nahm	nähme	genommen	*take*
pfeifen			pfiff	pfiffe	gepfiffen	*whistle*
pflegen			pflog	pflöge	gepflogen	*carry on*

Pflegen = *care for, be accustomed*, is weak.

preisen			pries	priese	gepriesen	*praise*
quellen	quillst, quillt	quill	quoll	quölle	gequollen	*gush*
raten	rätst, rät		riet	riete	geraten	*advise*
reiben			rieb	riebe	gerieben	*rub*
reißen			riß	risse	gerissen	*tear*
reiten			ritt	ritte	geritten	*ride*
riechen			roch	röche	gerochen	*smell*
ringen			rang	ränge	gerungen	*wrestle*
rinnen			rann	ränne or rönne	geronnen	*flow*
rufen			rief	riefe	gerufen	*call*
saufen	säufst, säuft		soff	söffe	gesoffen	*drink*
saugen			sog	söge	gesogen	*suck*
schaffen			schuf	schüfe	geschaffen	*create*

Schaffen = *work, procure*, is weak.

scheiden			schied	schiede	geschieden	*part*
scheinen			schien	schiene	geschienen	*shine*
schelten	schiltst, schilt	schilt	schalt	schölte	gescholten	*scold*
scheren	schierst, schiert	schier	schor	schöre	geschoren	*shear*
schieben			schob	schöbe	geschoben	*shove*
schießen			schöß	schösse	geschossen	*shoot*
schinden			schund	schünde	geschunden	*flay*
schlafen	schläfst, schläft		schlief	schliefe	geschlafen	*sleep*

Appendix

Infinitive	Pres. Ind. 2d and 3d Sg.	Imper. 2d Sg.	Past Ind. 3d Sg.	Past Subj. 3d Sg.	Past Part.	
schlagen	schlägst, schlägt		schlug	schlüge	geschlagen	strike
schleichen			schlich	schliche	geschlichen	sneak
schleifen			schliff	schliffe	geschliffen	whet
schließen			schloß	schlösse	geschlossen	close
schlingen			schlang	schlänge	geschlungen	sling
schmeißen			schmiß	schmisse	geschmissen	throw
schmelzen	schmilzt, schmilzt	schmilz	schmolz	schmölze	geschmolzen	melt
schneiden			schnitt	schnitte	geschnitten	cut
schreiben			schrieb	schriebe	geschrieben	write
schreien			schrie	schriee	geschrie(e)n	cry
schreiten			schritt	schritte	geschritten	stride
schweigen			schwieg	schwiege	geschwiegen	be silent
schwellen	schwillst, schwillt	schwill	schwoll	schwölle	geschwollen	swell
schwimmen			schwamm	schwömme	geschwommen	swim
schwinden			schwand	schwände	geschwunden	vanish
schwören			schwur or schwor	schwüre	geschworen	swear
sehen	siehst, sieht	sieh	sah	sähe	gesehen	see
sein	bist, ist	sei	war	wäre	gewesen	be
sieden			sott	sötte	gesotten	boil

Also weak except in the past participle

singen			sang	sänge	gesungen	sing
sinken			sank	sänke	gesunken	sink
sinnen			sann	sänne or sönne	gesonnen	think
sitzen			saß	säße	gesessen	sit
spinnen			spann	spönne	gesponnen	spin
sprechen	sprichst, spricht	sprich	sprach	spräche	gesprochen	speak
springen			sprang	spränge	gesprungen	spring
stechen	stichst, sticht	stich	stach	stäche	gestochen	prick
stehen			stand	stände or stünde	gestanden	stand
stehlen	stiehlst, stiehlt	stiehl	stahl	stöhle or stähle	gestohlen	steal
steigen			stieg	stiege	gestiegen	climb

First Book in German

Infinitive	Pres. Ind. 2d and 3d Sg.	Imper. 2d Sg.	Past Ind. 3d Sg.	Past Subj. 3d Sg.	Past Part.	
sterben	stirbst, stirbt	stirb	starb	stürbe	gestorben	die
stoßen	stößt, stößt		stieß	stieße	gestoßen	push
streichen			strich	striche	gestrichen	stroke
streiten			stritt	stritte	gestritten	contend
tragen	trägst, trägt		trug	trüge	getragen	carry
treffen	triffst, trifft	triff	traf	träfe	getroffen	hit
treiben			trieb	triebe	getrieben	drive
treten	trittst, tritt	tritt	trat	träte	getreten	step
trinken			trank	tränke	getrunken	drink
trügen			trog	tröge	getrogen	deceive
tun			tat	täte	getan	do
verderben	verdirbst, verdirbt	verdirb	verdarb	verdürbe	verdorben	spoil
verdrießen			verdroß	verdrösse	verdrossen	vex
vergessen	vergißt, vergißt	vergiß	vergaß	vergäße	vergessen	forget
verlieren			verlor	verlöre	verloren	lose
wachsen	wächst, wächst		wuchs	wüchse	gewachsen	grow
wägen			wog	wöge	gewogen	weigh
waschen	wäscht, wäscht		wusch	wüsche	gewaschen	wash
weben			wob	wöbe	gewoben	weave
weichen			wich	wiche	gewichen	yield
weisen			wies	wiese	gewiesen	show
werben	wirbst, wirbt	wirb	warb	würbe	geworben	sue
werden	wirst, wird		wurde or ward	würde	geworden	become
werfen	wirfst, wirft	wirf	warf	würfe	geworfen	throw
wiegen			wog	wöge	gewogen	weigh
winden			wand	wände	gewunden	wind
zeihen			zieh	ziehe	geziehen	accuse
ziehen			zog	zöge	gezogen	draw, go
zwingen			zwang	zwänge	gezwungen	force

Appendix

Irregular Weak Verbs

Infinitive	Pres. Ind. 2d and 3d Sg.	Imper. 2d Sg.	Past Ind. 3d Sg.	Past Subj. 3d Sg.	Past Part.	
brennen			brannte	brennte	gebrannt	burn
kennen			kannte	kennte	gekannt	know
nennen			nannte	nennte	genannt	name
rennen			rannte	rennte	gerannt	run
senden			sandte or sendete	sendete	gesandt or gesendet	send
wenden			wandte or wendete	wendete	gewandt or gewendet	turn
bringen			brachte	brächte	gebracht	bring
denken			dachte	dächte	gedacht	think
haben	haſt, hat		hatte	hätte	gehabt	have

Modal Auxiliaries and wiſſen

dürfen	darfſt, darf	—	durfte	dürfte	gedurft	be permitted to
können	kannſt, kann	—	konnte	könnte	gekonnt	be able to
mögen	magſt, mag	—	mochte	möchte	gemocht	like to
müſſen	mußt, muß	—	mußte	müßte	gemußt	have to
ſollen	ſollſt, ſoll	—	ſollte	ſollte	geſollt	be (expected) to
wollen	willſt, will	wolle	wollte	wollte	gewollt	want to
wiſſen	weißt, weiß	wiſſe	wußte	wüßte	gewußt	know

WORD FORMATION

The subject is too large to permit of anything but mere suggestions on these pages.

Nouns

1. Infinitives as Nouns

The infinitive of the verb may be used as a neuter noun. It forms a genitive in =s, but rarely has a plural, and then only in cases where the infinitive used as a noun has acquired a special meaning: cf. das Rennen (-s, —) *race*.

baden *bathe*; das Baden *bathing*   ſchwimmen *swim*; das Schwimmen *swimming*
leſen *read*; das Leſen *reading*
wandern *wander*; das Wandern *wandering*

The infinitives of verbs with inseparable or separable prefixes may be used in the same manner:

>aussprechen *pronounce*; das Aussprechen *pronunciation*
>betreten *enter*; das Betreten *entering, stepping upon*
>versprechen *promise*; das Versprechen *promise*
>wegwerfen *throw away*; das Wegwerfen *throwing away*

2. Infinitive Stems as Nouns

The stem of the infinitive occurs as —

a. A masculine noun, Class II:

>fallen *fall*; der Fall *fall, overthrow*
>grüßen *greet*; der Gruß *greeting, salutation*
>hassen *hate*; der Haß (no pl.) *hatred*
>siegen *gain the victory*; der Sieg *victory*
>tanzen *dance*; der Tanz *dance*

b. A feminine noun, weak declension:

>antworten *answer*; die Antwort *answer*
>arbeiten *work*; die Arbeit *work, task*
>feiern *celebrate*; die Feier *celebration*
>streuen *strew*; die Streu *bedding for animals*
>wählen *choose*; die Wahl *choice, election*

c. A neuter noun:

>baden *bathe*; das Bad (S III) *bath*
>graben *dig*; das Grab (S III) *grave*
>loben *praise*; das Lob (no pl.) *praise*
>losen *draw lots*; das Los (S II) *lot, lottery ticket*
>spielen *play*; das Spiel (S II) *play, game*

3. Past Stems as Nouns

The past stem of a strong verb may occur as a masculine noun (S II):

>beißen *bite*, biß; der Biß *bite*
>dringen *be urgent*, drang; der Drang (no pl.) *urgency*
>hauen *strike*, hieb; der Hieb *blow, stroke*

Appendix

reißen *tear*, riß; der Riß *tear, rent*
reiten *ride*, ritt; der Ritt *ride*
trinken *drink*, trank; der Trank *drink*
zwingen *compel*, zwang; der Zwang (no pl.) *compulsion*

Here should be noted nouns which are derived from a lost past stem:

binden *bind, tie*, band; der Bund *union, alliance*
gießen *pour*, goß; der Guß *downpour, casting*
schließen *close*, schloß; der Schluß *conclusion*
werfen *throw*, warf; der Wurf *throw, cast* (cf. würfe, past subj. of werfen)
ziehen *draw, pull*, zog; der Zug *train, procession, draft*

4. Suffix ≠e

Weak feminines with the ending ≠e are formed—

a. From the infinitive stem of some verbs:

bitten *request*; die Bitte *request*
eilen *hurry*; die Eile (no pl.) *hurry, haste*
lieben *love*; die Liebe (no pl.) *love*
reden *talk*; die Rede *speech, address*
winden *wind*; die Winde *windlass*

b. From adjectives:

breit *broad*; die Breite *breadth*
groß *large*; die Größe *size, greatness*
hart *hard*; die Härte *hardness*
lang *long*; die Länge *length*
rot *red*; die Röte (no pl.) *redness*

5. Suffix ≠er

Nouns denoting the agent are formed from the stem of the infinitive by means of the suffix ≠er:

backen *bake*; der Bäcker *baker*
dienen *serve*; der Diener *servant*
fischen *fish*; der Fischer *fisher*
schreiben *write*; der Schreiber *writer*
wandern *wander*; der Wanderer *wanderer*

6. Suffix =ei

a. Mostly from nouns denoting the agent we form by means of the suffix =ei weak feminines denoting place of business or occupation:

der Bäcker *baker*; die Bäckerei *bakery*
der Brauer *brewer*; die Brauerei *brewery*
der Drucker *printer*; die Druckerei *printing office*
der Fleischer *butcher*; die Fleischerei *butcher shop*
der Gärtner *gardener*; die Gärtnerei *market garden, gardening*
der Jäger *hunter*; die Jägerei *hunting*

b. Since it was often attached to nouns in =er, the suffix came to be felt as =erei; the latter is now widely used and is added to the infinitive stem of verbs, forming nouns of action, frequently with depreciatory connotation:

backen *bake*; die Backerei *bungling manner of baking*
fragen *ask*; die Fragerei *endless* or *meaningless questions*
reden *talk*; die Rederei *empty talk, prattle*
singen *sing*; die Singerei *poor singing*
spielen *play*; die Spielerei *child's play*

7. Suffix =ling

Masculines of Class II are formed by means of the suffix =ling —

a. From adjectives:

fremd *strange*; der Fremdling *stranger*
jung *young*; der Jüngling *youth, young man*
lieb *dear*; der Liebling *favorite*
schwach *weak*; der Schwächling *weak* or *effeminate person*
wild *wild*; der Wildling *wild shoot*

b. From nouns:

der Feind *enemy*; der Feindling *hostile person*
das Haupt *head*; der Häuptling *chieftain*
der Hof *court*; der Höfling *courtier*
die Kammer *chamber*; der Kämmerling *chamberlain, valet*
die Taufe *baptism*; der Täufling *child to be baptized, neophyte*

8. Suffix =ung

Weak feminines, with the suffix =ung, from the stem of verbs are frequent:

> erkranken *fall sick*; die Erkrankung *falling sick*
> leiten *lead*; die Leitung *management, conduct*
> öffnen *open*; die Öffnung *opening, aperture*
> teilen *divide*; die Teilung *division, distribution*
> warnen *warn*; die Warnung *warning*

9. Suffixes =heit and =keit

a. Abstract weak feminines are formed from adjectives by means of the suffix =heit:

> dumm *stupid*; die Dummheit *stupidity*
> klein *small*; die Kleinheit *smallness*
> klug *intelligent*; die Klugheit *good sense, discretion*
> wahr *true*; die Wahrheit *truth*
> zufrieden *contented*; die Zufriedenheit *contentment, satisfaction*

b. After =ig, =lich, and =sam this suffix becomes =keit:

> ähnlich *similar*; die Ähnlichkeit *similarity*
> einig *at one, agreed*; die Einigkeit *unity, concord*
> einsam *lonely*; die Einsamkeit *loneliness, solitude*
> freudig *joyful*; die Freudigkeit *joyfulness*
> höflich *courteous*; die Höflichkeit *courtesy*
> reinlich *cleanly*; die Reinlichkeit *cleanliness*

10. Suffix =schaft

Weak feminines formed by means of the suffix =schaft are—

a. Abstract nouns:

> der Feind *enemy*; die Feindschaft *hostility*
> der Freund *friend*; die Freundschaft *friendship*
> der Herr *lord, master*; die Herrschaft *dominion, sovereignty*
> der Knecht *servant*; die Knechtschaft *servitude*
> das Leiden *suffering*; die Leidenschaft *passion*
> das Wissen *knowledge*; die Wissenschaft *science*

b. Collectives:

> der Bruder *brother*; die Bruderschaft *brotherhood, order* (usually monastic)
> der Einwohner *inhabitant*; die Einwohnerschaft *inhabitants, population*
> der Lehrer *teacher*; die Lehrerschaft *body of teachers, teaching staff*
> der Mann *man*; die Mannschaft *body of men, crew*, etc.
> der Priester *priest*; die Priesterschaft *clergy*

11. Suffixes =nis and =sal

With =nis and =sal are formed feminines and neuters; they belong to Class II:

> betrübt *sad*; die Betrübnis *sadness*
> finster *dark*; die Finsternis *darkness*
> geheim *secret*; das Geheimnis *secret*
> kennen *know*; die Kenntnis *knowledge*
> zeugen *testify*; das Zeugnis *testimony, certificate*
>
> drängen *oppress*; die Drangsal *hardship, tribulation*
> laben *refresh*; das Labsal *refreshment*
> mühen (refl.) *take pains*; die Mühsal *toil, labor*
> scheuen *fear*; das Scheusal *monster*
> trüben *trouble*; die Trübsal *trouble*

12. Suffix =tum

Nouns with the suffix =tum are virtually all neuter, Class III:

> der Christ *Christian*; das Christentum *Christianity*
> eigen *own*; das Eigentum *property*
> der König *king*; das Königtum *kingship*
> heilig *holy*; das Heiligtum *sanctuary*
> der Herzog *duke*; das Herzogtum *duchy*
> der Papst *Pope*; das Papsttum *papacy*
> der Ritter *knight*; das Rittertum *chivalry*

Irrtum *error* and Reichtum *wealth* are masculines.

13. Suffixes =in, =chen, and =lein

The formation of feminine nouns from masculines by means of the suffix =in has been previously treated (page 101), as has also the formation of diminutives by means of =chen or =lein (page 42). About the diminutives a few words may be added.

In most cases =chen and =lein are interchangeable. Usage varies in different parts of Germany.

>der Bruder *brother*, das Brüderchen, das Brüderlein
>das Haus *house*, das Häuschen, das Häuslein
>die Kammer *chamber*, das Kämmerchen, das Kämmerlein
>das Kind *child*, das Kindchen, das Kindlein
>das Lamm *lamb*, das Lämmchen, das Lämmlein
>der Mann *man*, das Männchen, das Männlein
>der Stern *star*, das Sternchen, das Sternlein

But, for obvious reasons, always das Buch *book*, das Büchlein; die Kirche *church*, das Kirchlein; das Tuch *cloth*, das Tüchlein.

In Mädchen the force of the diminutive =chen has been entirely lost. Hence we hear ein großes, stattliches (*stately*) Mädchen. *A (very) little girl* is expressed by ein (ganz) kleines Mädchen. Mägdlein, derived from Magd (in Mädchen the g was lost), is not used in colloquial language; but Mädel, which developed from Mägdlein, is very frequent.

Fräulein likewise is no longer felt to be a diminutive. We also have Frauchen, without umlaut, which means *little woman*.

The diminutive is often used as a term of endearment; and so one hears, perhaps, a little child plead „Großväterchen, gib mir doch zehn Pfennige!" though the grandfather may measure six feet two in his stocking feet.

14. Prefixes miß= and un=

The negative prefixes miß= and un= are so much like the English, though not always rendered by the English cognates, that they should cause no trouble:

der Brauch *usage*; der Mißbrauch *misuse*
der Erfolg *success*; der Mißerfolg *failure*
die Gunst *favor*; die Mißgunst *disfavor*
das Verhältnis *relation*; das Mißverhältnis *disproportion, incongruity*
das Verständnis *understanding*; das Mißverständnis *misunderstanding*

die Aufmerksamkeit *attention*; die Unaufmerksamkeit *inattention*
die Ehre *honor*; die Unehre *dishonor*
die Erfahrenheit *experience*; die Unerfahrenheit *inexperience*
das Glück *fortune*; das Unglück *misfortune*
die Schuld *guilt*; die Unschuld *innocence*

15. Compounds

Compounds give more trouble than they really should. The first thing to do is to break a compound up into its component parts, if these are not recognized at sight:

Untergrundbahnhofseingang = Untergrund=bahnhofs=eingang = *underground-(railway-)station entrance*. We call it simply *subway entrance*.

Bergarbeiterkrankenkasse = Berg=arbeiter=kranken=kasse = *mountain-workers sick-chest*. (Cf. our "community chest.") We may translate the combination by *miners' sick-benefit insurance*.

Bergarbeiterunfallversicherung = Berg=arbeiter=unfall=versicherung = *mountain-workers accident insurance*. This may be rendered by *miners' accident insurance*, though we are more likely to say simply *workmen's compensation*.

Adjectives

1. Suffix =bar

This suffix forms, chiefly from verbal stems, adjectives with passive force; that is, the suffix denotes ability to receive the action expressed in the stem:

brennen *burn*; brennbar *combustible*
essen *eat*; eßbar *edible*
lesen *read*; lesbar *legible*
strafen *punish*; strafbar *punishable*
waschen *wash*; waschbar *washable*

2. Suffix =haft

Adjectives in =haft, formed chiefly from nouns, signify usually *partaking of the nature of*:

die Ehre *honor*; ehrenhaft *honorable*
das Fieber *fever*; fieberhaft *feverish*
die Nonne *nun*; nonnenhaft *like a nun*
der Schmerz *pain*; schmerzhaft *painful*
der Zwerg *dwarf*; zwerghaft *dwarfish*

3. Suffix =ig

Adjectives are formed by means of the suffix =ig —

a. From nouns:

das Blut *blood*; blutig *bloody*
der Geist *spirit*; geistig *spiritual*
die Kraft *strength*; kräftig *strong*
die Sünde *sin*; sündig *sinful*
der Wind *wind*; windig *windy*

b. From verbal stems:

gefallen *please*; gefällig *pleasing*
glauben *believe*; gläubig *believing, faithful*
hasten *hasten*; hastig *hasty*
irren *err*; irrig *erroneous*
säumen *delay*; säumig *tardy*

NOTE. gut *good*; gütig *kind*

4. Suffix =ifch

a. The suffix =ifch forms adjectives mostly from nouns:

der Krieger *warrior*; kriegerifch *warlike*
der Lügner *liar*; lügnerifch *untruthful*
der Maler *painter*; malerifch *picturesque*
der Schwärmer *enthusiast*; schwärmerisch *visionary, fanatical*
die Stadt *city*; städtisch *urban, municipal*

b. Many adjectives in =ifch are from words of foreign origin:

die Elektrizität' *electricity*; elek'trisch *electric*
der Fana'tiker *fanatic*; fana'tisch *fanatical*
das Ideal' *ideal*; ideali'stisch *idealistic*
der Katholik' *Catholic*; katho'lisch *Catholic*
der Magnet' *magnet*; magne'tisch *magnetic*

c. Virtually all proper adjectives denoting nationality or race are formed by means of this suffix:

Alba'nien (ie = i + e) *Albania*; alba'nisch *Albanian*
Ame'rika *America*; amerika'nisch *American*
A'sien (ie = i + e) *Asia*; asia'tisch *Asiatic*
der Franzo'se *Frenchman*; franzö'sisch *French*
der Portugie'se *Portuguese*; portugie'sisch *Portuguese*

Deutsch is the important exception. These proper adjectives are easily recognized, especially since the manner in which they are formed often resembles the English mode of formation, as schwedisch *Swedish*, spanisch *Spanish*, türkisch *Turkish*.

5. Suffix =lich

This suffix forms adjectives —

a. From nouns:

der Freund *friend*; freundlich *friendly*
das Herz *heart*; herzlich *heartfelt, cordial*
der Hof *court*; höflich *courteous*
die Pein *pain*; peinlich *painful*

Appendix

b. From adjectives:

alt *old*; ältlich *oldish, elderly*
braun *brown*; bräunlich *brownish*
froh *glad*; fröhlich *joyful, merry*
klein *small*; kleinlich *petty, paltry*
sauer *sour*; säuerlich *sourish*

c. From verbs:

gewöhnen *accustom*; gewöhnlich *customary*
sterben *die*; sterblich *mortal*
töten *kill*; tötlich *deadly, fatal*
verkaufen *sell*; verkäuflich *for sale, salable*

6. Suffix =sam

The suffix =sam is attached chiefly to verbal stems and expresses an inclination toward the activity denoted in the stem:

dulden *tolerate*; duldsam *tolerant*
folgen *follow*; folgsam *obedient*
schweigen *be silent*; schweigsam *taciturn*
sorgen *care*; sorgsam *careful*
wachen *watch*; wachsam *watchful*

FUNDAMENTALS OF GRAMMAR *

I. THE PARTS OF SPEECH

Nouns

1. A **Noun** is the name of a person, place, or thing.

a. A **Proper Noun** is the name of a particular person, place, or thing: *Henry, London, Pikes Peak*.

b. A **Common Noun** is a name that may be applied to any one of a class of persons, places, or things: *boy, city, table, book*.

---

* These fundamentals apply *in the main* to both English and German grammar.

c. A **Collective Noun** is a name that in the singular form may be applied to a group of objects: *army, crowd, fleet.*

d. An **Abstract Noun** is the name of a quality or condition: *goodness, sweetness, poverty.*

e. The term **Substantive** is often used of a noun or any word or group of words that serves as a noun. Any part of speech may be so used: *Once is enough. To err is human.*

Pronouns

2. A **Pronoun** is a word used instead of a noun: *I, he, her, this, who.* The noun for which a pronoun stands is called its **Antecedent.** In the sentence *There is the man who bought the house* the noun *man* is the antecedent of the pronoun *who.*

a. A **Personal Pronoun** indicates the person speaking, the person spoken to, or the person or thing spoken of. If it denotes the speaker, it is of the **First Person:** *I, we.* If it denotes the person spoken to, it is of the **Second Person:** *you.* If it denotes the person or thing spoken of, it is of the **Third Person:** *he, she, it, they.*

b. A **Possessive Pronoun** denotes ownership or possession: *Clara's dress is prettier than mine.* The possessive pronouns are *mine, yours, his, hers, ours, theirs.* They should not be confused with the possessive adjectives: *my dress, your hat,* etc.

c. A **Relative Pronoun** connects a subordinate clause, in which it stands, with the antecedent: *I know the lady who won first prize.* The relative pronouns are *who, which, that, as,* and *what.*

d. An **Interrogative Pronoun** is used in asking a question: *Who told you so?* The interrogative pronouns are *who, what,* and *which.*

e. A **Demonstrative Pronoun** points out an object definitely: *This is the best coffee we have.* The demonstrative pronouns are *this* (plural *these*) and *that* (plural *those*).

f. An **Indefinite Pronoun** points out an object indefinitely: *None of the boys wear hats.* Some indefinite pronouns are *some, any, few, many, all, one, none*.

g. A **Reflexive Pronoun** refers back to the subject: *He cut himself.* The reflexive pronouns are *myself, yourself, himself, herself,* etc.

h. An **Intensive Pronoun** emphasizes a noun or another pronoun: *He came himself.* The intensive pronouns are identical in form with the reflexive pronouns.

i. A **Reciprocal Pronoun** denotes the exchange of an act or feeling: *They hit **each other**. They love **one another**.*

> NOTE. Some of the words listed above may be used as adjectives and are then called pronominal adjectives.

Adjectives

3. An **Adjective** is a word used to modify a noun or pronoun. Adjectives are of two general classes:

a. **Descriptive**: *red hair, thin paper, old houses.*

b. **Limiting.** These include

(1) The **Definite Article** *the* and the **Indefinite Article** *a* or *an.*

(2) **Pronominal Adjectives** — Possessive: *my hat, her book*; Demonstrative: *this table, that rug*; Interrogative: *which pen? what book?* Indefinite: *some ink, any man.*

(3) **Numeral Adjectives** — Cardinals: *one boy, two men*; Ordinals: *the third person, the fourth sentence.*

Verbs

4. A **Verb** is a word used to say something about a person or thing: *I work. He plays. Flowers bloom.*

a. A **Transitive Verb** takes a direct object: *John ate the apple. He caught the ball.*

b. An **Intransitive Verb** does not take a direct object: *We **walked**. He **arrived** yesterday*.

> NOTE. Many verbs may be used either transitively or intransitively: *He **rang** the bell. The bell **rang***.

c. A **Regular Verb** forms its past tense by adding *-d* or *-ed* to the present: *love, **loved**; walk, **walked***.

d. An **Irregular Verb** forms its past tense characteristically by internal vowel change: *come, **came**; sing, **sang***.

> NOTE. For the German verb the terms *weak* and *strong* are used instead of *regular* and *irregular*.

e. An **Auxiliary Verb** is used in the conjugation of other verbs: *He **has** given. She **will** come. You **were** seen*.

f. An **Impersonal Verb** is used only in the third person singular, having no personal subject: ***It** rains. **It** snows*.

Adverbs

5. An **Adverb** is a word used to modify a verb, an adjective, or another adverb: *I walked **swiftly**. He was **unusually** kind. You talk **too** fast*.

a. Adverbs may be classified, according to meaning, as adverbs of

(1) **Time**, denoting *when*: *yesterday, soon, now, daily*.

(2) **Place**, denoting *where*: *here, yonder, below, there*.

(3) **Manner**, denoting *how*: *thus, slowly, cheerfully, fast*.

(4) **Degree**, denoting *how much*: *partly, very, almost*.

(5) **Cause**, denoting *why*: *consequently, hence, therefore*.

(6) **Assertion**, denoting *affirmation* or *denial*: *certainly, yes, perhaps, no*.

(7) **Opposition**, denoting *contrast*: *however, still, yet*.

(8) **Number**, denoting *how many times* or *where in a series*: *twice, threefold, fourthly*.

b. An **Interrogative Adverb** is used in asking a question: ***Where** does he live? **Why** don't you answer?*

Appendix

Prepositions

6. A **Preposition** is a word used to connect a noun or pronoun with some other word in the sentence; the noun or pronoun is called the object of the preposition: *He was sitting **on** a bench. She came **with** her brother.*

Conjunctions

7. A **Conjunction** is a word used to connect words, phrases, clauses, or sentences.

a. A **Coördinating Conjunction** connects words, phrases, clauses, or sentences of equal rank: *old **and** young. I waited an hour, **but** he did not come.*

b. A **Subordinating Conjunction** connects a subordinate clause with a principal clause: *I shall stay at home **if** it rains. We were at the station **when** he arrived.*

Interjections

8. An **Interjection** is a word of no definite meaning used to express feeling or emotion: *ah! alas! oh! bah! hurrah!* etc.

II. THE SENTENCE

9. A **Sentence** is a group of words expressing a complete thought: *Dogs bark. He limps.*

a. A **Declarative Sentence** tells or declares something: *Birds have wings.* In the Report of the Joint Committee on Grammatical Nomenclature, sentences that express the will or wish of the speaker are classed as declarative: *Go home at once. Long live the king!* The term *simple declarative sentence* used in the discussion of inverted word order in Lesson VII, page 80, of this book means a sentence that tells a thing as a fact.

b. An **Interrogative Sentence** asks a question: *Is John here?*

c. An **Exclamatory Sentence** expresses emotion or strong feeling: *How hot it is! What beautiful teeth she has!*

10. A sentence consists of two parts, called the **Subject** and the **Predicate**.

a. The **Subject** names the person, place, or thing spoken of: *Children play. Birds sing.*

b. The **Predicate** says something about the subject: *Children play. Birds sing.*

> NOTE. Either the subject or the predicate or both may be enlarged to any extent by the addition of qualifying words and expressions called modifiers: *The little children of my neighbor | play all day long in the meadow behind our house.*

11. The **Direct Object** of a verb is the word in the predicate that denotes the receiver of the action of the verb or the thing produced by it. The **Indirect Object** is the word that denotes the person, place, or thing indirectly affected by the action of the verb; it may be replaced by a prepositional phrase with *to*. In the sentence *I showed him my knife, him* (= *to him*) is the indirect object; *knife* is the direct object.

12. A **Predicate Noun** or a **Predicate Adjective** is a noun or an adjective used after certain intransitive verbs (as *be, become, grow, remain, seem,* and the like) to complete the predicate and at the same time to describe or explain the subject: *John is a lawyer. He is tall.* A predicate noun occurs also after certain verbs in the passive construction: *He was elected president.*

a. A predicate noun has the same case as the subject; hence the term **Predicate Nominative**.

13. An **Appositive Noun** is a noun added to another noun or a pronoun to explain it: *Mr. Jones, our neighbor, bought the house.* An appositive noun is in the same case as the noun or pronoun with which it is in apposition.

Appendix

14. Adjectives are classified, with respect to their position in the sentence, as **Attributive** (or **Adherent**), **Appositive**, and **Predicate**.

a. An **Attributive** (or **Adherent**) **Adjective** regularly precedes the noun it modifies: *a little boy, the tall man.*

b. An **Appositive Adjective** usually follows the noun and is separated from it by a comma: *A small child, **dirty** and **ragged**, was sitting on the steps.*

c. A **Predicate Adjective**, as in the sentence *He is **tall**,* has already been defined.

15. A **Phrase** is a closely related group of words used as a part of speech, but not containing both a subject and a predicate. An important kind of phrase is the **Prepositional Phrase** (a preposition with a substantive), which may be used as an adjective: *The parents **of the child** are both sick;* or as an adverb: *They live **in the third story**.*

16. A **Clause** is a group of words containing both a subject and a predicate and used as a part of a sentence. There are two kinds of clauses: **Principal Clauses** and **Subordinate Clauses**.

a. A **Principal Clause** is a clause which may stand alone as a sentence: ***I shall stay at home** if it rains.*

b. A **Subordinate Clause** is a clause which depends on a principal clause: *I shall stay at home **if it rains**.*

17. Subordinate clauses are classified as

a. **Substantive Clauses:** ***What you say** is true.*

b. **Adjectival Clauses:** *There is the man **who found it**.*

c. **Adverbial Clauses:** *I went home **when he came**.*

18. A sentence may be classified, with regard to its structure, as **Simple**, **Compound**, or **Complex**.

a. A **Simple Sentence** contains only one subject and one predicate, either or both of which may be compound: *Fred sings well.*

b. A **Compound Sentence** contains two or more simple sentences: *Fred was singing, and Minnie was dancing.*

c. A **Complex Sentence** contains one or more subordinate clauses: *He stayed until it got dark.*

III. INFLECTION

19. Inflection is a change in the form of a word to indicate a change in its meaning or use: *book, books; he, him; live, lives, lived.*

Declension

20. The inflection of a noun or pronoun is called its **Declension**. Nouns and pronouns are declined to show number and case.

a. A noun or pronoun is in the **Singular Number** when it denotes one person, place, or thing: *man, chair, I;* in the **Plural Number** when it denotes more than one: *men, chairs, we.*

b. There are four cases:

(1) The **Nominative**, used chiefly as the subject of the sentence: *The boy ate the apple.*

(2) The **Genitive**, used to denote possession: *the boy's hat.*

(3) The **Dative**, used as the indirect object: *I gave the boy the ball.*

(4) The **Accusative**, used as the direct object and as the object of a preposition: *I gave the boy the ball.*

Gender

21. A noun denoting a male is of the **Masculine Gender**: *man, boy, father;* a noun denoting a female is of the **Feminine Gender**: *woman, girl, mother;* a noun denoting neither a male nor a female is of the **Neuter Gender**: *table, wall, tree.*

Comparison

22. The inflection of adjectives and adverbs to denote degree is called **Comparison**. There are three degrees of comparison, the **Positive**, the **Comparative**, and the **Superlative**: positive *high*, comparative *higher*, superlative *highest*.

Conjugation

23. The inflection of a verb is called **Conjugation**. Verbs are conjugated to show voice, mood, and tense, and the number and person of the subject.

Voice

24. **Voice** is the change in the form of a verb which indicates whether the subject acts or is acted on.

a. The **Active Voice** represents the subject as acting: *John **painted** the house.*

b. The **Passive Voice** represents the subject as being acted on: *The house **was painted** by John.*

c. A verb used intransitively usually has the active voice only.

Mood

25. **Mood** is a change in the form of a verb to denote the manner in which its action or state is expressed.

a. The **Indicative Mood** is used essentially to state a fact or ask a question concerning a fact: *Henry **lost** his pen. Why **are** you **laughing**?*

b. The **Subjunctive Mood** is used essentially to express volition, wish, and condition contrary to fact: *I move that Mr. Brown **be made** chairman of the meeting. Heaven **help** us! If James **were** here, he would repair it.*

c. The **Imperative Mood** is used to express a command, request, or entreaty: ***Go** home at once. **Lend** me your book, please. **Don't whip** him!*

Infinitive and Gerund

26. The **Infinitive** and the **Gerund** are verbal nouns. Like nouns they have case construction. Like verbs they may have an object and adverbial modifiers.

a. The **Infinitive** is usually preceded by the preposition *to*: *To see is to believe. He forgot to close the door.*

b. The **Gerund** ends in *-ing*: *Seeing is believing. He spent the afternoon in writing letters.* The present participle also ends in *-ing*, but it is an adjective; the gerund is a noun.

Participle

27. The **Participle** is a verbal adjective. Like an adjective it may modify a noun; like a verb it may have an object and adverbial modifiers: *Hearing a noise in the room, I opened the door. The horse, frightened by the cars, ran away.* The participle has two forms, present and past: *watching, watched; breaking, broken.*

Tense

28. Tense is a change in the form of a verb to indicate the time of the action or state expressed by the verb.

a. The **Present Tense** indicates that the action takes place in present time: *There comes your father. I see him now.*

b. The **Past Tense** indicates that the action took place in past time: *We played tennis this morning. He went to the movies last night.*

c. The **Present Perfect Tense** indicates that the action was completed before the present time: *I have written the letter.*

d. The **Past Perfect Tense** indicates that the action was completed before a certain time in the past: *When I called, he had already left the house.*

Appendix

e. The **Future Tense** indicates that the action will take place in future time: *I **shall help** you tomorrow. She **will bake** the cake this evening.*

f. The **Future Perfect Tense** indicates that the action will be completed before a certain time in the future: *They **will have departed** before then.* The future perfect tense is rarely used in ordinary speech.

Person and Number

29. A verb agrees with its subject in person (first, second, and third) and in number (singular and plural).

PRESENT INDICATIVE

	Singular	*Plural*
First Person:	I write	we write
Second Person:	you write	you write
Third Person:	he writes	they write

Progressive and Emphatic Tense Forms

30. *a.* The **Progressive Forms** consist of the verb *be* as auxiliary, followed by the present participle of the verb that is being conjugated: *I am writing, he **was writing**.*

b. The **Emphatic Forms** consist of the verb *do* as auxiliary, followed by the present infinitive of the verb that is being conjugated: *I **do write**, he **did write**.* In negative and interrogative sentences *do* is not emphatic: *I do not speak Italian. Do you speak Spanish?*

Principal Parts

31. The **Principal Parts** of a verb are the forms which, if we know them, enable us to give all its forms, or conjugate it. The principal parts are the present infinitive, the past indicative, and the past participle:

PRESENT INFINITIVE	PAST INDICATIVE	PAST PARTICIPLE
love	loved	loved
watch	watched	watched
sing	sang	sung

Synopsis

32. The following is a synopsis, in the third person singular, of the indicative of the verb *watch*:

ACTIVE VOICE

	Ordinary	*Progressive*	*Emphatic*
Present:	he watches	he is watching	he does watch
Past:	he watched	he was watching	he did watch
Present Perfect:	he has watched	he has been watching	
Past Perfect:	he had watched	he had been watching	
Future:	he will watch	he will be watching	
Future Perfect:	he will have watched	he will have been watching	

PASSIVE VOICE

	Ordinary	*Progressive*
Present:	he is watched	he is being watched
Past:	he was watched	he was being watched
Present Perfect:	he has been watched	
Past Perfect:	he had been watched	
Future:	he will be watched	
Future Perfect:	he will have been watched	

VOCABULARIES

EXPLANATIONS

Separable compound verbs are indicated by a vertical line between the prefix and the rest of the verb: auf'|ſtehen.

Verbs that take ſein in the perfect tenses are so indicated. When no auxiliary is given, the verb takes haben.

The principal parts of the simple strong verbs are given in the German-English Vocabulary, and of both the simple and the compound strong verbs in the English-German Vocabulary: fallen (er fällt, er fiel, er iſt gefallen), aus'|ſehen (er ſieht aus, er ſah aus, er hat ausgeſehen).

The genitive singular and the nominative plural of nouns are indicated as follows:

> das Meſſer (–s, —) = nom. sg. das Meſſer, gen. sg. des Meſſers, nom. pl. die Meſſer
>
> der Baum (–es, ⸚e) = nom. sg. der Baum, gen. sg. des Baumes, nom. pl. die Bäume
>
> die Kälte (—) = nom. sg. die Kälte, gen. sg. der Kälte, no plural

The dieſer-words and the kein-words are given in the nominative singular masculine, feminine, and neuter forms: dieſer (dieſe, dieſes), kein (keine, kein).

The comparative and superlative forms of adjectives are indicated when they show modification of the stem vowel or are irregular: alt (⸚er, ⸚eſt) = positive alt, comparative älter, superlative älteſt.

Since the uninflected form of the German adjective may be used as an adverb, the latter is not, as a rule, listed separately.

Accents are used to indicate the pronunciation when the stress is not on the first syllable, and also in the case of separable compound verbs: Ita'lien, enthal'ten, ab'|nehmen.

The length of vowels whose quantity is doubtful or irregular is indicated by means of the long and short signs, ‐ and ˇ, placed above the vowel: Būch, Băch, wērden.

ABBREVIATIONS

abbrev. = abbreviation
acc. = accusative
adj. = adjective
adv. = adverb
art. = article
aux. = auxiliary
card. = cardinal
compar. = comparative
cond. = conditional
conj. = conjunction
contr. = contraction
coörd. = coördinating
dat. = dative
def. = definite
dem. = demonstrative
fem. = feminine
fut. = future
gen. = genitive
impers. = impersonal
indecl. = indeclinable
indef. = indefinite
indic. = indicative
infin. = infinitive
infl. = inflection
insep. = inseparable
interj. = interjection
interrog. = interrogative
intr. = intransitive
irreg. = irregular
masc. = masculine
mod. = modal
neut. = neuter
nom. = nominative
num. = numeral
ord. = ordinal
part. = participial or participle
perf. = perfect
pers. = personal
pl. = plural
poss. = possessive
pred. = predicate
pref. = prefix
prep. = preposition
pres. = present
pron. = pronoun
recip. = reciprocal
refl. = reflexive
rel. = relative
sep. = separable
sg. = singular
str. = strong
subj. = subjunctive
subord. = subordinating
superl. = superlative
tr. = transitive
w. = with
wk. = weak

GERMAN-ENGLISH VOCABULARY

The asterisks indicate the words used in sections *A, B,* and *C*. Words which are not starred occur in section *D*, optional reading selections.

ab'|bilden (*wk.*) depict

ab'|brennen (*irreg., aux.* sein) burn down

der *Abend (-s, -e) evening; abends of an evening, in the evening; am Abend in the evening; gestern abend last night; zu Abend essen eat supper

das *Abendessen (-s, —) supper

der Abendsonnenschein (-s) evening sunshine

die Abendstunde (—, -n) evening hour

*aber *coörd. conj.* but, however; *interj.* why

der Aberglaube (-ns) superstition

ab'|hängen (*str.*) *w.* von *dat.* depend on

ab'|holen (*wk.*) call for

die Abkürzung (—, -en) abbreviation

*ab'|küssen (*wk.*) kiss heartily *or* repeatedly

*ab'|laden (*str.*) unload

ab'|lehnen (*wk.*) refuse, decline

*ab'|nehmen (*str.*) *tr.* take off; *intr.* decrease (in length), grow shorter

*ab'|schicken (*wk.*) send off, send

der *Abschied (-s, -e) leave, parting; beim Abschied at (*or* on) parting

ab'|sitzen (*str.*) sit out

das Abteil (-s, -e) compartment

ab'|zahlen (*wk.*) pay off

*ach ah, oh; ach so oh, I see

*acht eight

acht'|geben (*str.*) pay attention

*achtzehnt eighteenth

der Ackerbau (-s) agriculture

der Ackerboden (-s, — *or* ⸚) arable soil, soil fit for cultivation

der *Adler (-s, —) eagle

die Adres'se (—, -n) address

der Advokat' (v=w) (-en, -en) attorney, lawyer

der Affe (-n, -n) monkey

Afrika (*neut.*) (-s) Africa

ähnlich similar; ähnlich sehen resemble, look like

akade'misch academic

der *Alarm' (-s, -e) alarm

*all *declined like* dieser *but often uninflected before the def. art. or demonstratives or possessives* all, every; alles all, everything; vor allem above all

*allein' *in poetry sometimes* allei'ne alone

allerdings' to be sure

*allerlei' all kinds of, all sorts of

al'lerun'glücklichst most unhappy of all

allgemein' universal, general, common

allhier' *emphatic* here

alljähr'lich annual

die Alpen *pl.* the Alps

*als *subord. conj.* when, as; *after compar.* than; *after negative* but, except; als ob as if

*also accordingly, therefore, then; also sehr so very much

*alt (⸚er, ⸚eſt) old; der Alte *adj. infl.* old man

altdeutſch *adj.* Old German

*am *contr. of* an dem

*Ame′rika (*neut.*) (-s) America

die Ame′rikafahrt (—, -en) trip (*or* flight) to America

der *Amerika′ner (-s, —) American

*amerika′niſch American

Amor (*masc.*) (-s, Amoret′ten) Cupid

amüſie′ren (*wk.*) amuse; *refl.* enjoy oneself

*an *prep. w. dat. or acc.* to, at, on

der Anblick (-s, -e) sight, spectacle

an′|brechen (*str., aux.* ſein) dawn

*ander other; von etwas anderem about something else *or* something different

ändern (*wk.*) change, alter

*anders *adv.* otherwise; anders ſein be different; anders werden change

anderswo elsewhere

anderwärts elsewhere

aneinan′der to one another, to each other

an′|erkennen *irreg.* acknowledge

der *Anfang (-s, ⸚e) beginning; Anfang Oktober at the beginning of October; zu Anfang at the beginning

*an′|fangen (*str.*) begin

der *Anfänger (-s, —) beginner

die Anforderung (—, -en) demand, requirement; dieſelben Anforderungen ſtellen have the same requirements

an′|führen (*wk.*) cite, mention

an′|gehen (*str., aux.* ſein) be practicable, be possible; wie geht's nur an how on earth is it possible

an′|gehören (*wk.*) belong to, be a member of

*angenehm agreeable, pleasant; acceptable

angeſehen looked up to, of consequence, distinguished

das Angeſicht (-s, -e) face, countenance

an′|hängen (*wk.*) hang on, suffix, add

die Anklage (—, -n) accusation

*an′|kommen (*str., aux.* ſein) arrive

an′|künden (*wk.*) announce, proclaim

die Anlage (—, -n) laying out, construction; (manufacturing) plant, works

an′|machen (*wk.*) make *or* light *or* kindle (a fire)

an′|nehmen (*str.*) accept, take

das Anpflanzen (-s) planting

*ans *contr. of* an das

anſchaulich distinct, clear

an′|ſehen (*str.*) look at; ſich (*dat.*) etwas anſehen look at closely, gaze at

das Anſehen (-s) regard, esteem; in hohem Anſehen ſtehen enjoy great esteem

*anſtatt′ *prep. w. gen.* instead of

die Anſtellung (—, -en) employment, appointment

*an′|ſtimmen (*wk.*) strike up *or* begin (a song)

der *Anteil (-s) share, part, interest; Anteil nehmen an *dat.* take an interest in

die *Antwort (—, -en) answer

*antworten (*wk.*) *dat. of person* answer

die Anzahl (—) number

*an'|ziehen (*str.*) put on (clothes); *refl.* dress

der *Anzug (-s, ⸗e) suit (of clothes)

an'|zünden (*wk.*) light, kindle

der *Apfel (-s, ⸗) apple

der *April' (-(s), -e) April

die *Arbeit (—, -en) work

*arbeiten (*wk.*) work

die *Arbeitsstunde (—, -n) working hour

das *Arbeitszimmer (-s, —) workroom

das Archiv' (-s, -e) archives

*arm (⸗er, ⸗st) poor, unfortunate; die Armen the poor

der *Arm (-es, -e) arm

die Armut (—) poverty

die *Art (—, -en) kind, sort; way, manner; nach meiner Art in my way

der *Arzt (-es, ⸗e) physician, doctor

das Aschenloch (-s, ⸗er) ash pit, place for the ashes

der Ast (-es, ⸗e) limb (of a tree)

der *Athlet' (-en, -en) athlete

*atmen (*wk.*) breathe

*auch also; auch nicht gut not good either; auch kein Heft no notebook either; ich auch nicht nor I either *or* neither do I

die Au (—, -en) meadow

*auf *prep. w. dat. or acc.* upon, on; at, to

der Aufenthalt (-s, -e) stay, sojourn

auffallend striking, conspicuous

die Aufführung (—, -en) performance

die *Aufgabe (—, -n) exercise, lesson

*auf'|geben (*str.*) give up

*auf'|gehen (*str., aux.* sein) rise; open, blossom

*aufgeregt excited

auf'|heben (*str.*) do away with, abolish

*auf'|hören (*wk.*) cease, stop

die Auflage (—, -n) edition

*auf'|machen (*wk.*) open

die Aufnahmeprüfung (—, -en) examination for admission

auf'|pflanzen (*wk.*) plant, set up

*aufs *contr.* of auf das

der *Aufsatz (-es, ⸗e) essay, composition

auf'|schlagen (*str.*) put up, erect (a stage)

die Aufsicht (—) control, supervision

auf'|stehen (*str., aux.* sein) stand up, get up, rise

auf'|stellen (*wk.*) raise, furnish

auf'|treten (*str., aux.* sein) appear

das Auftreten (-s) appearance (in public), bearing

*auf'|wachen (*wk., aux.* sein) awake, wake up

auf'|wachsen (*str., aux.* sein) grow up

auf'|zählen (*wk.*) enumerate

auf'|ziehen (*str.*) bring up, raise

das *Auge (-s, -n) eye; große Augen machen open one's eyes wide

der Augenarzt (-s, ⸗e) oculist

das Augenleiden (-s, —) disease of the eye

der Augenspiegel (-s, —) eye mirror, ophthalmoscope

der *August' (-(e)s *or* —, -e) August

*aus *prep. w. dat.* out of, from; *adv.* out

aus'|bilden (*wk.*) instruct, train, educate

aus'|brechen (*str.*) break out, burst forth

der Ausdruck (-s, ⸗e) expression; zum Ausdruck bringen express; zum Ausdruck kommen be expressed, find expression

*aus'|drücken (wk.) express
der *Ausflug (-s, ⸚e) outing; einen Ausflug machen go on an outing
aus'|geben (str.) spend (money)
*ausgebrannt gutted
*aus'|gehen (str., aux. sein) go out
aus'|graben (str.) dig out or up
das Ausland (-s) foreign country; im Auslande abroad
aus'|malen (wk.) paint; sich (dat.) etwas ausmalen picture a thing to oneself
die Ausnahme (—, -n) exception
*aus'|sehen (str.) look, appear
*außer prep. w. dat. out of; besides, except
*außerdem adv. besides
*außerhalb prep. w. gen. outside of
der Ausspruch (-s, ⸚e) utterance, saying
die Ausstattung (—, -en) fitting out, equipment
aus'|stopfen (wk.) stuff
aus'|tauschen (wk.) exchange
aus'|üben (wk.) exercise, exert
aus'|wischen (wk.) wipe out, erase
aus'|zeichnen (wk.) distinguish
aus'|ziehen (str.) take off (clothes); refl. undress
das Auto (-s, -s) automobile
das *Automobil' (-s, -e) automobile

der *Bach (-es, ⸚e) brook
die Backe (—, -n) cheek
der Bäcker (-s, —) baker
das Backwerk (-s) pastry, cakes
das *Bad (-es, ⸚er) bath
*baden (wk.) bathe; kalt (warm) baden take a cold (warm) bath
das *Badezimmer (-s, —) bathroom
die *Bahn (—, -en) track, road; (= Eisenbahn) railroad; von der Bahn holen meet at the station
die Bahnfahrt (—, -en) railroad trip, trip on the train
der *Bahnhof (-s, ⸚e) (railroad) station
der Bahnsteig (-s, -e) platform
*bald soon
der Balken (-s, —) beam
der *Ball (-es, ⸚e) ball
die Balla'de (—, -n) ballad
das *Band (-es, -e) bond, tie; (pl. ⸚er) ribbon
bangen (wk.) be afraid, fear; langen und bangen "fret and sorrow"
die *Bank (—, ⸚e) bench
der Bär (-en, -en) bear
der Barbier' (-s, -e) barber
der *Bärensee (-s) Bear Lake
der Bart (-es, ⸚e) beard
der Bau (-es, Bauten) building, construction, structure, edifice
*bauen (wk.) build; cultivate or raise (crops); auf einen bauen rely on one
der *Bauer (-s or -n, -n) peasant, farmer
die *Bäuerin (—, -nen) peasant woman, farmer's wife
das *Bauernhaus (-hauses, -häuser) peasant house, farmhouse
der *Baum (-es, ⸚e) tree
der Baumstamm (-s, ⸚e) tree trunk
der Baumstumpf (-s, ⸚e) tree stump
die Baumwolle (—) cotton
bayrisch (ay = ai) Bavarian
der Beam'te adj. infl. official
*beant'worten (wk.) answer
beauf'sichtigen (wk.) superintend
bebau'en (wk.) cultivate
der *Becher (-s, —) drinking-cup
*bedau'ern (wk.) regret
*bede'cken (wk.) cover

bedeu'ten (wk.) mean, signify, portend; bedeutend part. adj. significant, important, considerable

die Bedeu'tung (—, -en) meaning, significance

bedrü'cken (wk.) oppress, distress

been'digen (wk.) end

die Been'digung (—) ending, termination

das Beet (-es, -e) bed (of flowers or vegetables)

*befeh'len (er befiehlt, er befahl, er hat befohlen) dat. of person command, order

befe'stigt fortified

befin'den (str.) refl. be found, be

das *Befinden (-s) health

beför'dern (wk.) forward, convey

befreun'det on friendly terms, friendly, allied

begabt' gifted, talented

*begeh'ren (wk.) desire

*begei'stern (wk.) fill with enthusiasm, inspire

der Beginn' (-s) beginning; zu Beginn at the beginning

*begin'nen (er beginnt, er begann, er hat begonnen) begin

*beglei'ten (wk.) accompany

begra'ben (str.) bury

begrei'fen (str.) comprehend, grasp, understand

der Begrün'der (-s, —) founder

begrü'ßen (wk.) greet, salute

behan'deln (wk.) handle, treat

die Behand'lung (—, -en) treatment

*behaup'ten (wk.) assert, maintain

beherr'schen (wk.) govern, dominate

*bei prep. w. dat. by, at, at the house of, with, during

*beide both, two

*der Beifall (-s) applause

*bei'|legen (wk.) inclose

*beim contr. of bei dem

das *Bein (-es, -e) leg; auf den Beinen sein be on one's feet

beina'he nearly, almost

beisam'men beside each other or one another, together

das Beisam'mensein (-s) gathering

das *Beispiel (-s, -e) example; zum Beispiel for example

*beißen (er beißt, er biß, er hat gebissen) bite

bei'|stehen (str.) dat. aid, help

*bei'wohnen (wk.) dat. be present at, attend

die Bekämp'fung (—, -en) combating

bekannt' known, well known, familiar

beken'nen irreg. confess, acknowledge

der Beken'ner (-s, —) confessor; professor or follower (of a religion)

bekla'gen (wk.) lament, regret

*bekom'men (str.) get, obtain, receive

beküm'mert grieved, sorrowful

bele'cken (wk.) lick

bele'gen (wk.) overlay, face

die Belei'digung (—, -en) offense, insult

Belgien (ie = i + e) (neut.) (-s) Belgium

beliebt' beloved, liked, popular

*bellen (wk.) bark

*bemer'ken (wk.) remark, notice

der *Bengel (-s, —) (little) rascal

benut'zen (wk.) use, employ

bepflan'zen (wk.) plant; wieder bepflanzen restock

bereits' already

der *Berg (-es, -e) mountain

bergig mountainous

berich'ten (wk.) report, relate
*Berlin' (neut.) (-s) Berlin
Bern (neut.) (-s) Bern (city in Switzerland)
der *Beruf' (-es, -e) profession, business, calling
beru'fen (str.) call, summon
der Berufs'boxer (-s, —) professional boxer
*berühmt' famous
die Beschäf'tigung (—, -en) occupation, business
die Besche'rung (—, -en) bestowal of presents
beschlie'ßen (str.) close, conclude, end
*beschrei'ben (str.) describe
besetzt' trimmed
besin'gen (str.) sing, sing of
der Besitz' (-es, -e) possession
besitz'en (str.) possess, own
der Besitz'er (-s, —) possessor, owner
beson'der special
*beson'ders especially
besor'gen (wk.) attend to; procure
die Bestän'digkeit (—) constancy
*beste'hen (str.) exist, consist; bestehen aus dat. consist of
bestim'men (wk.) fix, decree, prescribe; bestimmt part. adj. definite
die Bestre'bung (—, -en) endeavor, pursuit
der *Besuch' (-s, -e) visit, company, attendance; viel Besuch a great deal (or lots) of company; einen Besuch machen pay a visit
*besü'chen (wk.) visit, attend (a school)
der Besü'cher (-s, —) visitor
beten (wk.) pray
beto'nen (wk.) lay stress on, emphasize

betrach'ten (wk.) consider, reflect on
betrübt' dejected, sorrowful, sad, grieved
betrun'ken drunk
das *Bett (-es, -en) bed
das Bettelkind (-s, -er) beggar child
betteln (wk.) beg
*bevor' subord. conj. before
bewal'det wooded
bewoh'nen (wk.) inhabit, live in
der Bewoh'ner (-s, —) inhabitant
der Bewun'derer (-s, —) admirer
bewun'dern (wk.) admire
bezeich'nen (wk.) mark, designate, characterize
der Bezirk' (-s, -e) district
die Bibel (—, -n) Bible
die *Bibliothek' (—, -en) library
*biegen (er biegt, er bog, er hat gebogen) bend; intr., aux. sein turn
die *Biene (—, -n) bee
das *Bier (-es, -e) beer
der Bierzipfel (-s, —) watch fob (worn by students)
*bieten (er bietet, er bot, er hat geboten) offer
das *Bild (-es, -er) picture, figure
*bilden (wk.) form
billig cheap; für billiges Geld for a moderate sum
die Billigkeit (—) cheapness
*binden (er bindet, er band, er hat gebunden) bind, tie
die *Birne (—, -n) pear
*bis prep. w. acc. until, to, up to, as far as; bis is usually followed by another prep., as bis an die Gartenstraße as far as Garden Street; subord. conj. until
der Bischof (-s, ⸗e) bishop
*bisher' till now, up to the present
*bißchen: ein bißchen a bit, a little

die Bitte (—, -n) request
*bitten (er bittet, er bat, er hat gebeten) ask, request; bitten um *acc.* ask for; bitte please
bitter bitter
die Bitterkeit (—, -en) bitterness
bläß (blaſſer *or* bläſſer, blaſſeſt *or* bläſſeſt) pale
das Blatt (-es, ⸗er) leaf
*blau blue
bläulich bluish
*bleiben (er bleibt, er blieb, er iſt geblieben) remain, stay
der *Bleiſtift (-s, -e) pencil
der Blick (-es, -e) look, glance
blicken (*wk.*) look
blind blind
*blitzen (*wk.*) lighten, flash, gleam, shine
*bloß merely
*blühen (*wk.*) bloom
das Blümchen (-s, —) little flower
die *Blume (—, -n) flower
der Blumengarten (-s, ⸗) flower garden
die Bluſe (—, -n) blouse
das Blut (-es) blood
die Blüte (—, -n) blossom
der *Boden (-s, — *or* ⸗) ground, soil; (= Fußboden) floor
die Bodenfläche (—) surface, area
der Bogen (-s, — *or* ⸗) sheet; ein Bogen Papier a sheet of paper
die Bohne (—, -n) bean
die Borſte (—, -n) bristle
*böse bad, evil, angry, "cross"
böslich wickedly, willfully
der Branntwein (-s, -e) brandy
der Brauch (-es, ⸗e) custom, usage
*brauchen (*wk.*) need
brauen (*wk.*) brew
braun brown
brauſen (*wk.*) roar, rush

die Braut (—, ⸗e) betrothed, bride elect, (on the wedding day) bride
das Brautgewand (-s, ⸗er) bridal dress, wedding gown
das Brautpaar (-s, -e) betrothed couple
*brechen (er bricht, er brach, er hat gebrochen) break
*breit broad, wide
die Breite (—, -n) breadth, width
*brennen (er brennt, er brannte, er hat gebrannt) burn, bake (of tiles etc.); es hat gebrannt *impers.* there was a fire
der Brennſtoff (-s, -e) fuel
das *Brett (-es, -er) board
der Bretterſitz (-es, -e) board seat
die Bretterwand (—, ⸗e) board wall
der *Brief (-es, -e) letter
der Briefkaſten (-s, — *or* ⸗) letter box
die Briefmarke (—, -n) stamp
der Briefumſchlag (-s, ⸗e) envelope
*bringen (er bringt, er brachte, er hat gebracht) bring, take
das *Brot (-es, -e) bread, loaf of bread
das Brötchen (-s, —) roll
der *Bruder (-s, ⸗) brother
das Brüderlein (-s, —) little brother
der Brunnen (-s, —) well, fountain
die Bruſt (—, ⸗e) breast
der Bube (-n, -n) boy, lad; rascal, rogue
das *Buch (-es, ⸗er) book
der Büchenwald (-s, ⸗er) beech forest
das Büchgewerbe (-s, —) book trade
die *Bühne (—, -n) stage
*bunt variegated, gay-colored
die Burg (—, -en) castle
bürgerlich civil, civilian

die Burg'rui'ne (—, -n) castle ruins, ruined castle
der *Bursche (-n, -n) fellow
die Burschenschaft (—, -en) Burschenschaft, students' club
die Bürste (—, -n) brush
bürsten (wk.) brush
die Büste (—, -n) bust
die *Butter (—) butter
das *Butterbrot (-s, -e) (slice of) bread and butter

der Chargier'te (ch *like* sch; g *as in French*) *adj. infl.* officer (of a students' club)
der Christ (-en, -en) Christian; (= Christus) Christ
der *Christbaum (-s, ⸗e) Christmas tree
die Christenheit (—) Christendom
das *Christkind (-s) the child Jesus; Santa Claus
christlich Christian
die Christnacht (—) night before Christmas
*Christoph (*masc.*) (-s) Christopher
Christus (*masc.*) *indecl., or declined as in Latin* Christ
die *Cousi'ne (ou = u) (—, -n) (female) cousin

*da *adv.* then, there, here; *subord. conj.* since (*causal*), as (*causal*), when
dabei' thereby, while (*or* in) doing so, at the same time; dabei sein be present, be of the party
das Dach (-es, ⸗er) roof
dadurch' thereby, in that way, by that means
*dafür' for it, as a result of it; da'für for that

*dagegen against it; on the other hand
*dahin' thither, there; bis da'hin till then
damals at that time, then
die *Dame (—, -n) lady
*damit' *adv.* with that; damit' *adv.* with it, with them; damit' *subord. conj.* in order that
daneben beside it, besides
Dänemark (*neut.*) (-s) Denmark
der *Dank (-es) thanks; vielen Dank many thanks
*dankbar thankful, grateful
*danken (*wk.*) *dat. of person* thank; danke sehr (*or* schön) thank you very much
*dann then, afterwards, later
daran' on it
darauf' thereupon, after that, on it, on them
*daraus' out of it, out of them; dar'aus wird nichts nothing will come of that, "nothing doing"
darin' in it, in them
darin'nen within, inside
dar'|stellen (*wk.*) represent
*darü'ber over it, about it, at it
darun'ter under it, among it, among them
das Dasein (-s) existence
*daß *subord. conj.* that
das *Datum (-s, Daten) date
*dauern (*wk.*) last
davon' of it, of them; da'von of that, of this
*da'zu to that, for that
die Decke (—, -n) ceiling
*decken (*wk.*) cover; den Tisch decken set the table
*dein (deine, dein) *adj.* your, thy; *indecl. pred. pron.* yours, thine

German-English Vocabulary

*deiner (deine, dein(e)s) *pron.* yours, thine

*denken (er denkt, er dachte, er hat gedacht) think; denken an *acc.* think of; sich (*dat.*) denken imagine

das Denkmal (-s, ⸗er *or* -e) monument, memorial

*denn *coörd. conj.* for; *adv.* then (*not temporal*); *in questions* pray, I wonder

*der (die, das) *def. art.* the; *dem. pron. or adj.* that, that one, he, she, it; *rel. pron.* who, which, that

derjenige (diejenige, dasjenige; *pl.* diejenigen) *adj. or pron.* that, that one, the one, he

*derselbe (dieselbe, dasselbe; *pl.* dieselben) *adj. or pron.* the same; dasselbe *pron.* the same thing

*deshalb on that account, therefore

*deutsch *adj.* German; Deutsch *indecl. neut. or* das Deutsche *adj. infl.* German (language); der Deutsche *adj. infl.* German (man); die Deutschen Germans; auf deutsch in German

*Deutschland (*neut.*) (-s) Germany

der *Dezem'ber (-(s), —) December

d. h. = das heißt that is

*dicht thick, dense, tight; dicht dabei close by it

der *Dichter (-s, —) poet, writer

die *Dichtung (—, -en) poetry, poem, (poetical) work, writing

*dick thick

der *Dieb (-es, -e) thief

dienen (*wk.*) *dat.* serve

der Diener (-s, —) servant

der *Dienst (-es, -e) service

der *Dienstag (-s, -e) Tuesday

das *Dienstmädchen (-s, —) servant girl

*dieser (diese, dieses) *adj. or pron.* this, this one, the latter

*diesseit(s) *prep. w. gen.* on this side of

das Ding (-es, -e) thing

die Diszipli'n (—) discipline

*doch *adv. or coörd. conj.* yet, but, still, however, nevertheless, anyway, after all; surely, really, you know, why; *w. subj. of wish* only; *used w. the imperative for emphasis* schweigt doch hush, I tell you *or* be quiet, will you

der *Doktor (-s, Dokto'ren) doctor; Herr Doktor *in direct address* Doctor; Herr Doktor Karsten Doctor Karsten (*in reference to Doctor Karsten*)

der Doktorgrad (-s, -e) doctor's degree

der Dom (-es, -e) cathedral

die Donau (—) Danube

der Donner (-s, —) thunder

*donnern (*wk.*) thunder

der *Donnerstag (-s, -e) Thursday; (am) Donnerstag nachmittag (on) Thursday afternoon

doppelt double

das *Dorf (-es, ⸗er) village

die Dorfkirche (—, -n) village church

der Dorn (-es, -e *or* -en *or* ⸗er) thorn

*dort there

dorthin thither, there; dorthin, wo to the place where

das *Drama (-s, Dramen) drama

der Drama'tiker (-s, —) dramatist

drama'tisch dramatic

dran *contr. of* daran'; dran denken think of it

drängen (*wk.*) crowd, press

drauß = draußen

*draußen outside, out of doors, out in the world; draußen im Walde out in the forest

drehen (wk.) turn, twist

*drei three

der Dreikönigstag (-s, -e) Epiphany (twelfth day after Christmas)

drein contr. of darein' into it or them, in it or them

dreißig thirty

dreizehnt thirteenth

dreschen (er drischt, er drosch, er hat gedroschen) thresh

die Dresch'maschi'ne (—, -n) threshing machine

drin contr. of darin'

dringen (er bringt, er drang, er ist gedrungen) press forward, press

*dritt third

das Drittel (-s, —) third

drittens in the third place, thirdly

drohen (wk.) dat. threaten

drüben over there

*du you, thou

*dumm (⸚er, ⸚st) stupid

die Dummheit (—, -en) stupidity

*dunkel dark, dim, vague

dunkeln (wk.) become dark

*dünn thin

*durch prep. w. acc. through

durchaus' completely, absolutely; w. negative at all

der Durchgangszug (-s, ⸚e) vestibule train; through train, "Flyer," "Limited"

*dürfen (er darf, er durfte, er hat gedurft) be permitted to, may; w. a negative often must not

der Durst (-es) thirst

*durstig thirsty

das *Dutzend (-s, -e) dozen; ein halbes Dutzend half a dozen

der D=Zug contr. of Durchgangszug

*eben adj. even, level, smooth; adv. just

ebenfalls likewise

*ebenso just as

echt genuine, real

die *Ecke (—, -n) corner; an der Ecke at the corner

*edel noble

der Edelstein (-s, -e) precious stone

Eduard (masc.) (-s) Edward

*ehe (also eh) subord. conj. before

die Ehe (—, -n) marriage

ehern bronze

die Ehre (—, -n) honor; neu zu Ehren kommen become popular again

ehren (wk.) honor

ehrenhaft honorable

der Ehrenplatz (-es, ⸚e) place of honor

das *Ei (-es, -er) egg

die Eiche (—, -n) oak

der Eichenbaum (-s, ⸚e) oak tree

das Eichhörnchen (-s, —) squirrel

*eigen own

*eigentlich real

*eilen (wk., aux. sein) hurry

der Eilzug (-s, ⸚e) fast train

*ein (eine, ein) indef. art. a, an; num. adj. one; ein so + adj. such a + adj.

*einan'der indecl. recip. pron. each other, one another

der *Eindruck (-s, ⸚e) impression

*einer (eine, ein(e)s) pron. one

*einfach simple, plain

der Einfluß (-flusses, -flüsse) influence

ein'|führen (wk.) introduce, usher in or into

der Eingang (-s, ⸚e) entry, entrance, admission

die Einheit (—, -en) unit

German-English Vocabulary

*einiges something; einiges über den Konjunktiv something or some remarks about the subjunctive; einige *pl. adj. or pron.* som
die Einigkeit (—) unity
*ein'|laden (*str.*) invite
*ein'mal one time, once; einmal' once, once upon a time; *w. imperative* just; noch ein'mal once more, again; nicht einmal' not even
einsam lonely, solitary
die Einsamkeit (—) solitude, seclusion
ein'|schlafen (*str., aux.* sein) fall asleep
ein'|schließen (*str.*) inclose
*einst once, once upon a time, formerly, some day
ein'|steigen (*str., aux.* sein) get in, get on (a train)
ein'|teilen (*wk.*) divide
*ein'|treten (*str., aux.* sein) enter, set in (of the weather)
ein'|weihen (*wk.*) consecrate, dedicate
der Einwohner (-s, —) inhabitant
die Einzelheiten *pl.* details
einzeln single, individual
*einzig single, sole, only
das *Eis (Eises) ice
die *Eisbahn (—, -en) place where one skates, ice for skating; auf der Eisbahn on the ice; auf die Eisbahn gehen go skating
das Eisen (-s) iron
*die Eisenbahn (—, -en) railroad
Eisenbart (*masc.*) (-s) *literally* Ironbeard, name of a quack doctor
die Eisentür (—, -en) iron door
der Elefant' (-en, -en) elephant
elek'trisch electric
elend miserable, wretched, pitiful

der *Ellbogen (-s, —) elbow
die *Eltern *pl.* parents
empfan'gen (*str.*) receive
empor'|ragen (*wk.*) tower
das *Ende (-s, -n) end; am Ende at the end, finally; zu Ende sein be over; gegen Ende März toward the end of March; glücklich zu Ende führen bring to a happy conclusion, terminate successfully
enden (*wk.*) end
*endlich *adj.* final; *adv.* finally, at last
der Engel (-s, —) angel
*englisch *adj.* English; Englisch *indecl. neut.* or das Englische *adj. infl.* English (language)
der *Enkel (-s, —) grandson
die Enkelin (—, -nen) granddaughter
entde'cken (*wk.*) discover
die Entde'ckung (—, -en) discovery
die *Ente (—, -n) duck
entfernt' removed, distant
entgeg'nen (*wk.*) reply, retort
entge'hen (*str., aux.* sein) *dat.* escape
*enthal'ten (*str.*) contain
*entlang' *adv.* along; den Weg nach dem Dorfe entlang schauen look along the way toward the village
entschei'den (*str.*) decide
entspre'chen (*str.*) *dat.* correspond to
entsprin'gen (*str., aux.* sein) rise (of a river); entspringen aus *dat.* spring (arise, come) from
entste'hen (*str., aux.* sein) arise, originate, have its origin
*enttäuscht' disappointed
entwer'fen (*str.*) sketch, design
entwi'ckeln (*wk.*) unfold, develop; *refl.* develop
die Entwick'lung (—, -en) development

*entzü'cken (wk.) enrapture
*er he, it
erbau'en (wk.) build, erect, construct, found (a city)
der Erbe (-n, -n) heir, inheritor
die *Erbse (—, -n) pea
die Erdbeere (—, -n) strawberry
die *Erde (—, -n) earth; auf Erden *old dat. sg.* on earth
erfah'ren (*str.*) learn, ascertain
die *Erfah'rung (—, -en) experience
erfin'den (*str.*) invent
der Erfin'der (-s, —) inventor
die Erfin'dung (—, -en) invention
der Erfolg' (-s, -e) success
erfreu'en (wk.) gladden, cheer
das Erfrie'ren (-s) freezing to death
erfül'len (wk.) fulfill
erge'ben (*str.*) yield; prove; *refl.* result, follow
*ergrei'fen (*str.*) catch (or take) hold of, grasp, seize
ergrün'den (wk.) fathom, investigate
*erhal'ten (*str.*) receive; preserve
*erhe'ben raise, elevate; *refl.* rise, stand up, arise
*erin'nern (wk.) w. an *acc.* remind of, mention; *refl.* w. an *acc.* remember
*erkäl'ten (wk.) *refl.* catch cold; sich stark erkälten catch a bad cold
erken'nen *irreg.* recognize
*erklä'ren (wk.) explain, declare
erklin'gen (*str., aux.* sein) sound, resound, ring out
erkran'ken (wk., *aux.* sein) fall ill
erle'ben (wk.) experience; go through (of edition of a book)
das Erleb'nis (Erlebnisses, Erlebnisse) experience
erleich'tern (wk.) make easy, facilitate

erler'nen (wk.) acquire (by study), learn
ermü'den (wk., *aux.* sein) grow weary
*ernst earnest, serious
ero'bern (wk.) conquer
die Erqui'ckung (—, -en) refreshment
der Erre'ger (-s, —) exciter; cause
errei'chen (wk.) reach
erret'ten (wk.) rescue, save; erretten vor *dat.* save from
errich'ten (wk.) erect
erschei'nen (*str., aux.* sein) appear
erschie'ßen (*str.*) shoot (dead)
erschre'cken (*str., aux.* sein) be frightened
*erst first, only, not until; erst um halb sechs not until half past five; der erstere the former
*erstaunt' astonished
erstens in the first place, first
ertap'pen (wk.) catch, detect
*erwa'chen (wk., *aux.* sein) awake, wake up
erwach'sen grown, grown up
erwä'gen (*str.*) weigh, consider
erwäh'nen (wk.) mention; näher erwähnen mention in detail
*erwar'ten (wk.) expect
*erwe'cken (wk.) awaken; zu neuem Leben erwecken bring back to life
erwei'sen (*str.*) show; render
erwei'tern (wk.) widen, expand
erwer'ben (*str.*) acquire, gain
das Erz (-es, -e) ore, metal, bronze
*erzäh'len (wk.) relate, tell
der Erzbischof (-s, ⸚e) archbishop
erzeu'gen (wk.) beget, produce
*es *pers. or indef. pron.* it; *expletive* there, it
der *Esel (-s, —) donkey
*essen (er ißt, er aß, er hat gegessen) eat

German-English Vocabulary

das *Essen (-s) eating, meal, dinner, supper
das *Eßzimmer (-s, —) dining-room
*etwa perhaps, perchance, as you might suppose; approximately, about
*etwas *indef. pron.* something, anything, some; *adv.* somewhat, a little; etwas Unangenehmes something unpleasant
*euer (eu(e)re, euer) *adj.* your
*eu(e)rer (eu(e)re, eu(e)res) *pron.* yours
die *Eule (—, -n) owl
Europa' (*neut.*) (-s) Europe
europä'isch European
ewig *adj.* eternal, everlasting; *adv.* always
das Exa'men (-s, *pl.* (*Latin*) Exa'mina) examination; ein Examen machen take an examination

die *Fabrik' (—, -en) factory
der Fabrikant' (-en, -en) manufacturer
das Fach (-es, ̈-er) branch (of knowledge), subject *or* department (of study), field (sphere of activity)
die Fachsprache (—, -n) technical language
der Faden (-s, ̈-) thread, string
*fahren (er fährt, er fuhr, er ist gefahren) drive, ride, go, travel; zweiter Klasse (*gen.*) fahren ride second class
das Fahrrad (-s, ̈-er) bicycle
die *Fahrt (—, -en) drive, ride, journey; (= Wanderfahrt) hike
der *Fall (-es, ̈-e) fall; case
*fallen (er fällt, er fiel, er ist gefallen) fall; in den Monat September fallen come in the month of September

fällen (*wk.*) fell, cut down, cut
das Fällen (-s) felling, cutting
*falls *subord. conj.* in case (that)
falsch false, wrong
falten (*wk.*) fold
die *Fami'lie (ie = i + e) (—, -n) family
*fangen (er fängt, er fing, er hat gefangen) catch
die Farbe (—, -n) color
farbentragend color-wearing, wearing their colors
farbig colored
*fast almost
*faul lazy
der *Faulpelz (-es, -e) lazy person, lazybones
der *Februar' (-(s), -e) February
die *Feder (—, -n) pen
der Federhut (-s, ̈-e) hat with feathers
fehlen (*wk.*) be lacking, lack; an Wirtshäusern fehlt es nicht there is no lack of inns
der Fehler (-s, —) mistake, error, fault, defect
die Feier (—, -n) celebration (of a festival), observance (of a day)
feierlich festive, solemn, formal
feiern (*wk.*) celebrate, observe
der *Feiertag (-s, -e) holiday
fein fine, delicate; lovely, beautiful
das *Feld (-es, -er) field
die *Feldarbeit (—, -en) work in the field(s)
der *Felsen (-s, —) rock, cliff
das Felsenriff (-s, -e) rocky reef
das *Fenster (-s, —) window
die *Ferien (ie = i + e) *pl.* vacation
fern far, distant
fern|bleiben (*str.*, *aux.* sein) *w. dat.* keep aloof from
die Ferne (—, -n) distance

*fertig finished, done, ready; mit etwas fertig sein be through with something; ohne etwas fertig werden manage without something
*fest firm, solid, tight
das Fest (–es, –e) feast, festival, celebration
fest'|halten (str.) hold fast, give permanence to, grasp
festlich festive
die Festlichkeit (—, –en) festivity
*feucht damp, moist
das *Feuer (–s, —) fire
die Feurung (—, –en) fire box
der Fichtenwald (–s, ⸗er) pine forest
das *Fieber (–s, —) fever; wie im Fieber spellbound
die Figur' (—, –en) figure
*finden (er findet, er fand, er hat gefunden) find; sich in etwas (acc.) finden reconcile or adapt oneself to something
der *Finger (–s, —) finger; sich in den Finger schneiden cut one's finger
der Fingerhut (–s, ⸗e) thimble
der *Fisch (–es, –e) fish
*fischen (wk.) fish, fish for; fischen gehen go fishing
der Fischer (–s, —) fisher, fisherman
flach flat, level
die Flamme (—, –n) flame
die *Flasche (—, –n) bottle
flattern (wk.) flutter, flit
der Flegel (–s, —) flail
das *Fleisch (–es) meat
der Fleischer (–s, —) butcher
der Fleiß (–es) diligence, industry
*fleißig diligent, industrious
*fliegen (er fliegt, er flog, er ist geflogen) fly
*fliehen (er flieht, er floh, er ist geflohen) flee

*fließen (es fließt, es floß, es ist geflossen) flow
die Flinte (—, –n) gun
das Flüglein (–s, —) little wing
der *Flugplatz (–es, ⸗e) airport; auf den Flugplatz gehen go to the airport
das *Flugzeug (–s, –e) airplane; mit dem Flugzeug reisen travel by airplane
der Flur (–es, –e) entrance hall, hall
die Flur (—, –en) plain, fields
der *Fluß (Flusses, Flüsse) river
das Flußbett (–s, –en) river bed
das *Flüßchen (–s, —) small river
der Flußhafen (–s, ⸗) river harbor, river port
das Flüsterwort (–s, –e) whispered word
*folgen (wk., aux. sein) dat. follow
fordern (wk.) demand
die Form (—, –en) form, shape
der *Förster (–s, —) forester
der Forstmeister (–s, —) superintendent of a (or the) forest
die *Fortbildungsschule (—, –n) continuation school
fort'|fallen (str., aux. sein) be discontinued
*fort'|gehen (str., aux. sein) go away
der Fortschritt (–s, –e) progress
die *Fortsetzung (—, –en) continuation
die Fracht (—, –en) freight
das Frachtschiff (–s, –e) freight boat, merchantman
die *Frage (—, –n) question
*fragen (wk.) ask; fragen nach dat. ask about
Frankreich (neut.) (–s) France
*Franz (masc.) (Franz' or –ens) Francis, Frank

*franzö'fifch adj. French; Französisch indecl. neut. or das Französische adj. infl. French (language)

die *Frau (—, -en) woman, wife; Frau Braun Mrs. Braun

das *Fräulein (-s, —) young lady; Fräulein Müller Miss Müller; mein Fräulein in direct address Miss (plus the name of the lady)

*frei free, unrestrained, informal; frei haben have a holiday, have no school; im Freien in the open air

die Freiheit (—, -en) freedom, liberty

freilich to be sure

der *Freitag (-s, -e) Friday

*fremd strange, foreign; der Fremde adj. infl. stranger

*fressen (er frißt, er fraß, er hat gefressen) eat (of animals)

die *Freude (—, -n) joy; mit vielen Freuden with much joy; große Freude an etwas (dat.) haben take great delight in something

freudlos joyless, cheerless

freudvoll joyful

*freuen (wk.) please; es freut mich I am glad; refl. rejoice, be glad; sich freuen über acc. be glad of

der *Freund (-es, -e) friend; ein Freund von mir a friend of mine

*freundlich friendly

der *Frieden (-s) or der Friede (-ns) peace

Friedrich (masc.) (-s) Frederick

*frieren (er friert, er fror, er hat gefroren) be or feel cold

frisch fresh

*Fritz (masc.) (Fritz' or -ens) Fred

Fritzchen (neut.) (-s) Freddie

*froh glad, happy

*fröhlich merry, joyful

fromm (⁻er, ⁻st) pious

*früh early; früher earlier, former, sooner, formerly

der *Frühling (-s, -e) spring

das *Frühstück (-s, -e) breakfast; gleich beim Frühstück right off at breakfast; zum Frühstück for or at breakfast

der Fuchs (Fuchses, Füchse) fox; a student in his first semester, freshman

fühlen (wk.) feel

*führen (wk.) lead

der Führer (-s, —) leader, guide

*füllen (wk.) fill

die *Füllfeder (—, -n) fountain pen

*fünf five

das Fünftel (-s, —) fifth

fünfundsechzig sixty-five

*fünfundzwanzig twenty-five

fünfundzwanzigst twenty-fifth

fünfzig fifty

der Funke (-n, -n) or der Funken (-s, —) spark

funkeln (wk.) sparkle, glisten, glitter

*für prep. w. acc. for

*furchtbar fearful, frightful

*fürchten (wk.) fear; refl. be afraid; sich fürchten vor dat. be afraid of

*fürchterlich frightful, terrible

*fürs contr. of für das

der Fürst (-en, -en) prince

*Fuß (-es, ⁻e) foot; zu Fuß on foot

der *Fußball (-s) football

das *Fußballspiel (-s) football game

der Fußboden (-s, ⁻) floor

die Fußspitze (—, -n) point or tip of the foot

die Fußwanderung (—, -en) walking tour

das Futter (-s) fodder

füttern (wk.) feed

die Gabe (—, -n) gift
die *Gabel (—, -n) fork
der Gang (-es, ⸗e) corridor, aisle
die *Gans (—, Gänse) goose
*ganz adj. whole, entire; adv. wholly, entirely, quite; im ganzen on the whole; ganz und gar absolutely
*gar adv. actually, really; gar nicht not at all; gar kein Kinn no chin at all
die Garbe (—, -n) sheaf
der *Garten (-s, ⸗) garden
der Gartenbau (-s) gardening
die *Gartenstraße (—) Garden Street
die Gasse (—, -n) narrow street; in southern Germany street (in general)
der *Gast (-es, ⸗e) guest, visitor
die *Gaststube (—, -n) public room
der Gau (-es, -e) region
geädert veined
das *Gebäude (-s, —) building
*geben (er gibt, er gab, er hat gegeben) give; es gibt impers. there is, there are
das Gebiet' (-s, -e) territory, domain; field, sphere
das Gebir'ge (-s, —) mountain range, mountains
gebir'gig mountainous
die Gebirgs'gegend (—, -en) mountainous region
*gebo'ren (past part. of gebären bear) born; wann sind Sie geboren when were you born
das Gebot' (-s, -e) command, commandment
der Gebrauch' (-s, ⸗e) use
*gebrau'chen (wk.) use; gebrauchen zu dat. use for
gebräuch'lich customary
gebräunt' browned, tanned

die Geburt' (—, -en) birth, nativity
der Geburtstag (-s, -e) birthday
das *Geburts'tagsgeschenk' (-s, -e) birthday present
Gedach'tes adj. infl. ideas, mental conceptions
der *Gedan'ke (-ns, -n) thought
die Gedan'kenlyrik (—) lyrics of thought
gedan'kenvoll deep in thought, pensive
die Gedan'kenwelt (—, -en) world of thought
das Gedei'hen (-s) prosperity
geden'ken irreg. think; gedenken an acc. think of
das *Gedicht' (-s, -e) poem
geeig'net suitable
die Gefahr' (—, -en) danger
*gefähr'lich dangerous
der Gefähr'te (-n, -n) companion
*gefal'len (str.) dat. please; es gefällt ihm he likes it
*Gefro'renes adj. infl. ice cream
das Gefühl' (-s, -e) feeling
*gegen prep. w. acc. against, toward
die Gegend (—, -en) region, parts, neighborhood
der Gegenstand (-s, ⸗e) object, matter, subject matter
das Gegenstück (-s, -e) counterpart
die Gegenwart (—) presence
gegenwärtig adj. present; adv. at present
der Gegner (-s, —) opponent, antagonist
*gehen (in poetry often gehn) (er geht, er ging, er ist gegangen) go, walk; es geht mir gut I am well
das Gehirn' (-s, -e) brain
*gehö'ren (wk.) belong; dat. of person belong to

German-English Vocabulary

der Geist (–es, –er) spirit
*gelb yellow
das *Geld (–es, –er) money
der *Geldbeutel (–s, —) pocketbook
gele'gen situated
die Gele'genheit (—, –en) opportunity, occasion
*gelin'gen (es gelingt, es gelang, es ist gelungen) *dat.* succeed; es gelingt ihm, es zu tun he succeeds in doing it
*gelten (er gilt, er galt, er hat gegolten) be worth, be of value, be valid, be in force; *dat. of person* be intended for; gelten als be considered as
die Gemein'de (—, –n) community, parish, congregation
das *Gemü'se (–s, —) vegetable
der Gemü'segarten (–s, ⸚) vegetable garden
gemüt'lich comfortable, cozy, pleasant, agreeable, sociable
*genau' exact, accurate
genie'ßen (er genießt, er genoß, er hat genossen) enjoy
*genug' enough
der Genuß' (Genusses, Genüsse) enjoyment, pleasure
Georg' (*masc.*) (–s) George
*gera'de *adj.* straight; *adv.* just, exactly
die Gerech'tigkeit (—) righteousness, justice
*Gerhard (*masc.*) (–s) Gerard
das Gericht' (–s, –e) court (of justice)
gering' slight, insignificant
germa'nisch Germanic
*gern(e) (lieber, am liebsten) *adv.* gladly, willingly; ich spiele gern Tennis I like to play tennis; ich esse gern Erbsen I like peas

die Gerste (—) barley
*Gertrud (*fem.*) (–s) Gertrude
gesamt' whole, entire, total
der Gesang' (–s, ⸚e) singing, song
das *Geschäft' (–s, –e) business, mercantile establishment, store; ins Geschäft gehen go to one's place of business; im Geschäft sein be at one's place of business; an seine eignen Geschäfte gehen go about one's own affairs
*gesche'hen (es geschieht, es geschah, es ist geschehen) happen
das *Geschenk' (–s, –e) present
die Geschich'te (—, –n) story, history
die Geschick'lichkeit (—) skill
geschickt' skilled, skillful
der Geschmack' (–s, ⸚e) taste
das Geschmei'de (–s, —) jewelry, jewels
die *Geschwi'ster *pl.* brother and sister, brothers and sisters
*geschwol'len swollen
der Gesel'le (–n, –n) companion, fellow
die Gesell'schaft (—, –en) society
die Gesell'schaftsklasse (—, –en) class of society
das Gesetz' (–es, –e) law
das *Gesicht' (–s, –er) face; mit erstauntem Gesicht with a look of astonishment
die Gestalt' (—, –en) figure
geste'hen (*str.*) confess
*gestern yesterday
das Gesträuch' (–s, –e) shrubs, bushes
*gesund' (–er or ⸚er, –est or ⸚est) healthy, well, healthful
die Gesund'heit (—) health
das Getrei'de (–s, —) grain
*getreu' faithful
gewal'tig powerful, mighty, stupendous

das Gewand' (–s, ⸗er) garment
gewellt' rolling
*gewin'nen (er gewinnt, er gewann, er hat gewonnen) win, gain
gewiß' sure, certain
das Gewis'sen (–s, —) conscience
gewöh'nen (wk.) accustom; sich ge= wöhnen an acc. accustom oneself to, get used to
*gewöhn'lich usual, ordinary
der Giebel (–s, —) gable, gable end
*gießen (er gießt, er goß, er hat ge= gossen) pour
der *Gipfel (–s, —) top, mountain top, hilltop
*glänzen (wk.) glitter, glisten, shine
das *Glas (Glases, Gläser) glass; ein Glas Wasser a glass of water
glasie'ren (wk.) glaze
*glatt (–er or ⸗er, –est or ⸗est) smooth
der Glaube (–ns) belief, faith
*glauben (wk.) dat. of person be= lieve
*gleich adj. like, equal, same; adv. alike, equally, immediately
gleichen (wk.) dat. be like, re= semble
gleichfalls likewise
gleich'|kommen (str., aux. sein) dat. match, equal
*gleiten (er gleitet, er glitt, er ist ge= glitten) glide
das Glied (–es, –er) limb
die Glocke (—, –n) bell
das *Glück (–es) luck, fortune, hap= piness; zum Glück fortunately, luckily; Glück haben be lucky
*glücklich happy, fortunate
glühen (wk.) glow; glühend part. adj. glowing, ardent
*gnädig gracious, merciful; gnädige Frau madam; gnädiger Herr sir

das *Gold (–es) gold
golden golden
gönnen (wk.) grant, allow
gotisch Gothic
der *Gott (–es, ⸗er) God, god
der Gottesdienst (–s, –e) divine serv= ice
*Gottfried (masc.) (–s) Godfrey
die Göttin (—, –nen) goddess
göttlich divine
das Grab (–es, ⸗er) grave
*graben (er gräbt, er grub, er hat ge= graben) dig
das Grabmal (–s, ⸗er or –e) tomb
der *Grabstein (–s, –e) tombstone
der Grad (–es, –e) degree
das *Gras (Grases, Gräser) grass
grau gray
grauen (wk.) turn gray
das *Grauen (–s) horror, terror
graugrün sea-green, dull green
greinen (wk.) whine, cry, weep
der Greis (Greises, Greise) old man
die Grenze (—, –n) boundary, bor= der, limit
grenzen (wk.) border
griechisch adj. Greek; Griechisch indecl. neut. Greek (language)
grob (⸗er, ⸗st) coarse, heavy or strong (of shoes)
der Groll (–es) resentment, ill will, rancor, grudge
*groß (⸗er, ⸗t) large, tall (of per= sons), great
großartig grand, magnificent
die *Großeltern pl. grandparents
die *Großmutter (—, ⸗) grand= mother
der *Großvater (–s, ⸗) grandfather; beim (zum) Großvater at (to) grandfather's
*grün green
der Grund (–es, ⸗e) ground, reason

German-English Vocabulary

gründen (*wk.*) found, establish
gründlich thorough
die Grundschule (—, -n) elementary school
der Grundstein (-s, -e) corner stone
die Gründung (—, -en) founding
grünen (*wk.*) be green
die Gruppe (—, -n) group
der *Gruß (-es, ⁼e) greeting; *in the conclusion of a letter* regards, love; viele Grüße lots of love; mit den herzlichsten Grüßen with best regards, with (best) love
***grüßen** (*wk.*) greet; grüße ihn von mir remember me to him
die Gunst (—) favor
***gut** (besser, best) *adj.* good; *adv.* well; einem gut sein be fond of one; schon gut all right; das Gute *adj. infl.* the good, that which is good
das *Gut (-es, ⁼er) estate, farm, goods
das Gymna'sium (-s, Gymna'sien; ie = i + e) gymnasium (secondary classical school, preparing for the university)

das Haar (-es, -e) *often used in the pl. contrary to English usage* hair
***haben** (er hat, er hatte, er hat gehabt) have
hacken (*wk.*) chop
die Hafenstadt (—, ⁼e) seaport
der Hafer (-s) oats
der Hahn (-es, ⁼e) cock, rooster
***halb** half; eine halbe Mark half a mark; halb sechs half past five
das *Halbjahr (-s, -e) half-year
die *Hälfte (—, -n) half
der Hals (Halses, Hälse) neck
das *Halsband (-s, ⁼er) necklace, collar (of a dog)
die Halsbinde (—, -n) necktie, neck cloth, scarf
***halten** (er hält, er hielt, er hat gehalten) hold, keep; stop; halten für *acc.* consider
halt'|machen (*wk.*) halt, stop
die *Hand (—, ⁼e) hand; er gab ihnen die Hand he shook hands with them
der *Handel (-s) trade, business, transaction of business
handeln (*wk.*) act; handeln von *dat.* treat of
das Hand'gelenk' (-s, -e) wrist
die Handlung (—, -en) action, plot (of a drama)
der Handschuh (-s, -e) glove
das *Handtuch (-s, ⁼er) towel
das *Handwerk (-s, -e) handicraft, trade
hangen *or* **hängen** (er hängt, er hing, er hat gehangen) *intr.* hang
***hängen** (*wk.*) *tr.* hang
***Hanno'ver** (v = w) (*neut.*) (-s) Hanover
***Hans** (*masc.*) (Hans' *or* Hansens) Jack
Hänschen (*neut.*) (-s) Jackie, Johnnie
der Harfenspieler (-s, —) harp-player, minstrel
harmo'nisch harmonious
hart (⁼er, ⁼est) hard
der Hase (-n, -n) hare
der Haß (Hasses) hate, hatred
der Hauch (-es, -e) breath
***häufig** frequent
das Haupt (-es, ⁼er) head
der Hauptmann (-s, Hauptleute) captain
die Hauptsache (—, -n) chief thing, main point
die Hauptstadt (—, ⁼e) capital

das *Haus (Hauses, Häuser) house; zu Hause at home; nach Hause gehen go home

das *Häuschen (-s, —) small house

die *Hausfrau (—, -en) housewife, lady of the house

der Haushalt (-s, -e) household

das Haustier (-s, -e) domestic animal

die Hautkrankheit (—, -en) skin disease

*heben (er hebt, er hob, er hat gehoben) lift, raise; *refl.* rise (of a curtain)

das Heer (-es, -e) army

das *Heft (-es, -e) notebook

heftig vehement, violent, passionate

hegen (*wk.*) tend

die Heide (—, -n) heath; auf der Heiden (*old inflected dat. sg.*) on the heath

das Heidenröslein (-s, —) little rose of the heath

heidnisch heathen

heilig holy

heilsam wholesome, beneficial

die Heilung (—, -en) healing, cure

das Heimatland (-s, -e *or* -̈er) native land *or* country

heim'|führen (*wk.*) take home (one's bride)

heim'|kommen (*str., aux.* sein) come home

heimlich secret

heim'|reiten (*str., aux.* sein) ride home

der *Heimweg (-s) way home

*Heinrich (*masc.*) (-s) Henry

*Heinz (*masc.*) (Heinz' *or* -ens) Harry

die Heirat (—, -en) marriage

heiratsfähig marriageable

*heiß hot, ardent

*heißen (er heißt, er hieß, er hat geheißen) *intr.* be called; *tr.* bid, call; wie heißen die Kinder what are the names of the children; das heißt that is

heiter serene, bright, cheerful

heizen (*wk.*) heat

der Held (-en, -en) hero

*Helene (*fem.*) (-s) Helen

*helfen (er hilft, er half, er hat geholfen) *dat.* help

*hell bright, light

das Hemd (-es, -en) shirt

her hither; her und hin *more commonly* hin und her back and forth, to and fro

heran'|kommen (*str., aux.* sein) approach, draw near

heran'|treten (*str., aux.* sein) w. an *acc.* step up to

heran'|wachsen (*str., aux.* sein) grow up

*herauf'|kommen (*str., aux.* sein) come up

heraus'|geben (*str.*) give forth, deliver up, give back

*heraus'|kommen (*str., aux.* sein) come out

der *Herbst (-es, -e) autumn, fall

der Herd (-es, -e) hearth

*herein'|kommen (*str., aux.* sein) come in

*her'|kommen (*str., aux.* sein) come here

*Hermann (*masc.*) (-s) Herman

hernie'der|stürzen (*wk., aux.* sein) rush *or* gush down

der *Herr (-n, -en) gentleman, Lord, master; Herr Braun Mr. Braun; Herr Lehrer *in direct address* Mr. (*plus the name of the instructor*); Herr Pfarrer *in direct address* Parson

German-English Vocabulary

*herrlich magnificent, glorious, splendid, delightful

herrschen (wk.) rule, prevail; rage (of diseases)

die Herstellung (—, -en) manufacture

*herun'ter|kommen (str., aux. sein) come down

das *Herz (-ens, -en) heart; etwas auf dem Herzen haben have something on one's mind

Herze archaic for Herz

der Herzenswunsch (-es, ⸚e) heart's desire

herzig dear, sweet, darling

*herzlich hearty, cordial, affectionate

das Heu (-es) hay

*heulen (wk.) howl

der Heuschuppen (-s, —) hay shed

*heute today; heute abend (morgen, nachmittag) this evening (morning, afternoon)

heutig of today, today's, present-day, modern

die Hexe (—, -n) witch

*hier here

hierher hither, to this place, here

die Hilfe (—) help

der *Himmel (-s, —) heaven; sky; unter freiem Himmel in the open air

himmelhoch as high as heaven

das Himmelsfenster (-s, —) window of heaven

himmlisch heavenly

*hin thither; hin und wieder now and then

*hinauf'|gehen (str., aux. sein) go up

hinauf'|schauen (wk.) look up

*hinauf'|steigen (str., aux. sein) climb up

*hinaus'|gehen (str., aux. sein) go out

hinaus'|kommen (str., aux. sein) w. über acc. go beyond

hindurch' adv. through, throughout; die ganze Nacht hindurch all night long

*hinein' adv. into; bis weit in den Sonntag hinein until far into Sunday

hinein'|führen (wk.) lead into

*hinein'|gehen (str., aux. sein) go in; zur Tür hineingehen go in at the door

hinein'|schleichen (str., aux. sein) sneak or glide or steal into!

hinein'|springen (str., aux. sein) spring or jump into, project

*hin'|gehen (str., aux. sein) go there, go

hin'|legen (wk.) lay down

hinten adv. behind, at the back

*hinter prep. w. dat. or acc. behind; adj. back, rear

der Hintergrund (-s, ⸚e) background

hinterm = hinter dem

hinun'ter adv. downward, down

*hinun'ter|gehen (str., aux. sein) go down

hinzu'|fügen (wk.) add

der Hirsch (-es, -e) stag, deer

der Hirschfänger (-s, —) hunting knife

der Hirt (-en, -en) shepherd

das Hirtenhaus (-hauses, -häuser) shepherd's cottage

histo'risch historical

*hoch, when inflected hoh= (höher, höchst) high; höhere Schule advanced or secondary school (prepares for the university)

hoch'entwi'ckelt highly developed

der Hochmut (-s) haughtiness, pride

die *Hochschule (—, -n) institution of learning of university rank; die technische Hochschule engineering school, institute of technology

hochschulkundlich academic

der *Hochwald (-s, ⸚er) forest of tall trees, big timber

der *Hof (-es, ⸚e) court, yard, back yard; auf dem Hofe in the yard

hoffen (wk.) hope, hope for; hoffen auf acc. hope for

hoffentlich adv. I hope

die Hoffnung (—, -en) hope

höflich polite

die Höhe (—, -n) height; in die Höhe upward, up, on high

hold sweet, gracious, charming

*holen (wk.) fetch, get

das Holz (-es, ⸚er) wood, timber, lumber

der Holzdieb (-s, -e) wood thief, one stealing wood

der Honig (-s) honey

*hören (wk.) hear, listen

die Hose (—, -n) trousers, breeches

das *Hospital' (-s, Hospitäler) hospital

*hübsch pretty; hübsch müde very tired, "good and tired"

die Hüfte (—, -n) hip

der *Hügel (-s, —) hill

das *Huhn (-es, ⸚er) chicken

humani'stisch humanistic

der Humor' (-s) humor

der *Hund (-es, -e) dog

hundert hundred, a hundred; Hunderte hundreds

hundertmal a hundred times

der Hunger (-s) hunger

*hungrig hungry

*hurra' hurrah

der *Hut (-es, ⸚e) hat; den Hut vom Kopfe nehmen take off one's hat

*hüten (wk.) guard, tend; das Bett hüten müssen be confined to one's bed

die Hütte (—, -n) hut, cabin, cottage

*ich I

die Idee' (—, Ide'en) idea, conception

idyl'lisch idyllic

*ihr (ihre, ihr) adj. her, its, their; pron. you, ye

*Ihr (Ihre, Ihr) adj. your; pron. in letters you

*ihrer (ihre, ihres) pron. hers, theirs

*Ihrer (Ihre, Ihres) pron. yours

*im contr. of in dem

*immer always

immergrün evergreen

*in prep. w. dat. or acc. in, into

*indem' subord. conj. while

der Inhalt (-s, -e) contents

inner inner

*innerhalb prep. w. gen. inside of, within

*ins contr. of in das

die Inschrift (—, -en) inscription

das Instrument' (-s, -e) instrument

interessant' interesting

das Interes'se (-s, -n) interest

irgend adv. any, some; irgend ein anderer any other, some other; auf irgend eine Weise in some manner or other; irgend ein Kursus any course

irren (wk., aux. sein) wander

*Ita'lien (ie = i + e) (neut.) (-s) Italy

*italie'nisch (ie = i + e) adj. Italian; Italienisch indecl. neut. or das Italienische adj. infl. Italian (language)

German-English Vocabulary

*ja yes; indeed, you know, to be sure

die Jagd (—) hunting, hunt, chase

die Jagdhütte (—, -n) hunting lodge

die Jagdlust (—) fondness for the chase

jagen (wk.) hunt, chase

der Jäger (-s, —) hunter, huntsman

die Jägertracht (—, -en) hunting costume

das *Jahr (-es, -e) year; mit vierzehn Jahren aus der Schule kommen leave school at the age of fourteen

jahraus': jahraus, jahrein year in and year out

der Jahresanfang (-s) beginning of the year

die *Jahreszeit (—, -en) season

das Jahrhun'dert (-s, -e) century

der Jahrmarkt (-s, ⁻e) (annual) fair

das Jahrzehnt' (-s, -e) decade

*Jakob (masc.) (-s) Jacob, James

der *Januar (-(s), -e) January

jauchzen (wk.) shout (for joy), exult; himmelhoch jauchzend "shouting with great joy"

*jawohl' yes indeed

*je adv. ever; distributive w. num. each

*jedenfalls adv. in any case, at any rate

*jeder (jede, jedes) each, each one, every, everyone; ein jeder everyone, everybody

*jener (jene, jenes) that, that one, the former

*jenseit(s) prep. w. gen. on the other side of

das Jesuskind (-es) the child Jesus

*jetzt now

Johann (masc.) (-s) John

das Johan'nisfeuer (-s, —) St. John's fire

der Jude (-n, -n) Jew

jüdisch Jewish

die *Jugend (—) youth (period, or young people collectively)

die Ju'gendbewe'gung (—, -en) youth movement

der *Ju'li (-(s), -s) July

*jung (⁻er, ⁻st) young; bei Jung und Alt with young and old

der *Junge (-n, -n) boy

die *Jungfrau (—, -en) virgin, maid, maiden; „Die Jungfrau von Orleans" (pronounce Orleans as in French) "The Maid of Orleans" (Joan of Arc)

der Jüngling (-s, -e) youth, young man

der *Juni (-(s), -s) June

der Junitag (-s, -e) June day, day in June

die Kachel (—, -n) tile

der Kachelofen (-s, ⁻) tile stove

der *Kaffee (-s) coffee

kahl bald, bare, bleak

der Kahn (-es, ⁻e) boat

der Kaiser (-s, —) emperor

die Kaiserin (—, -nen) empress

der *Kalbsbraten (-s, —) roast veal

Kalkut'ta (neut.) (-s) Calcutta

*kalt (⁻er, ⁻est) cold

die *Kälte (—) cold, coldness

das Kamel' (-s, -e) camel

der Kamerad' (-en, -en) comrade

die Kamerad'schaft (—) comradeship

der Kamm (-es, ⁻e) comb

kämmen (wk.) comb

der Kampf (-es, ⁻e) combat, fight, contest, bout

kämpfen (wk.) fight, contend

der Kämpfer (–s, —) combatant, fighter, contestant, fencer
der Kanal' (–s, Kanäle) canal
*Karl (*masc.*) (–s) Charles
die *Karlsschule (—) military academy founded by Duke Karl Eugen of Württemberg; auf der Karlsschule at the Karlsschule
die *Karte (—, –n) card, ticket; (= Landkarte) map
die *Kartoffel (—, –n) potato
der *Kartoffelbrei (–s) mashed potatoes
der Karzer (–s, —) university lockup *or* prison
der *Käse (–s, —) cheese
der Kater (–s, —) tomcat
das Katerherz (–ens, –en) tomcat heart
Käthe (*fem.*) (–s) Kate
katho'lisch Catholic
die *Katze (—, –n) cat
*kaufen (*wk.*) buy
der *Käufer (–s, —) buyer, purchaser
das Kaufgeld (–s) purchase money
der *Kaufmann (–s, Kaufleute) merchant
*kaufmännisch mercantile, commercial
*kaum scarcely, hardly
keck bold, daring
kehren (*wk.*) sweep
*kein (keine, kein) *adj.* no, not a, not an, not any
*keiner (keine, kein(e)s) *pron.* not any, not anyone, not one, no one, none, (*of two*) neither
keineswegs by no means
*keinmal not a single time, not once; einmal ist keinmal once does not count
der *Kellner (–s, —) waiter

*kennen (er kennt, er kannte, er hat gekannt) know, be acquainted with; kennen lernen become acquainted with, make the acquaintance of
der Kenner (–s, —) connoisseur, (critical) judge
die Kerze (—, –n) candle
die Kette (—, –n) chain
der Kieferwald (–s, ⸚er) pine forest
das Kilogramm' (–s, –e) kilogram (2.2 pounds)
das (*or* der) Kilome'ter (–s, —) kilometer (.62 of an English mile)
das *Kind (–es, –er) child
das *Kinderzimmer (–s, —) children's room, nursery
das Kindlein (–s, —) baby
das Kinn (–es, –e) chin
das *Kino (–s, –s) movies; ins Kino gehen go to the movies
die *Kirche (—, –n) church; zur (*or* in die) Kirche gehen (kommen) go (come) to church
die Kir'chenmusik' (—) sacred music
die Kirsche (—, –n) cherry
das Kissen (–s, —) cushion, pillow
klagen (*wk.*) lament, complain
der Klang (–es, ⸚e) sound
*klar clear; sich (*dat.*) über etwas klar werden become fully aware of something, comprehend *or* grasp a thing clearly
*Klara (*fem.*) (–s) Clara
die *Klasse (—, –n) class
das Klassenzimmer (–s, —) classroom
der Klassiker (–s, —) classical author *or* writer; Klassiker im Reiche der Musik classical composer
klassisch classical
*klatschen (*wk.*) applaud, clap; gossip

German-English Vocabulary

*Klaus (masc.) (Klaus' or Klausens) Nicholas

das *Klavier' (v=w) (–s, –e) piano; Klavier spielen play the piano

das *Kleid (–es, –er) dress; pl. dresses, clothes

kleiden (wk.) clothe, dress

die Kleidung (—, –en) clothing

das Kleidungsstück (–s, –e) article of clothing

*klein small, little; kleiner smaller, lesser, minor

klingen (es klingt, es klang, es hat geklungen) sound

*klopfen (wk.) knock; es klopft somebody knocks or is knocking

das Kloster (–s, ⸗) cloister, monastery

*klug (⸗er, ⸗st) intelligent, bright, smart

der *Knabe (–n, –n) boy

knapp concise

der Knecht (–es, –e) (cognate with knight) servant, hired man; Knecht Ruprecht (a kind of) Santa Claus

die Kneipe (—, –n) students' meeting or gathering for convivial purposes

die Knospe (—, –n) bud

der Koch (–es, ⸗e) cook

*kochen (wk.) cook; eine Suppe kochen make soup

der Kohl (–s) cabbage

die Kohle (—, –n) coal

der Kolle'ge (–n, –n) colleague

Köln (neut.) (–s) Cologne

komisch comical

*kommen (er kommt, er kam, er ist gekommen) come

der Kommers' (Kommerses, Kommerse) formal drinking bout

komponie'ren (wk.) compose, set to music

der Komponist' (–en, –en) composer

der *König (–s, –e) king

der Königssohn (–s, ⸗e) king's son

die Königstochter (—, ⸗) king's daughter

der *Konjunktiv' (–s, –e) subjunctive (mood)

*können (er kann, er konnte, er hat gekonnt) be able to, can, know, know how to

der Kontinent' (–s, –e) continent

der *Kopf (–es, ⸗e) head

das Köpfchen (–s, —) little head

der *Korb (–es, ⸗e) basket

der *Korbball (–s) basket ball

das Körbchen (–s, —) small basket

das Korn (–es, ⸗er) grain

der Körper (–s, —) body

körperlich bodily, physical

das Korps (—, —) (pronounced Kōr (nom.), Kōrs (gen.), Kōrs (pl.)) corps, students' club

*korrigie'ren (wk.) correct

die *Kost (—) food, board

kosten (wk.) cost

die Kraft (—, ⸗e) strength, power; efficacy, virtue

kräftig strong, vigorous

der Kraftwagen (–s, —) automobile

krähn (= krähen, wk.) crow

*krank (⸗er, ⸗st) sick

kränken (wk.) hurt, offend, grieve

die Krankheit (—, –en) sickness, disease

der *Kranz (–es, ⸗e) wreath, garland; Kränze binden make wreaths

das Kraut (–es, ⸗er) herb, plant

der *Kraut'salat' (–s) slaw, coleslaw

die *Kreide (—, –n) chalk

der Kreidestrich (–s, –e) chalk line

der *Kreis (Kreises, Kreise) circle

das Kreuz (-es, -e) cross
*friechen (er friecht, er kroch, er ist gekrochen) creep; auf Händen und Füßen kriechen creep on one's hands and knees
der *Krieg (-es, -e) war
die Krippe (—, -n) crib, manger
kritisch critical
krönen (wk.) crown
krumm (-er or ̈er, -st or ̈st) crooked
die *Küche (—, -n) kitchen
der *Küchen (-s, —) cake
die Kuh (— ̈e) cow
*kühl cool
das Kultur'volk (-s, ̈er) civilized people
kummervoll sorrowful, full of sorrow or grief
künftig future, to come
die Kunst (—, ̈e) art, skill
die Kunstform (—, -en) artistic form
der Künstler (-s, —) artist, craftsman
die Kunststraße (—, -n) turnpike, macadamized highway
das Kunstwerk (-s, -e) work of art
die Kupfermünze (—, -n) copper coin
kurie'ren (wk.) cure
*kurz (̈er, ̈est) short, brief; vor kurzem recently; kurz darauf' shortly afterwards
der *Kuß (Kusses, Küsse) kiss
küssen (wk.) kiss

*lächen (wk.) laugh
*laden (er lädt, er lud, er hat geladen) load
der Laden (-s, ̈) shop, store
die Lage (—, -n) position, situation
das Lager (-s, —) camp; festes Lager permanent camp
lahm lame

das *Land (-es, ̈er) land, country; auf dem Lande in the country; aufs Land gehen go to the country
der Landarzt (-es, ̈e) licensed physician
die Landkarte (—, -n) map
ländlich rural
landschaftlich pertaining to the (or a) landscape; landschaftliche Reize charms or beauties of landscape
der Landsmann (-s, Landsleute) fellow countryman
die Landsmannschaft (—, -en) society of compatriots, club of students from the same country
*lang (̈er, ̈st) long; tall and lanky
*lange adv. long, a long time, for a long time; lange nicht far from, not ... by far
die Länge (—, -n) length
langen (wk.) long for, long
*langsam slow
der *Lärm (-es) noise
*lärmend noisily
*lassen (er läßt, er ließ, er hat gelassen) leave, let, have (something done or someone do a thing); fallen lassen let fall, drop; laufen lassen let go, let escape; rufen lassen send for; laß das Stehlen leave off (or quit) stealing
das Latein' (-s) Latin (language)
latei'nisch adj. Latin
die Laube (—, -n) arbor
der *Lauf (-es) course
die Laufbahn (—, -en) career
*laufen (er läuft, er lief, er ist gelaufen) run; (= Schlittschuh laufen) skate
lauschen (wk.) listen
*laut adj. loud; adv. loudly, aloud
die Laute (—, -n) lute

German-English Vocabulary

lauten (*wk.*) be worded, run, read
die Lawi'ne (—, -n) avalanche
*leben (*wk.*) live; leben von *dat.* live on; lebe wohl farewell, goodby; lebend living, alive
das *Leben (-s, —) life; ins Leben rufen found
leben'dig living, active
die Lebensarbeit (—) life work
die Le'benserfah'rung (—, -en) personal experience
das *Lebewohl (-s) farewell, goodby
lebhaft lively
das *Leder (-s) leather; aus Leder of leather
die Lederschürze (—, -n) leather apron
leer empty
*legen (*wk.*) lay
die Lehre (—, -n) teaching, precept, advice, doctrine
*lehren (*wk.*) teach
der *Lehrer (-s, —) teacher (man)
die *Lehrerin (—, -nen) teacher (woman)
die *Leh'rerinnenprü'fung (—, -en) teachers' examination
der Lehrgang (-s, ⸚e) course of instruction
der *Lehrling (-s, -e) apprentice
die *Lehrzeit (—) apprenticeship
der Leib (-es, -er) body
die Leibesübung (—, -en) physical exercise
der Leichenzug (-s, ⸚e) funeral procession
*leicht light, easy; fickle
*leid *pred. adj.*: es tut mir leid um ihn *or* er tut mir leid I am (*or* feel) sorry for him; was tut ihm leid what is he sorry about
das *Leid (-es) sorrow, grief

leiden (er leidet, er litt, er hat gelitten) suffer, endure, tolerate
das Leiden (-s, —) suffering, affliction, sorrow
leidvoll sorrowful
leise low, soft, gentle
die Leistung (—, -en) accomplishment
der Leiter (-s, —) leader, director
die Lerche (—, -n) lark
*lernen (*wk.*) learn, study
das Lesebuch (-s, ⸚er) reader
*lesen (er liest, er las, er hat gelesen) read
der Leser (-s, —) reader
*letzt last; der letztere the latter
letztemal: das letztemal the last time
leuchten (*wk.*) shine, gleam
die *Leute *pl.* people
das *Licht (-es, -er) light; (*pl.* -e) candle
*lieb dear; ihr Lieben you dear ones
die *Liebe (—) love; Liebe zu love for
*lieben (*wk.*) love
die Liebesgabe (—, -n) gift of love
die Lie'besgeschich'te (—, -n) love story
der Liebeskuß (-kusses, -küsse) kiss of love, loving kiss
lieb'|haben *irreg.* be fond of, love, like
das *Lied (-es, -er) song
das Liedchen (-s, —) little song
*liegen (er liegt, er lag, er hat gelegen) lie
die Lilie (ie = i + e) (—, -n) lily
lind mild, gentle
die Linde (—, -n) linden
link left
*links *adv.* to the left
die *Lippe (—, -n) lip
die List (—, -en) cunning, wile

die Literatur' (—, -en) literature
das Lob (-es) praise
locken (wk.) lure, entice
lockig curly
der *Lohn (-es, ⸚e) salary, pay, wages
die Lokomoti've (v=w) (—, -n) locomotive, engine
die Lorelei (—) name of a steep cliff on the Rhine and of the beautiful water sprite haunting it; title of a poem by Heine
der Loreleifelsen (-s) Lorelei rock or cliff
*los'|brechen (str., aux. sein) break loose, burst forth
los'|werden (str., aux. sein) get rid of
der Löwe (-n, -n) lion
die *Luft (—, ⸚e) air
die *Lufthansa (—) Airway Corporation
das Luftschiff (-s, -e) airship
die Luftschiffahrt (—) aviation
der Luft'verkehr' (-s) air traffic, air service
die Lunge (—, -n) lung
die Lust (—, ⸚e) pleasure, joy; desire
das Lustspiel (-s, -e) comedy
die Lyrik (—) lyric poetry
der Lyriker (-s, —) lyric poet
lyrisch lyric

M abbrev. of Mark
m abbrev. of Meter
*machen (wk.) make, do
die *Macht (—, ⸚e) power
mächtig mighty, huge, immense
das *Mädchen (-s, —) girl
das Mädel (-s, —) girl, sweetheart
die Magd (—, ⸚e) maidservant, maid
das Mägdlein (-s, —) maiden

mähen (wk.) mow
die Mahlzeit (—, -en) meal
die Mäh'maschi'ne (—, -n) mowing machine
*mahnen (wk.) admonish, reprove
der *Mai (-(e)s or —, -e) May
der Maikönig (-s, -e) May king
die Maikönigin (—, -nen) May queen
das Mailied (-s, -er) May song
der Mais (Maises) maize, (Indian) corn
das *Mal (-es, -e) time; zum ersten Male for the first time; zwei mal fünf two times five
*man indecl. indef. pron. one, we, you, they, people, a person
*mancher (manche, manches) many a, many a one, some; manches many a thing, many things
*manchmal sometimes
mangeln (wk.) lack, be wanting
der *Mann (-es, ⸚er) man; husband
mannicher dialectic = mancher
die Mannschaft (—, -en) team, crew
der *Mantel (-s, ⸚) cloak
*Marburger indecl. adj. (of) Marburg
das Märchen (-s, —) fairy tale, story
Mari'a (fem.) (-s) Mary
*Marie' (fem.) (-s) Mary
die *Mark (—, —) mark (about 40 cents)
der *Markt (-es, ⸚e) market, market place
der Marktschreier (-s, —) barker; seinen eignen Marktschreier machen act as one's own barker
der Marmor (-s, -e) marble
der *März (-(es), -e) March
die Maschi'ne (—, -n) machine
die Masse (—, -n) mass; eine Masse Geld a lot of money

German-English Vocabulary

mäßig moderate

die Mäßigkeit (—) moderation, temperance

die Mathematik' (—) mathematics

die *Matte (—, -n) mat

die Mauer (—, -n) wall

die *Maus (—, ⸺e) mouse

mausestill as still as a mouse

der *Mecha'niker (-s, —) mechanic

das Meer (-es, -e) sea

*mehr *indecl.* more; nicht mehr not any more, no longer; immer mehr more and more

*mehrere *pl.* several

mehrmals several times

die Meile (—, -n) mile (the German mile = about 4⅔ English miles)

meilenweit for miles

*mein (meine, mein) *adj.* my; *indecl. pred. pron.* mine

*meiner (meine, mein(e)s) *pron.* mine

*meist *adj.* most; *adv.* mostly, for the most part; die meisten anderen Knaben most of the other boys

*meistens *adv.* mostly, for the most part, generally

der *Meister (-s, —) master

die Meisterschaft (—) championship

der Meisterschaftskampf (-s, ⸺e) championship contest

die Melodie' (—, Melodi'en) melody

der *Mensch (-en, -en) man (in general), human being, person

das Menschenkind (-s, -er) human being, person

die Menschheit (—) humanity, mankind

*menschlich human

die Mensur' (—, -en) (students') fencing bout; auf die Mensur gehen engage in a fencing bout *or* in fencing bouts

*merken (*wk.*) note; sich (*dat.*) etwas merken note something carefully

der *Merksatz (-es, ⸺e) sentence to be noted carefully

die Merkwürdigkeit (—, -en) curiosity

das *Messer (-s, —) knife

der Messi'as (—) the Messiah

die Messingplatte (—, -n) brass plate

das (*or* der) Meter (-s, —) meter (39.37 inches)

die Metho'de (—, -n) method

der Metzger (-s, —) butcher

die *Milch (—) milk

*mild *sometimes* milde mild, gentle

die Million' (—, -en) million

die Minderzahl (—, -en) minority

*mindestens at least

die *Minu'te (—, -n) minute

*mit *prep. w. dat.* with

*mit'|gehen (*str., aux.* sein) go along

das Mitglied (-s, -er) member

der Mitmensch (-en, -en) fellow man, fellow being

*mit'|singen (*str.*) join in singing

der *Mittag (-s, -e) noon; zu Mittag essen eat dinner

das *Mittagessen (-s, —) dinner; zum Mittagessen for *or* at dinner

die Mitte (—) middle, midst

das Mittel (-s, —) means, remedy

*mitten *adv.* amidst; mitten in *dat. or acc.* in (into) the middle (midst) of

die *Mitternacht (—, ⸺e) midnight

mittler *adj.* (*compar. of* mittel *adj., which it has supplanted*) middle, central

der *Mittwoch (-s, -e) Wednesday

der *Mittwochnachmittag (-s, -e) Wednesday afternoon

das Möbel (-s, —) piece of furniture; *pl.* furniture

modern' modern

*mögen (er mag, er mochte, er hat gemocht) like, like to, care to; may

*möglich possible; möglichst viele as many as possible

der *Monat (–s, –e) month; im Monat September in the month of September

der Mönch (–es, –e) monk

der *Mond (–es, –e) moon

der *Mondschein (–s) moonlight

der *Montag (–s, –e) Monday; (am) Montag morgen (on) Monday morning

*morgen tomorrow; morgen abend tomorrow evening

der *Morgen (–s, —) morning; morgens in the morning; am Morgen in the morning; gestern morgen yesterday morning

der Morgenfriede (–ns) peace of morning

morgenschön beautiful as the morning

die Morgenstunde (—, –n) morning hour

das Motorrad (–s, ⸚er) motor cycle

*müde tired, weary

die Mühe (—, –n) effort, toil, trouble, pains

der *Mühlbach (–s) Mill Brook

die Mühle (—, –n) mill

der Müller (–s, —) miller

München (neut.) (–s) Munich

der Mund (–es, ⸚er) mouth

die Mündung (—, –en) mouth (of a river)

die Münze (—, –n) coin

das *Murmeltier (–s, –e) marmot; wie ein Murmeltier schlafen sleep like a log or top

die Muse (—, –n) muse

das Muse'um (–s, Muse'en) museum

die Musik' (—) music

musika'lisch musical

das Musik'drama (–s, –dramen) music drama

der Musik'freund (–s, –e) lover of music

*müssen (er muß, er mußte, er hat gemußt) be obliged to, have to, must

das Muster (–s, —) model, pattern

der Mut (–es) courage

die *Mutter (—, ⸚) mother

die *Mütze (—, –n) cap

der Myrtenkranz (–es, ⸚e) myrtle wreath

*nach prep. w. dat. after, to, according to

der Nachbar (–s or –n, –n) neighbor

*nachdem' subord. conj. after

der Nachfolger (–s, —) successor

*nachher' afterwards

der *Nachmittag (–s, –e) afternoon; am Nachmittag in the afternoon

*nach'|sehen (str.) look into it, investigate

nächstgrößt next largest

die *Nacht (—, ⸚e) night, darkness; in der Nacht at night; nachts at night

der Nachteil (–s, –e) disadvantage, injury, loss

die Nachtigall (—, –en) nightingale

der *Nachtisch (–es) dessert; zum Nachtisch for dessert

das Nachtlied (–s, –er) night song

die Nadel (—, –n) needle

*nah(e) (näher, nächst) near, close; nächst nearest, closest, next

die Nähe (—) nearness, neighborhood, vicinity

*nähen (wk.) sew

German-English Vocabulary

*nähern (wk.) refl. w. dat. approach
der Name (-ns, -n) name; namens named, by the name of
*nämlich namely, you see, you must know, for
der *Narr (-en, -en) fool
die Nase (—, -n) nose
naß (nässer, nässest) wet
die Nation' (—, -en) nation
die *Natur' (—) nature; in der Natur in nature
*natür'lich naturally, of course
die Natur'wissenschaft (—, -en) natural science
*neben prep. w. dat. or acc. beside
der Nebenfluß (-flusses, -flüsse) tributary
das Neckartal (-s) valley of the Neckar
der *Neffe (-n, -n) nephew
*nehmen (er nimmt, er nahm, er hat genommen) take
*neigen (wk.) incline
*nein no
*nennen (er nennt, er nannte, er hat genannt) name, call
neu new; neuer newer, modern
die Neuigkeit (—, -en) (piece of) news
das *Neujahr (-s, -e) New Year
*neulich recently
*neun nine
*Neuyork' (neut.) (-s) New York; aus Neuyork from New York
*nicht not
die *Nichte (—, -n) niece
*nichts nothing, not anything
nicken (wk.) nod
*nie never
nieder down, downward
nie'der|lassen (str.) let down; refl. settle, establish oneself, take up one's domicile

niemand (-s) nobody, no one
*nimmer never
nimmermehr nevermore
*nirgends nowhere, not anywhere
der Nobelpreis (-preises, -preise) Nobel prize
*noch still, yet; after negatives nor, or; noch nicht not yet; noch kein not yet a; noch immer still; noch nie never yet
*nochmals once more, again
Norddeutschland (neut.) (-s) North Germany
der Norden (-s) north
nördlich northern
die Nordsee (—) North Sea
Nordwestdeutschland (neut.) (-s) northwest Germany
die Not (—, ⸚e) necessity, need; trouble
der *November (v = w) (-(s), —) November
nüchtern sober
*nun adv. now; interj. well
*nur only; w. imperative just
Nürnberg (neut.) (-s) Nuremberg
die *Nuß (—, Nüsse) nut
der Nutzen (-s, —) use, profit, gain
nützlich useful

*ob subord. conj. whether, if (in indirect questions)
*oben adv. up, above, upstairs, at the top; hier oben up here; dort oben up there; von oben bis unten from top to bottom; nach oben gehen go upstairs; nach oben kommen come up or to the top
*ober upper
der Oberförster (-s, —) chief forester
*oberhalb prep. w. gen. above
*obgleich' subord. conj. although

*obschon' *subord. conj.* although
das *Obst (–es) fruit
der Obstgarten (–s, ⁻) orchard
obwohl' *subord. conj.* although
der Ochs (Ochsen, Ochsen) ox
*oder *coörd. conj.* or
der Ofen (–s, ⁻) stove
das Ofenrohr (–s, –e) stovepipe
*offen open
öffentlich public
der *Offizier' (–s, –e) officer
der *Offiziers'kreis (–kreises, –kreise) officers' class; in Offizierskreisen in the officers' class
*öffnen (*wk.*) open
*oft (⁻er, am ⁻esten) often
*ohne *prep. w. acc.* without
das *Ohr (–es, –en) ear
der *Okto'ber (–(s), —) October
der *Onkel (–s, —) uncle
die Oper (—, –n) opera
die *Ordnung (—, –en) order; es ganz in der Ordnung finden think it quite right *or* natural *or* proper
die Orgel (—, –n) organ
der *Ort (–es, –e *or* ⁻er) place; an kleinen Orten in small places
der Osten (–s) east
*Ostern *pl., but usually takes verb in sg.* Easter
Österreich (*neut.*) (–s) Austria
östlich east, eastern
die Ostsee (—) Baltic Sea

das *Paar (–es, –e) pair, couple; ein Paar Schlittschuhe a pair of skates; ein paar *indecl.* a few
*paarmal: ein paarmal a few times
das *Papier' (–s, –e) paper; *pl.* documents
das Papier'geld (–s, –er) paper money

Paris' (*neut.*) Paris
der Park (–es, –e) park
die *Parkstraße (—) Park Street
der Paß (Passes, Pässe) pass
*passen (*wk.*) *dat. of person* fit, suit; passend *part. adj.* fitting, suitable
der *Pastor (–s, Pasto'ren) pastor, minister
die Pauke (—, –n) kettledrum; (*student language*) fencing bout
die Pein (—) pain, torment; in schwebender Pein "in painful suspense"
die Peitsche (—, –n) whip
die *Pension' (en *nasal as in French*) (—, –en) pension
die Perio'de (—, –n) period
die Perle (—, –n) pearl
die Person' (—, –en) person
der Perso'nenzug (–s, ⁻e) local passenger train
persön'lich personal
Pf. *abbrev. of* Pfennig
der Pfarrer (–s, —) parson, clergyman
*pfeifen (er pfeift, er pfiff, er hat gepfiffen) whistle
der *Pfennig (–s, –e) pfennig (one hundredth of a mark *or* about two fifths of a cent)
das *Pferd (–es, –e) horse
das Pferdehaar (–s, –e) horsehair
der Pferdekopf (–s, ⁻e) head of a horse
*Pfingsten *pl., but usually takes verb in sg.* Whitsuntide, Pentecost
die Pflaume (—, –n) plum
die Pflege (—) care
pflegen (*wk.*) nurse, care for
die Pflicht (—, –en) duty
philoso'phisch philosophical
physika'lisch physical

German-English Vocabulary

der *Platz (–es, ⸚e) place, seat; square (in a town); bis auf den letzten Platz down to the last seat

plaudern (wk.) chat, gossip

*plötzlich sudden

die Poesie' (—, Poesi'en) poetry

Polen (neut.) (–s) Poland

poli'tisch political

der *Polizei'diener (–s, —) policeman

die *Portion' (—, –en) helping or plate (of meat etc.); drei Portionen Kalbsbraten roast veal for three

die Post (—, –en) post office

die *Postkarte (—, –n) post(al) card

die Postsachen pl. mail

prächtig splendid, magnificent

*prachtvoll magnificent, gorgeous

predigen (wk.) preach

der Prediger (–s, —) preacher

der *Preis (Preises, Preise) price; prize

die Preßkohle (—, –n) briquette (made of ground coal, pressed in the shape of bricks with rounded corners)

Preußen (neut.) (–s) Prussia

die Prinzes'sin (—, –nen) princess

die *Privat'schule (v = w) (—, –n) private school

der Profes'sor (–s, Professo'ren) professor

prosit: prosit Neujahr Happy New Year

prüfen (wk.) test, examine; prüfend searchingly

die *Prüfung (—, –en) test, examination; eine Prüfung machen take an examination

der Pudel (–s, —) poodle

das *Pult (–es, –e) desk

der *Punkt (–es, –e) point, dot, speck

*putzen (wk.) polish; trim or decorate (Christmas tree); sich (dat.) die Zähne putzen brush one's teeth

die Quelle (—, –n) spring, source

rächen (wk.) avenge, revenge

ragen (wk.) project, tower

der *Rand (–es, ⸚er) edge

rasch swift, quick

rasie'ren (wk.) shave

rasseln (wk.) rattle

der Rat (–es) piece of advice, advice, counsel; Rat halten take counsel

*raten (er rät, er riet, er hat geraten) dat. of person advise; guess

das Rathaus (–hauses, –häuser) city hall

das Rätsel (–s, —) riddle

rauben (wk.) take away; einem etwas rauben rob one of something

der *Räuber (–s, —) robber

das *Räuberlied (–s, –er) robber song, "The Song of the Robbers"

*rauchen (wk.) smoke

der Raum (–es, ⸚e) space, room

*rechnen (wk.) calculate, figure

*recht right, real, genuine

das *Recht (–es, –e) right; recht haben be right

*rechts adv. to the right

der Rechtsanwalt (–s, –e or –anwälte) attorney at law

*reden (wk.) talk, speak; vom Arbeiten gar nicht zu reden not to mention work, let alone work

das Reden (–s) talk, talking

redlich honest

die *Regel (—, –n) rule

regeln (wk.) regulate

der *Regen (–s, —) rain

die Regie'rung (—, –en) government

*regnen (wk.) rain

das *Reh (-es, -e) deer
*reich rich, abundant
das Reich (-es, -e) realm, commonwealth
*reichen (wk.) reach, hand, extend
die Reichsmark (—, —) reichsmark
der Reichspfennig (-s, -e) reichspfennig
der Reichtum (-s, ⸗er) riches, wealth
der Reigen (-s, —) procession, row of dancers; Reigen von Amoretten wreath (row, string) of Cupids
die Reihe (—, -n) row; der Reihe nach by turns
rein clean, pure; mere
die *Reise (—, -n) trip, journey; Zeit zu der Reise time for the trip
das Reisehandbuch (-s, ⸗er) guidebook
*reisen (wk., aux. sein) travel
der Reisende adj. infl. traveler
*reiten (er reitet, er ritt, er ist geritten) ride (on an animal)
die Reithose (—, -n) riding breeches
der Reiz (-es, -e) charm, attraction
der Rektor (-s, Rekto'ren) rector or president (of a university)
religiös' religious
die Rennbahn (—, -en) race course
*rennen (er rennt, er rannte, er ist gerannt) run, race
das *Restaurant' (*pronounce as in French*) (-s, -s) restaurant
*retten (wk.) save, rescue
der Retter (-s, —) rescuer, deliverer; Savior, Redeemer
der Rhein (-s) Rhine
das Rheinufer (-s, —) bank of the Rhine
richten (wk.) judge
der Richter (-s, —) judge
*riechen (er riecht, er roch, er hat gerochen) smell

der Riese (-n, -n) giant
*riesig gigantic, immense
die Rinderpest (—, -en) cattle plague
der Ring (-es, -e) ring
*ringen (er ringt, er rang, er hat gerungen) struggle, wrestle
rinnen (es rinnt, es rann, es ist geronnen) run, flow
RM abbrev. of Reichsmark
der *Rock (-es, ⸗e) coat; ohne Rock without a coat
der Roggen (-s) rye
der Rohstoff (-s, -e) raw material
die Rolle (—, -n) roll; rôle, part
Rom (*neut.*) (-s) Rome
der Roman' (-s, -e) novel
roma'nisch Romanic, Romanesque
der Römer (-s, —) Roman
der Römerturm (-s) Roman tower
römisch Roman
die Röntgenstrahlen *pl.* Röntgen rays
die Rose (—, -n) rose
der Rosengarten (-s, ⸗) rose garden
*rosicht rosy
das Röslein (-s, —) little rose
das Roß (Rosses, Rosse) horse, steed
*rot (⸗er, ⸗est) red
das Rotkehlchen (-s, —) robin
Rpf abbrev. of Reichspfennig
die *Rübe (—, -n): gelbe (weiße, rote) Rübe carrot (turnip, beet)
der *Rücken (-s, —) back
der Rucksack (-s, ⸗e) knapsack
der Rückweg (-s, -e) way back
Rudolf (*masc.*) (-s) Rudolph
der Ruf (-es, -e) call, shout
*rufen (er ruft, er rief, er hat gerufen) call, cry, exclaim
das *Rugbyspiel (-s) Rugby game
die Ruhe (—) rest, quiet, repose, peace; zur Ruhe bringen put to sleep
*ruhen (wk.) rest, repose, lie

German-English Vocabulary

ruhig quiet, calm
der Ruhm (–es) fame, renown
der Rumpf (–es, ⸚e) trunk, body
rund round, in round numbers

der Säbel (–s, —) saber
die *Sache (—, -n) thing, matter, affair
Sachsen (*neut.*) (–s) Saxony
sackartig sacklike
säen (*wk.*) sow
die Sage (—, -n) legend
*sagen (*wk.*) say, tell
das Salz (–es, -e) salt
sammeln (*wk.*) collect, gather
der Samt (–es, -e) velvet
der *Sand (–es) sand
*sanft soft, gentle, peaceful
Sankt *adj. uninflected* St., Saint;
  Sankt Nikolaus Saint Nicholas
der *Satz (–es, ⸚e) sentence
die Satzreihe (—, -n) sentence series
sauber clean
schade too bad, a pity; es ist schade
  um *acc.* it is a pity about
schaden (*wk.*) *dat.* hurt, harm, injure
schadhaft damaged; schadhaft werden
  get out of order
das Schaf (–es, -e) sheep
schaffen (er schafft, er schuf, er hat ge=
  schaffen) create, make
*schämen (*wk.*) *refl.* be ashamed;
  w. gen. be ashamed of; schäme
  dich shame on you
scharf (⸚er, ⸚st) sharp
der *Schatten (–s, —) shade, shadow
das Schätzchen (–s, —) sweetheart
schätzen (*wk.*) value, esteem
die Schaubühne (—, -n) stage
*schauen (*wk.*) look, behold, see;
  auf die Tafel schauen look at the
  blackboard
der *Schauspieler (–s, —) actor

das Schauspielhaus (–hauses, –häuser)
  playhouse, theater
die Schaustellung (—, -en) exhibition
das *Schauturnen (–s) gymnastic
  exhibition
scheiden (er scheidet, er schied, er ist ge=
  schieden) part, depart
der Schein (–es, -e) light, gleam,
  glow
*scheinen (es scheint, es schien, es hat
  geschienen) shine; seem
die Schelle (—, -n) (small) bell
*schenken (*wk.*) give (as a present),
  present with
die Schere (—, -n) shears, scissors
scheren (er schiert, er schor, er hat ge=
  schoren) shear, cut (the hair)
die Scheu (—) shyness, timidity
die Scheune (—, -n) barn
*schicken (*wk.*) send
*schießen (er schießt, er schoß, er hat
  geschossen) shoot
das Schiff (–es, -e) ship, boat
der Schiffer (–s, —) boatman, sailor
der Schimmel (–s, —) white (*or*
  gray) horse
schimmern (*wk.*) glisten, glitter,
  gleam
der Schlaf (–es) sleep
*schlafen (er schläft, er schlief, er hat
  geschlafen) sleep
das *Schlafzimmer (–s, —) bedroom
der Schlag (–es, ⸚e) part of a forest
  where wood is felled, clearing;
  wood to be felled
der *Schlagball (–s) baseball
*schlagen (er schlägt, er schlug, er hat
  geschlagen) strike, beat, fight, en=
  gage in; *refl.* fight, engage in
  a fencing bout; mit ihren eignen
  Worten schlagen rout with her
  own words; schlagend *part. adj.*
  fencing (*of student clubs*)

523

der Schläger (–s, —) rapier
*schlecht bad
schlicht simple
*schließen (er schließt, er schloß, er hat geschlossen) close; einen Kreis schließen form a circle
schließlich finally, in the end, after all
der *Schlittschuh (–s, –e) skate
das *Schloß (Schlosses, Schlösser) castle; auf dem Schloß at the castle
der *Schluß (Schlusses, Schlüsse) close, conclusion; zum Schluß in conclusion
das Schlüsselein (–s, —) little key
*schmecken (wk.) taste
schmeichelhaft flattering
schmeicheln (wk.) dat. flatter
der *Schmerz (–es, –en) pain
das Schmerzenslager (–s, —) bed of suffering
der Schmetterling (–s, –e) butterfly
der Schmied (–es, –e) smith, blacksmith; builder or architect (of one's own fortune)
schmieden (wk.) forge
*schmücken (wk.) adorn, decorate
das Schmuckstück (–s, –e) ornamental piece, ornament
*schmutzig dirty
der *Schnee (–s) snow
der Schneesturm (–s, ⸗e) snowstorm
*schneiden (er schneidet, er schnitt, er hat geschnitten) cut
der Schneider (–s, —) tailor
*schneien (wk.) snow
*schnell quick, fast
der Schnellzug (–s, ⸗e) express train
die Schnur (—, ⸗e) cord, lace
*schon already; all right, never fear
*schön beautiful, pretty, fine, handsome, nice

die Schönheit (—, –en) beauty
Schön=Rohtraut Beauty Rohtraut
die Schöp'fungsgeschich'te (—, –n) history of creation
der *Schreck (–es, –e) terror, fright; vor Schreck from fright
*schrecklich terrible
*schreiben (er schreibt, er schrieb, er hat geschrieben) write
*schreien (er schreit, er schrie, er hat geschrieen) shout, scream
die Schrift (—, –en) writing
der Schriftleiter (–s, —) editor
der *Schriftsteller (–s, —) author, writer
der Schuh (–es, –e) shoe
der Schuhmacher (–s, —) shoemaker
die *Schularbeit (—, –en) school work, lesson; seine Schularbeiten machen do one's lessons
das Schulbuch (–s, ⸗er) schoolbook
*schuld responsible, to blame; er ist daran' schuld he is the cause of it, he is to blame for it
die *Schuld (—) fault, guilt; durch eigne Schuld through one's own fault
schuldig guilty
die *Schule (—, –n) school; in der Schule at school; zur (or in die) Schule gehen go to school; nach der Schule after school
schulen (wk.) school, train
der *Schüler (–s, —) pupil (boy)
die *Schülerin (—, –nen) pupil (girl)
*schulfrei free from lessons; zehn schulfreie Wochen ten weeks' vacation
das Schul'gebäu'de (–s, —) school building
das *Schuljahr (–s, –e) school year
die *Schulprüfung (—, –en) exhibition test (to which the school

commissioners and parents are invited)
die Schulstunde (—, -n) school hour
der *Schultag (-s, -e) school day
die *Schulter (—, -n) shoulder
die *Schulwoche (—, -n) school week
das Schulzeugnis (-zeugnisses, -zeugnisse) school report
das Schulzimmer (-s, —) schoolroom
der Schuster (-s, —) cobbler
schütteln (wk.) shake
der Schutz (-es) protection
die Schutzbrille (—, -n) goggles
*schützen (wk.) protect
*schwach ("er, "st) weak
die Schwäche (—, -n) weakness, foible
schwächlich weakly
die Schwalbe (—, -n) swallow
das Schwänzchen (-s, —) little tail
*schwarz ("er, "est) black
schwarzbraun dark brown, nutbrown
der Schwarzwald (-s) Black Forest
schweben (wk.) hover
schweifen (wk., aux. sein or haben) roam
*schweigen (er schweigt, er schwieg, er hat geschwiegen) be silent; schweigend silent, in silence
das Schweigen (-s) silence; nach längerem Schweigen after a prolonged silence
das Schwein (-es, -e) hog
die Schweiz (—) Switzerland
*schwer heavy, weighty; difficult, hard
die *Schwester (—, -n) sister
schwierig difficult
*schwimmen (er schwimmt, er schwamm, er ist geschwommen) swim
das Schwimmen (-s) swimming

der *Schwimmer (-s, —) swimmer
das Schwirren (-s) whiz, whir
*sechs six
sechsundzwanzig twenty-six
sechzig sixty
der *See (-s, Se'en) lake
die Seekrankheit (—) seasickness
die Seele (—, -n) soul
das Seelenleben (-s, —) emotional (or inner) life
der Segen (-s, —) blessing
*sehen (in poetry often sehn) (er sieht, er sah, er hat gesehen) see
die Sehenswürdigkeit (—, -en) object of interest; pl. sights
das Sehnen (-s) longing
*sehr very, very much; so sehr so very much
die Seide (—, -n) silk
*sein (er ist, er war, er ist gewesen) be
*sein (seine, sein) adj. his, its
*seiner (seine, sein(e)s) pron. his, its
*seit prep. w. dat. since; subord. conj. since (temporal)
*seitdem' subord. conj. since (temporal)
die Seite (—, -n) side; page
die *Sekun'de (—, -n) second
*selber intensive pron. indecl. myself, yourself, himself, etc.
*selbst intensive pron. indecl. myself, yourself, himself, etc.; adv. even; von selbst of one's own accord
selbständig independent, of its own
das Selbststudium (-s, -studien; ie = i + e) private study, study by oneself
selig blessed
selten seldom
das Seme'ster (-s, —) semester
die Seminar'arbeit (—) seminar work

*senden (er sendet, er sandte, er hat ge=
  sandt; *also regular wk.*) send
die Sense (—, -n) scythe
der *Septem'ber (-(s), —) September
der Septem'bera'bend (-s, -e) September evening
*setzen (*wk.*) set; *refl.* seat oneself,
  sit down
*sich *indecl. refl. pron.* oneself, himself, yourself, etc.; *recip. pron.*
  each other, one another
*sicher sure, certain, safe
sichtbar visible
*sie *sg.* she, it; *pl.* they
*Sie you
*sieben seven
das *Siebtel (-s, —) seventh
siebzehn seventeen
siebzehnt seventeenth
das Siebzehntel (-s, —) seventeenth
der Sieg (-es, -e) victory, triumph
der Sieger (-s, —) victor
die Silbe (—, -n) syllable
das *Silber (-s) silver, silverware
der Silve'stera'bend (v = w) (-s, -e)
  New Year's Eve
der Sims (Simses, Simse) cornice
*singen (er singt, er sang, er hat gesun=
  gen) sing
*sinken (er sinkt, er sank, er ist gesunken)
  sink
der Sinn (-es, -e) mind, heart;
  sense, meaning
die Sitte (—, -n) custom
der Sitz (-es, -e) seat
*sitzen (er sitzt, er saß, er hat gesessen)
  sit
die Sitzung (—, -en) session
skandina'visch (v = w) Scandinavian
*so so, thus, then; so + *adj.* or
  adv. + wie as + *adj. or adv.* + as
*sobald' *subord. conj.* as soon as

der Sockel (-s, —) base
sofort' at once, immediately
sogar' even
sogenannt so-called
die Sohle (—, -n) sole
der *Sohn (-es, ⸚e) son
*solan'ge (*or* solang') *subord. conj.*
  as long as, while
*solcher (solche, solches) such, such a;
  solch ein such a; ein solcher such
  a, such a one
der Soldat' (-en, -en) soldier
*sollen (er soll, er sollte, er hat gesollt)
  be to (= be expected to), ought
  to, be said to, shall
der *Sommer (-s, —) summer
die *Sommerferien (ie = i + e) *pl.*
  summer vacation
das *Sommerhaus (-hauses, -häuser)
  summerhouse
das *Sommerhäuschen (-s, —) small
  summerhouse
das Som'merseme'ster (-s, —) summer semester
die *Sommerwärme (—) summer
  heat, heat of the summer
die Sommerzeit (—) summer time
*sondern *coörd. conj.* but
der *Sonnabend (-s, -e) Saturday;
  am Sonnabend vormittag (on) Saturday forenoon
der *Sonnabendnachmittag (-s, -e)
  Saturday afternoon
die *Sonne (—, -n) sun
der *Sonntag (-s, -e) Sunday
*sonst else, otherwise; sonst noch
  etwas anything else; sonst nichts
  nothing else
die *Sorge (—, -n) care, worry;
  habe keine Sorge don't worry
sorgen (*wk.*) be uneasy, worry; sor=
  gen für *acc.* take care of, look after
sorgsam careful

ſoviel' so much, as much
ſowie' as also
ſowohl' ... **als** both ... and; **ſowohl wie** as well as
***ſpaniſch** *adj.* Spanish; **Spaniſch** *indecl. neut. or* **das Spaniſche** *adj. infl.* Spanish (language)
die ***Sparbüchſe** (—, -n) savings box *or* bank
ſparſam saving, economical
***ſpät** late
der ***Spazier'gang** (-s, ⸚e) walk; **einen Spaziergang machen** take a walk
die ***Speiſekarte** (—, -n) bill of fare, menu
der **Sperling** (-s, -e) sparrow
der ***Spiegel** (-s, —) mirror
das ***Spiel** (-es, -e) play, game
***ſpielen** (*wk.*) play
der **Spielplatz** (-es, ⸚e) playground, athletic grounds *or* field
die **Spielregel** (—, -n) rule of the game
die **Spielſache** (—, -n) toy
ſpinnen (er ſpinnt, er ſpann, er hat geſponnen) spin
die **Spitze** (—, -n) point, peak, head
der **Sporn** (-es, Sporen *or sometimes, poetical,* Spornen) spur
der **Sport** (-es, -e) sport
die **Sprache** (—, -n) language
***ſprechen** (er ſpricht, er ſprach, er hat geſprochen) speak, talk, say; **ſprechen über** *acc.* speak about
der **Spreehafen** (-s, ⸚) Spree harbor, harbor on the Spree
das **Sprichwort** (-s, ⸚er) proverb
***ſpringen** (er ſpringt, er ſprang, er iſt geſprungen) jump, leap, spring, (*of sparks*) fly; burst, burst open
der **Spruch** (-es, ⸚e) pithy saying, aphorism

das ***Sprungbrett** (-s, -er) diving-board
die **Spur** (—, -en) track, trace
ſpüren (*wk.*) perceive, notice
der ***Staat** (-es, -en) state; **die Vereinigten Staaten** United States
das **Staats'exa'men** (-s, -exa'mina) state examination
die ***Stadt** (—, ⸚e) city, town; **in die Stadt gehen** go downtown (to town, to the city)
das ***Städtchen** (-s, —) small town
die **Stadt'gemein'de** (—, -n) municipality
das ***Stadt'thea'ter** (-s, —) municipal theater
der **Stall** (-es, ⸚e) stable
der **Stamm** (-es, ⸚e) trunk (of a tree)
ſtammen (*wk.*) *w.* **aus** *dat.* originate *or* come *or* date from
der **Stand** (-es, ⸚e) rank, station
das **Standbild** (-s, -er) statue
die **Stange** (—, -n) pole
***ſtark** (⸚er, ⸚ſt) strong; (*w. verbs such as* snow *or* rain) hard
***ſtatt** *prep. w. gen.* instead of
ſtatt'|finden (*str.*) take place
ſtäupen (*wk.*) whip *or* flog (in public)
***ſtechen** (er ſticht, er ſtach, er hat geſtochen) prick, stick, sting
ſtecken (*wk.*) stick, put
***ſtehen** (*in poetry often* ſtehn) (er ſteht, er ſtand, er hat geſtanden) stand
***ſtehlen** (er ſtiehlt, er ſtahl, er hat geſtohlen) steal
ſteif stiff
***ſteigen** (er ſteigt, er ſtieg, er iſt geſtiegen) mount, climb; **auf einen Berg ſteigen** climb a mountain
ſteil steep, precipitous
der ***Stein** (-es, -e) stone

das Steinbild (-s, -er) statue
steinern stone
die Stelle (—, -n) place, spot
stellen (wk.) place, put
die *Stellung (—, -en) position
*sterben (er stirbt, er starb, er ist gestorben) die; sterben an dat. die of or from
das Sternlein (-s, —) little star
stets always
der Stiefel (-s, —) boot
das Stiefmütterchen (-s, —) pansy
der Stil (-es, -e) style
*still (sometimes stille) still, silent
stillen (wk.) still, quiet, allay
still'|schweigen (str.) be silent, keep still
die Stimme (—, -n) voice
die Stirn (—, -en) forehead, brow
der *Stock (-es, ¨e) stick, cane
der Stoff (-es, -e) stuff, material, subject, subject matter
*stolz proud
der Stolz (-es) pride
der Storch (-es, ¨e) stork
die Störchin (—, -nen) female stork
die Strafe (—, -n) punishment
strafen (wk.) punish, whip
der *Strand (-es, -e) strand, beach
Straßburg (neut.) (-s) Strasbourg
die *Straße (—, -n) street; in welcher Straße on what street
das Straßentreiben (-s) bustle and stir (or noise and traffic) of the streets
streben (wk.) strive
die *Strecke (—, -n) extent, distance; nach kurzer Strecke after a short distance
der Streich (-es, -e) stroke, blow
der *Streifen (-s, —) stripe, streak
der Streit (-es, -e) conflict, strife, contest

streiten (er streitet, er stritt, er hat gestritten) quarrel, contend
streng severe, strict
streuen (wk.) strew, scatter
der Strich (-es, -e) stroke
stricken (wk.) knit
das Strohseil (-s, -e) straw rope
der Strom (-es, ¨e) stream, river
die Stromesflut (—, -en) river waters
die Strömung (—, -en) current
die Strophe (—, -n) strophe, stanza
der Strumpf (-es, ¨e) stocking
das *Stück (-es, -e) piece; play; das Stück Kreide piece of chalk
der *Student' (-en, -en) student
das Studen'tenleben (-s) student life
das Studen'tenlied (-s, -er) student song
die Studen'tensprache (—, -n) student language, student slang
die Studen'tenverbin'dung (—, -en) students' club
studen'tisch student
*studie'ren (wk.) study (at a university); studiert part. adj. learned, educated
das Studium (-s, Studien; ie = i + e) study
der *Stuhl (-es, ¨e) chair
stumpf blunt, dull
die *Stunde (—, -n) hour; lesson; eine halbe Stunde half an hour
der *Sturm (-es, ¨e) storm
*stürmisch stormy
*stützen (wk.) support, prop, rest
suchen (wk.) seek, look for
Südafrika (neut.) (-s) South Africa
Süddeutschland (neut.) (-s) South Germany
der Süden (-s) south
südlich southern
der Südosten (-s) southeast

German-English Vocabulary

der *Südwind (–s, –e) south wind;
Südwind haben have a south wind
die Sünde (–, –n) sin
der Sünder (–s, —) sinner, offender
die *Suppe (—, –n) soup
süß sweet

die *Tafel (—, –n) blackboard; an die Tafel schreiben write on the blackboard
der *Tag (–es, –e) day; guten Tag how do you do
der Tagesanbruch (–s) break of day
*täglich daily
das *Tal (–es, ⸚er) valley
das Talent' (–s, –e) talent
talent'los untalented
der Taler (–s,—) thaler (= 3 marks)
das Talglicht (–s, –e) tallow candle
der *Tannenbaum (–s, ⸚e) fir tree
der Tannenwald (–s, ⸚er) fir forest
die *Tante (—, –n) aunt
tanzen (wk.) dance
tapfer brave
die *Tasche (—, –n) pocket
das *Taschentuch (–s, ⸚er) handkerchief
die *Tasse (—, –n) cup; eine Tasse Kaffee a cup of coffee; bei einer Tasse Kaffee over a cup of coffee
die Tat (—, –en) deed; in der Tat indeed, in fact, in reality
tätig active
die *Taube (—, –n) pigeon, dove
*tauchen (wk.) dive
der *Taucher (–s, —) diver
taufen (wk.) baptize
täuschen (wk.) deceive
*tausend thousand, a thousand; viele Tausende many thousands
tausendfältig thousandfold, in a thousand ways
tausendmal a thousand times

technisch technical
der *Tee (–s) tea
der *Teil (–es, –e) part; zum großen Teil mostly
*teilen (wk.) divide; geteilt durch divided by
*telephonie'ren (wk.) telephone
der *Teller (–s, —) plate
das *Tennis (—) tennis
der Teppich (–s, –e) carpet, rug
*teuer dear, expensive
das *Thea'ter (–s, —) theater; ins Theater gehen go to the theater
das Thema (–s, Themen or Themata) theme, subject
Thü'ringer indecl. adj. Thurin'gian
*tief deep
das *Tier (–es, –e) animal
das Tierverschen (–s, —) animal verse
der Tiger (–s, —) tiger
die *Tinte (—, –n) ink
Tirol' (neut.) (–s) the Tyrol
der *Tisch (–es, –e) table; zu Tisch gehen sit down to dinner (supper, etc.); sich zu Tisch setzen sit down to dinner (supper, etc.)
das *Tischtuch (–s, ⸚er) tablecloth
der Titel (–s, —) title
die *Tochter (—, ⸚) daughter
das *Töchterchen (–s, —) little daughter
das *Töchterlein (–s, —) little daughter
der Tod (–es) death; zum Tode unto death, mortally
*toll mad; toll vor Freude mad with joy
der Ton (–es, –e) clay
der *Ton (–es, ⸚e) tone, sound
tönen (wk.) sound
die *Tonerde (—, –n) medicated clay
der Tonkünstler (–s, —) musician

der Tor (–en, –en) fool
das *Tor (–es, –e) gate; zum Tore
(= Stadttor) hinausgehen go out
of the city
der Torni'ster (–s, —) haversack
*tot dead
*tragen (er trägt, er trug, er hat getra-
gen) carry, wear
das Tragen (–s) wearing
die Tra'gik (—) tragic fate
tragisch tragical
die Träne (—, –n) tear
die Traube (—, –n) bunch of grapes;
pl. grapes or bunches of grapes
trauen (wk.) dat. trust
der *Traum (–es, ⸚e) dream; im
Traume reden talk in one's sleep
träumen (wk.) dream
traurig sad
traut beloved, dear
*treffen (er trifft, er traf, er hat ge-
troffen) meet, hit, strike; treffend
part. adj. striking, forcible
treiben (er treibt, er trieb, er hat getrieben) drive, impel, urge, force
das Treiben (–s) bustle, stir, activity, doings, contending
trennen (wk.) separate, divide
die *Treppe (—, –n) (flight of) steps
or stairs
*treten (er tritt, er trat, er ist getreten)
step
treu true, faithful
treulos faithless
der Trieb (–es, –e) impulse, love
*trinken (er trinkt, er trank, er hat ge-
trunken) drink
das Trinken (–s) drinking
trocknen (wk.) dry
der Trompe'ter (–s, —) trumpeter,
bugler
der Tröst (–es) consolation, com-
fort

die Trösterin (—, –nen) comforter,
consoler
*trotz prep. w. gen. in spite of
trotzdem' notwithstanding, nevertheless
trotzen (wk.) dat. brave, defy
*trübe cloudy, overcast
der Trug (–es) deception
die Tsche'choslowakei' (—) Czechoslovakia
das Tuch (–es, ⸚er) cloth, broadcloth
die Tüchtigkeit (—) fitness, efficiency
die Tugend (—, –en) virtue
die Tulpe (—, –n) tulip
*tun (er tut, er tat, er hat getan) do
die *Tür (—, –en) or die Türe (—, –n)
door; vor der Tür sein be close at
hand; vor der Tür sitzen sit outside the door
der Türknopf (–s, ⸚e) doorknob
der Turm (–es, ⸚e) tower, steeple
das Turnen (–s) gymnastics
die *Turnhalle (—, –n) gymnasium
der Turnvater (–s, ⸚) founder of
gymnastics
der Turn'verein' (–s, –e) gymnastic
club
typisch typical

das Übel (–s, —) evil, malady
der Übeltäter (–s, —) evildoer
*über prep. w. dat. or acc. over,
above; w. acc. about, concerning
überall' everywhere
das Überbleibsel (–s, —) remainder,
remnant; relic
ü'ber|gehen (str., aux. sein) pass
over or on, pass
*überhaupt' for that matter, any-
way, aside from that, at all
überlas'sen (str.) leave, abandon
überra'schen (wk.) surprise
überset'zen (wk.) translate

German-English Vocabulary

die Überſet'zung (—, -en) translation
übertra'gen (*str.*) translate, render
übertref'fen (*str.*) surpass, excel
übertrei'ben (*str.*) exaggerate
*überzeu'gen (*wk.*) convince
übrig remaining
die Übung (—, -en) practice
das *Uſer (-ſ, —) bank, shore; am Uſer on the bank
die *Uhr (—, -en) timepiece, watch, clock; o'clock; um drei Uhr at three o'clock; wieviel' Uhr iſt es what time is it
*um *prep. w. acc.* around; um drei Uhr at three o'clock; um zu *w. infin.* in order to
*umar'men (*wk.*) embrace
um'|bauen (*wk.*) alter, reconstruct
umſlat'tern (*wk.*) flutter about
die *Umgangsſprache (—, -n) colloquial speech
umgau'ſeln (*wk.*) flit around
die Umge'bung (—, -en) surroundings, environs
um'|hängen (*wk.*) hang round
*um'|kehren (*wk., aux.* ſein) *intr.* turn back; *tr.* turn round *or* over; umgekehrt inverted, vice versa
*ums *contr. of* um das
der Umſchlag (-ſ, ⸚e) envelope
um'ſinken (*str., aux.* ſein) sink down
umſonſt' in vain
um'|ſtürzen (*wk., aux.* ſein) fall down, fall
um'|werfen (*str.*) overturn, (*of the wind*) blow down
*um ... willen *prep. w. gen.* for the sake of
umwin'den (*str.*) swathe, bandage
der Umzug (-ſ, ⸚e) procession
*unangenehm unpleasant
unbegriffen uncomprehended

unbeweglich immovable, motionless
*und *coörd. conj.* and
unecht not genuine, artificial
ungefähr' about
ungehorſam disobedient
ungelöſt unsolved
ungeſtüm impetuous
das *Unglück (-ſ) ill luck, misfortune
unglücklich unhappy, unfortunate
das Unheil (-ſ) evil, harm, calamity
die Uniform' (—, -en) uniform
die Univerſität' (v = w) (—, -en) university
unmäßig immoderate
*unrecht: unrecht haben be wrong; damit hatte er unrecht he was wrong about that
unſchätz'bar inestimable, priceless
die Unſchuld (—) innocence
*unſer (unſ(e)re, unſer) *adj.* our
*unſ(e)rer (unſ(e)re, unſ(e)res) *pron.* ours
der Unſinn (-ſ) nonsense
unſterb'lich immortal
die Unſterb'lichkeit (—) immortality
*unten *adv.* below, beneath, under, downstairs; da unten down there
*unter *prep. w. dat. or acc.* under, beneath, among
*unterbre'chen (*str.*) interrupt
*un'ter|gehen (*str., aux.* ſein) set (*of the sun*)
*unterhalb *prep. w. gen.* below
*unterhal'ten (*str.*) *refl.* converse; ſich unterhalten über *acc.* converse about
unterm *contr. of* unter dem
das Unterneh'men (-ſ, —) undertaking, enterprise
der Unterricht (-ſ) instruction
der Unterſchied (-ſ, -e) difference
unterſtüt'zen (*wk.*) support

die Untreue (—) unfaithfulness, infidelity

unversöhn'lich irreconcilable, implacable

das Urteil (-s, -e) judgment, decision; das Urteil sprechen pass judgment

*usw. abbrev. of und so weiter and so forth

der *Vater (-s, ⸚) father

das Vaterland (-s, ⸚er) fatherland, native (or home) country

das Veilchen (-s, —) violet

verän'dern (wk.) change, alter

verber'gen (str.) hide, conceal; im Verborgenen in secret

verbes'sern (wk.) correct

die Verbes'serung (—, -en) betterment, improvement, better things

verbin'den (str.) connect

die *Verbin'dung (—, -en) club, fraternity

verbit'tern (wk.) embitter

*verblei'ben (str., aux. sein) remain

verbrin'gen irreg. spend or pass (time)

das Verbun'densein (-s) interdependence

verdan'ken (wk.) owe

verdie'nen (wk.) earn; sein Brot verdienen earn one's living or livelihood

der Verein' (-s, -e) club, society, association

verei'nen (wk.) unite

verfau'len (wk., aux. sein) rot, decay

verfeh'len (wk.) miss

verge'ben (str.) give away

*verge'hen (str., aux. sein) pass (away)

*verges'sen (er vergißt, er vergaß, er hat vergessen) forget

das Vergiß'meinnicht (-s, -e) forget-me-not

das *Vergnü'gen (-s, —) pleasure, amusement, enjoyment; ich wünsche Ihnen viel Vergnügen I hope you will have a good time

vergön'nen (wk.) grant, permit

vergrö'ßern (wk.) enlarge

das Verhält'nis (Verhältnisses, Verhältnisse) relation

verhau'en (str.) thrash

verherr'lichen (wk.) glorify

verhü'ten (wk.) prevent, avert

verir'ren (wk.) refl. lose one's way

*verkau'fen (wk.) sell

verklei'den (wk.) disguise

die Verklei'dung (—, -en) disguise, make-up

verklin'gen (str., aux. sein) die away

das Verlan'gen (-s) desire

*verlas'sen (str.) leave, forsake, desert; die Verlassene adj. infl. the deserted girl

verlei'hen (str.) lend, confer, bestow, give; einem etwas verleihen bestow something on one

*verlie'ren (er verliert, er verlor, er hat verloren) lose

verpfle'gen (wk.) take care of, look after

*verrückt' crazy; ihr macht mich noch verrückt you will drive me crazy yet

der Vers (Verses, Verse) verse

verschie'den different, diverse, varied, various

verschlin'gen (str.) devour, swallow, engulf

verschmel'zen (wk. or str.) melt together, blend, unite

verschüt'ten (wk.) overwhelm, bury

verschwin'den (str., aux. sein) disappear

German-English Vocabulary

ver|pre'chen (*str.*) promise
verſtänd'lich intelligible, comprehensible
*verſte'hen (*str.*) understand
der Verſuch' (-s, -e) attempt, trial, experiment
*verſu'chen (*wk.*) try, attempt; tempt
verſun'ken lost, absorbed
die Vertei'lung (—, -en) distribution
vertrau'en (*wk.*) trust, confide
vertre'ten (*str.*) represent
die Verwal'tung (—, -en) management, administration
der *Verwand'te *adj. infl.* relative
verwen'den *irreg.* employ, use; w. auf *acc.* bestow upon, devote to
verwor'ren confused
die Verwün'ſchung (—, -en) curse
verza'gen (*wk.*) lose courage, despond
der *Vetter (-s, -n) cousin (male)
*viel *often uninflected in sg.* (mehr, meiſt) much; viele *pl.* many; wie viele how many
vielleicht' perhaps
vieltauſendmal many thousands of times
*vier four
das *Viertel (ie = ī) (-s, —) quarter
das *Vierteljahr (ie = ī) (-s, -e) quarter (of the year)
vierundzwanzig twenty-four
vierundzwanzigſt twenty-fourth
das *Vierundzwanzigſtel (-s, —) twenty-fourth
*vierzehn (ie = ī) fourteen
vierzehnt (ie = ī) fourteenth
*vierzig (ie = ī) forty
vierzigſt (ie = ī) fortieth
der *Vogel (-s, ⸚) bird
das Vögelchen (-s, —) little bird
das Vöglein (-s, —) little bird

das Volk (-es, ⸚er) people, nation
das Volkslied (-s, -er) folk song
der Volksmund (-s) mouth of the people, popular speech
die *Volksſchule (—, -n) public (elementary, grade) school
die Volksſeele (—) soul of the people
die Volksweiſe (—, -n) air *or* melody of a folk song
*voll full; voller *indecl. masc. form used in the pred. and attributively after the noun:* das Haus war voller Gäſte the house was full of guests; ein Haus voller Gäſte a house full of guests
vollen'den (*wk.*) finish, complete
vollkom'men perfect, complete
vollwertig full-fledged
*vom *contr. of* von dem
*von *prep. w. dat.* of, from, by
*voneinan'der of each other, of one another
*vor *prep. w. dat. or acc.* before, in front of; vor drei Monaten three months ago
voraus'|ſagen (*wk.*) foretell, predict
*vorbei'|fliegen (*str., aux.* ſein) fly by
vor'|bereiten (*wk.*) prepare
die Vorbildung (—, -en) preparation, preparatory education
die Vorderſeite (—, -n) front side, front
*vorgeſtern day before yesterday
der *Vorhang (-s, ⸚e) curtain
*vorher' *adv.* before, beforehand; am Tage vorher on the day before
vor'|herrſchen (*wk.*) prevail, predominate
*vor'|leſen (*str.*) read aloud, read to (one)
die Vor'leſung (—, -en) lecture
der *Vormittag (-s, -e) forenoon;

am Vormittag in the forenoon or morning
vorn *adv.* in front
vor'|schreiben (*str.*) prescribe
die Vorsicht (—) foresight, prudence
vor'stellen (*wk.*) present, introduce; sich (*dat.*) vorstellen imagine, conceive
*vortreff'lich excellent
vorwärts forward
der Vorzug (-s, ⸚e) advantage, merit

wach awake; wach werden awake
wachen (*wk.*) be awake, watch
*wachsen (er wächst, er wuchs, er ist gewachsen) grow
das Wachslicht (-s, -e) wax candle
wagen (*wk.*) dare
der *Wagen (-s, —) wagon; coach (of a train)
wählen (*wk.*) choose, elect
der Wahn (-es) delusion
*wahr true; nicht wahr is it not so, aren't you, isn't she, isn't it, etc.; viel Wahres much that is true, much truth
*während *prep. w. gen.* during; *subord. conj.* while
die Wahrheit (—, -en) truth
wahrscheinlich probable
das Wahrzeichen (-s, —) token
die Waise (—, -n) orphan
der *Wald (-es, ⸚er) forest
das Wald'gespräch' (-s, -e) conversation in the forest
das Waldhorn (-s, ⸚er) hunting horn, bugle
die *Waldmühle (—, -n) forest mill; über die Waldmühle gehen go by way of the forest mill
die Waldwirtschaft (—) forestry
die Wand (—, ⸚e) wall
der *Wanderer (-s, —) wanderer

wandern (*wk., aux.* sein) wander, go
die *Wanderung (—, -en) wandering, walking, walking tour
der Wandervogel (-s, ⸚) bird of passage; scout, youthful hiker
die Wandtafel (—, -n) blackboard
die Wanduhr (—, -en) clock
die *Wange (—, -n) cheek
*wann when
die *Ware (—, -n) article (of commerce); *pl.* goods, merchandise
*warm (⸚er, ⸚st) warm
die Wärme (—) warmth, heat
*warten (*wk.*) wait; warten auf *acc.* wait for
*warum' why
*was *interrog. pron.* what; *rel. pron.* that which, what, whatever, that; (= warum) why; (=etwas) something; was für (ein) *or* was ... für (ein) what kind of, what (a); was da whatever
*waschen (er wäscht, er wusch, er hat gewaschen) wash; sich (*dat.*) die Hände waschen wash one's hands
das *Wasser (-s, —) water
die Wasserstraße (—, -n) waterway
der Wasserweg (-s, -e) waterway; auf dem Wasserwege by water
weben (er webt, er wob, er hat gewoben) weave
wechseln (*wk.*) change
*wecken (*wk.*) waken
*weder ... noch neither ... nor
der *Weg (-es, -e) way; sich auf den Weg machen start (up)on one's way
*wegen *prep. w. gen.* on account of
*weg'|laufen (*str., aux.* sein) run away; *dat.* run away from
das Weh (-es) woe, grief, pain; weh tun *dat.* hurt
die Wehmut (—) melancholy

German-English Vocabulary

wehren (wk.) prevent, check; refl. defend oneself

das Weib (-es, -er) woman, wife; (in „Waldgespräch") lass

weiblich female, feminine

*weich soft

die *Weihnachten (—, —) Christmas; [zu Weihnachten at Christmas

der Weihnachtsabend (-s, -e) Christmas Eve

der Weihnachtsbaum (-s, -̈e) Christmas tree

der Weihnachtsfeiertag (-s, -e) Christmas holiday

das Weihnachtsfest (-s, -e) celebration of Christmas, Christmas festivities

das *Weih'nachtsgeschenk' (-s, -e) Christmas present

das Weihnachtslied (-s, -er) Christmas carol

der Weihnachtsmann (-s) Santa Claus

der *Weihnachtstag (-s, -e) Christmas Day; am Weihnachtstag (on) Christmas Day

die Weihnachtszeit (—) Christmas time

das Weihnachtszimmer (-s, —) Christmas room

*weil subord. conj. because

die *Weile (—) while, (space of) time; eile mit Weile hasten slowly

der Wein (-es, -e) wine

*weinen (wk.) cry, weep; weinen um acc. weep for

weise wise

die *Weise (—, -n) manner, way; auf alle möglichen Weisen in all the ways possible

weisen (er weist, er wies, er hat gewiesen) show, point out

die Weisheit (—, -en) wisdom

*weiß white

*weit wide, far; weiter wider, farther, further, on; und so weiter and so forth

der Weizen (-s) wheat

*welcher (welche, welches) interrog. pron. or adj. which, which one, what; rel. pron. who, which, that; indef. pron. some, any; welch uninflected, in exclamations what (a)

die Welle (—, -n) wave, ripple

die *Welt (—, -en) world; auf der Welt in the world

die Weltfahrt (—, -en) trip (or flight) around the world

der Weltkrieg (-s) World War

*wenden (er wendet, er wandte, er hat gewandt; also regular wk.) turn

*wenig often uninflected in sg. little; wenige pl. few, a few; weniger less, fewer; wenigst least, fewest

*wenigstens at least

*wenn subord. conj. if; when, whenever; wenn auch or wenn . . . auch even if; wenn . . . nicht if not, unless

wenngleich' subord. conj. although

*wer interrog. pron. who; rel. pron. he who, whoever; wer da whoever, whosoever

*werden (er wird, er wurde, er ist geworden) become, get; aux. of the fut. tense shall, will; aux. of the passive voice be; werden aus dat. become of

*werfen (er wirft, er warf, er hat geworfen) throw

das *Werk (-es, -e) work (of art or literature)

der Wert (-es, -e) worth, value

das Wesen (-s, —) being, essence, nature, character; in seinem Wesen

in his temperamental make-up, in outlook and temperament
der Weſten (–s) west
Weſtfalen (*neut.*) (–s) Westphalia
weſtlich western
das *Wetter (–s) weather
der Wettkampf (–s, ⸚e) contest
wetzen (*wk.*) whet
der Wichs (Wichſes, Wichſe) uniform (of members of a student club), regalia
wichtig important
*wider *prep. w. acc.* against, contrary to
widmen (*wk.*) devote
*wie *adv. or subord. conj.* as, like; how
*wieder again
wie′der|gewin′nen (*str.*) regain
*wie′der|holen (*wk.*) fetch back, bring back
*wiederho′len (*wk.*) repeat, review
*wie′der|kehren (*wk., aux.* ſein) return
das *Wiederſehen (–s) seeing again, meeting again; auf Wiederſehen till we meet again, good-by
die Wiege (—, –n) cradle
wiegen (er wiegt, er wog, er hat gewogen) weigh
das Wiegenlied (–s, –er) lullaby, cradle song
Wien (*neut.*) (–s) Vienna
die *Wieſe (—, –n) meadow; auf der Wieſe in the meadow
wieſo′ how so, how is that
*wieviel′ how much
*wieviel′mal how many times
*wievielt′ which (by number); der wievielte iſt heute what day of the month is it
wild wild; Wilde *student language* barbarians, "barbs"
das Wild (–es) game

der Wilddieb (–s, –e) poacher
das Wildern (–s) poaching
*Wilhelm (*masc.*) (–s) William
*willen: um ... willen *prep. w. gen.* for the sake of
*willkom′men welcome
der *Wind (–es, –e) wind
der *Winter (–s, —) winter
der Wipfel (–s, —) tree top
*wir we
*wirklich real
die Wirklichkeit (—, –en) reality
die Wirkſamkeit (—) effectiveness, efficiency
das *Wirtshaus (–hauſes, –häuſer) inn
der Wiſcher (–s, —) (blackboard) eraser
*wiſſen (er weiß, er wußte, er hat gewußt) know
das Wiſſen (–s) knowledge
die Wiſſenſchaft (—, –en) science
der Wiſſenſchaftler (–s, —) scientist
der Wiſſensdurſt (—) thirst for knowledge
der Witz (–es, –e) joke
*wo where
wobei′ whereby, in connection with which
die *Woche (—, –n) week
der *Wochenmarkt (–s, ⸚e) weekly market
*woher′ whence, from where, from what place
*wohin′ whither, where
*wohl well; indeed, probably; *sometimes not susceptible of translation, serving merely to lend emphasis to a statement*
die Wohlfahrt (—) welfare
wohlhabend well-to-do, wealthy
der Wohllaut (–s) harmony, melody
*wohnen (*wk.*) live, dwell, reside
die Wohnung (—, –en) dwelling

das *Wohnzimmer (-s, —) living-room
der *Wolf (-es, ⸚e) wolf; wie die Wölfe essen eat like wolves
die *Wolke (—, -n) cloud
die Wolle (—) wool
*wollen (er will, er wollte, er hat gewollt) want, want to, intend to, be about to, claim to, will; ich wollte (past subj.), er wäre hier I wish he were here
*womit' with what, with which
die Wonne (—, -n) delight, bliss, rapture
*woraus' out of what, from what, out of which, from which
das *Wort (-es) word; pl. Wörter (single, individual) words; pl. Worte (connected) words, discourse, speech
das Wörterbuch (-s, ⸚er) dictionary
wörtlich literal
*worü'ber about what
*wovon' of what, about what, of which, about which
*wozu' for what, for which
der Wundarzt (-es, ⸚e) surgeon
das Wunder (-s, —) wonder, miracle, marvel
wunderbar wondrous, wonderful
wundersam wonderful, marvelous
wunderschön most beautiful, wondrous fair
der Wunsch (-es, ⸚e) wish
*wünschen (wk.) wish
die Würde (—, -n) dignity, honor, office
würdigen (wk.) estimate, appreciate
die *Wurst (—, ⸚e) sausage
wüten (wk.) rage

die X-Strahlen pl. X rays

zahlen (wk.) pay
*zählen (wk.) count, number
zahlreich numerous
der Zahn (-es, ⸚e) tooth
zart tender
zärtlich tender, fond
die Zauberin (—, -nen) sorceress
das Zauberland (-s, ⸚er) fairy land
der Zauberschein (-s) magic gleam
der Zaun (-es, ⸚e) fence
z. B. = zum Beispiel for example
die Zehe (—, -n) toe
*zehn ten
zehnt tenth
das Zeichen (-s, —) sign, signal
*zeichnen (wk.) draw
die *Zeichnung (—, -en) drawing
*zeigen (wk.) show
die *Zeile (—, -n) line
die *Zeit (—, -en) time; Zeit zum Schreiben time for writing; eine Zeitlang for some time, for a while; in der guten alten Zeit in the good old times; zu Goethes Zeiten in Goethe's time; vor alten Zeiten many years ago, in times of old
der Zeit'genos'se (-n, -n) contemporary
die Zelle (—, -n) cell
das Zelt (-es, -e) tent
*zerbre'chen (str.) break, break to pieces
*zerrei'ßen (str.) tear, sever, rend
die Ziege (—, -n) goat
*ziehen (in poetry often ziehn) (er zieht, er zog, er hat gezogen) draw, pull; intr., aux. sein move, go, march, flow; Kreise ziehen make (or form) circles
das Ziel (-es, -e) goal, aim
zielen (wk.) aim
*ziemlich tolerably, rather

die Zierde (—, -n) ornament
zieren (wk.) ornament, decorate, adorn
zierlich elegant, pretty, dainty
das *Zimmer (-s, —) room; auf seinem Zimmer in one's room; auf sein Zimmer gehen go to one's room
*zu prep. w. dat. to; adv. too; zu Onkel Heinrich gehen go to Uncle Henry or to Uncle Henry's; zu Straßburg at Strasbourg
zu'|bringen irreg. spend or pass (time)
der *Zucker (-s) sugar
die Zuckerrübe (—, -n) sugar beet
das Zuckerzeug (-s) candy
zu'|decken (wk.) cover up
*zuerst' adv. at first, first
zufällig accidental
*zufrie'den satisfied, pleased
der Zug (-es, ⸚e) train
zugleich' at the same time
zugu'te: einem zugute kommen be to one's benefit, be of service to one
die Zukunft (—) future
zuletzt' at last, last
*zum contr. of zu dem
*zu'|machen (wk.) close
zünden (wk.) light, kindle
die Zunge (—, -n) tongue
*zur contr. of zu der
zurück'|eilen (wk., aux. sein) hurry back
zurück'|kommen (str., aux. sein) come back
zurück'|werfen (str.) throw back
der Zuruf (-s, -e) call, shout
zu'|rufen (str.) dat. of person call to
die Zusam'menarbeit (—) coöperation

zusam'men|bleiben (str., aux. sein) stay together
zusam'men|bringen irreg. bring together, assemble, unite
zusam'men|finden (str.) find together; refl. meet, be gathered; sie fanden sich in Wien zusammen they made Vienna their home
zusam'men|kommen (str., aux. sein) come together, assemble
zusam'men|laufen (str., aux. sein) run together, converge
zusam'men|schlagen (str.) strike together
der Zuschauer (-s, —) spectator
zu'|schließen (str.) lock
zu'|schrauben (wk.) screw up, screw shut
der Zwang (-es, ⸚e) compulsion, constraint, restraint
*zwar to be sure, it is true; und zwar *particularizes a preceding statement* and ... too
der Zweck (-es, -e) purpose
*zwei two
der Zweig (-es, -e) branch
*zweimal two times, twice
zweitens in the second place, secondly
zweiundachtzig eighty-two
*zweiundvierzig (ie = i) forty-two
der Zwerg (-es, -e) dwarf
der Zwillingsbruder (-s, ⸚) twin brother
*zwingen (er zwingt, er zwang, er hat gezwungen) force, compel; ihn mit den Schultern auf die Matte zwingen force his shoulders against the mat
*zwischen prep. w. dat. or acc. between
zwölfjährig of twelve years
*zwölfmal twelve times

ENGLISH–GERMAN VOCABULARY

a, an ein (eine, ein); **three times a week** dreimal die Woche

able: be able to können (er kann, er konnte, er hat gekonnt)

about: be about to wollen (er will, er wollte, er hat gewollt) *usually accompanied by* eben: **I was about to telephone when ...** ich wollte eben telephonieren, als ...

above *prep.* über *dat. or acc.*

accompany beglei'ten (*wk.*)

account: on account of wegen *prep. w. gen.*; **on my account** meinetwegen; **on our account** unsretwegen *or* unsertwegen; **on their account** ihretwegen; **on his account** seinetwegen; **on your account** deinetwegen, euretwegen *or* euertwegen, Ihretwegen

accurate genau'

acquaint: become acquainted with kennen lernen

actor der Schauspieler (–s, —)

adapt: adapt oneself to something sich in etwas (*acc.*) finden

admonish mahnen (*wk.*)

advanced: advanced school die höhere Schule

advise raten (er rät, er riet, er hat geraten) *dat. of person*

afraid: be afraid sich fürchten (*wk.*) (**of** vor *dat.*)

after *prep.* nach *dat.*; *subord. conj.* nachdem'

afternoon der Nachmittag (–s, –e); **this afternoon** heute nachmittag; **in the afternoon** am Nachmittag; **of an afternoon** nachmittags *or* des Nachmittags

afterwards nachher'

again wieder

against *prep.* gegen *acc.*; **be so very much against it** so sehr dage'gen sein

ago vor *prep. w. dat.*; **three months ago** vor drei Monaten

air die Luft (—, ⸚e); **in the open air** unter freiem Himmel

airplane das Flugzeug (–s, –e); **travel by airplane** mit dem Flugzeug reisen

airport der Flugplatz (–es, ⸚e); **go to the airport** auf den Flugplatz gehen

Airway Corporation die Lufthansa (—); **be with the Airway Corporation** bei der Lufthansa sein

alarm der Alarm' (–s, –e)

all all; *pl.* alle; **not at all** gar nicht

almost fast

alone allein'

already schon

also auch

although obgleich', obschon'

always immer

America Ame'rika (*neut.*) (–s)

American *adj.* amerika'nisch; (**man**) der Amerika'ner (–s, —)

among *prep.* unter *dat. or acc.*

and und

angry böse

animal das Tier (–es, –e)

answer antworten (*wk.*) *dat. of person*; **answer a letter** einen Brief

beantworten *or* auf einen Brief ant=
worten
any: not any *adj.* kein (keine, kein)
anything: not anything nichts
anyway doch
anywhere: not anywhere nirgends
applaud klatschen (*wk.*)
applause der Beifall (–s); **there
was loud and long applause** es
wurde laut und lange geklatscht
apple der Apfel (–s, ⸚)
apprentice der Lehrling (–s, –e)
apprenticeship die Lehrzeit (—)
approach sich nähern (*wk.*) *dat.*
April der April' (–(s), –e)
arm der Arm (–es, –e)
arrive an'|kommen (er kommt an, er
kam an, er ist angekommen)
as *subord. conj., of manner* wie;
of cause da; *of time* als; **as (so)** +
adj. or adv. + **as** so + *adj. or adv.*
+ wie; **as far as** bis an *acc.*; **as if**
als ob
ashamed: be ashamed sich schämen
(*wk.*) (of *gen.*)
ask (= inquire) fragen (*wk.*); (=
request) bitten (er bittet, er bat, er
hat gebeten)
assert behaup'ten (*wk.*)
astonished erstaunt'
at *prep. denoting position* an *dat.*;
at the window (table, desk) am
Fenster (Tische, Pulte); **at home**
zu Hause; **at school** in der Schule;
at five o'clock um fünf Uhr
athlete der Athlet' (–en, –en)
attempt versu'chen (*wk.*)
attend besu'chen (*wk.*)
August der August' (–(e)s *or* —, –e)
aunt die Tante (—, –n)
author der Schriftsteller (–s, —)
automobile das Automobil' (–s, –e)
autumn der Herbst (–es, –e); **in autumn** im Herbst; **during autumn**
während des Herbstes
awake erwachen (*wk., aux.* sein);
auf'|wachen (*wk., aux.* sein)

back der Rücken (–s, —); **they lie
on their backs** sie liegen auf dem
Rücken
bad schlecht
ball der Ball (–es, ⸚e)
bark bellen (*wk.*)
baseball der Schlagball (–s)
basket der Korb (–es, ⸚e)
basket ball der Korbball (–s)
bath das Bad (–es, ⸚er); **take a cold
bath** kalt baden
bathe baden (*wk.*)
be sein (er ist, er war, er ist gewesen);
aux. of the passive voice werden;
German has no progressive form:
he is playing tennis er spielt Tennis,
the letter is being written der
Brief wird geschrieben; **there is
(are)** es ist (sind), es gibt (*see page
204*); **is it you, Fred** bist du es,
Fritz; **it is I** ich bin es; **be to**
(= be expected to) sollen (er soll,
er sollte, er hat gesollt)
beach der Strand (–es, –e); **on the
beach** am Strande
beat schlagen (er schlägt, er schlug, er
hat geschlagen)
beautiful schön
because weil
become werden (er wird, er wurde,
er ist geworden)
bed das Bett (–es, –en); **go to bed**
zu Bett gehen
bedroom das Schlafzimmer (–s, —)
bee die Biene (—, –n)
beer das Bier (–es, –e)
before *prep.* vor *dat. or acc.*; *subord.
conj.* bevor', ehe; *adv.* vorher'

English-German Vocabulary

begin begin'nen (er beginnt, er begann, er hat begonnen), an'|fangen (er fängt an, er fing an, er hat angefangen)
beginner der Anfänger (-s, —)
beginning der Anfang (-s, ⸗e); **at the beginning of October** Anfang Oktober
behind *prep.* hinter *dat. or acc.*
believe glauben (*wk.*) *dat. of person*
belong: belong to gehö'ren (*wk.*) *dat. of person*
bench die Bank (—, ⸗e)
bend biegen (er biegt, er bog, er hat gebogen)
Berlin Berlin' (*neut.*) (-s)
beside *prep.* neben *dat. or acc.*
besides *adv.* außerdem
best best
better besser
between *prep.* zwischen *dat. or acc.*
bird der Vogel (-s, ⸗)
bite beißen (er beißt, er biß, er hat gebissen)
black schwarz (⸗er, ⸗est)
blackboard die Tafel (—, -n); **write on the blackboard** an die Tafel schreiben; **go to the blackboard** an die Tafel gehen; **look at the blackboard** auf die Tafel schauen
blame: he is to blame for it er ist daran' schuld
blue blau
board das Brett (-es, -er); (= food) die Kost (—)
bond das Band (-es, -e)
book das Buch (-es, ⸗er)
both beide
bottle die Flasche (—, -n)
boy der Knabe (-n, -n)
bread das Brot (-es); **bread and butter** das Butterbrot (-s, -e)
break brechen (er bricht, er brach, er hat gebrochen); (objects) zerbre'chen; **break one's arm (leg)** sich (*dat.*) den Arm (das Bein) brechen
breakfast das Frühstück (-s, -e); **right off at breakfast** gleich beim Frühstück
bright hell
bring bringen (er bringt, er brachte, er hat gebracht)
brook der Bach (-es, ⸗e)
brother der Bruder (-s, ⸗); **brothers and sisters** die Geschwi'ster *pl.*
build bauen (*wk.*)
building das Gebäu'de (-s, —)
burst: burst forth los'|brechen (er bricht los, er brach los, er ist losgebrochen)
business das Geschäft' (-s, -e)
but aber, sondern (*see page 202*)
butter die Butter (—)
buy kaufen (*wk.*)
buyer der Käufer (-s, —)
by *prep.* von *dat.*

cake der Kuchen (-s, —)
call rufen (er ruft, er rief, er hat gerufen)
can können (er kann, er konnte, er hat gekonnt)
cane der Stock (-es, ⸗e)
cap die Mütze (—, -n)
care: care to mögen (er mag, er mochte, er hat gemocht); **for all we care** unsretwegen *or* unsertwegen
carrot gelbe Rübe (—, -n)
carry tragen (er trägt, er trug, er hat getragen)
case der Fall (-es, ⸗e); **in case (that)** falls *subord. conj.*
castle das Schloß (Schlosses, Schlösser); **Marburg castle** das Marburger (*indecl. adj.*) Schloß
cat die Katze (—, -n)

catch fangen (er fängt, er fing, er hat gefangen)
cease auf'|hören (*wk.*)
certain sicher
chair der Stuhl (-es, ⸗e)
chalk die Kreide (—, -n)
Charles Karl (*masc.*) (-s)
cheek die Wange (—, -n)
cheese der Käse (-s, —)
chicken das Huhn (-es, ⸗er)
child das Kind (-es, -er)
Christmas die Weihnachten (—, —); at Christmas zu Weihnachten
Christmas present das Weih'nachtsgeschenk' (-s, -e)
Christmas tree der Christbaum (-s, ⸗e)
Christopher Christoph (*masc.*) (-s)
circle der Kreis (Kreises, Kreise)
city die Stadt (—, ⸗e)
claim: claim to wollen (er will, er wollte, er hat gewollt)
Clara Klara (*fem.*) (-s)
class die Klasse (—, -n)
clay: medicated clay die Tonērde (—, -n)
clear klar
climb steigen (er steigt, er stieg, er ist gestiegen); climb a mountain auf einen Berg steigen; climb up hinauf'|steigen (*aux.* sein)
cloak der Mantel (-s, ⸗)
close zu'|machen (*wk.*)
close der Schluß (Schlusses, Schlüsse); until the close bis zum Schluß
close: close by *prep.* dicht bei *dat.*; be close at hand vor der Tür sein
clothes die Kleider *pl.*
cloud die Wolke (—, -n)
coat der Rock (-es, ⸗e); without a coat ohne Rock
coffee der Kaffee (-s)
cold kalt (⸗er, ⸗est); be cold (of persons) frieren (er friert, er fror, er hat gefroren)
cold: catch (a bad) cold sich (stark) erkälten (*wk.*)
coldness die Kälte (—)
collar (of a dog) das Halsband (-s, ⸗er); catch hold of by the collar beim Halsband ergrei'fen
come kommen (er kommt, er kam, er ist gekommen); come here her'|kommen (*aux.* sein); come in herein'|kommen (*aux.* sein); come out heraus'|kommen (*aux.* sein)
company der Besuch' (-s, -e); lots of company viel Besuch
composition der Aufsatz (-es, ⸗e)
concerned: so far as I am concerned meinetwegen; so far as we are concerned unsretwegen *or* unsertwegen
confine: be confined to one's bed das Bett hüten müssen
continuation school die Fortbildungsschule (—, -n)
converse sich unterhal'ten (er unterhält sich, er unterhielt sich, er hat sich unterhalten) (about über *acc.*)
convince überzeu'gen (*wk.*)
cool kühl
corner die Ecke (—, -n); at the corner an der Ecke
correct korrigie'ren (*wk.*)
could (= was able to) *past indic. or pres. perf. indic.* of können; (= should (*or* would) be able to) *past subj.* of können; he could have done it er hätte es tun können
country das Land (-es, ⸗er); in the country auf dem Lande; go to the country aufs Land gehen
course der Lauf (-es); course of instruction der Lehrgang (-s, ⸗e); of course natür'lich

English-German Vocabulary

cousin (male) der Vetter (–s, –n); (female) die Cousi'ne (*or* Kusi'ne) (—, –n)
cover decken (*wk.*)
crazy verrückt'; **drive crazy** verrückt machen
creep kriechen (er kriecht, er kroch, er ist gekrochen); **creep on one's hands and knees** auf Händen und Füßen kriechen
cross böse
cry weinen (*wk.*)
cup die Tasse (—, –n); **a cup of coffee** eine Tasse Kaffee; **three cups of coffee** drei Tassen Kaffee
curtain der Vorhang (–s, ⸚e)
cut schneiden (er schneidet, er schnitt, er hat geschnitten)

damp feucht
dangerous gefähr'lich
dark dunkel
date das Datum (–s, Daten)
daughter die Tochter (—, ⸚)
day der Tag (–es, –e); **one day** *indef. time* eines Tages; **day before yesterday** vorgestern
dead tot
decorate schmücken (*wk.*)
deep tief
deer das Reh (–es, –e)
delight: take great delight in something große Freude an etwas (*dat.*) haben
delightful herrlich
dense dicht
desk das Pult (–es, –e); **at the desk** am Pulte; **go to the desk** ans Pult gehen
dessert der Nachtisch (–es); **for dessert** zum Nachtisch
die sterben (er stirbt, er starb, er ist gestorben)

different: it is quite different es ist ganz anders *adv.*
dig graben (er gräbt, er grub, er hat gegraben)
diligent fleißig
dining-room das Eßzimmer (–s, —)
dinner das Mittagessen (–s, —); **after dinner** nach dem Mittagessen; **eat dinner** zu Mittag essen
disappointed enttäuscht'; **very much disappointed** sehr enttäuscht
dive tauchen (*wk.*)
divide teilen (*wk.*); **divided by** geteilt durch
do machen (*wk.*), tun (er tut, er tat, er hat getan); *German has no aux. corresponding to* do: **do you believe that** glaubst du das, **I do not believe it** das glaube ich nicht; **how do you do** guten Tag; **they already know it, do they not** sie wissen es schon, nicht wahr
doctor der Doktor (–s, Dokto'ren); **Doctor** *in direct address* Herr Doktor; **Doctor Karsten** *in reference to Dr. Karsten* Herr Doktor Karsten
dog der Hund (–es, –e)
donkey der Esel (–s, —)
don't = do not
door die Tür (—, –en)
downstairs unten
dozen das Dutzend (–s, –e); **half a dozen** ein halbes Dutzend
drama das Drama (–s, Dramen)
draw zeichnen (*wk.*)
drawing die Zeichnung (—, –en)
dress das Kleid (–es, –er)
drink trinken (er trinkt, er trank, er hat getrunken)
drinking-cup der Becher (–s, —)
drive fahren (er fährt, er fuhr, er ist gefahren)

drop fallen laſſen
duck die Ente (—, -n)
during *prep.* während *gen.*

each jeder (jede, jedes); **each one** jeder (jede, jedes); **each other (one another)** einan'der, *or may be expressed by the refl. pron. except after a prep.*; **with each other** miteinan'der
eagle der Adler (-s, —)
early früh; **earlier and earlier** immer früher
earth die Erde (—, -n)
Easter Oſtern *pl., but usually takes verb in sg.*; **at Easter** zu Oſtern
easy leicht
eat eſſen (er ißt, er āß, er hat gegeſſen)
egg das Ei (-es, -er)
eight acht
eighteenth achtzehnt *adj. infl.*
either: not good either auch nicht gut; **no book either** auch kein Buch
elbow der Ellbogen (-s, —)
else ſonſt; **anything else** ſonſt noch etwas; **nothing else** ſonſt nichts
end das Ende (-s, -n); **toward the end of March** gegen Ende März
engineering school die techniſche Hochſchule (—, -n)
English *adj.* engliſch; **(language)** Engliſch *indecl. neut.*, das Engliſche *adj. infl.*
enough genug'
enrapture entzü'cken (*wk.*)
enter ein'|treten (er tritt ein, er trat ein, er iſt eingetreten)
entire ganz
essay der Aufſatz (-es, ⁼e)
etc. uſw. = und ſo weiter
even *adv.* ſelbſt; **even if** wenn ... auch
evening der Abend (-s, -e); **this evening** heute abend; **one evening** *indef. time* eines Abends; **of an evening** abends *or* des Abends; **in the evening** am Abend, (= of an evening) abends *or* des Abends *or* am Abend
every jeder (jede, jedes); **everyone** jeder (jede, jedes)
everything alles; **everything that** alles, was
exact genau'
examination die Prüfung (—, -en); **take an examination** eine Prüfung machen; **teachers' examination** die Leh'rerinnenprü'fung (—, -en)
except *prep.* außer *dat.*
excited aufgeregt
exclaim rufen (er ruft, er rief, er hat gerufen)
exhibition: **gymnastic exhibition** das Schauturnen (-s)
exist beſte'hen (es beſteht, es beſtand, es hat beſtanden)
expect erwar'ten (*wk.*)
expensive teuer
eye das Auge (-s, -n); **open one's eyes wide** große Augen machen

face das Geſicht' (-s, -er); **with a serious face** mit ernſtem Geſicht
factory die Fabrik' (—, -en)
faithful getreu'
fall fallen (er fällt, er fiel, er iſt gefallen)
fall der Herbſt (-es, -e)
far weit; **until far into Sunday** bis weit in den Sonntag hinein'
farm das Gut (-es, ⁼er)
fast schnell
father der Vater (-s, ⁼).
fault die Schuld (—); **through one's own fault** durch eigne Schuld
fear fürchten (*wk.*)

English-German Vocabulary

February der Februar' (–(s), –e)
fellow der Bursche (–n, –n)
few: a few ein paar *indecl.*
figure rechnen (*wk.*)
figuring das Rechnen (–s)
fill füllen (*wk.*)
finally endlich
find finden (er findet, er fand, er hat gefunden)
fine schön
finger der Finger (–s, —); **cut one's finger** sich in den Finger schneiden
fir tree der Tannenbaum (–s, ⸚e); **by a large fir tree** bei einem großen Tannenbaum
fire: there was a fire es hat gebrannt *impers.*
firm fest
first ērst; **at first** *adv.* zuērst'
fish: go fishing fischen gehen
fish der Fisch (–es, –e)
five fünf
flee fliehen (er flieht, er floh, er ist geflohen)
flow fließen (es fließt, es floß, es ist geflossen)
flower die Blume (—, –n)
fly fliegen (er fliegt, er flog, er ist geflogen); **fly by** vorbei' fliegen (*aux.* sein)
foot der Fuß (–es, ⸚e); **on foot** zu Fuß; **be on one's feet** auf den Beinen sein
football der Fußball (–s)
football game das Fußballspiel (–s)
for *prep.* für *acc.*; *coörd. conj.* denn; *rendered by the acc. without a prep. in expressions denoting time elapsed:* **they played tennis for an hour** sie spielten eine Stunde Tennis; **for that** da'für; **for it** dafür'
force zwingen (er zwingt, er zwang, er hat gezwungen); **force his shoulders against the mat** ihn mit den Schultern auf die Matte zwingen
forest der Wald (–es, ⸚er)
forest mill die Waldmühle (—, –n); **go by way of the forest mill** über die Waldmühle gehen; **come to the forest mill** an die Waldmühle kommen
forget verges'sen (er vergißt, er vergaß, er hat vergessen)
fork die Gabel (—, –n)
form bilden (*wk.*); (circles) ziehen (er zieht, er zog, er hat gezogen)
formerly früher
forth: and so forth und so weiter
forty-eight achtundvierzig (ie = ī)
fountain pen die Füllfeder (—, –n)
four vier
fourteen vierzehn (ie = ī)
Frank Franz (*masc.*) (Franz' *or* –ens)
Fred Fritz (*masc.*) (Fritz' *or* –ens)
French *adj.* franzö'sisch; (*language*) Franzö'sisch *indecl. neut.*, das Franzö'sische *adj. infl.*
Friday der Freitag (–s, –e)
friend der Freund (–es, –e)
frightful furchtbar
from *prep.* von *dat.*; (= **out of**) aus *dat.*
fruit das Ōbst (–es)
full voll; **full of guests** voller Gäste

garden der Garten (–s, ⸚)
Garden Street die Gartenstraße (—); **on Garden Street** in der Gartenstraße
Gerard Gerhard (*masc.*) (–s)
German *adj.* deutsch; (language) Deutsch *indecl. neut.*, das Deutsche *adj. infl.*; (man) der Deutsche *adj. infl.*

Germany Deutschland (*neut.*) (-s); **go (come) to Germany** nach Deutschland gehen (kommen)

Gertrude Gertrud (*fem.*) (-s)

get (= fetch) holen (*wk.*); (= obtain, receive) bekom'men (er bekommt, er bekam, er hat bekommen)

girl das Mädchen (-s, —)

give geben (er gibt, er gab, er hat gegeben); (= present) schenken (*wk.*); **give up** auf'|geben

glad: be glad of it sich darü'ber freuen

glass das Glas (Glases, Gläser); **a glass of water (milk)** ein Glas Wasser (Milch); **two glasses of water (milk)** zwei Glas Wasser (Milch)

glide gleiten (er gleitet, er glitt, er ist geglitten)

glorious herrlich

go gehen (er geht, er ging, er ist gegangen); **go along** mit'|gehen (*aux.* sein); **go out** aus'|gehen (*aux.* sein); **go away** fort'|gehen (*aux.* sein); **go up** hinauf'|gehen (*aux.* sein)

God der Gott (-es)

Godfrey Gottfried (*masc.*) (-s)

gold das Gold (-es)

good gut (besser, best)

good-by das Lebewohl (-s); *uttered at parting* auf Wiedersehen!

goods die Waren *pl.*

goose die Gans (—, Gänse)

gorgeous prachtvoll

grandfather der Großvater (-s, ⸗)

grandmother die Großmutter (—, ⸗)

grandson der Enkel (-s, —)

grateful dankbar

great groß (⸗er, ⸗t)

green grün

greet grüßen (*wk.*)

ground der Boden (-s, — or ⸗)

grow wachsen (er wächst, er wuchs, er ist gewachsen); **grow shorter** ab'|nehmen (er nimmt ab, er nahm ab, er hat abgenommen)

guess raten (er rät, er riet, er hat geraten)

guest der Gast (-es, ⸗e)

gutted ausgebrannt

gymnasium die Turnhalle (—, -n)

half *adj.* halb; **half an hour** eine halbe Stunde; **two and a half years** zwei und ein halbes Jahr; **half past six (eight)** halb sieben (neun); *noun* die Hälfte (—, -n); **half of the apples** die Hälfte der Äpfel

hand reichen (*wk.*)

hand die Hand (—, ⸗e); **shake hands with one** einem die Hand geben

handkerchief das Taschentuch (-s, ⸗er)

Hanover Hanno'ver (v = w) (*neut.*) (-s)

happen gesche'hen (es geschieht, es geschah, es ist geschehen)

happy glücklich

hard (of rain or snow) stark (⸗er, ⸗st)

hardly kaum

Harry Heinz (*masc.*) (Heinz' or -ens)

hasn't = has not

hat der Hut (-es, ⸗e)

have haben (er hat, er hatte, er hat gehabt); *as aux. of the perfect tenses* haben *or* sein (*see page 135*); (= cause) lassen (er läßt, er ließ, er hat gelassen); **have to** müssen (er muß, er mußte, er hat gemußt)

he er; *often, when emphatic*, der *dem. pron.*; **he who** wer *used as compound rel. pron.*

head der Kopf (-es, ⸗e)

English-German Vocabulary

healthful gesund' (-er or ⸚er, -est or ⸚est)
healthy gesund' (-er or ⸚er, -est or ⸚est)
hear hören (*wk.*)
hearty herzlich
heat: heat of the summer die Sommerwärme (—)
heavy schwer
Helen Hele'ne (*fem.*) (-s)
help helfen (er hilft, er half, er hat geholfen) *dat.*
Henry Heinrich (*masc.*) (-s); **go to Uncle Henry's** zu Onkel Heinrich gehen
her *adj.* ihr (ihre, ihr)
here hier; (= hither) her
Herman Hermann (*masc.*) (-s)
hers ihrer (ihre, ihres)
herself *refl. pron.* sich *dat.* or *acc.*; *intensive pron.* selbst *indecl.*, selber *indecl.*
high hoch, *when inflected* hoh= (höher, höchst)
himself *refl. pron.* sich *dat.* or *acc.*; *intensive pron.* selbst *indecl.*, selber *indecl.*
his *adj.* sein (seine, sein); *pron.* seiner (seine, sein(e)s)
hold halten (er hält, er hielt, er hat gehalten)
hold: catch hold of ergrei'fen (er ergreift, er ergriff, er hat ergriffen)
holiday der Feiertag (-s, -e)
home: at home zu Hause; **go (come) home** nach Hause gehen (kommen)
hope: I hope you will have a good time ich wünsche Ihnen viel Vergnügen
horse das Pferd (-es, -e)
hospital das Hospital' (-s, Hospitäler)
hot heiß

hour die Stunde (—, -n)
house das Haus (Hauses, Häuser); **small house** das Häuschen (-s, —)
how wie; **how much** wieviel'
however aber
howl heulen (*wk.*)
human menschlich
hundred hundert; **a hundred** hundert
hungry hungrig
hurrah hurra'
hurry eilen (*wk.*, *aux.* sein)
husband der Mann (-es, ⸚er)

I ich
ice das Eis (Eises); **on the ice** auf der Eisbahn
ice cream Gefro'renes *adj. infl.*
if wenn
ill luck das Unglück (-s)
immediately gleich
in *prep.* in *dat.* or *acc.*
inclose bei'|legen (*wk.*)
indeed: yes indeed jawohl'
industrious fleißig
ink die Tinte (—, -n)
inn das Wirtshaus (-hauses, -häuser); **drive to the inn** nach dem Wirtshaus fahren
instead of *prep.* statt or anstatt' *gen.*; **instead of studying** (an)statt zu studieren
intelligent klug (⸚er, ⸚st)
intend: intend to wollen (er will, er wollte, er hat gewollt); **be intended** gelten (er gilt, er galt, er hat gegolten) (**for** *dat.*)
interrupt unterbre'chen (er unterbricht, er unterbräch, er hat unterbrochen)
into *prep.* in *acc.*
investigate nach'|sehen (er sieht nach, er sah nach, er hat nachgesehen)

invite ein'laden (er lädt ein, er lud ein, er hat eingeladen)

isn't he (she, it) nicht wahr

it *pers. pron., masc.* er, *fem.* sie, *neut.* es (*see page 31*); **it (they)** *in expressions of identity* es (*see page 183*)

Italian *adj.* italie'nisch (ie = i + e); (language) Italie'nisch *indecl. neut.*, das Italie'nische *adj. infl.*

Jack Hans (*masc.*) (Hans' *or* Hansens)

James Jakob (*masc.*) (-s)

January der Januar (-(s), -e); **in January** im Januar; **until the first of January** bis zum ersten Januar

joy die Freude (—, -n)

July der Ju'li (-(s), -s); **in July** im Juli

June der Juni (-(s), -s); **the tenth of June** der zehnte Juni

just *adv.* gera'de, eben; *w. imperative* nur; **just as** + *adj. or adv.* + **as** ebenso (*or* gerade so) + *adj. or adv.* + wie

Karlsschule die Karlsschule (—); **at the Karlsschule** auf der Karlsschule

kind: what kind of was für ein, *before pl. nouns and generally before abstracts and nouns denoting material* was für; **all kinds of** allerlei'

kiss: kiss heartily ab'|küssen (*wk.*)

kiss der Kuß (Kusses, Küsse)

kitchen die Küche (—, -n)

knife das Messer (-s, —)

knock klopfen (*wk.*); **somebody knocks** es klopft

know (a fact) wissen (er weiß, er wußte, er hat gewußt); (= be acquainted with) kennen (er kennt, er kannte, er hat gekannt); (a language) können (er kann, er konnte, er hat gekonnt); **know how to** können

Kreuzberg der Kreuzberg (-s)

lady die Dame (—, -n)

lake der See (-s, Se'en); **go to the lake** an den See gehen

language die Sprache (—, -n)

large groß (⸚er, ⸚t)

last dauern (*wk.*)

last letzt; **at last** endlich

late spät

latter: the latter dieser (diese, dieses)

laugh lachen (*wk.*) (**about** über *acc.*)

lay legen (*wk.*)

lazy faul

lazybones der Faulpelz (-es, -e)

learn lernen (*wk.*)

least: at least mindestens, wenigstens

leather das Leder (-s); **of leather** aus Leder

leave lassen (er läßt, er ließ, er hat gelassen); (= quit) verlas'sen; **leave off crying (reading)** laß das Weinen (das Lesen); **leave school at the age of fourteen** mit vierzehn Jahren aus der Schule kommen

leg das Bein (-es, -e)

less weniger

lesson die Aufgabe (—, -n); **be through with one's lessons** mit seinen Schularbeiten fertig sein; **do one's lessons** seine Schularbeiten machen

let lassen (er läßt, er ließ, er hat gelassen); *w. imperative force, see page 388*; **let go** laufen lassen

letter der Brief (-es, -e)

lie liegen (er liegt, er lag, er hat gelegen)

English-German Vocabulary

life das Leben (–s, —); **bring back to life** zu neuem Leben erwecken
light hell
lighten blitzen (*wk.*)
like *or* **like to** mögen (er mag, er mochte, er hat gemocht), *often accompanied by* gern: **she doesn't like cats** sie mag Katzen nicht, **I should like to go along** ich möchte (gern) mitgehen; **like (like better, like best)** gern (lieber, am liebsten) *with an appropriate verb (see page 182)*: **I like to study German** ich lerne gern Deutsch, **I like peas** ich esse gern Erbsen; (= be pleased with) gefal'len (*str.*) *dat. of person*: **they like it there very well** es gefällt ihnen dort sehr gut
like *adv.* wie
lip die Lippe (—, –n)
little (= small) klein; (of amount, quantity, degree) wenig; **a little** ein wenig, ein bißchen
live (= reside) wohnen (*wk.*)
living-room das Wohnzimmer (–s, —)
load laden (er lädt, er lud, er hat geladen)
log: sleep like a log wie ein Murmeltier schlafen
long *adj.* lang (⸚er, ⸚st); *adv.* (of time) lange; **no longer** *adv.* (= not any more) nicht mehr
look schauen (*wk.*); (= appear) aus'|sehen (er sieht aus, er sah aus, er hat ausgesehen); **look along the way toward the village** den Weg nach dem Dorfe entlang schauen
lose verlie'ren (er verliert, er verlor, er hat verloren)
lot: lots of viel *sg.*, viele *pl.*; **lots of company** viel Besuch'; **lots of love** *at end of letters* viele Grüße
loud laut

love: with best love *in the conclusion of a letter* mit den herzlichsten Grüßen
lucky: be lucky Glück haben

mad toll; **mad with joy** toll vor Freude
madam gnädige Frau
magnificent prachtvoll
maid die Jungfrau (—, –en); "**The Maid of Orleans**" „Die Jungfrau von Orleans" (*pronounce* Orleans *as in French*)
make machen (*wk.*)
man der Mann (–es, ⸚er)
many viele; **many a** mancher (manche, manches)
March der März (–(es), –e)
mark die Mark (—, —)
market: weekly market der Wochenmarkt (–s, ⸚e)
market place der Markt (–es, ⸚e)
Mary Marie' (*fem.*) (–s)
master der Meister (–s, —)
mat die Matte (—, –n)
may (= be permitted to) dürfen (er darf, er durfte, er hat gedurft); *conceding possibility* mögen (er mag, er mochte, er hat gemocht); *for may expressing a wish see page 387*
May der Mai (–(e)s *or* —, –e)
meadow die Wiese (—, –n); **in the meadow** auf der Wiese
meat das Fleisch (–es)
mechanic der Mecha'niker (–s, —)
medicated: medicated clay die Tonerde (—, –n)
meet treffen (er trifft, er traf, er hat getroffen); **meet at the station** von der Bahn holen
mercantile kaufmännisch; **mercantile business** der kaufmännische Beruf'

merchant der Kaufmann (-s, Kaufleute)
merry fröhlich
middle: in the middle of summer mitten im Sommer
might (= be permitted to) dürfte
mild mild
milk die Milch (—)
Mill Brook der Mühlbach (-s); go to the Mill Brook an den Mühlbach gehen
mind: have something on one's mind etwas auf dem Herzen haben
mine meiner (meine, mein(e)s); a friend of mine ein Freund von mir
minister der Pastor (-s, Pasto'ren)
minute die Minu'te (—, -n)
mirror der Spiegel (-s, —)
Miss Fräulein; Miss Müller Fräulein Müller
moist feucht
money das Geld (-es, -er)
month der Monat (-s, -e); three times a month dreimal den Monat
moonlight der Mondschein (-s)
more *denoting number, amount, quantity* mehr *indecl.*; *indicating the compar. degree of adjectives or adverbs, see page 153*; more and more immer mehr
morning der Morgen (-s, —); this morning heute morgen; in the morning (= of a morning) morgens; one morning *indef. time* eines Morgens
most *denoting number, amount, quantity* meist *preceded by the def. art. and declined weak*: most of the other boys die meisten anderen Knaben; *indicating the superl. degree of adjectives or adverbs, see page 153*
mother die Mutter (—, ⸚)

mountain der Berg (-es, -e)
mouse die Maus (—, ⸚e)
movies das Kino (-s, -s); go to the movies ins Kino gehen
Mr. Herr; **Mr. Braun** Herr Braun
Mrs. Frau; **Mrs. Braun** Frau Braun
much viel
must müssen (er muß, er mußte, er hat gemußt); **must not** nicht dürfen (er darf, er durfte, er hat gedurft)
my mein (meine, mein)
myself *refl. pron.* mir *dat.*, mich *acc.*; *intensive pron.* selbst *indecl.*, selber *indecl.*

name: what is his name wie heißt er; his name is Oswald er heißt Oswald
namely nämlich
naturally natür'lich
nature die Natur' (—); in nature in der Natur
need brauchen (*wk.*)
neither ... nor weder ... noch
nephew der Neffe (-n, -n)
never nie; **never yet** noch nie
new neu
New York Neuyork' (*neut.*) (-s); from New York aus Neuyork'
next nächst
nice schön
niece die Nichte (—, -n); Your loving niece *at end of letters* Deine Dich liebende Nichte
night die Nacht (—, ⸚e); at night in der Nacht
nine neun
ninety-two zweiundneunzig
no *adj.* kein (keine, kein); *adv.* nein
noble edel
noise der Lärm (-es)
none keiner (keine, kein(e)s)
noon der Mittag (-s, -e)

English-German Vocabulary

nor: nor I either ich auch nicht
not nicht; **not a(n)** kein (keine, kein)
notebook das Heft (-es, -e)
nothing nichts; **nothing new** nichts Neues
November der Novem'ber (v = w) (-(s), —); **on the twentieth of November** am zwanzigsten November
now jetzt
nowhere nirgends
nut die Nuß (—, Nüsse)

oblige: be obliged to müssen (er muß, er mußte, er hat gemußt)
o'clock Uhr; **at one (five) o'clock** um ein (fünf) Uhr
of *prep., generally expressed by gen. without a prep., especially when denoting possession; preferably* von (*dat.*) *in certain phrases:* **two of the pupils** zwei von den Schülern; *sometimes not rendered at all, the appositional construction being used:* **a glass of water** ein Glas Wasser, **in the month of September** im Monat September, **the city of Berlin** die Stadt Berlin; *omitted in dates:* **the tenth of June** der zehnte Juni
offer bieten (er bietet, er bot, er hat geboten)
officer der Offizier' (-s, -e)
often oft (*-*er, am *-*esten)
oh ach
old alt (*-*er, *-*est)
on *prep.* (a horizontal surface, as table, desk, chair, floor, etc.) auf *dat. or acc.*; (an inclined or a vertical surface, as blackboard, wall, etc.) an *dat. or acc.*
once: once more nochmals; at once sofort'

one *adj.* ein (eine, ein); *pron.* einer (eine, ein(e)s); *indef. pron.* man; *not translated after adjectives:* **which hat did you buy, the green one or the red one** welchen Hut haben Sie gekauft, den grünen oder den roten; **that one** jener (jene, jenes)
only *adj.* einzig; *adv.* nur; *w. subj. of wish* nur, doch; **he is only seven years old** er ist erst sieben Jahre alt; **it is only two o'clock** es ist erst zwei Uhr
open öffnen (*wk.*), auf'|machen (*wk.*)
open offen
or oder
order die Ordnung (—, -en); **in order that** damit' *subord. conj.*; **in order to** um zu
ordinary gewöhn'lich
other ander
otherwise sonst
ought: ought to *past or past perf. subj. of* sollen: **I ought to go** ich sollte gehen, **I ought to have gone** ich hätte gehen sollen
our unser (uns(e)re, unser)
ours uns(e)rer (uns(e)re, uns(e)res)
out *adv.* aus; **out of** *prep.* aus *dat.*
outing der Ausflug (-s, *-*e); **go on an outing** einen Ausflug machen
outside: outside the door vor der Tür
over *prep.* über *dat. or acc.*; **be over** (= be at an end) zu Ende sein
overcast trübe
owl die Eule (—, -n)
own eigen

pain der Schmerz (-es, -en)
pair das Paar (-es, -e); **a pair of skates** ein Paar Schlittschuhe
paper das Papier' (-s, -e)
parents die Eltern *pl.*

Park Street die Parkstraße (—)
part der Teil (-es, -e)
parting: on parting beim Abschied
pay der Lohn (-es, ⸚e)
pea die Erbse (—, -n)
peace der Frieden (-s)
pear die Birne (—, -n)
peasant der Bauer (-s *or* -n, -n); **peasant house** das Bauernhaus (-hauses, -häuser); **peasant woman** die Bäuerin (—, -nen)
pen die Feder (—, -n)
pencil der Bleistift (-s, -e)
people die Leute *pl.*
permit: be permitted to dürfen (er darf, er durfte, er hat gedurft)
person der Mensch (-en, -en)
pfennig der Pfennig (-s, -e)
physician der Arzt (-es, ⸚e)
piano das Klavier' (v = w) (-s, -e); **play the piano** Klavier spielen
picture das Bild (-es, -er)
piece das Stück (-es, -e); **a piece of chalk (cheese, bread)** ein Stück Kreide (Käse, Brot)
pigeon die Taube (—, -n)
place der Ort (-es, -e *or* ⸚er); **in small places** an kleinen Orten
plate der Teller (-s, —)
play spielen (*wk.*)
playing das Spielen (-s)
pleasant angenehm
please (= I beg of you) bitte
pocketbook der Geldbeutel (-s, —)
poet der Dichter (-s, —)
policeman der Polizei'diener (-s, —)
polish putzen (*wk.*)
poor arm (⸚er, ⸚st)
position die Stellung (—, -en)
post(al) card die Postkarte (—, -n)
potato die Kartof'fel (—, -n); **mashed potatoes** der Kartof'felbrei (-s)

pour gießen (er gießt, er goß, er hat gegossen)
power die Macht (—, ⸚e)
prefer lieber *with an appropriate verb:* **I prefer to stay at home** ich bleibe lieber zu Hause, **I prefer milk to coffee** ich trinke Milch lieber als Kaffee
present das Geschenk' (-s, -e); **up to the present** bisher' *adv.*
pretty schön
prize der Preis (Preises, Preise)
probably wohl
public: public school die Volksschule (—, -n); **public room** die Gaststube (—, -n)
pupil (boy) der Schüler (-s, —); (girl) die Schülerin (—, -nen)
put legen (*wk.*); **put on** (clothes) an'|ziehen (er zieht an, er zog an, er hat angezogen)

quarter das Viertel (ie = i) (-s, —); **a quarter to eleven** drei Viertel (auf) elf
question die Frage (—, -n)
quick schnell
quite ganz

rain regnen (*wk.*)
rascal *or* **little rascal** der Bengel (-s, —)
rate: at any rate jedenfalls *adv.*
read lesen (er liest, er las, er hat gelesen); **read aloud** vor'|lesen
reading das Lesen (-s)
ready fertig
real wirklich
receive erhal'ten (er erhält, er erhielt, er hat erhalten)
recently neulich, vor kurzem
red rot (⸚er, ⸚est)
regret bedau'ern (*wk.*)

English-German Vocabulary

relative der Verwand'te *adj. infl.*
remark bemer'ken (*wk.*)
remember sich erinnern (*wk.*) w. an *acc.*; **remember me to him** grüße ihn von mir
repeat wiederho'len (*wk.*)
rest *intr.* ruhen (*wk.*); *tr.* (= support) stützen (*wk.*)
restaurant das Restaurant' (*pronounce as in French*) (–s, –s)
review wiederho'len (*wk.*)
rich reich
ride (on an animal) reiten (er reitet, er ritt, er ist geritten)
ride die Fahrt (–, –en)
right recht; **be right** recht haben; **to the right** rechts *adv.*; **all right** (= never fear) schon; **well, all right** nun, schon gut
rise (of the sun or moon) auf'|gehen (er geht auf, er ging auf, er ist aufgegangen); (of a curtain) sich heben (er hebt sich, er hob sich, er hat sich gehoben)
roast veal der Kalbsbraten (–s, —)
robber der Räuber (–s, —)
rock der Felsen (–s, —)
room das Zimmer (–s, —); **be in one's room** auf seinem Zimmer sein; **go to one's room** auf sein Zimmer gehen
Rugby game das Rugbyspiel (–s)
run laufen (er läuft, er lief, er ist gelaufen); **run away** weg'|laufen (**from** *dat.*)

sake: **for your sake** um deinetwillen, um euretwillen *or* um euertwillen, um Ihretwillen; **for his sake** um seinetwillen; **for her sake** um ihretwillen
same: **the same** dersel'be (diesel'be, dassel'be; *pl.* diesel'ben)

sand der Sand (–es)
Santa Claus das Christkind (–s)
Saturday der Sonnabend (–s, –e); **on Saturday** (=Saturdays) Sonnabends
sausage die Wurst (—, ⸗e)
savings bank die Sparbüchse (—, –n)
say sagen (*wk.*); **be said to** sollen (er soll, er sollte, er hat gesollt)
scarcely kaum
school die Schule (—, –n); **at school** in der Schule; **after school** nach der Schule; **go to school** zur (*or* in die) Schule gehen
schoolwork die Schularbeit (—, –en)
school year das Schuljahr (–s, –e)
season die Jahreszeit (—, –en)
seat der Platz (–es, ⸗e); **down to the last seat** bis auf den letzten Platz
second die Sekun'de (—, –n)
see sehen (er sieht, er sah, er hat gesehen)
seem scheinen (er scheint, er schien, er hat geschienen)
sell verkau'fen (*wk.*)
send schicken (*wk.*)
sentence der Satz (–es, ⸗e); **at the third sentence** beim dritten Satze
serious ernst
servant girl das Dienstmädchen (–s, —)
service der Dienst (–es, –e)
set (of the sun or moon) un'ter|gehen (er geht unter, er ging unter, er ist untergegangen); **set the table** den Tisch decken; **set in** (of the weather) ein'|treten (er tritt ein, er trat ein, er ist eingetreten)
seven sieben
several mehrere
sew nähen (*wk.*)
shade der Schatten (–s, —)

shall *aux. of fut. tenses* werden *irreg.*; *implying obligation or compulsion* sollen (er soll, er sollte, er hat gesollt)

shame: shame on you schäme dich, schämt euch, schämen Sie sich

she sie; *often, when emphatic*, die *dem. pron.*

shine scheinen (es scheint, es schien, es hat geschienen)

shoot schießen (er schießt, er schoß, er hat geschossen)

shore das Ufer (-s, —); on the shore am Ufer

short kurz ("er, "est); shortly afterwards kurz darauf'

should *in cond. sentences, see page 373; expressing the imperative in indirect discourse, see page 401*

shoulder die Schulter (—, -n)

show zeigen (*wk.*)

sick krank ("er, "st)

side: on the other side of jenseit(s) *prep. w. gen.*

silent still; be silent schweigen (er schweigt, er schwieg, er hat geschwiegen); be silent, will you schweig doch

since *prep.* seit *dat.*; *subord. conj.*, *of cause* da; *of time* seit, seitdem'

sing singen (er singt, er sang, er hat gesungen)

single einzig

sink sinken (er sinkt, er sank, er ist gesunken)

sister die Schwester (—, -n)

sit sitzen (er sitzt, er saß, er hat gesessen); sit down sich setzen (*wk.*); sit down to dinner zu Tisch gehen; sit down to supper sich zu Tisch setzen

six sechs

skate: go skating auf die Eisbahn gehen

skate der Schlittschuh (-s, -e)

sky der Himmel (-s, —)

slaw der Kraut'salat' (-s)

sleep schlafen (er schläft, er schlief, er hat geschlafen)

sleep: talk in one's sleep im Traume reden

slice: slice of bread and butter das Butterbrot (-s, -e)

slow langsam

small klein

smart klug ("er, "st)

smoke rauchen (*wk.*)

smooth glatt (-er *or* "er, -est *or* "est)

snow schneien (*wk.*)

snow der Schnee (-s)

so so

some einige

something etwas; something beautiful etwas Schönes

sometimes manchmal

somewhat etwas

son der Sohn (-es, "e)

song das Lied (-es, -er); "The Song of the Robbers" „Das Räuberlied" (-s)

soon bald

sorry: I am sorry es tut mir leid (for um *acc.*); I feel sorry for them sie tun mir leid

sort: all sorts of allerlei'

south wind der Südwind (-s, -e); have a south wind Südwind haben

Spanish *adj.* spanisch; (language) Spanisch *indecl. neut.*, das Spanische *adj. infl.*

speak sprechen (er spricht, er sprach, er hat gesprochen) (about über *acc.*)

speck der Punkt (-es, -e)

spellbound: sit spellbound wie im Fieber sitzen

spite: in spite of trotz *prep. w. gen.*

English-German Vocabulary 555

spring der Frühling (-s, -e); **in spring** im Frühling

stage die Bühne (—, -n)

stand stehen (er steht, er stand, er hat gestanden)

start: start on one's way sich auf den Weg machen

station der Bahnhof (-s, ⸗e); **go to the station** nach dem Bahnhof gehen

stay bleiben (er bleibt, er blieb, er ist geblieben)

steal stehlen (er stiehlt, er stahl, er hat gestohlen)

step treten (er tritt, er trat, er ist getreten)

steps (= flight of steps) die Treppe (—, -n)

still *adj.* still; *adv. expressing continuation or degree* nŏch; *adversative* (= nevertheless) dŏch

sting stechen (er sticht, er stăch, er hat gestŏchen)

stone der Stein (-es, -e)

stop auf'|hören (*wk.*); **stop laughing** hören Sie auf zu lachen

storm der Sturm (-es, ⸗e)

stranger der Fremde *adj. infl.*

streak der Streifen (-s, —)

street die Straße (—, -n); **on what street** in welcher Straße

strike schlagen (er schlägt, er schlug, er hat geschlagen)

strong stark (⸗er, ⸗st)

student der Student' (-en, -en)

student song das Studen'tenlied (-s, -er)

study (in schools) lernen (*wk.*); (at a university) studie'ren (*wk.*)

stupid dumm (⸗er, ⸗st)

succeed gelin'gen (es gelingt, es gelang, es ist gelungen) *dat.*; **he succeeded in getting a position** es ist ihm gelungen, eine Stellung zu bekommen

such solcher (solche, solches); **such a(n) + *adj.*** ein so + *adj.*

sudden plötzlich

sugar der Zucker (-s)

summer der Sommer (-s, —); **in summer** im Sommer

summer vacation die Sommerferien (ie = i + e) *pl.*

sun die Sonne (—, -n)

Sunday der Sonntag (-s, -e); **on Sunday** am Sonntag

supper das Abendessen '(-s, —); **after supper** nach dem Abendessen; **eat supper** zu Abend essen

swim schwimmen (er schwimmt, er schwamm, er ist geschwommen)

swollen geschwol'len

table der Tisch (-es, -e); **at the table** am Tische; **go to the table** an den Tisch gehen

take nehmen (er nimmt, er nahm, er hat genommen)

talk reden (*wk.*), sprechen (er spricht, er sprăch, er hat gesprŏchen); **talk in one's sleep** im Traume reden

tall (*of persons*) groß (⸗er, ⸗t); **tall and lanky** lang (⸗er, ⸗st)

tea der Tee (-s)

teach lehren (*wk.*)

teacher (man) der Lehrer (-s, —); (woman) die Lehrerin (—, -nen)

tear zerrei'ßen (er zerreißt, er zerriß, er hat zerrissen)

telephone telephonie'ren (*wk.*)

tell sagen (*wk.*); (= relate) erzäh'len (*wk.*) (about von *dat.*); **she told him to sell it** sie sagte ihm, er solle (*or* sollte) es verkaufen

ten zehn

tennis das Tennis (—)

terrible ſchrecklich

than als

thank danken (*wk.*) *dat. of person*; **thank you very much** danke ſehr

thanks der Dank (–es); **many thanks** vielen Dank

that *dem. pron. or adj.* jener (jene, jenes), der (die, das); *rel. pron.* der (die, das), welcher (welche, welches), (*after* alles, das, es, etwas, manches, nichts, vieles *or a neut. adj., especially a superl.*) was; *subord. conj.* daß; **that one** jener (jene, jenes); **that (those)** *in expressions of identity* das (*see page 183*)

the der (die, das)

theater das Thea′ter (–s, —); **go to the theater** ins Theater gehen; **municipal theater** das Stadt′thea′ter (–s, —)

their ihr (ihre, ihr)

theirs ihrer (ihre, ihres)

themselves *refl. pron.* ſich *dat. or acc.*; *intensive pron.* ſelbſt *indecl.*, ſelber *indecl.*

then dann; (= in that case) da; *introducing the conclusion of a conditional sentence* ſo; **till then** bis da′hin

there *adv.* dort, da; *expletive* es

therefore deshalb

they ſie

thick dick

thief der Dieb (–es, –e)

thin dünn

thing die Sache (—, –n); **many a thing** manches

think denken (er denkt, er dachte, er hat gedacht) (**of** an *acc.*)

third dritt *adj. infl.*

thirsty durſtig

thirteenth dreizehnt *adj. infl.*

thirty-five fünfunddreißig

this dieſer (dieſe, dieſes); **this one** dieſer (dieſe, dieſes); **this (these)** *in expressions of identity* dies (*see page 183*)

thought der Gedan′ke (–ns, –n); **the thought of going to the United States** der Gedanke, nach den Vereinigten Staaten zu gehen

thousand tauſend; **a thousand** tauſend

three drei

through *prep.* durch *acc.*; *adj.* fertig

throw werfen (er wirft, er warf, er hat geworfen)

thunder donnern (*wk.*)

ticket die Karte (—, –n)

time (*of duration*) die Zeit (—, –en); (*of repetition*) das Mal (–es, –e); **for the first time** zum erſten Male; **in the good old times** in der guten alten Zeit; **nine times seven** neun mal ſieben; **he dived eleven times** er hat elfmal getaucht; **what time is it** wieviel′ Uhr iſt es

tired müde; **very tired** ſehr müde *or* hübſch müde

to *prep., generally rendered by dat. without a prep. when marking the indirect object*; (a person) zu *dat.*; (a place) nach *dat.*; (objects, as window, table, desk, blackboard, etc.) an *acc.*; *before infin.* zu; *before numerals* bis *acc.*; **to that** da′zu

today heute

tolerably ziemlich

tomorrow morgen; **tomorrow evening** morgen abend

too zu; **and . . . too** (*particularizing a preceding statement*) und zwar

top der Gipfel (–s, —); **be at the top** oben ſein

English-German Vocabulary

toward *prep.* gegen *acc.*
towel das Handtuch (–s, ⸺er)
town das Städtchen (–s, —)
trade das Handwerk (–s, –e)
transaction: transaction of business der Handel (–s)
travel reisen (*wk., aux.* sein)
tree der Baum (–es, ⸺e)
trip die Reise (—, –n); time for the trip Zeit zu der Reise
true wahr
Tuesday der Dienstag (–s, –e)
turn *intr.* (= change one's direction) biegen (er biegt, er bog, er ist gebogen); **turn back** um'|kehren (*wk., aux.* sein)
twentieth zwanzigst *adj. infl.*
twenty-five fünfundzwanzig!
twice zweimal; **twice a year** zweimal das Jahr
two zwei; *after an inflected word, often* beide: **with her two children** mit ihren beiden Kindern

uncle der Onkel (–s, —)
under *prep.* unter *dat. or acc.; adv.* unten
understand verste'hen (er versteht, er verstand, er hat verstanden)
United States die Verei'nigten Staaten
unload ab'|laden (er lädt ab, er lud ab, er hat abgeladen)
until *prep.* bis *acc.; subord. conj.* bis; **not until** erst *adv.;* **not until half past six** erst um halb sieben
up *adv.* oben; **come up again** wieder nach oben kommen
upon *prep.* auf *dat. or acc.*
upstairs oben; **go upstairs** nach oben gehen
use gebrau'chen (*wk.*) (**for** zu *dat.*)
usual gewöhn'lich

vacation die Ferien (ie = i + e) *pl.*
valley das Tal (–es, ⸺er); **come to a valley** an ein Tal kommen
vegetable das Gemü'se (–s, —)
very sehr
village das Dorf (–es, ⸺er)
visit besu'chen (*wk.*)

wagon der Wagen (–s, —)
wait warten (*wk.*) (**for** auf *acc.*)
waiter der Kellner (–s, —)
waken wecken (*wk.*)
walk der Spazier'gang (–s, ⸺e); **take a walk** einen Spaziergang machen
wanderer der Wanderer (–s, —)
want *or* **want to** wollen (er will, er wollte, er hat gewollt)
war der Krieg (–es, –e)
warm warm (⸺er, ⸺st)
wash waschen (er wäscht, er wusch, er hat gewaschen); **wash one's hands** sich (*dat.*) die Hände waschen
watch die Uhr (—, –en)
water das Wasser (–s, —)
way der Weg (–es, –e); (= manner) die Weise (—, –n); **a long way to the city** ein langer Weg bis zur Stadt; **in all the ways possible** auf alle möglichen Weisen; **way home** der Heimweg (–s)
we wir
weak schwach (⸺er, ⸺st)
wear tragen (er trägt, er trug, er hat getragen)
weather das Wetter (–s)
Wednesday der Mittwoch (–s, –e); **Wednesday and Saturday afternoon** Mittwoch= und Sonnabend= nachmittag
week die Woche (—, –n)
well *adv.* gut; *interj.* nun; **he is well again** es geht ihm wieder gut
what *pron.* was; *adj.* welcher (welche,

welches); **what (a)** *in exclamations* was für (ein), welch (ein); **with what** womit'; **out of what** woraus'
when als, wenn, wann (*see page 203*)
where wo; (= whither, to what place) wohin'
whether ob
which *interrog. pron. or adj.* welcher (welche, welches); *rel. pron.* der (die, das), welcher (welche, welches); **which one** welcher (welche, welches)
while während *subord. conj.*
while die Weile (—); **up to a short while ago** bis vor kurzem
whistle pfeifen (er pfeift, er pfiff, er hat gepfiffen) (**to** *dat.*)
white weiß
Whitsuntide Pfingsten (*pl., but usually takes verb in sg.*); **at Whitsuntide** zu Pfingsten
who *interrog. pron.* wer; *rel. pron.* der (die, das), welcher (welche, welches)
whoever wer *used as compound rel. pron.*
whole ganz
why warum'; *interj.* aber
will *aux. of fut. tense* werden (*irreg.*); *expressing willingness or intention* wollen (er will, er wollte, er hat gewollt)
William Wilhelm (*masc.*) (-s)
win gewin'nen (er gewinnt, er gewann, er hat gewonnen)
window das Fenster (-s, —); **at the window** am Fenster; **go to the window** ans Fenster gehen; **sit down by the window** sich ans Fenster setzen
winter der Winter (-s, —); **in winter** im Winter
wish wünschen (*wk.*); **I wish I had stayed at home** ich wollte (*past subj.*), ich wäre zu Hause geblieben

with *prep.* mit *dat.*; (= in the house of, at the home of) bei *dat.*; **with that** da'mit, **with it** damit'
without *prep.* ohne *acc.*; **without laughing** ohne zu lachen
wolf der Wolf (-es, ⸚e); **eat like wolves** wie die Wölfe essen
woman die Frau (—, -en)
word das Wort (-es, Wörter = single, individual words, Worte = connected words, discourse, speech)
work arbeiten (*wk.*); **let alone work** vom Arbeiten gar nicht zu reden
work die Arbeit (—, -en); (of literature) das Werk (-es, -e); **work in the field(s)** die Feldarbeit (—, -en)
working hour die Arbeitsstunde (—, -n)
world die Welt (—, -en)
worry: don't worry habe keine Sorge
would *in cond. sentences, see page 373*; *in indirect discourse, see page 400*
wreath der Kranz (-es, ⸚e); **make wreaths** Kränze binden
wrestle ringen (er ringt, er rang, er hat gerungen)
write schreiben (er schreibt, er schrieb, er hat geschrieben)
writing das Schreiben (-s); **time for writing** Zeit zum Schreiben
wrong: be wrong unrecht haben

yard der Hof (-es, ⸚e); **in the yard** auf dem Hofe
year das Jahr (-es, -e); **New Year** das Neujahr (-s, -e)
yellow gelb
yes ja
yesterday gestern

English-German Vocabulary

yet *expressing continuation or degree* noch; *adversative* (= nevertheless) doch; **not yet** noch nicht
you du, ihr, Sie (*see page 36*)
young jung (⸚er, ⸚ſt)
your dein (deine, dein), euer (eu(e)re, euer), Ihr (Ihre, Ihr) (*see page 59*)

yours deiner (deine, dein(e)s), eu(e)rer (eu(e)re, eu(e)res), Ihrer (Ihre, Ihres)
yourself *refl. pron.* dir *dat.*, dich *acc.*, sich *dat. or acc.*; *intensive pron.* selbst *indecl.*, selber *indecl.*
youth die Jugend (—)

INDEX

[The references are to pages]

abbreviations, 488
aber and sondern, 202
ablaut, 252
absolute superlative, 437
accent, 8
accusative: direct object, 36; adverbial, of time, 146
adjectives: declension, 124–126, 435–436 (after alle, einige, etc., 436; paradigms, 448–449); after etwas, nichts, etc., 287; used substantively, 214; as adverb, 44; indeclinable in =er, 436; comparison, 153–154, 436–437 (immer + comparative, 155; expressions of comparison, 156)
adverbs: comparison, 155; no adverbial suffix, 44
allein, 439
alphabet, 3–6
als, wenn, wann, 203
als ob, 375
arithmetical expressions, 275
article, definite: declension, 30, 35, 41, 49; contraction with preposition, 52, 60; repetition, 433; uses — with names of meals and streets, 60, with members of family, 60, with names of seasons, months, and days, 91, with proper names, 156, 437, in place of possessive with parts of body, 183, in distributive sense, 276, with general noun, 443
article, indefinite: declension, 35, 41; omission, 90, 442; repetition, 433
auxiliaries: of perfect tenses, 135; omission in dependent clauses, 444; no auxiliary corresponding to English *do*, 43

capitals, 14
classroom expressions, 26–28
compound verbs: inseparable, 213–214; separable, 224–225; variable, 226
conditional forms: conjugation, 372–373; use, 373–374
conditional sentences: mood, 373–374; structure, 374–375
conjunctions: coördinating, 202, 439; subordinating, 203

damit, 444
das, dies, es, in expressions of identity, 183
dates, 286
dative: =e or no ending, 42, 434; indirect object, 42; of possessor, 287
dein, euer, Ihr, 59
der as demonstrative, 262–263, 442; compounds with da, 263
dieser-words, 69; manch, solch, welch, uninflected, 435
diminutives, 42–43
doch, 215
du, ihr, Sie, 36, 433

es gibt, 204
es introductory, 145
exclamations: was für (ein), welch, 167; word order, 439

fundamentals of grammar, 475–486

561

future: conjugation, 165; of probability, 166
future perfect: conjugation, 165; of probability, 166

gender, 30, 431–432
genitive: =es and =s, 42, 434; of possession, 42; adverbial, of time, 193
gern, 182–183
gerundive, 459
glottal stop, 8
grammatical terms in German, 22–26

hin and her, 226

imperative: conjugation, 180–181; punctuation, 181; in indirect discourse, 401–402
impersonal verbs, 235, 441
indirect discourse: use of subjunctive and conditional, 399–400; tense, 400; expression of imperative, 401–402, 445; indicative used, 401, 445; subjunctive of direct discourse remains, 445
indirect questions, 204
infinitive: position, 165–166, 438; uses, 276, 314; with modal auxiliaries, 335–336; laffen with reflexive infinitive, 360; fein with active infinitive, 360
intensive pronouns, 236–237, 442
interrogatives: wer and was, 166; compounds with wo, 166; was für (ein), 167

fein, 35, 41, 49
fein-words, 59
fennen and wiffen, 314
fönnen = know, 336

laffen, 315
letters, date, salutation, etc., 126–127
Low German, a poem in, 21

man, 145
measure, expressions of, 81, 434
modal auxiliaries: conjugation, 333; meanings, 334–335; perfect tenses, 346; position of tense auxiliary with double infinitive, 347; haben in future perfect, 443

nicht, 300
nominative, 36
nouns: singular, 41–42; plural, 49–50; principal parts, 71; strong — Class I, 50–51, Class II, 70–71, Class III, 89–90; weak, 100–101; mixed, 101, 435; irregular, 435; compound, 71; singular used distributively, 442; paradigms, 446–448
numerals: cardinal, 274; ordinal, 286; fractional, 298; multiplicative, 275

objects: direct, 36; indirect, 42; relative position, 184
omission of: indefinite article, 90; connecting =e=, 312–313; daß, 402; ob in als ob, 375; wenn, 375; infinitive with modal auxiliary, 336; tense auxiliary, 444

participial construction, 441
participles: present, 136; past, 133 (with fommen, 445); used as adjectives, 136
passive voice: conjugation, 357; true and apparent, 358; impersonal, 359; less common in German, 360; agent, 358; means and instrument, 443
past indicative: conjugation, 115–116; corresponding to English past perfect, 301
past perfect, 134
personal pronouns: declension, 144, 436; agreement, 31, 144; compounds with da, 145; repetition after the relative der, 438–439

Index

possessives: adjectives, 59 (repetition, 433); pronouns, 182, 438
prefixes: inseparable, 213-214 (meaning, 439-440); separable, 224-226; variable, 226, 441
prepositions: with dative, 60; with accusative, 60; with dative or accusative, 51; with genitive, 298; contractions with article, 52, 60
present indicative: conjugation, 43, 80; vowel changes, 90; for future, 103; corresponding to English present perfect, 301
present perfect: conjugation, 134; corresponding to English past, 136
progressive form, 43
pronunciation, 7-13
proper names: declension, 61, 433; with definite article, 156, 437
punctuation, 14-16

quantity of vowels, 8-9

reciprocal pronouns, 237
reflexive pronouns, 235-236, 442
reflexive verbs, 235-236, 442
relations between German and English, 16-20
relative pronouns: ber, welcher, 191-192 (compounds with wo, 192); wer, was, as compound relatives, 253; was as simple relative, 253, 442

script, German, 4-7
songs, 420-430
subjunctive: conjugation — present, 386-387, past, 371-372, present perfect, 399, past perfect, 372, future, 399, future perfect, 399; in conditional sentences, 373-374; of wish, 387; of volition, 388; of ideal certainty, 388; in indirect discourse, 399-401; of mild assertion, 444; dubitative, 444; after bamit, 444; after als ob, 375; some modal forms, 389
subordinate clauses, punctuation, 193
suffixes: =chen, =lein, 42-43; =in, 101
syllabication, 14

time of day, 275
titles, inflection, 434

umlaut, 6, 10

verbs: weak and strong distinguished, 115; principal parts, 135; strong — Class I, 252-253, Class II, 262, Class III, 273, Class IV, 285, Class V, 285, Class VI, 312, Class VII, 312; irregular, 313; in =eln, =ern, 456; paradigms — haben, 449-451, sein, 451-452, werben, 452-453, sagen, 454-455, warten, 455, trinken, 456-457, passive voice, 458-459; alphabetical list of strong and irregular, 459-465

word formation, 465-475
word order: normal, 80; inverted, 80-81; transposed, 193; in exclamatory sentences, 439; direct and indirect object, 184; adverbs of time and place, 71; predicate adjectives and nouns, 103; pronoun object before noun subject, 287; adverbial elements, 299; nicht, 300; tense auxiliary with double infinitive, 347; haben in future perfect of modal auxiliary, 443